《国外社会科学》精粹

丛书主编／张树华　赖海榕

· 文化教育卷（1978-2018）

祝伟伟　主编

中国社会科学出版社

图书在版编目（CIP）数据

《国外社会科学》精粹：1978－2018. 文化教育卷／祝伟伟主编．—北京：中国社会科学出版社，2020. 2

ISBN 978－7－5203－6685－4

Ⅰ．①国…　Ⅱ．①祝…　Ⅲ．①社会科学—研究—国外—文集
Ⅳ．①C11－53

中国版本图书馆 CIP 数据核字（2020）第 103399 号

出 版 人　赵剑英
责任编辑　喻　苗
责任校对　胡新芳
责任印制　王　超

出　　版　中国社会科学出版社
社　　址　北京鼓楼西大街甲 158 号
邮　　编　100720
网　　址　http://www.csspw.cn
发 行 部　010－84083685
门 市 部　010－84029450
经　　销　新华书店及其他书店

印　　刷　北京明恒达印务有限公司
装　　订　廊坊市广阳区广增装订厂
版　　次　2020 年 2 月第 1 版
印　　次　2020 年 2 月第 1 次印刷

开　　本　710×1000　1/16
印　　张　30
字　　数　477 千字
定　　价　166.00 元

引领新时代哲学社会科学的创新和发展

李培林*

中国特色社会主义进入新时代，我国改革开放度过了40个春秋，《国外社会科学》也迎来创刊40岁的生日。面对国际形势和世界经济政治格局的深刻变化，《国外社会科学》也需要认真总结40年来的办刊经验，在新形势下为加快构建中国特色哲学社会科学，加强中国特色新型智库建设，发展面向现代化、面向世界、面向未来的中国特色哲学社会科学做出新的贡献。作为这个刊物的编委会主任，我谈一点体会。

一　40个春秋的基本经验

《国外社会科学》创刊于1978年改革开放初期，那时我国的哲学社会科学还比较封闭，国内多数学者的外文水平较低，获得国外信息的渠道有限。在这种情况下，《国外社会科学》的主旨就是介绍国外哲学社会科学最新的学术理论、学术议题、学科进展、研究方法和发展趋势等。反映的信息非常强调一个“新”字，即新理论、新思潮、新流派、新方法、新成果等。这适应了当时我国哲学社会科学发展之急需，受到学界极大的欢迎，甚至一时“洛阳纸贵”。创刊40年来，可以说《国外社会科学》不忘本来、借鉴外来、面向未来，在推动我国哲学社会

* 中国社会科学院原副院长、《国外社会科学》编委会主任。

科学发展繁荣方面取得了学界公认的骄人成绩，也积累了一些基本的办刊经验。

1. 坚持马克思主义的立场、观点、方法。随着时代的发展，国外哲学社会科学各种新的资料和信息爆炸式的扩展，各种学术流派、学术思潮、学术议题层出不穷，各类学术成果数量呈几何式增长，其中也鱼龙混杂、泥沙俱下、真伪难辨，甚至有的是在学术旗号下进行意识形态侵蚀和维护霸权。正是由于坚持马克思主义的立场、观点、方法，《国外社会科学》始终能够坚持正确的政治方向和学术导向，结合我国国情和发展需要，引领我国国际学术前沿信息的传播和借鉴。

2. 紧密联系我国发展的重大理论和现实问题。《国外社会科学》始终紧扣时代发展的脉搏，在介绍和借鉴国外学术成果的过程中，紧密联系聚焦我国发展的重大理论和现实问题，为推进中国特色社会主义发展和哲学社会科学繁荣服务。比如在建立确立中国特色社会主义市场经济体制的理论基础过程中，《国外社会科学》刊发了相关的系列文章，包括《不平等的市场经济》《走向可调节的市场经济之路》《向市场经济过渡的远期与近期后果》《世界市场经济的发展趋势》《苏联市场经济发展前景》《法国学者认为应把市场经济和资本主义区分开来》等，受到国内理论界的普遍关注。近年来《国外社会科学》围绕21世纪马克思主义、新型城镇化、依法治国、收入分配、老龄化等重大议题问题，组织了一些关于国外相关研究的专题文章，这些文章对我们思考这些重大问题，具有重要的启发作用，产生了广泛的影响。

3. 把握国际学术发展的前沿问题和发展趋势。40年来，《国外社会科学》刊发了13000多篇文章，内容涵盖经济、政治、文化、社会、生态各个发展领域，广泛介绍和评析哲学社会科学各学科的前沿问题和发展趋势，让国内学者通过这个窗口，可以准确把握世界学术发展潮流，全面了解学术发展最新成果，及时洞察学科发展最新动向。

40年辛勤耕耘，40年春华秋实，40年砥砺前行。《国外社会科学》的成绩得到了国内学术界的公认，多年来一直位居人文社会科学核心期刊、全国中文核心期刊、中文社会科学引文索引来源期刊的前列，也是国家社科基金首批重点资助期刊。与此同时，在新的起点上，《国外社会科学》的未来发展也面临一些新的挑战。

二 国际新格局下面临的挑战

当今世界正处于大发展大变革大调整时期，世界多极化、经济全球化、社会信息化、文化多样化深入发展，全球治理体系和国际秩序变革加速推进。和平和发展仍是时代主题，打造人类命运共同体，弘扬共商共建共享的全球治理理念，促进国际经济秩序朝着平等公正、合作共赢的方向发展，共同应对全球性挑战，日益成为人类社会追求的共同目标。但是，世界经济增长仍然乏力，国际贸易保护主义抬头；全球治理体系深刻变革，大国博弈日趋激烈，冷战后形成的单极体系的结构平衡正在打破；地区冲突热点此起彼伏，占领运动、恐怖袭击、生态危机、网络攻击、难民潮、核扩展等传统安全与非传统安全威胁复杂交织。在这种国际新形势下，我国对国际社会科学介绍、借鉴、评析、吸收、融入也面临一些新的挑战。

一是如何在国际社会科学研究不断细分的情况下把握发展大势。随着现实的发展，一些传统的学科发生嬗变，一些新兴的学科则异军突起，社会科学的研究日益专门化，研究领域细分的趋势非常明显，“宏大叙事”的研究往往会被贴上“非科学”的标签，“小圈子学问”盛行。在这种情况下，如何在纷杂多样的学科进展中把握发展大势，并把这些规律性的大势介绍给国内学界，是需要认真面对的。

二是如何在引进国外社会科学优秀成果过程中坚定文化自信。我国已经走过了改革开放初期在社会科学领域大量地、单向地引进的阶段，国内学者在国际上发文量大幅度地增长，“中国研究”成为了热门话题。在这种情况下，怎样在借鉴外来的同时不忘本来、面向未来，怎样在引进中形成学术对话，怎样参与构建社会科学的国际话语体系，都是我们要认真思考的。

三是如何在海量国外社会科学信息中突出重点。互联网的迅速普及、信息存储能力无限增强，使学术信息的总量爆炸式扩展。在这种情况下，怎样筛选有效、有益、有用的学术信息，如何抓住重点，怎样突出重点，突出什么样的重点，都成为需要面对的关键选择。

类似的挑战还有许多，要把《国外社会科学》的办刊质量推上一个新的台阶，就要认真研究这些挑战的应对举措。

三 面向未来的办刊选择

习近平总书记在哲学社会科学工作座谈会上的讲话中指出，“国外哲学社会科学的资源，包括世界所有国家哲学社会科学取得的积极成果，这可以成为中国特色哲学社会科学的有益滋养”。他同时强调，“对人类创造的有益的理论观点和学术成果，我们应该吸收借鉴，但不能把一种理论观点和学术成果当成‘唯一准则’，不能企图用一种模式来改造整个世界，否则就容易滑入机械论的泥坑”。这些论述，应当成为《国外社会科学》办刊的基本遵循。

要认真总结40年来办刊的基本经验，坚持这些基本经验，在未来的发展中发扬优势，积极应对新挑战，再创新的辉煌。要特别注意加强对以下几个方面的关注。

一是聚焦国际社会科学重大议题、前沿问题和我国现代化建设的重大问题。要筛选出一批国际社会科学的重大议题，有系统有步骤的讨论；要跟踪重要学科的学术前沿问题，把握这些前沿问题的新进展；要结合我国现代化建设的重大问题，主动设定学术议题；要加强对国际智库成果的关注，组织有深度的评析文章。刊物不能被动地跟着热点走，要通过揭示学术发展的规律性趋势起到引领作用。

二是把“引进来”和“走出去”紧密结合起来。正如习近平总书记所说，“当代中国的伟大社会变革，不是简单延续我国历史文化的母版，不是简单套用马克思主义经典作家设想的模板，不是其他国家社会主义实践的再版，也不是国外现代化发展的翻版”。在引进国外社会科学成果的过程中，要结合我国发展的需要，在比较、对照、评析、批判基础上吸收和升华，形成真正的学术对话，形成有国际影响力的学术议题，为中国学术的走出去建设一个重要平台和窗口。

三是注重探索网络时代的办刊规律。随着互联网技术在学术出版领域的应用和发展，学术期刊的编辑和出版业态发生了深刻变化，学术成果的电子版、数字化和通过新媒体快速传播已经成为未来的发展趋势，传统的纸质学术期刊的发行量不断下滑。要顺应信息化时代的这种变化，积极探索新的传播方式，特别是注重研究如何利用新媒体扩大学术成果的知晓度和影响力，提高引领学术发展和服务学术发展的能力。

历史表明，社会大变革的时代，一定是哲学社会科学大发展的时代。《国外社会科学》要在认真总结过去40年办刊经验的基础上，把握发展大势，发挥独有优势，找准定位，办出特色，在新时代续写刊物新辉煌，为实现中华民族伟大复兴的中国梦贡献力量。

以国际学术交流促进人类文明互鉴（代总序）

张树华*

2019 年是新中国成立 70 周年。70 年风雨彩虹，70 年春播秋种。

欣逢盛世，看九州方圆，普天同庆；揽四海苍穹，共襄盛举。

40 年前，伴随着中国改革开放的脚步，《国外社会科学》顺利创刊了。在科学的春天里，当时的中国社会科学院情报研究所在短短两年的时间里先后创办了《国外社会科学》《国外社会科学著作提要》《国外社会科学快报》《国外社会科学论文索引》等刊物，加上原有的《国外社会科学动态》，一共形成了 5 种信息情报系列刊物。这些刊物相互补充，又各具特色，在当时的学术界产生了良好的影响。

创刊初期，《国外社会科学》特别关注和介绍了当时国际上一些前沿学科或研究方向，如未来学、科学学、生态学、情报学、社会心理学、交叉和跨学科研究、全球化问题、控制论、国外中国学研究等新兴学科和专业，推动了我国相关学科的创建，填补了一些学术领域的空白，并促进了相关研究的深入和专业领域的拓展。

1978 年至 2018 年，《国外社会科学》杂志走过了 40 个春秋。40 年间，《国外社会科学》杂志共出版 330 期，发表文章 1 万余篇，数千万字。作为中文社会科学引文索引来源期刊、全国中文核心期刊、中国人文社会科学核心期刊、国家社科基金首批资助期刊，《国外社会科学》在

---

* 张树华，中国社会科学院政治学研究所所长、研究员。

坚持正确的办刊方向和学术导向的基础上，积极借鉴和吸收世界上有益的学术成果，为推动中国哲学社会科学学科创新和学科发展做出了应有的贡献。

40 年砥砺奋进，40 年春华秋实。伴随着改革开放和中国特色社会主义的伟大实践，《国外社会科学》参与并见证了中国哲学社会科学事业的繁荣与发展。可以说，在国内外专家学者的支持和浇灌下，在一代又一代编辑人员的辛勤努力下，《国外社会科学》这一大家共有的园地里花团锦簇、硕果累累。

立足中国，打开世界。

2016 年 5 月 17 日，习近平总书记在全国哲学社会科学工作座谈会上的讲话中指出："国外哲学社会科学的资源，包括世界所有国家哲学社会科学取得的积极成果，可以成为中国特色哲学社会科学的有益滋养。" 40 年来，我们始终坚持自己的办刊理念，秉持中国立场，拓展国际视野，洞察全球语境，贴近学术界的关心与思考，跟踪国外学术和理论动态，积极吸收或借鉴先进、适用的人类文明的优秀成果。知己知彼，洋为中用。

打开心灵之窗，世界会进来。打开学术之窗，智慧会进来。

2017 年 5 月 14 日，习近平总书记在首届"一带一路"国际合作高峰论坛开幕式上的演讲中指出，我们"要以文明交流超越文明隔阂、文明互鉴超越文明冲突、文明共存超越文明优越，推动各国相互理解、相互尊重、相互信任"。这一论述深刻地阐释了人类文明繁荣进步的真谛，勾画了构建人类命运共同体的宏伟蓝图。

我们相信，伴随着信息化、全球化和人工智能技术的发展，孤立主义、种族主义、排外思潮等雾霭终将散去，人类文明多元化和国际关系民主化的步伐定将加快。各国文化将变得更加丰富多元，人类文明花园定会绽放得五彩缤纷、多姿多彩。

在迎接新中国 70 周年华诞之际，我们精选 40 年来不同学科和领域的优秀论文，汲取精华，分类结集。我们希望通过编辑出版这套"《国外社会科学》精粹（1978—2018）"丛书，回望国际学术发展历程，把握国际理论创新脉搏，梳理全球学术热点和态势，推动国内外学术沟通和对话，拓宽海内外学术交流的平台和渠道。这是40年来《国外社会科学》广大作者、译者、读者和编者齐心合力、携手并进的答卷，未来我们愿与学界同仁一起砥砺前行，为将《国外社会科学》杂志构筑为连接国内外学术界的桥梁和窗口而共同努力。

谨为序。

于2019年3月4日

第十三届全国政协第二次会议上

目　　录

专题一　文化与教育

专题二 网络、新闻与传播

专题三 智库、功勋荣誉制度

专题一

文化与教育

国际教育思想的改革趋势

余逸群

教育思想是当代社会生活的重要组成部分，与社会的政治、经济、科技和文化密切相关。当前，世界正处于新技术革命时代，政治的变革、经济的发展、科技的进步、文化的嬗变与传播，社会的一切发展和变化都促进国际教育思想的巨大变革。因而，探讨和研究国际教育思想改革的宏观趋势，业已成为当今世界许多国家普遍关注的重大课题。

综观当今世界现代教育的发展概况，国际教育思想的改革趋势主要呈现在以下几个主要方面。

一　教育结构整体化趋势

国际教育界认为，当前国际性教育改革的大趋势是全面和重点的结合。所谓全面，是指从幼儿教育、普通教育到高等教育都在进行改革；从教育体制、学制、课程、教材到教学方法和考试手段都在进行改革；全体社会成员都要终生接受教育或培训，教育事业必须适应和服务于国家经济建设的需要。所谓重点，是指抓教育的基础，提高教育的质量。因此，要极大地增强教育的社会和经济效应，就必须促使教育整体优化，发挥教育结构整体的功能，而不能各自割裂，各行其是，互不关联。

当前，许多国家都是依据教育结构整体化的思想，进行大规模的教育改革，并在改革实践中明确树立了这样两个新兴的观念。其一，整体目标思想。国家的教育改革应当预先有一个宏观的整体目标，各级各类教育的改革与发展均应从这一总目标出发，而不能厚此薄彼，片面地强调某方面、某层次，削弱了另一方面、另一层次，最终影响教育整体化的发展。其二，合理结构思想。在总目标的要求下，合理结构就要做到纵有系列、横有联系，表现为纵横交织、互为交叉、网络状的立体式结构。例如，在各国的普通教育领域，“普通教育职业化，职业教育普通化”现已成为当今国际教育发展的重要趋向。普通教育职业化，是指随着中等教育的普及与发展，普通中学已不能只为升学做准备，也要为学生将来的就业做准备，这就要求普通教育需渗透职业教育的内容；职业教育普通化，是指新的技术革命对劳动者提出了更高的文化要求，职业学校要提高普通教育的文化程度。这一趋向体现了上述教育结构整体化的思想。近些年来，韩国教育改革的突出成就就在于此。韩国教育部1985年颁布了《韩国面向21世纪教育改革的基本方针》，决定延长和实行多种学制，扩大职业教育的发展规模和提高普通教育的水平。基于这一方针，迄今韩国的普通中学有3年制、4年制的，也有5年制、6年制的；中等职业学校有2年制的，也有3年制的。这样做是为了达到教育层次合理化的一种探索与实践。德国、加拿大、瑞典、丹麦等国也都提出了类似教育结构、层次多样性的办学主张，正在实践之中。

二　教育理论心理化趋势

近些年来，由于信息科学的兴盛，信息加工模式引进到心理学研究领域中，借以探索与理解学校教育中教和学的问题，所以心理科学和教育结合得比以往更密切、更牢固，出现了教育理论心理化趋势。教育实践证明，教育思想的变革、教育理论的突破唯有根植于心理学发展的基础之上，才会具有强大生命力。例如，闻名于世的苏联的赞可夫的新教学体系就是建构在对学生发展研究的基础上。他通过实验研究发现学生的发展是在活动中实现的，外部条件像教育、教学对他们的影响必须同学生的心理成分尤其是同情绪和意志发生联系，才能收到实效。他认为传统教育思想无视学生的内部矛盾，无视学生个性心理品质在发展中的作用，把教育同发展割裂开来，因而不能从教育、教学和发展的辩证关系上去解决问题。这样的教育理论显然难以适应时代的发展要求。在这种情况下，经过十多年的实验，他提出了自己的新理论。

目前，国际教育理论的新流派有很多，其中一个重要特点是集中地体现出教育理论研究心理化的新局面。例如，以结构主义认知心理学派为基础的布鲁纳的发现教育法，强调知识结构和发现学习；以刺激反应心理学派为理论基础的斯金纳的程序教学法，强调小步子学习的强化和反馈；以无意识心理学派为理论基础的洛扎洛夫的暗示教学法，强调情景和情感的教育功效。总而言之，教育理论发展到今天，它与心理科学的结合已经达到如此密切的程度，以至于离开了心理学的发展，教育理论就不能再有较大的进展。

三　个性全面和谐发展的趋势

尊重人的自我发展需要，促进人和个性全面和谐的发展，是当代国际教育思想变革的重要标志之一。联合国教科文组织发表的报告《学会生存》中明确指出："应当培养人的自我生存与发展的能力，促使人的个性全面和谐的发展，把之作为当代教育的基本宗旨。"目前，在探索教育面向未来这一重大课题中，在对未来教育的目标、教育价值观进行重新评估和认识之时，对未来社会所需要的人才究竟应具备怎样的素质，引起了国际教育界和社会各界的广泛兴趣。国外对培养和造就"价值创造型""问题解决型""目标志向型"等能够适应未来社会需要的所谓的"新型的人"发表了诸多见解，但有一点是共同的：就是不管其社会制度或教育体制如何，在设计未来教育中均十分强调人的全面和谐的发展。

现今，世界范围内的教育改革运动普遍重视道德、文化和身体素质的全面和谐的发展。随着现代化的发展，西方精神生活许多方面的堕落和青少年"富贵病"的丛生，吸毒、犯罪、性乱、斗殴等不良行为日趋严重，使得许多家长担忧孩子变坏，强烈呼吁学校必须加强道德教育。不少国家对此引起了高度重视，普遍采取的做法有：学校中增设道德情操课、公民社会课等，加强伦理道德的教育；新闻舆论界在报章杂志开设《道义论坛》《现代人素质研讨》专栏，进行道义法制教育和宣传；社会学界、法律界共同研究制定学生伦理道德规范，约束青少年的不良行为。1990 年日本政府审议发表的《临教审议概要》提出的改善教育和社会教育的着眼点是，“尊重每个人的个性和人格，不仅要发展学生的智力，而且也注重培养道德情操，陶冶其性情，使他们成为身心健康、全面和谐发展的现代人”，可见一斑。

四 教育面向未来的趋势

随着世界教育改革的不断深化，当前世界各国的学者专家已对现实的教育状况进行了审视，并认为目前教育被紧紧束缚在“过去”和“现在”之中，而“未来”的概念却遭到忽视，因此必须“改变这一状况，把‘未来’引入教育中来”。“对于教育潜在的生产力，它的生产性和未来性，是根本不容忽视或忘记的。”可见，教育具有未来性不仅是现代教育思想的重要特色，而且也是它的优势所在。

现在人们越来越深刻地认识到，教育的社会效益和经济效益虽有一定的滞后性，但从总的意义而言它是未来的事业。正因为如此，许多国家不仅注意教育发展的规模，而且特别重视提高普及教育的程度，改革教育的结构，使之不只是与经济发展相协调，更注重教育的优先发展，让教育走在经济发展的前面，面向未来社会，为经济的进一步发展奠定人才或智力基础。所以，只有站在未来的高度，对现实的教育进行战略运筹，全面规划，才是一种高瞻远瞩的优良的教育，这是当代全新的教育思想，是各国致力于解决的问题。1990 年日本文部省发表了《为了 21 世纪的日本人》的报告，该报告明确指出：“在现阶段，最重要的是提高教育质量，从根本上改善青年一代的劳动素质，确保未来一切企业生产部门和经济管理部门，对各类人才的要求。”还指出：“20 世纪末和 21 世纪初日本经济发展目标将要由今天坐在教室里课桌边的学生去完成”，强调日本今天的教育改革正是为了国家的现代化和未来。1991 年美国政府颁布了《美国 2000 年教育规划》，其主题很鲜明，努力把中小学教育改革搞好，目的是为了迎接 21 世纪。美日当前的教育改革都是在教育面向未来的教育思想的指导下，从未来战略的高度来全盘考虑与规划的。

五　教育与生产劳动一体化趋势

加强教育与生产劳动的结合，促进教育与生产劳动的一体化，也受到国际教育界的关注，成为当今教育思想改革的又一大趋势。近十多年来，还很少有像“教育和生产劳动一体化”这样的问题受到国际教育界如此的关注和重视。在许多重大的国际和地区的教育会议上，关于教育与生产劳动一体化的问题占有重要位置。1989 年底，联合国教科文组织在北京召开的面向 21 世纪国际教育研讨会的议题就是教育同生产劳动相结合，与会的各国代表从经济、社会、职业和个性发展的不同角度论证了这一议题的重要性，并一致通过了一项要求各国把教育与生产劳动相结合的决议。决议指出：“教育与生产劳动一体化的重要性，不仅在于这样做可以造就熟练的劳动力，而且可以使教育与日新月异的劳务人才市场更加紧密地联系起来，促进个人的全面和谐发展。”

在教育与生产劳动一体化的教育改革思想的指导下，许多国家纷纷把加强教育与生产劳动的结合作为未来教育政策的一个侧重点。在这方面值得注意的趋向是：

1. 越来越多的国家把生产劳动教育作为一门独立课程纳入教学计划，使之成为整个教育体系的重要环节。不少国家还为劳动教育制定了专门的教学大纲。

2. 一些国家把综合技术教育作为学校同生活联系的桥梁，视为教育与生产劳动一体化的基本形式。综合技术教育日益成为工业化国家教育改革的中心议题，并在教育体制中占有特殊重要的地位。为此，像瑞典、丹麦、芬兰、西班牙等许多国家都根据自己的情况，采取特殊措施，实施综合技术教育。

3. 许多国家正在积极进行中等教育结构的改革，以促进教育与生产劳动的结合、升学与就业的结合。

4. 不少国家十分重视教育与生产劳动的终身结合，大力发展多种形式的成人教育，使劳动者向知识化方向发展。为了使之得以落实，对现行的教育和劳动体制均做了相应的调整。

（选自《国外社会科学》1993 年第 2 期）

西方文化概念面面观

闵家胤

无论在中国还是在全世界，文化正逐渐突出并成为一切问题的核心问题。究其原委，盖冷战结束之后，两种意识形态、两种社会制度和两大阵营的两极对立已让位于多种文化、多种宗教和多个区域性经济共同体的多极并立。这多个异质的文化圈在全球化—信息化的过程中一方面有趋同性的进化，另一方面又不断发生碰撞，甚至引发多起局部战争。在全球非殖民化浪潮之后，许多多民族国家内部出现了各个民族都要求保存本民族文化和争取本民族独立的斗争，有些国家已被搞得硝烟弥漫，甚至四分五裂。此外，从 20 世纪 70 年代开始发表的一系列《罗马俱乐部报告》引起世人越来越重视的全球环境危机，从根本上看还是一个文化问题，即人类同自然的关系以及价值系统方面的问题。

在这种情况下，联合国教科文组织总干事，西班牙的 F. 马约尔履新不久就提出了“世界文化发展十年（1988—1997）”的宏大计划。参加这个项目的各国学者做的第一件事就是讨论什么是“文化”。项目主持人，加拿大学者 P. 谢弗已完成一份纲领性文献，可以说是关于“文化”概念的最新的权威性文献。

一　西方文化的文化概念

公开发表的英文专著中，曾罗列出一百多个“文化”概念的定义。谢弗教授在研究了这些“文化”概念的定义之后，按历史顺序梳理出九种有代表性的定义。从中我们既可以清楚地看到西方学者对“文化”概念理解的分歧，又可以看到他们对“文化”概念理解的进化过程和发展趋势。

第一种，也是最古老的一种，是哲学的文化概念，它是古罗马哲学家西塞罗在大约两千年以前讲的。他讲的一句拉丁文“cultura anima philosophia est”，译成英文是“culture is the philosophy or cultivation of the mind”，汉译为“文化是心灵的哲学（或修养）”。其中“cultivation”一词的语源“colo”相当于英文的“to till”（耕）和“to cultivate”（犁），所以“cultivation”本义是耕种，引申义为耕种—栽培—培养—修养，所以英文中至今还有“horticulture”（园艺）、“agriculture”（农业）、“silviculture”（造林学）等词。这个定义强调了文化和自然的联系，脑力劳动同体力劳动的联系。同时，文化被视为一个趋向终极产物文明的运动过程。

我们应注意的是，这个哲学的文化概念的定义强调文化发源于心灵，即心—脑系统中作为一种特殊存在的系统，其本性是信息。

第二种是艺术的文化概念，其典型的表述是：“文化是所有艺术的总称。”它是在中世纪和文艺复兴时代由艺术家和艺术家团体提出来的。那个时代谈到艺术，既包括表演艺术、文字艺术、视觉艺术，又包括环境艺术（建筑）、物质（工艺）艺术。这个定义强调的是，文化是在追求完美，追求真理的美和创造的自由。因为有一句格言说：“艺术家是民族的天线”，更通俗的说法是“艺术家是民族的最敏感的那些神经”。艺术的生命在于创新。艺术家的天职是不断揭露现实的缺陷和阴暗面，不断地探索、发掘和寻找更完美的生活和形式。由此可见，艺术家的责任，同时也是文化的功能，是提供把社会推向更高、更完美的层次所需要的燃料。

值得注意的是，这个艺术的文化概念强调文化的探索和创新功能，推动社会进化的功能，以及文化和文化人最需要的是创造的自由。“艺术的生命在于创新”，换言之，“文化的生命在于自由”；没有创新的自由，文化就不会成为推动社会进化的燃料，而变成了社会僵化和停滞的紧箍咒。

第三种是19世纪由教育理论家和教师们倡导的教育学的文化概念。

他们对文化下的定义是："文化是习得的行为。"这个定义强调，文化是对知识、智慧和信息的学习过程。这里讲的学习指的是所有正式的和非正式的终生学习过程；通过吸收人类世世代代蓄积起来的那个巨大宝库里的知识和智慧而将人的心灵照亮。

我们应当注意的是，这个定义指出了文化可以在空间中做无限的传播、扩展，也可以在时间中做无限的延续——通过文化的遗传过程。不仅是传播知识，而且传播智慧和文明行为。这是动物所没有的、通过符号语言完成的获得性遗传，它给社会进化安上了生物进化所没有的第二台威力强大的发动机。

第四种是心理学的文化概念，它在某种程度上是前三种文化概念的综合，是由 19 世纪英国的伟大学者 M. 阿诺德（Matthew Arnold）在 1869 年发表的《文化和无政府状态》一书中提出的：

"借助于知道在同我们最有关的事物上世界上曾经想过和说过的最好的，以追求全面的完美。……我始终在试图表明，文化是或应当是学习和追求完美；而文化所追求的完美的主要特点是美的智慧，换句话说就是温文尔雅和和蔼可亲。"①

这个定义再次强调文化对心灵的陶冶，即通过持续地力求造成、改进和广泛传播文学艺术、自然科学和人文科学当中最有真实价值的东西，以追求个人心灵的完美，从而使人变得有教养。

第五种是历史学的文化概念。18 世纪法国启蒙思想家伏尔泰被认为是这种文化概念的先行者。他第一个把众多的战役、朝代更迭和国王的名单放在一起，以便对文化本身进行研究，尽管他没有使用"culture"（文化）这个术语。

到 19 世纪，法国和德国的一些历史学家和博物馆长明确地提出了历史学的文化概念。1782 年，德国学者阿德伦（Jahann Christoph Adelung）发表《人类文化史论文》。其后 1843 年德国史学家 G. 克莱姆（Dr. Gustar Klemm）发表十卷本的《人类文化史》第一卷。10 年后，他又发表了两卷本的《文化科学》。他们发展了广义的历史学的文化概念，它包容过去

① Matthew Arnold, *Culture and Anarchy*, Cambridge University Press, Cambridge, 1960, pp. 6, 48 – 49.

时代积累和遗留下来的所有东西。

随后，以法国政治家 E. 赫里奥特（Edouard Heiriot）为代表又发展出一种狭义的历史学的文化概念。这体现在他讲的一句名言当中："文化是其他的一切均被遗忘之后还长期保留下来的东西。"可见他把文化仅仅规定为过去时代遗留下来的最珍贵的遗产。

广义的和狭义的历史学文化概念可以归结为下面这段定义性的话：

"一般来说，作为一个描述性的概念，文化指的是人类创造性所积累下来的财富：书籍、绘画、建筑物之类；为适应我们周围的人类的和自然的环境的调节方式的知识；语言、风俗以及长期以来形成的礼节、伦理、宗教和道德的体系。"①

这种定义还可归结为一句更简明的话："文化是过去时代的遗产。"它强调文化是人类历史上创造性东西的积累和遗留。有三种方式的遗传：口头的、书面的和实物的。

到 19 世纪后期，最早的一批人类学家发展出了第六种文化概念——人类学的文化概念。其经典性的表述是由 B. 泰勒（Burnett Tylor）在 1871 年发表的《文化的起源》里面讲的：

"从宽泛的人类学意义上讲，文化或文明是一个复杂的整体，它包括知识、信念、艺术、道德、风俗，以及作为社会成员的人所掌握的任何其他能力的习惯。"②

有一大批人类学家，包括本尼迪克特、博厄斯、米德、林顿、洛伊、马林洛夫斯基、施宾格勒、索洛金、汤因比，都持与上述定义相似的观点。

需要特别注意的是，人类学的文化定义第一次将文化看作是"复杂的整体"，并且强调"文化是整个的生活方式"。这是人类对"文化"的知识的飞跃式进步。

第七种是社会学的文化概念。它是在 20 世纪初由社会学家们提出来的。其典型的表述是："文化是一个多义词，我们这里是在包容较广的社

---

① Alfred Kroeber & Clyde Kluckhohn, Culture: A Critical Review of Concepts and Definitions.

② Edward Burnett Tylor, *The Origins of Culture*, Harper and Row Publishers, New York, 1958, p. 1.

会学含义上使用它，即它是指人造物品、货物、技术过程、思想、习惯和价值观念，它们是一个民族的社会遗产。这种文化包括所有习得的行为、智力知识、社会组织和语言，经济的、道德的或精神的价值系统。一种特定文化的基础是它的法律、经济结构、巫术、宗教、艺术、知识和教育。”①

这个定义第一次强调在文化当中重要的是价值观念、价值系统、构型和主题，并且还强调共同采用的信条、信仰和行为特点。因此，这种定义的一个更简明的表达是：“文化是一个社会的所有成员共同享有的价值观念、传统和信仰。”

前面介绍的文化概念均囿于人类这单一物种及其创造性的产物。20世纪中期以后，学者们扩大了眼界，在整个生物界、生态圈和全宇宙范围内来讨论什么是“文化”。这是对文化概念认识的又一次“量子跃迁”，同泰勒将文化看作一个“整体”的那次“量子跃迁”不无相似之处。

排在第八位的生态学的文化概念在很大程度上起源于当代的环境运动。这种文化概念把文化解释为人类与自然环境之间的共生关系。从这一视角出发来看，文化不再局限于单纯是人类创造力的产物，相反，文化之所以存在，恰恰是因为人类与自然环境之间有某种联系（环节），或者说人类要在自然环境中生存就要有某种生存战略。

生态学的文化概念的典型表述是：“文化是人类同自然环境相互作用的手段。”它强调的是人类同自然环境以及其他物种之间的相互关系以及相互作用的过程。

第九种是生物学的文化概念。生物学家们发现，不仅人类有文化，而且所有的物种都有文化；换句话说，不仅仅人有，而且所有的动物、植物、微生物都有它们自己的文化。具体来说，我们可以找出蜜蜂的文化，牡蛎的文化，蚂蚁的文化，以及细菌的文化，等等。如西班牙学者O. 加塞特（Ortegey Gasset）所说：“文化只不过是我们给予自身动物性

---

① Paul J. Braisted, *Cultural Cooperation*: *Keynote of the Coming Age*, the Edward W. Hazen Foundation, New Haven, 1945, p. 6.

潜能的发挥的特定方向。”①

以蜜蜂为例。跟人类的文化一样，蜜蜂拥有设计得非常复杂的社会和经济系统。这个系统，连同它由蜂王、雄蜂和工蜂组成的明确限定的终生不变的等级结构和劳动分工，连同它的精确调谐的通信网络，连同它的多种感知能力，连同它的生产器官和生产行为，都确保蜜蜂作为物种得以存活，并保证经常不断地提供多种产品。像蜂蜜、蜂蜡、蜂房和王浆这些产品，都对人类很有用处——既有功能方面的意义，又有美学方面的意义。

生物学的文化概念的典型定义是：“文化是不同物种的组织结构和行为规范。”这个定义的特点是将“文化”概念泛化了。文化不再是人类特有的，而是所有物种普遍拥有的。

二　西方文化概念发展趋势和最新进展

上述九种对文化概念的不同理解和所下的不同定义，是在西方文化两千年的历史文献中相继出现的，但现在已越来越广泛地被接受和使用。这九种具有代表性的文化概念告诉我们文化不是静态的，而是一个动态的概念。“文化不单是个名词，而且是个动词。”文化不仅是产物，而且是过程。文化是一个进化的和有机的过程，是一个相应于不断变化的条件和已经改变了的环境而不断地做适应性变化的过程。

那么，在西方文化中文化概念发展的趋势或规律是什么呢?

首先，文化概念在不断地进化。在两千年的时间里，它发生了多次深刻的改变和转折。其中两次量子跃迁性的改变发生在19世纪出现的人类学和社会学的文化概念和20世纪出现的生态学和生物学的文化概念。前者强调文化是一个“复杂的整体”，其核心是“一套全体成员共享的价值观念、信条和信仰”。后者则把文化概念从人类扩展到所有物种，并指出文化是“任一物种同自然环境相互作用的手段”。

文化概念进化总的趋势是，一方面外延越来越宽，另一方面内涵越

① Alfred Kroeber & Clyde Kluckhohn, Culture: A Critical Review of Concepts and Definitions, p. 57.

来越深。后出现的文化概念不断地扬弃和包容此前已出现的文化概念。最后我们得到的文化概念已从人类的文化扩展到所有物种的文化；其内涵已综合了文化的各个方面，并发现它们处在一种有机的整体之中。

所以第三个趋势就是整体性。最早的文化概念只描述了文化的某一方面或某些方面，晚出现的文化概念描述的方面越来越多，而最后的文化概念则要求从整体上对文化下定义，强调文化是人类的所有创造，同时也是每一物种的所有创造。

第四个趋势是平等。不分种族和民族，不分高级和低级，不管是文化的哪一部分，都要求取得平等的地位。越是那些不发达地区的弱小民族的文化，越是惧怕或不甘于消失，就越是强烈地要求在文化方面的平等地位。所以西方现代的某些文化概念和文化理论就肯定了这一点：所有的文化是平等的，或者说，文化的多样性同物种的多样性一样，都是弥足珍贵和应当加以保护的。

第五个趋势是强调文化概念的相对性。没有哪一个文化概念是绝对的、不变的和在任何时间和地点都有效的，每一个文化概念都取决于它是在什么时间、什么地点和为什么目的而创造出来的。

最后就是对文化概念采取实用主义的态度。理论家们倾向于接近一种宽泛的文化概念，而实践家们则倾向于采用一种狭窄的文化概念。具体来说，西方各国的政府、公司和教育机构仍然倾向于把文化局限在艺术、过去时代的遗产以及由文字出版物、广播、电视、电影和音像制品组成的文化事业上。而某些文化领域的权威机构及其理论家们则倾向于提出包罗万象的文化概念，以求勉强取得对文化概念的认识上的统一，以便进一步开始其他工作。

例如，1982 年在墨西哥城举行了第二届世界文化政策大会，与会的理论家们就创造并一致采用了下面这样一个包罗甚广的文化概念：

“文化在目前应当被看作是赋予一个社会或社会群体以特点的那些精神的和物质的、理智的和感情的特征的完整集合，除了各种艺术和文化材料之外，它还包括生活模式、人权、价值系统、传统和信仰。”①

正是根据在墨西哥城规定的当前最具有权威性的文化定义，联合国

---

① Unesco, *Mexico CityDeclaration on Cultural Policies*, Unesco, Paris, 1982.

教科文组织在起草“1988—1997 世界文化发展十年”的基本文件时，采用了一个包容更宽的文化概念：

“在不否认表现在艺术和智力活动中的创造性的重要性的同时，他们认为拓宽对文化的认识是重要的，要把行为模式，个人对他或她自身的看法，对社会的看法，对外部世界的看法都包括进来。从这一视角出发，一个社会的文化生活可以看成是它通过它的生活和存在方式，通过它的感觉和自我感觉，它的行为模式、价值观念和信仰的自我表现。”①

值得注意的是，在联合国教科文组织提出的这一最新的文化概念里，首次使用了“自我表现”这个说法。我们知道，生物的表型就是它本身遗传基因的“自我表现”，或者说表型正是基因的自我表现型。这对我们理解文化和文明的关系是非常有用的。

加拿大学者 P. 谢弗根据他自己整理出来的上述九种文化概念的发展规律和趋势，提出了第十种文化概念——宇宙学的文化概念。谢弗认为宇宙学和天文学不同。天文学研究的是恒星、行星、银河系这样的个别天体的属性；宇宙学研究的是宇宙的起源、进化和结构，提供关于宇宙的系统的和连贯的整体的画卷，从而给人们提供包罗万象的世界观。

文化是我们关于实在的抽象观念，它们构成了在社会中起决定作用的我们赖以安身立命的精神框架的整体，构成了我们的世界观。

文化和宇宙学所关心的对象是相同的，都是“整体”和“世界观”，在这两点上它们是相同的。不同的是，宇宙学关心的是“宇宙的整体”，而文化关心的是“文化的整体”。

宇宙是由具有等级性的四种作用力将各部分维系成一个整体的。文化则是由“价值的等级结构”将各部分联结成一个有序的整体。潜藏在每一种文化下面的价值的等级结构指示出各部分的分量和价值，并把它们建构成由相互依存的各部分组成的有机的整体。

更重要的是，价值的等级结构、文化整体和世界观总是在宇宙整体的画面当中创造出来的。因为一般来说，人们感知、看到、解释的宇宙整体是什么样子，将给予他们的世界观、文化整体以根本的影响，而特

---

① Unesco, *Practical Guide to the World Decade on Cultural Development* 1988 - 1997, Unesco, Paris, 1987, p. 16.

殊地说，这一切将给予他们的价值的等级结构、道德标准、处世方法和区分对错和善恶的标准以根本的影响。

基于以上的分析，谢弗提出的宇宙学的文化概念是：

“文化一般是指物种，特殊的是指人类观察和感知世界，把自己组织起来，处理自身事务，提高和丰富生活，以及把自己安置在世界上的那种方式。”

谢弗相信，通过对文化做这种扩大的和统一的意义上的界定，宇宙学的文化概念将结束人类同自然界的那种分离状态，以及人类作为一个物种的那种以自我为中心的感觉。

最后，他本人对这样一个定义显然还没有感到百分之百的满意，相反，他深感还有深入研究的必要。为此，他建议设立一个专门的文化学（culturelogy）新学科来研究文化。因为在西方文化的科学体系中，与文化有关的学科有“文化人类学”（cultural anthropology）、“文化社会学”（cutltural sociology）、“文化史学”（cultural history）、“文化经济学”（cultural economics）和“文化生态学”（cultural ecology），就是没有“文化学”。

（选自《国外社会科学》1995 年第 2 期）

全球化背景下的文化冲突与共生（上）

苏国勋*

在全球化浪潮正席卷社会生活各领域的 21 世纪里，有种种迹象表明，不同民族、不同文化、不同宗教之间的碰撞、摩擦乃至对立、冲突，将成为影响世界稳定的重要因素。与冷战时期的意识形态对立不同，文化冲突体现着世界观、人生观、价值观等精神层面的差异，比意识形态对立有着更深刻、更重要的内涵，它直接根植于人的内心精神世界，故能更直接地对人们的思维方式和行为方式产生影响。20 世纪末，在苏联车臣地区发生的军事冲突以及巴尔干半岛前南斯拉夫境内爆发的波黑和科索沃战争，表明了意识形态与文化纽带相比较而言所具有的外在灌输性和脆弱性。联想到最近发生在美国的“9·11”恐怖主义袭击事件对世界进程的影响，这些都说明了在当前对世界稳定起作用的各种因素中，与意识形态对立相比较，民族—宗教—文化冲突因素的比重在悄然增长。众所周知，文化是社会的一个不可或缺的组成部分，并以其功能整合其他组成部分，从而维系社会生活形成整体秩序。那么，在全球化背景下，文化之社会功能将会发生怎样的变化，以及从发展中国家的权益计，第三世界国家上应该如何做出反应，才能应对全球化带来的挑战和冲击，这将是本文所要讨论的内容。

---

* 作者信息：苏国勋，1943 年生，博士，中国社会科学院社会学研究所研究员。

一 文化的社会学解读

1. 文化是人类社会生活的产物

人们的日常生活，时刻都发生、发展在特定的文化氛围和社会情境之中，每个人的行动时时处处都要受到文化的内在指引和制约。从这个意义上可以说，文化是社会生活的内在构成性因素，是人们任何社会行动不可或缺的条件。但是，要给文化下一个所有人都能接受的定义，却不是一件容易的事，因为每个人都会由于自己的知识背景、经历、偏好的差异而对文化的看法不同，很难找到统一的见解。英国人类学家泰勒（E. B. Tylor）在《原始文化》（1877）一书中首先把文化定义为“包括知识、信仰、艺术、法律、道德、风俗以及作为一个社会成员所获得的能力和习惯的复合整体”。

在这个界定中，文化被视为一个多层次、多面向的复合体，概括来说可包括知识、信仰一类的思想信念（beliefs），艺术、法律（文本）一类的表意符号（symbols），以及习俗、道德一类的价值观念（values）。尽管后来又有许多人从不同侧重点上提出过各种不同形式的界定，譬如晚近的一些定义倾向于明确区分实际行为的一面与隐藏在行为背后的抽象价值观、信仰和世界观的另一面，但泰勒的这个定义对文化不同层次的分类大致来说已成为后来文化（社会）人类学家和社会学家讨论文化问题的一般基础。譬如，美国社会学家帕森斯（T. Parsons）在建构结构功能分析理论时，就把文化当作分析单位行动的一个重要因素，其内容包括信念、符号、价值三个方面，并使之与经济、政治、社会（交往）并列，一起构成整体社会的 4 个行动系统之一。

无论我们从广义上把文化定义为一种生活方式，抑或从狭义上把文化视为单纯的符号系统，我们都可以发现文化并非自然生成的，而是人们为了生存而必须适应外界环境、控制各种自然力量、过有组织的群体（社会）生活，在长期生产劳作和社会生活过程中的建构或有目的的创造。一言以蔽之，文化是人类社会性的产物。从马克思的观点看，文化属于社会的上层建筑，与它相对的是由生产力和生产关系组成的经济基础；经济基础决定上层建筑，而上层建筑又反作用于经济基础，二者之间辩证的矛盾运动推动着社会变迁和发展。马克思创立了历史唯物主义学说，但他从不否认文化对社会发展和进步的重大推动作用，甚至认为在某些特定时刻文化能起主导作用。

从社会学观点上看，人的行为与行动之间具有本质的区别：行为乃是基于外部环境的刺激而自发产生的自动、客观而可预期的反应，其作用机制是生物学的刺激反应模式；而行动则是由于人内在的信念、理想、价值等有“意义”的观念作用于人，从而使人在感知、认知亦即思维、判断的基础上产生的自主行为，并由此形成主观秩序。在这个意义上可以说，行为是个体性的，而行动则属于社会性的。人只要在思维中把“意义”的观念组织起来，文化也就随之即出；文化即是秩序，与之对应的则是有意义的行为，即行动。社会学强调人的行动具有主观意义，凸显文化具有规范行动形成秩序的能力，以区别于其他生物基于刺激反应之上的自发行为或本能行为。

2. 文化模式的普遍性与相对性

在社会生活中，文化能起到指引人们行动方向、统合人们行动使之成为社会秩序的作用。与此同时，文化在不同群体和共同体内还体现为特定的习惯、习俗、礼法、规约，经过历代薪火传承，久而久之就成为传统。因此，传统是一个民族长期历史发展的心理积淀和历代薪火传承的精华，是民族性格、“民族魂”形成的内在理据，关系到整个民族的历史发展路向和每个成员的思维方式和行为方式。传统既是过去时的、业已形成的、具有相对稳定性的，又是现在进行时的、正在生成的、随着周围环境的变化而不断变化着的，而不是一成不变的事物。人类学的文化模式理论从文化相对主义立场上把一个民族的社会文化解析为三种文化特质，即物质文化、社会组织和文化模式（亦即知识与信仰），主张人的行为被文化模式决定，行为即是对文化模式的习惯性顺从。

所谓文化模式是指为一种文化的成员所普遍接受的、长期存在的某种文化结构。它通常强调的是文化中的结构或形式因素，而不是指其内容方面。譬如，劳作方式、饮食习惯、服饰样式等是一些简单的文化模式，而社会制度、政治制度、经济制度则属于比较复杂的文化模式。博厄斯（F. Boas）从播化论（diffusionism，也称传播论）角度立论，认为社会制度（社会生产技术、工具和社会组织）的变迁主要来自于文化传播（cultural diffusion），而并非主要出自自我发明创造。文化传播增添了外来因素和影响，使社会生活由简单变复杂；而传播又是由历史上许多偶然因素拼合而成，其中明显可见的是地理环境、自然条件等因素的制约，因此，任何因果分析或功能解释都难以奏效，唯一可行的是考察文化模式对从域外异民族传播而来的组织制度因素所做的选择和修正。

在文化人类学中，克虏伯（A. L. Kroeber）曾提出了适用于解释世界上所有文化的普遍性的文化模式。他把这种文化模式分为两类，一类是曾绵延数千年、起稳定作用的主要模式，另一种是稳定性比较差、处于变化中的次要模式。本尼迪克特（R. Benedict）则更多地谈论文化模式的相对性，她在《文化模式》（1934）一书中用不同文化成员看待世界的不同态度来诠释文化模式，并把文化视为一个社群一致的思想和行动的整体，认为文化模式在人们可能出现的行为里总是选择那些为人们所喜闻乐见的、乐意接受的特别类型，而拒斥那些与此对立的类型。

3. 文化的功能

作为知识和信念的文化，表现为符号或观念形态。它凝聚着人类永无止境地向一切未知领域探究的成果，其中饱含着人们世代积累的生产经验和生活智慧，并在人类社会的发展和进步中起着重大的推动作用。所谓“知识就是力量”（培根语），正是启蒙运动以后现代人对理性、进步、人类社会发展前景充满乐观主义情绪的写照。知识说到底就是一种信念、一种寄托。它是一个信托框架，没有任何一种智力活动能够在这一框架之外运作，而科学也就是人们所寄托的一个庞大的信念体系。我们现在所说的“科学知识是生产力”则进一步把知识和经济基础联系起来，强调科技知识对经济发展的促进作用。知识作为一种文化，被视为一套模式化的、秩序化的符号或信念体系，在人的行动与其外部世界之间起到中介作用，在人与他人或社会之间起到整合作用。由于文化具有符号或观念的特征，所以它非常容易在人与人之间、不同领域之间、不同系统之间传输。它在不同领域、不同系统之间的传输靠传播，在人与人之间的传输靠学习和社会化。此外，文化还有吸纳和同化其他文化成分的特殊能力，它可以将其他系统同化成自己系统的组成成分，这就为不同文化之间的相互交流、相互取长补短、相互融合提供了方便和可能。

作为规范的文化，它是一套对人们社会行动起指引和限制作用的规约，目的在于保障社会形成秩序和有效运转。从广义上说，规范首先是评价和衡量社会事物的标准，其次是人们社会行动的指南。人们从小开始在家庭、学校或社会学习规范并逐步进入社会化过程，正是在社会化过程中一个人从不懂事的孩子逐渐变成“社会人”，即学会把规范的要求内化成为行动的自觉，以规范来校正自己的行动目标并约束自己的行动，做到行动上的自律。所谓“社会化”也就是学会“做人”，首先是指掌握社会规范并使之成为自觉要求，其次是指学会正确处理人际关系，以便能与他人和睦相处，过有组织的社会生活。使人们做到行动自律的还有约定俗成的风俗习惯、乡规民约，前者称为民俗（folkways），后者带有伦理道德的色彩，称为民德（mores），违反了民俗民德，轻者会招致人们的反感排斥，重者会受到人们的谴责声讨。规范作为社会控制的手段，对行动者来说除了有行动自律的一面之外，还有强制性他律的另一面，这主要表现在由规范指导下的法律、法规对行动的限制，违反了法律（laws）就要受到惩罚。在任何一个行动系统中，都有一套自己的奖惩办法或措施，目的在于诱发预期行为和禁止非预期行为，规范就体现这些奖惩措施的本质。由此可以看出，作为规范的文化具有支配和控制人们行动的特征。

4. 文化是价值体系

上面所说主要是指文化作为社会规范之功能。平常我们所说的“社会规范”有两层意思，即规范当名词用时是指约定俗成或明文规定的行动标准，当动词用时指使行动合乎规定。两种意思本质上都与价值观相连，都是内在价值的外化或表现。从这个意义上说，任何价值都包含有规范的含义。当其中的某一价值被指涉或被赋予某种行动或某一目标时，对于具有这一价值观的人来说，它也就成了评价的标准，同时也就成为采取行动或确定目标的依据。联合国教科文组织国际专家小组在《多种文化的星球》报告中指出：“文化是人类为了不断满足他们的需要而创造出来的所有社会的和精神的、物质的和技术的价值的精华。”

然而，价值由于与社会生活整体运行相联系的程度不同，又可以分为几个不同等级。最普遍的价值显然是那些最能够体现整个群体认同的价值。而那些能在相对较低不同社会层面运行的其他规范，也是从那些最普遍的价值规范中派生出来的。在这个意义上我们可以把文化视为一个价值体系，它由最高层次的理念价值（ideal values）、中间层次的规范价值（normative values）和最低层次的实用价值（practical values）三个部分组成，这三种价值分别对应于文化中的道德理想、典章制度、器物行为三个面向。在常态下，价值的三个组成部分之间保持一种上下层级的隶属关系；上层统领、支配下层，下层归属、服从上层；上层发布给下层的是信息或指令，下层提供给上层的是资源或能量，中间层次则是连接上下两个层级之间的中介；最上层的理念价值与超验的形而上环境接壤，最下层的实用价值则与经验的自然环境相连，中间层次的规范价值则是把超验理念变成实际行动的转折或过渡；三者之间呈现为一种环环相扣、相互依存、相辅相成的互动关系，本质上是一种既相互适应、又保有一定张力的动态调适关系。三者合在一起构成统一的价值体系，通过诱发人们行为的动机，指引并规约着人们的行动，从而使人们的行动从基于意志自由的个体层面上的冲突无序，转变到整体层面上的和谐有序，进而使社会生活保持"秩序"状态和稳定局面（即所谓的"治"）。反之，当三者关系由张力变为对立冲突时，价值体系就会出现混乱错位，人们的行动就会失范，社会就会出现动荡和无序（亦即"乱"），社会秩序也就会由治变乱。

5. 价值体系的结构

所谓理念价值，亦即道德理想。它是一个民族的性格、特征的集中体现；它统摄真、善、美各个领域，是一个民族崇尚什么和反对什么的根本标准。中华民族的理念价值基本上体现在以儒家为代表的文化大传统中，它一直是中华民族历代典章制度的精神依托，并深刻地规范着中国人的思维方式和行为方式。中华民族历经几千年的发展，其文化几乎没有大的断裂，中间虽有过低谷和挫折，但与其他几个古代文明国家相比，如希腊、埃及、巴比伦，仍然具有屹立于现代世界民族之林的能力。中华文明这种强大的生命力不能不说是与其大道哲学"发育万物、峻极与天"的理念价值有很大关系。理念价值是从经验事物中提纯、抽象出来的义理，属于形而上，故谓之"道"。它至大、至深、至极，俯揽万物、包容一切，"致广大而尽精微"，是一切经验事物的最终根据。理念价值的合理性根据是它自身，不假外求，因为它本身即属于一种形而上的价值合理性，故不能再诉诸经验检验。

规范价值是隐蔽在典章制度中的意义，并在具体法律条文、政治制度、乡规民约、风俗习惯中得以体现。规范价值作为人们行为的规约，其内容除了包含有人类先进文化中普遍适用的内容（生存、发展、人权、种族平等、男女平权、环保等）外，还具有一些体现不同民族特征的地域特色内容，其中的差异反映了不同民族价值上的取舍。规范价值作为理念价值与实用价值之间的中介，其内容必然既要受到理念价值的限定，又要为实用价值提供指导，为此它必然带有形而上和经验的双重性格，换言之，它要兼具形而上和经验两方面要素。表现在社会生活中就是，各种社会规范的确立，必然是在理念价值指导下进行的，在这个意义上它既是主观的、价值合理性的；但当对社会规范被遵守的可能性进行考察时，就一定会涉及对客观环境、条件、内容本身的分析，这样它就又具有了客观的、工具合理性的因素。

实用价值则纯属一种手段合理性，亦称工具合理性。它是人们在日常生活世界中的行动逻辑，即在行动目的确定的前提下，它只专注达成目的的手段之效率问题。因此，工具合理往往就事论事，非常实际，非常理性，其基准是功利，是有用，表现为对行动方案所做的利弊权衡，亦即理性选择。因此，讲理性一定是与可计算性、可预测性、讲究功能效率相联系。在这种取向下，每个人在行动时都像“经济人”那样工于计算，以最少的投入换取最大的产出，其行动逻辑是效益最大化原则。

6. 价值体系影响着社会的治乱兴衰

在上述价值体系中，实用价值在价值体系中是变化最为频繁、形态最不稳定、持续时间最短暂的。它要随时根据周边环境、客观条件的变化不断地修正自己的取向，更多地属于一种权宜，带有很强的机会主义性格。而理念价值则相反，由于它是对某种既定理想的主观确认和承诺，其合理性完全系于个人的世界观或主观偏好，更深刻的根源存在于超验的形而上领域或内在的心灵习性之中。就相对其他两者而言，理念价值形态最为稳定、变化最为缓慢、持续过程最为长久。规范价值介于理念价值与实用价值之间，起到承上启下的作用，它对人的行动的影响需经过实用理性而发挥作用，故对人的行动的影响没有实用理性那样直接，但作为规范制度，其作用又比表现为道德理想的理念价值来得快捷。在正常情况下，这三种价值呈现为良性互动的关系，价值体系就表现为秩序状态，社会就稳定地发展。在非常态情况下，例如当社会出现急剧变迁时，社会生活发生了剧烈变化，导致人们的思维方式和行为方式起了相应变化，而规范制度的改变总要相对迟缓一些，赶不上人们行动的变化，出现一段相对滞后期，致使人们的行为无所依据，失去规范制度的指引，造成了所谓的“失范”现象。与规范制度的相对滞后相比，理念价值的变化则极其缓慢，表现出极强的稳定性。这样三者之间的失调就会愈演愈烈，如不及时纠正，社会秩序就会遭到严重破坏，接着必然会出现整个社会的动荡局面。

在人类历史上，思维方式和行为方式在不同社会和不同代际的人们之间都会有所变化，这就是文化的变迁，只不过这些变化以往都发生在局部而且不明显，往往被人们所忽视。但是在今天，迅速增加的大量信息和日益紧密的相互联系推动着人们迈向全球化时代，与此相联系，人们价值观念的变化随着社会生活节奏的加快也在加快步伐，不同文化之间的相互扩散和相互融合也在加速蔓延。因此，我们看待文化既要从共时态的结构角度着眼——譬如上述从结构功能的视角，同时还要从历时态的过程角度或称发生学的立场加以考察，二者同样都是不可或缺的。下面我们将转入从全球化这一动态的角度考察文化的变迁问题。

二 全球化背景下的文化冲击及其后果

1. 全球化与国家权力的不平等格局

当前，全球化正以迅猛的势头在世界范围内兴起，其影响在社会生活各个领域日益引起人们的普遍关注。全球化是基于资本、高新技术等经济因素的外向扩张，导致世界规模的统一大市场和跨国公司的形成过程。换言之，金融资本的全球流动、经济贸易的自由化、跨国公司的国际扩张、信息技术在各领域的广泛应用，这些都标志着全球化时代的来临。在这一过程中，资本的高效能国际化运作方式作为一种示范效应，必然对其他领域产生强烈冲击，从而带动整个社会的全球化。从 20 世纪 80 年代末开始，经济自由化的浪潮在东欧社会主义国家解体以后席卷全球，市场不再受国家边界的限制，资本可以在国家之间自由流通，跨国企业为寻求更廉价的劳动力和更低税率的市场将资本从一国向另一国流动；再加上互联特网、多媒体等在各领域的广泛应用所造成的急遽时空压缩感觉，把世界变成“地球村”，这个过程被称为全球化。

法国著名传播学家阿芒·马特拉（Armand Mattelart）认为：“全球化是一种商业活动，它是一个公司的组织模式和一个世界空间建立关系的模式。为了描绘这种组织模式，经济叙事求助于隐喻，如全球照相、变形虫，并经常借用生物学语言，探讨企业和世界市场。这些隐喻首先说明了企业内部刚性等级的终结，即金字塔权威体系的衰落，这个体系继承了源于第二次世界大战的军事化的管理概念。在这个体系中，作为技能资源的信息被滞留，按照批准和惩罚的方式来维持运转。与此相对应的是出现了网络的管理模式。信息和传播网络把每个人牵连在内，意识到对创造和实现目的的责任，正面评论是寻找互动网络的和谐，从而引导从业人员的创新，推动雇员的自发创造性：在组织中把他们获得的知识和技能作为对工作的重新投资。”

学术界认为全球化概念是从 20 世纪七八十年代“金融全球化”开始，然后逐步向经济贸易领域、社会文化领域扩展的过程。在这个过程中表现出几个特征：世界已成为一个“地球村”；市场规模不再是民族国家而是整个世界；城市生活模式占主导地位；可观察到的社会发展趋势具有决定性影响（如个人主义的蔓延、青年人生活方式的美国化、老龄人的解放等）。据此西方发达国家以经济领域为代表的关于全球化的后果有三个假设：在高新科技压力下人们需求的同质化；价格竞争的同质化（消费者从物美价廉的商品中受益）；贸易经济的同质化（标准化的实现是通过降低生产成本的世界市场同质化）。

与上述那种经济“同质化”的全球化观点不同，赫尔德等人在《全球大变迁》一书中勾勒出完全不同的一幅全球化的图景：“全球化最好被理解为一个进程或者一组进程，而不是单一的状态。它反映的既不是一个简单的线性发展逻辑，也不是一个世界社会或者世界共同体。相反，它反映出了区际交往和交换网络与系统。在这方面，国家体系与社会体系在更广泛的全球进程中交织在一起不等于全球整合。”

“全球化与一个具有能动性和限制性的、演进的动态全球结果有关，但它也是一个高度分层的结构，因为全球化非常不平衡，它不仅反映了现有的不平衡和等级模式，而且产生着新的包容和排斥模式，以及新的赢家和输家。因此，全球化可以被理解为一种结构化和分层化过程。

“任何对于全球化进程的一般性解释必须认识到，全球化不是一个单一的状态，最好被理解为一个分化的、多面的进程。”

尽管当前论述全球化的著作汗牛充栋，对于全球化及其前景的看法也不尽相同，但是却没有人怀疑，全球化趋势在20世纪初的世界社会经济发展中将进一步强化，贸易自由化会得到更广阔的发展，跨国公司和国际资本的经济意义将会有更深刻的显示，经济全球化的宏观进程及其连带效应以及可能后果必将在更广泛的领域、更深入的层次上得到显现。不管人们从道德上对其做出怎样的评价，全球化如同人类历史上曾经发生过的工业化、现代化、都市化等社会现象一样，仍将作为一种自然历史过程与21世纪的人类正面遭遇。我们只能以理性的态度审时度势、权衡利弊、因势利导、趋利避害地做出应对。由于历史的原因和现实条件的限制，全球化对不同发展程度的国家带来的机会是不平等的。西方发达国家挟综合实力、资金、技术方面的优势，从中得到更多的好处和机会，而广大发展中国家在上述几个方面的劣势决定了它们在全球化过程中的被动地位。

2. 全球化对传统价值观的冲击

全球化对文化的冲击首先表现在对传统价值观念的质疑和挑战。价值观念是一个民族文化传统的核心，它集中体现了这个民族的理想追求，并对制度和行为产生持久而稳定的影响。价值观念是在长期历史过程中逐渐形成的，它一旦形成之后就保持某种相对稳定性，只是伴随着社会生活的演进而缓慢地发生变化。在急剧的社会变迁中，当它受到强烈的冲击而发生剧烈变化时，就会造成社会制度方面的失调，由此引起社会行动的失范，造成社会秩序的失控，进而出现严重的社会危机。

全球化的推进对传统的关于国家的价值观念提出了质疑，使“民族国家”主权的神圣不可侵犯性受到了冲击，促使起源于18世纪末以民族国家为单一主体的国际体系向多元主体的网络化的全球权力转变。近年来发生的科索沃军事冲突、“9·11”事件后美国发起的国际反恐怖主义联盟出兵阿富汗、联合国安理会决定核查伊拉克等事件，都表明在国际关系中多边干涉的上升势头。多边干涉理论认为，在全球化相互依存的世界里，一个民族国家的内部事务已经和整个世界发生关联，国际社会不能对个别国家破坏全球秩序的行为置若罔闻。显然，多边干涉理论与国际法以及立基于国际法的民族国家主权观存有很大的张力。在多边干涉理论的解释里，当传统的国际法与民族国家主权与全球秩序、国际安全发生抵牾时，做出让步的显然应该是前者。于是，传统上被认为绝对不可分割的国家主权现在至少要被分解为核心主权与边缘主权两部分：前者的权力可视为绝对的、不可谈判的；后者则是相对的、必要时可以让渡给国际社会。虽然多边干涉做法在法理上有待于进一步深入阐发和论证并补充到国际法原则中去，但在解决全球化过程所引发的国际事变的实践中已为大多数国家所默认。现在的问题是，“9·11”事件后美国的战略防御概念已由威慑和遏制转向“预防性打击”，即所谓“先发制人”概念，美国已越来越不满意多边干涉做法必须经过国际社会的多边协商程序的繁文缛节、耗费时间和精力、低效率，转而倾向于必要时单打独斗。正是在这种多边干预进而单边主义主张愈演愈烈的形势下，民族国家的概念几近被抽空，国家主权的内容越来越受到排斥。与此相联系，在西方一些社会思想家的笔下，似乎民族即使在本体论意义上也是一个“想象的共同体”（B. 安德森语）：“民族认同经常被认为是来历不明和人为建构的，并且服务于统治阶级的利益”；“民族和民族主义基本上是一种感情或情绪的产物，缺乏理性的内容”。这样一来，民族国家存在的目的和作用，权力实施的方式、范围和限度都受到不同层面上的质疑和冲击，取而代之的是一种“具有世界主义（cosmopolitansm）色彩的民族观”以及建基在此之上的“世界性国家”的出笼。

事情果真如此吗？现实告诉我们事情绝不那么简单，我们切不可在这些问题上书生气十足，把社会科学的理念当成民族国家的现实，在国际关系上掉入陷阱，上当受骗，使国家利益蒙受损失。现实的情况是，在全球化过程中，国家无论是在国内还是在国际仍然发挥着关键作用：在国内，积极组织管理社会肌体的有效运转，领导制定社会经济发展规划，实施社会动员完成既定社会目标；在国际上，组织本国企业向国外投资，主动参与国际经贸活动，协调关税、贸易方面的相互关系。在可预见的未来，民族国家在社会生活中仍然掌握着重大的基本权力，在全球化进程中起着至关重要的作用。如果发展中国家在全球化伊始就立即解除思想武装而“不设防”，不啻拱手把国家主权交给外人，也就不必再谈什么国家利益、安全、外交了。其实，“国家”一词的含义直接就表现在外交政策和安全上，国际政治离开国家权利或主权讲外交和安全，岂不无的放矢？

民族国家在全球化过程中虽然面临重重挑战，但据此认为民族国家现在就要“终结”未免为时尚早。在理论上，即使主张一种世界主义的和非自然主义的民族国家观的哈贝马斯，也认为现时就抛弃民族国家概念显然操之过急。他主张应取一种“扬弃”态度，亦即在保存民族国家作为政治和国际关系主体的前提下，抛弃民族国家的政策，并建立跨国机构以弥补民族国家能力之不足。在哈贝马斯看来，这种跨国机制的最终完善状态或理想状态，就是一种“没有世界政府的世界内政”。这是一条通向“后民族民主”的道路，它标示着欧洲现代性的成就——强调民族国家之间的平等地位和个体的普遍主义诉求，同时也是欧洲认同和统一的核心。哈贝马斯认为，这种全球化道路既不是“同化”，也不是纯粹的“共处”，毋宁说是一种“团结他者”的模式。具有讽刺意味的是，距离刊载哈氏上述观点的《时代周刊》（2001 年第 27 期）出版不到一年，当今世界上的几个主要大国就在关于解除伊拉克大规模杀伤性武器问题上发生严重分歧：美英力主武装攻击伊拉克以推翻萨达姆政权；法德俄则坚持在联合国框架内实行武器核查。双方看似目标一致，只是达至目标的手段上有分歧，实质上却潜藏着两方在中东地区国家利益的深刻矛盾。美国强烈不满法德为“倒萨”设置障碍，布什政府的鹰派人物轻蔑地贬讽法德从中作梗是“老欧洲”行为方式，扬言要与其他几个“新欧洲”盟国一起将推翻萨达姆政权的斗争进行到底。这一事件已然深深地导致了北约内部分裂、欧洲分裂、安理会分裂、世界分裂。放眼全球，一系列事变充分说明，在当前情势下绕开民族国家谈“世界政府”，只是哈贝马斯式的一厢情愿，或者说是一种新康德主义—自由主义的乌托邦。

3. 全球化并不必然导致民族国家的衰落

上述那种全球化过程中民族国家“式微论”“消亡论”并不符合当代国际社会的真实状况，理论上也并非无懈可击。首先，我们必须从经验上承认当代国际政治经济秩序是一种不平等格局。冷战结束后形成的美国一强独大局面使它成为世界的霸主，占据世界权力的中心。从权力中心向外辐射直至外围边缘，各个国家根据综合实力依次分布形成权力分配的“差序格局”。居于权力边缘的是那些综合国力比较弱小、处在发展中的小国。全球化过程中民族国家权力和各项职能受到削弱的正是这些弱小国家，居于权力中心的美国的国家主权非但没有削弱，反而有无限扩张的趋势。这是因为全球化对民族国家的作用力并非单一方向的，一方面，它加速了国际市场的开拓和跨国资本的流动，使不同民族和国家的联系在日益加深；另一方面，全球化也促使国家之间的政治经济竞争更加激烈，政府作为国家权力的执行者其社会管理者职能不仅没有减弱，反而有日益强化的趋势，这也说明民族国家的地位和作用在加强。

事实上我们也看到，发达国家的政府总是千方百计地为本国企业创造更多的贸易机会和市场空间，有时不惜动用政治军事优势向别国施加压力，有时还会借用立法手段，极力保护本国市场不让别国染指，以求确立和强化本国的竞争优势。美国和欧盟为了国家经济利益经常发生贸易摩擦，有时甚至白热化到诉诸国际法院仲裁。最近，布什政府以打击恐怖主义为名下令成立权力庞大的国土安全部，以及稍早前美国政府宣布即将修改法令，有意“放宽对国家暴力的限制”，默许政治暗杀，等等。这一系列事件表明，美国的国家权力无论对内还是对外都有扩张和膨胀的趋势，即使在美国国内也引起了一些有识之士的疑虑和反感，譬如著名哲学家诺姆·乔姆斯基（Noam Chomcky）就曾著文激烈质疑和批评布什的外交政策。

至于在理论上，冷战后西方一些学者提出了一系列关于未来世界秩序的理论模式，包括全球化理论在内，都主张强化全球的同质性亦即价值观的同一性。但是，这些理论都有两个明显的缺陷。其一，在这些论述的字里行间充满了“西方中心论”式的傲慢与偏见，对发展中国家的历史、文化、社会现实缺乏起码的尊重和理解；其二，对民族主义在东方的缘起及其在东方民族国家产生中的历史地位、特征、现实功能缺乏深入的了解，因而难以理解东方人对民族文化或“文化民族主义”的执着立场，必然会带来沟通和交往上的误解和隔阂。这里的问题不在于譬如像人权、致力和平、政治民主、尊重女权、保护环境这些观念是否具有普遍意义，而在于把它们作为一种普世价值提出成为具有普遍强制性的行为规范和道德规范，这种做法本身不仅忽略了不同民族在社会经济发展程度上的差别性和文化传统上的异质性，而且作为游戏规则的制定者、游戏的参与者、规则执行的监督者、惩罚措施的执行者都是作为世界强者的西方发达国家，然后把规则强加于人令其就范，这种做法于情于理都相悖逆，不能不令人怀疑这是在为各种名目的干涉主义提供“合法性”根据。在这个与所有人的行为准则都相关的人类伦理底线问题上，能否像哈贝马斯的“沟通行动理论”提倡的那样，先在不同族群、不同文化之间进行对话、商谈，取得共识后再得出一个共同遵守的准则。少数国家未经任何国际组织协商就为所有民族规定行为准则，无异于不经授权就为别人立法，这种霸权主义做法必然会招致反感和阻力。

4. 全球化对民族认同的冲击

另外，我们也应看到，全球化过程中文化首当其冲地受到冲击还有文化自身的原因。全球经济一体化以及沟通手段的国际化为世界各国的文化传播、交流、融合提供了前所未有的大好机遇；全球化过程持续得越长久、涉及的方面越广、力度越大，文化间的交流也就越密切，影响也就越广泛、深入。这种文化传播和融合既是指世界不同文化之间的相互作用，又是指个别文化与以全球经济一体化的思维模式和行为模式为体现的全球化取向的文化之间的相互交流和融合。但在后者的相互关系中存在着一种张力和冲突，这主要表现在全球化作为当代世界发展的大趋势，其主要规律性与在前全球化时期业已形成的民族文化的惯性之间存在着难以弥合的对立。全球化过程本身所具有的规律性在很大程度上限制了不同民族文化的自我防卫机制的发挥，使民族文化丧失自我保护的机会陡然增多，极易沦为被动的弱势一方。显然，全球化不能用个别文化所熟悉的手工艺工具和操作方式来实现，它也很难完全适应民族文化一成不变的生产模式，这里就有一个相互适应和磨合的过程。高新科技手段的飞速发展相对简化了文化间相互学习、接受和适应过程的时间，唯其如此，不同文化间的共性的发展才会不断加快速度。

与此同时，不同文化间的这种交流、融合过程在很大程度上要受到国际关系变化的影响，其中比较重要的有：国家安全利益导致的相互之间不信任所产生的不稳定因素，有时会打破国际关系的脆弱的平衡状态；受经济利益驱动，国家之间有时为获取最大利益而发生矛盾冲突；国家范围内的非政府组织、国际性组织、民间社会组织（如国际红十字会、女权主义组织、绿色和平组织以及各种行业性民间组织等）作为一种独特的政治文化不断涌现和日趋活跃，成为国家、地区与世界之间的特殊文化沟通桥梁，但它们由于属于非体制性文化，因而可能包含有反向作用的对立因素。这些因素由于具有国际性、跨国性背景，可能会与民族文化和民族认同在交流时发生激烈的碰撞，既可能产生冲击，也可能会增加文化之间的交流和融合。

5. 全球化对文化多元化的冲击

尽管民族和民族国家自产生以来曾受到过各种思潮（如无政府主义、世界主义以及国际主义等）的质疑和反对，但在有效的文化力量对比中，重心迄今依然保持在民族文化和民族国家这一边。可是我们也应看到，当代一系列技术革命和制度变迁已经大大地改变了过去那种力量对比关系，使民族文化和民族认同在未来的竞争中确实增加了脆弱性和易变性。高新传播技术尤其是国际传媒大亨的出现，已经使全球文化交流成为一体，致使当今的文化交流，无论从范围、强度、速度，还是从多样性来说，都远远超过了以前的规模，也是过去一切时代所无法比拟的。相比之下，民族文化和民族认同及其制度方面的重要性无疑会大打折扣。加之在全球化过程中，发达国家总是利用既有的科技优势，凭借互联网、大众传媒和各种舆论工具，不遗余力地宣扬西方主流文化实践和价值观，以单一的视角告诉人们应该如何生活，强调西方主流文化的一元性，预言未来全球文化的同质化，与此同时又以贬损和牺牲其他多元文化视角为代价，严重地损害了其他非西方的区域性文化传统和价值观。这种做法带有很强的文化上的“我族中心主义”（ethnocentrism）味道，坚持“西方文化中心论”立场的人经常以文化统一性为名把自己的生活方式和行为方式、规范和信仰、价值观念当成唯一合理而正当的形式，并以此为标准去衡量他人的行为和文化，国家或以我画线，压制文化多元主义的发展。譬如，在国际传播领域，发达/发展中国家信息流量的不均衡造成的传播媒介不平等是多年来存在的老问题了，它反映了两种不同类型国家在文化竞争中的不平等地位，实际上它是由当代国际政治—经济不平等态势决定的。发达国家利用自己的经济和科技优势排斥文化多元化的发展，这一做法既不符合当代世界文化多元化发展的客观现实，也会从理论上为丰富多彩的、多元并存的全球文化的最终形成增添障碍。

事实上，我们在社会生活中经常会看到，一个社会之中可以同时有多种文化存在，其中一种文化起主导作用，构成了这一社会文化的主干，另外还有一种或几种文化起辅助作用，它们可以一起分享一些主要价值和规范，甚至还可以共同拥有相同的集体记忆。但这些共同性并不能掩盖它们之间的差别性，因为它们还具有自己的文化特殊性，并以此确保自己的文化身份。联合国教科文组织在题为《多元文化的星球》的报告中，把世界文化定义为由欧洲文化、北美文化、拉丁美洲文化、阿拉伯文化、非洲文化、俄罗斯和东欧文化、印度和南亚文化、中国和东亚文化等不同部分构成的有序组合，以及经过整合加以平衡的多样化的产物。可见，无论是在民族国家抑或是在国际社会，文化的类同性和差异性同时存在都是屡见不鲜的现象，这是文化统一性与文化多样性的辩证法。诚如欧文・拉兹洛所言："统一性完全不同于一致性，它不是基于消除各种差别，而是基于使这些差别在一个和谐的整体中整合。"因为全球化所应致力的，就是要实现一个在多样性中整合的世界，而不是把一个丰富多彩的大千世界变成单一枯燥的同质化的宇宙。毕竟，人类的共同未来不能只有多样化而没有协调，也不能只有统一而没有多样性。

6. 消费主义对民族文化的冲击

全球化过程中文化的一元化与多元化之间的张力和冲突，是全球化文化互动的核心问题。一元化又可分为"美国化"和"商品化"两种形式，前者可归结为文化霸权主义的问题，后者可视为消费主义或消费文化的问题。全球化对民族文化的冲击还表现在消费文化的飙兴以及大众文化的风行，它使人们的生活经验发生严重分化和分裂，而对人类共同的文化的意义做出截然相反的解读，从而使人们的文化认同受到了严重冲击。所谓消费文化（consumer culture）或消费主义（consumerism）是指当代西方发达资本主义国家出现的一种以生活方式的选择开始主导大多数国家的经济活动的趋势，这种生活方式深受传媒广告所宣扬的审美情趣、品味建构的影响，诱惑消费、追逐消费、炫耀消费并使消费成为经济活动的主导，甚至使消费取代生产成为主要经济活动的内容。消费不仅是生活方式，而且是文化形式，即使在文化实践层面也以消费作为主要目标的趋向，导致了消费社会的诞生。

过去，韦伯所讴歌的"新教伦理与资本主义精神"是说新教徒为了追求"灵魂得救"这一宗教目的，通过"天职观""预定论"等宗教戒律（即“新教伦理”）这一中介的转换而导致他们关注世俗经济行为并把它视为宗教救赎的手段，从而养成了勤俭、刻苦、工于计算的行为方式和思维方式，客观上却助长了一套理性化的生活方式和劳动组织（即“资本主义精神”）的产生。在韦伯看来，这是一种“无心插柳柳成荫”式的巧合。现在消费社会却把一切都颠倒过来：把本来属于手段的财富当作目的——为财富而财富——来追求。正如鲍曼所言：“而现在则不然。如今，崇拜的对象成了财富——作为最光怪陆离、奢华挥霍生活方式保证的财富——本身。重要的是人能干些什么，而不是该干些什么或已干了些什么。正是毫无节制，甚至轻浮的美学趣味的炫耀，而不是遵从职业道德或枯燥、简单而节制的理性戒律即鉴赏力，也不是单纯的经济上的成功，才是他们（指富有的消费者——引者）所悉知的伟大之处，才使他们获得了世人的叹服。”

西方著名文化批评家詹姆逊（Fredric Jameson）在评论当代西方消费社会（他也称之为晚期资本主义或跨国资本主义）的文化特征及其与后现代主义的关系时写道：“美感的生产已经完全被吸纳在商品生产的总体过程之中。也就是说，商品社会的规律驱使我们不断生产日新月异的货品（从服装到喷射机产品，一概永无止境地翻新），务求以更快的速度把生产成本赚回，并且把利润不断地翻新下去。在这种资本主义晚期阶段经济规律的统辖之下，美感的创造、实验与翻新也必须受到诸多限制。在社会整体的生产关系中，美的生产也就愈来愈受到经济结构的种种规范而必须改变其基本的社会文化角色和功能。”

“一种新型的社会开始出现于第二次世界大战后的某个时间（被五花八门地说成是后工业社会、跨国资本主义、消费社会、媒体社会等等）。新的消费类型：有计划的产品换代；时尚和风格转变方面前所未有的急速起落；广告、电视和媒体对社会迄今为止无与伦比的彻底渗透；市郊和普遍的标准化对过去城乡之间以及中央与地方之间紧张关系的取代；超级高速公路庞大网络的发展和驾驶文化的来临——这些特点似乎都可以标志着一个和战前旧社会的彻底决裂，那时高等现代主义还是一种地下力量。

“我相信，后现代主义的出现和晚期的、消费的或跨国的资本主义这个新动向息息相关。我也相信，它的形式特点在很多方面表现出那种社会系统的内在逻辑。然而，我只能就着一个重要题旨揭示这一点，即历史感的消失，那是这样一种状态，我们整个当代社会系统开始渐渐丧失保留它本身的过去的能力，开始生存在一个永恒的当下和一个永恒的转变之中，而这把从前各种社会构成曾经需要去保存的传统抹掉。这样一来，我在这里详述的后现代主义的两个特点——现实转化为影像、时间割裂为一连串的当下——便都和这过程惊人地吻合。”

消费不是为了获得商品的使用价值，而是为了炫耀财富；消费是支付能力的表示，是身份地位的象征。人们消费的对象已不是商品本身或商品的使用价值，而是被嵌入商品包装中的品味、格调（如阳刚、健美、清纯、秀丽、活泼、潇洒、“酷”等）和广告所表征或暗示的商品势能或潜能（地位、身份、声望、权力等），这种审美情趣再经过大众传媒的渲染成为时尚风行开来，不仅使消费决定了市场的销售走向，而且主导了厂家的生产取向，进而还影响到现代社会人们对生活方式和美学品味的选择。这种由商品包装和商品广告所提供的品味、格调、潜能主导商品价值和产销过程的现象，深刻地揭示了文化符号在现代社会具有超越客观实在的建构作用，它已成为现代消费社会的一种主导的文化形式了。消费文化的发展再借助高新科技传播手段，如好莱坞电影、卫星电视、流行音乐、时尚潮流和全球互联网络（诸如 CNN 卫视新闻和 BBC 全球服务）的大力渲染，进一步促进了经验的商品化，诱使人们在审美情趣、生活方式乃至价值观方面的日益趋同，这些无疑都严重地冲击了民族文化和民族认同，极大地助长了朝向西方文化——确切地说是美国文化——共通化的发展趋势。

（选自《国外社会科学》2003 年第 3 期）

全球化背景下的文化冲突与共生（下）

苏国勋

三　全球化意识形态批判

1. 关于“全球化意识形态”概念

法国传播学家马特拉出自新左派立场针对西方尤其是美国传媒自20世纪70年代以后对全球化的大肆渲染，把这些西方主流话语称为“全球化意识形态”。在他看来，美国媒体上的全球化话语结合了广告公司的思想和某些乌托邦式的管理理论，其实质是一种“建构全球化网络的战略”，“因为全球化是和股市上招标的金融战略在一起：最漂亮的全球化话语是竞争，一直有最优秀的文字来对这种乌托邦进行表述，要去掉所有的栅栏，包括那些民族国家的概念”。他认真考察了全球化概念的生成过程，分析了从作为军事领域用语的“全球”，到麦克卢汉（Marshall McLuhan）的“地球村”，再到国际政治学中布热津斯基的“全球化社会”，最后再到管理学上德鲁克（Peter Drucker）从消费文化意义上使用的“全球购买中心”，之后指出，20世纪70年代美国媒体上的全球化话语已变成一种意识形态。

首先，美国式的全球化概念“有一种世界的控制论表象”，这是一种粗鄙的控制论，在这里似乎所有社会事物都可以用物理学方法进行整合。这种美国式全球化概念力主在传媒体系中增加商业广告信息的容量，突显“商业表达的自由”，这就是说“在人际关系中引进商业标准和广告标准”，这恰好与人权宪章中的“公民表达的自由”观念形成鲜明对照，必然使消费文化成为社会的主导文化，进而宰制民族的、本土的文化。再次，这种全球化模式鼓吹文化的同质化或普遍主义，否认特殊性是文化创新的源泉，实际上是在宣扬“一个文化中心决定论”，亦即美国文化中心决定论。对于第三世界的国家来说，美国式的全球化模式“是一种宿命论，是一种投降，这是一种放弃责任的意识形态的基石”，“我们称之为全球化意识形态”。

美国式的全球化模式，还隐含着一个不利于第三世界的因素——使民族国家边缘化和国家主权空洞化。至于途径，不外乎两种：“一方面是推动地区发展的地方化潮流，另一方面是跨国网络的扩张”。前者表现在政治军事上，鼓动和支持民族国家内的地方分裂势力闹独立；后者主要表现在经济文化上，如跨国公司的经济扩张和传媒网络的文化渗透。

作为一名传播学家，马特拉以研究国际传播亦即传播全球化而著称，他的《世界传播与文化霸权》一书就是力图阐明传播的全球化亦即标示着经济和社会的全球化——这一贯穿于19世纪以来的国际关系发展过程的主题。他以《思想与战略的历史》为该书的副标题，深入思考国际传播实践的发展过程及其背后运行的传播学的理论逻辑。他的理论思考并非没有洞察到全球化是一个无法抗拒的历史潮流，而他所拒斥的是“全球化”这一西方主流话语背后所掩盖的权力不平等关系。“西方中心论”代表的是一种保守主义的老式霸权——对第三世界从军事征服到经济剥夺再到文化宰制；20世纪80年代以后的新自由主义是一种新式霸权，主张一种后冷战时代的市场经济万能论——市场自由化、世界性扩张、经济全球化、人的自由。二者交互发挥作用，构成全球化意识形态的基石，它的影响，可从冷战刚刚结束时美籍日裔学者福山（Francis Fukuyama）的“历史的终结”这一断言中窥见一斑。马特拉以其独特的传播学批判视角与之划清界限：“全球化是一个真实的现象，我们所抵抗的是那种全球化的命定论设想，我把它称为意识形态。”这样一来，马特拉的观点就与沃勒斯坦的《自由主义的终结》一书中的批判遥相呼应了。

对于关心全球化前途和命运的中国人来说，倘若对马特拉的理论批判意义的理解和借鉴仅限于此，恐怕只说出了问题的一半；同样值得认真思考的另一半是，“对后冷战时期重新崛起的民族中心主义在理论上保持足够的警惕”。联想到近年来国内学术界有人主张未来世界发展的特点是经济全球化和“文化民族主义”并存，也有人用文化建构的办法神化本民族的起源和不适当地拔高本民族文化地位的做法，保有上述警惕是十分明智的，因为用“我族文化中心”取代“他族文化中心”并不能真正抵御西方文化霸权的渗透，须知它们两个本是同根生的一对冤家。

2. 现代化理论的兴衰

从当前美国主流学术界全球化话语风行的热潮中，人们不禁联想起20世纪50年代美国红极一时的“现代化理论”由盛到衰的情景。第二次世界大战后，美国的政治、军事、经济实力如日中天，社会的物质丰裕程度达到人类历史前所未有的高峰，民众心理也期望繁荣景象无限期地延续下去。当时社会氛围弥漫着一种乐观主义情绪，占主导地位的意识形态也在宣扬，美国社会不存在根本性的对立和矛盾，如有问题，也只是过去遗留下来的，通过“社会工程”“社会测量”一类的应用技术即会得到改正。在国际上，以美国为代表的西方资本主义世界与当时以苏联为首的社会主义国家之间，形成两个阵营对立的冷战局面。西方国家号称它们是建基于自由主义三大目标——经济制度上的福利国家；政治体制上的权力去中心化、公民选举权利；地缘文化主导下的民族认同——之上的“自由世界”。“现代化理论”就是第二次世界大战后美国这种乐观主义的社会精神气质（ethos）的理论表达，只不过它更加志得意满地强调美国社会的发展道路是现代化的楷模，美国经验是人类社会的普遍依归，亚、非、拉刚刚获得独立的广大发展中国家要想现代化就必须以美国为样板。20世纪50—60年代美国社会学界的现代化研究犹如雨后春笋般地勃兴，譬如对中国现代化的研究、日本与俄罗斯现代化的比较研究和拉丁美洲国家现代化的研究等，其指导思想和分析策略盖源于现代化理论和结构功能主义。

在二战后的美国社会科学界占主导地位的自由派人士认为，新兴独立国家的现代化应该学习西方经验，亦步亦趋地走“美国式”的发展道路。这种现代化理论主张一种线性的社会进化模式，在社会变迁上坚持传统—现代两分法，这意味着所有社会的演进都要经过从传统到现代的发展阶段，最终都要到达自由主义—资本主义。而在20世纪50—60年代美国社会学理论占主导地位的结构功能主义中，由于所追求和所崇尚的是一种“抽象的经验主义”（米尔斯语），因而在它的理论诠释中，无论资本主义抑或自由主义，都不过是某种没有实质社会内容的、空洞的形式范畴：前者被化约成工业社会，后者被说成某种特定政权形式或官样措辞。这样一来，现代化理论也就成为一种关于历史发展目的和社会合理构成的图解模式，成为“西方社会的共识”，变成一种话语霸权，沃勒斯坦称之为“自由主义的意识形态”。这种观点刚一出笼就遭到米尔斯等自由主义内部持文化批判观点的人的反对，接着又受到拉丁美洲持激进主义观点的依附理论的反击，然后是沃勒斯坦的世界体系论的批判。譬如，沃勒斯坦曾一针见血地指出，美国本土的自由主义即占主导的地缘文化，是一种官方意识形态，因为它力图模糊、消弭自由主义内部为实现技术现代性和人类自我解放的现代性这两种斗争的界限，达到为保守派的统治阶级企图用技术现代性否定人类自我解放的现代性服务的目的：“因此，就在统治阶层认为上述两种现代性似乎很不相同甚或相互对立的历史时刻，官方意识形态（占主导地位的地缘文化）却声称两种现代性是相同的。于是统治阶级发起了大规模的教育运动（通过学校和武装力量），竭力使其国内危险阶级相信目标的一致性。其意图在于使危险阶级不要再提人类自我解放现代性的要求，而将其精力投诸技术现代性。”

在沃勒斯坦看来，自由主义的兴起是对保守主义做出的反应。“自由主义是那些力图以井然有序的方式、最低程度的破坏和最大限度的控制去实现一种全面繁荣的现代性的人们的学说。”自由主义者完全赞同技术现代性，但对人类自我解放的现代性却感到某些不安。他们认为，解放对技术人员来说是个绝佳的思想，而对普通民众来说则构成了危险。譬如曾对美国国家政策有重大影响的布热津斯基认为，“真正的平民主义式的民主从来没有在国际上取得过主导地位”，并对国家权力的实施起阻碍作用。他们希望在确保技术现代性的同时，如何使选举权、福利制度、民族认同这三大目标共同发挥作用，以便笼络“危险阶级”，从而制约源自人类自我解放现代性的主权在“民”这一思想中的过激成分。

但是，1968 年西方资本主义世界爆发的大规模学生造反和群众抗议运动，以及 70 年代西方经济的衰退和停滞与东亚“四小龙”的迅速崛起，这一切都使自由主义的三大支柱遭受了严重挑战和冲击，现代化理论也受到众多批判和质疑并由此而日渐式微，以致湮没无闻了。

3. “意识形态终结”论

属于全球化意识形态的还有“意识形态终结”论，虽然这一断言式的宣称在社会学家——丹尼尔·贝尔的同名著作（1960）问世后而广为人知，但在他之前席尔斯（Edward Shils）、李普塞特（Seymour M. Lipset）就已对此作过论述。他们共同的看法是把意识形态视为情绪、情感的王国，认为它容易被阶级斗争驱动、点燃，因而属于前现代社会的残存遗风，在现代化的西方社会已不再起作用，至少已失去其原来的意义了。譬如，丹尼尔·贝尔在《意识形态的终结》（1960）一书中写道：“意识形态最重要的潜在功能是开启情感的阀门，而不像宗教（还有战争和民族主义）那些形式一样能起疏导情绪能量的作用。宗教使用象征手法把情绪能量从现世引向祈祷、礼拜、圣餐、启示、艺术，并把它们消耗殆尽。而意识形态是这些能量的导火索，并把它们引向政治。”

为了使社会科学摆脱主观主义的羁绊，贝尔主张必须限制社会理论中“意识形态和科学”的构成比例，这是为了达到科学性、客观性必须付出的代价。于是，“意识形态”一词也就被赋予了相当多的贬义。

据马特拉考证，意识形态一词的发明者是一位名叫德斯蒂·德特拉（Destutt de Tracy）的法国哲学家，他首次用“意识形态专家”描述他也参与其中的一种哲学和政治团体的特征。这个称呼第一次被使用是1796年拿破仑出于诽谤的目的，用来指称那些反对他的统治的自由派人士。对于拿破仑来说，意识形态就是“钻研抽象思想的分析和讨论”的同义语。后来，雷蒙·阿隆在他的《知识分子的鸦片》（1955）一书中才使意识形态一词具有了今日的贬义色彩——滥觞于西方宗教的至福千年说的当代表达形式。

在丹尼尔·贝尔等人看来，西方发达国家尤其是美国，早已取得了“社会的政治共识”“意识形态的一致”，致使这一属于“前现代的”原来意义上的意识形态概念应该尘封于博物馆了，根本没有存在的必要了：“（美国）信奉实用主义政治；遵守集体谈判的游戏规则；接受渐进变革方式——无论按左翼支持的方向，还是按右翼支持的方向；既反对无所不管的中央集权，又反对自由放任；这一切构成了意识形态的成分。现在，‘在基本原则上达成一致意见’，即西方社会的政治共识，已日渐成为对待那些过去使左右两翼截然分开的问题的立场。而且，这种意识形态上的一致意见已成为欧洲发达国家和美国主要政党的意识形态，最好把它称之为‘保守的社会主义’。”

然而，比丹尼尔·贝尔的著作早一年出版的《社会学的想象力》（1959）一书的作者米尔斯（C. Wright Mills），在批判以结构功能主义为代表的美国社会学时就已指出：“在美国，自由主义一直是几乎所有社会研究政治上的共同尺度，以及几乎所有公共修辞和意识形态的来源。”他还一针见血地指出，“意识形态的终结”在美国造成了对经验主义的迷信，它需要自己的意识形态，即一种政治上满足于为现存事物辩护的意识形态。“为了官僚制目的而使用的最为规范的研究技巧，轻易便对大概就在这类研究基础上做出的决策进行辩护。反之，将社会科学的研究成果用于意识形态，也很容易地就成为官僚制过程的一部分；在今天，使权力合法化，以及使具体政策顺和民意的努力往往构成‘人事管理’和‘公共管理’的相当大部分。”

米尔斯认为，20 世纪 50 年代的美国社会学，日益背离古典社会学的社会关怀传统，沦为一门体制化、专业化的知识和技术，这表征着知识分子关于社会变迁的立场由激进趋向保守，也意味着批判主体的湮没和失语。这种状况与现代资本主义及其官僚体制的发展有着紧密关系，现代社会分工和知识分工逼迫人们更热衷于经验主义，反而促使从事社会反思的人文学者的没落。米尔斯重提“社会学的想象力”，就是要大声呼唤具有启蒙理想的知识分子，敢于直面现代性的新状况，冲破社会分工的束缚，解放现代性的批判潜能。

马特拉也曾在自己的书中谈到欧洲知识分子对“意识形态终结说”的讥讽和批评。他以罗兰·巴特的《神话学》为例，说明欧洲存在着一种完全不同于美国经验主义的传统，揭露这种认为世界和社会存在于意识形态之外的企图本身，就是一种科学主义的“迷思”（myth）、一种神话——“意识形态终结论”本身就是一种意识形态。

在一段时间里，关于意识形态终结的争论成为当时西方学术界的一个热门话题，批评的范围也远远超出了意识形态本身，涉及现代资本主义社会的本质和特征，及其与社会科学理论的相互关系问题。在众多批评和质疑下，原来提倡和坚持这一观点的人有了立场后退的松动。李普塞特于1981年《政治人》的修订版（1960年初版）中不得不增写道："不仅在与总经济领域划分的问题上的阶级冲突，而且在各种制度、象征性地位和机会上的阶级影响，将在没有绝对意识形态（Weltan-schauun-gen）的情况下继续存在，但是，……这种绝对意识形态的衰落并不意味着意识形态的终结。"

4. 关于"文化帝国主义"的争论

英国学者约翰·汤林森（John Tomlinson）在《文化帝国主义》（1991）一书中对全球化过程中文化领域的霸权主义现象进行了深入的理论剖析和梳理，提出了文化帝国主义作为"媒介帝国主义"的话语、作为"民族国家"的话语、作为批判全球资本主义的话语、作为全球性的批判这4种论述形式。作者认为前三种话语方式实际上都可以综合为批判现代性的话语，因为大众传播、民族国家、资本主义都是现代社会独具的特征，它们共同决定了现代性的文化状况。如果从全球化发展趋势上理解文化帝国主义，亦即将文化帝国主义当作现代性的扩散来看待，那么就会看到，在晚期资本主义，现代性已经转向后现代性，同时，帝国主义也已经被全球化所取代。在汤林森看来，"全球化的效果势将削弱'所有'国家的文化向心力，即便经济上的强势国家（先前时代的'帝国主义权势核心'）亦不能幸免于此。约翰·厄里（John Urry）说，全球化过程，是'组织有序的资本主义行将终结'的征兆"。而这一晚期现代性亦即全球化的境况，是现代人的一种文化宿命。

针对法兰克福学派对晚期资本主义和文化帝国主义的社会批判，汤林森反诘道："以批判性的观点论述文化帝国主义，与现实何干？……如果我们要让人们认为批判文化帝国主义有其时代意义，则必须将整个问题放在晚期现代性已经全球化的语境中，才能了然二者确实相关。虽然我们身处的世界已经改变，我们不再认为各个文化国度的差别可以简单地划分为'帝国主义'文化与'被支配、臣服'的文化，但是，以批判的角度论述文化帝国主义，仍然不失为正当的抗议之声。"更有甚者，他在另一地方写道："文化帝国主义的论说所得到的隐喻也就变成了资本主义的扩散过程，并不是'强势'文化侵略'弱势'文化，而几乎恰恰相反，西方某种败落的文化扩散至世界其他地方。"

这种公开否认西方文化与其他文化之间在交流、传播过程中信息流量的不平等现象，即使在西方学术界也不多见，虽然汤林森强调他是从现代性扩散意义上说的，但人们借助福柯（M. Foucault）的“权力/知识”理论可以看到这一现象背后所掩盖的权利不平等关系。马特拉的《世界传播与文化霸权》一书可视为从传播学角度对这一不平等关系的注解。如还嫌不够，不妨听听当今“全球霸权”的代表性人物——美国前总统安全顾问布热津斯基博士——所做的证言：“当前，美国前所未有的全球霸权没有对手。由于美国主宰全球通信、大众娱乐和大众文化的巨大但又无形的影响，也由于美国技术优势和全球的军事作用的潜在的有形影响，以上这一切（指美国的全球霸权主义体系——引者）都得到了加强。文化统治是美国全球性力量的一个没有受到足够重视的方面。不管你对美国大众文化的美学价值有什么看法，美国大众文化具有一种磁铁般的吸引力，尤其是对全世界的青年。它的吸引力可能来自它宣扬的生活方式的享乐主义的特征，但是它在全球的吸引力却是不可否认的。美国的电视节目和电影大约占世界市场的3/4，美国的通俗音乐居于同样的统治地位。同时，美国的时尚、饮食习惯甚至穿着，也越来越在全世界被模仿。互联网使用的语言是英语，全球电脑的绝大部分敲击动作出自美国，影响着全球会话的内容。最后，美国已经成为那些寻求高等级教育的人的圣地，有近50万的外国学生涌向美国，其中很多最有能力的学生永不再回故国。在世界各大洲几乎每一个国家的内阁中都能找到美国大学的毕业生。民主理想同美国的政治传统结合起来，进一步加强了一些人眼中的美国的‘文化帝国主义’。从这个体系是以美国为中心这个意义上说这个体系是霸权主义的。”

布热津斯基作为美国政府的高层智囊人物、战略思想家，他的《大棋局》一书权威性地阐述了美国在冷战后的战略利益。他的现身说法似乎没给汤林森一点面子，使后者的辩护显得苍白无力而又笨拙多余。著名文化批评家詹明信则直接把文化霸权主义与经济、政治、军事因素联系起来：“眼前这个既源于美国又已经扩散到世界各地的后现代文化现象，乃是另一股处于文化以外的新潮流在文化范畴里（上层建筑里）的内向表现。这股全球性的发展倾向，直接因美国军事与经济力量的不断扩张而形成，它导致一种霸权的成立，笼罩着世界上的所有文化。从这样的观点来看（或者从由来已久的阶级历史的观点来看），在文化的背后，尽是血腥、杀戮与死亡：一个弱肉强食的恐怖世界。”

我们虽然不同意汤林森否认文化帝国主义的观点，但并不否认他从现代性扩散上解释文化支配的现象具有一定的启发意义。这种文化支配是一个既定事实，问题在于如何认识和解释这一事实。首先，我们不同意的是——在认识和解释这一事实时，借口“强势”民族对“弱势”民族的文化支配是由于现代性扩散的结果，因而这一事实具有伦理的中立性，“没有什么好谴责的”——这一说法。这是一种典型的实证主义的观点，主张科学研究应区分事实和价值，强调科学只与事实打交道，并不言及价值。但是汤林森忘记了这里争论的是“文化支配是否属于文化强权或文化帝国主义”的问题，这一问题本身实质上即是一种价值判断（value judgment），而并非一种事实陈述（factual statement）。譬如，汤林森认为，“现代性的扩散，虽然是‘强势’社会与‘弱势’社会透过其物质资源而互动，但这样的政治与经济之支配，转换至文化层面时，并不一定呈现完全相同的结局”。这是汤氏从“西方中心论”价值立场上得出的判断。换一个角度看问题，人们可能得出完全相反的判断。无论答案是“是”或“否”，都是经过价值思考后得出的判断。在社会科学中，任何现象或事实都是与价值相关联的，价值是深深嵌入社会现象之中的构成性要素；任何社会现象都是人的行动造成的结果，离开了人的主观意图、动机、价值，社会事实就成为不可理解的了。其实，即使是对自然现象的看法最终也难逃价值的干扰，不过这牵涉更多的认识论问题，这里无法深入讨论。所谓“价值中立”（value-neutral），是指科学研究中的一个规范性原则（normative principle），它要求研究者尽力排除个人的主观偏好，不要以个人的价值玷污科学的客观性，这是指科学研究者个人应有的职业操守或学术伦理。“价值相关”（value-related）是说一切社会现象都有价值介入，就像时间—空间嵌入现象之中成为现象的构成要素一样，它是一个构成性原则（constitutive principle）。两种原则各有其指涉的领域，不能混淆。

其次，把全球化背景下的文化“同质化”、文化支配乃至文化霸权主义说成是人类的文化宿命，这也是我们难以苟同的。这一说法，正如马特拉所言，带有浓厚的命定论色彩。既然是命运注定，任何批判、反抗都无济于事，那么只能消极等待、忍受，这不是正中霸权主体的下怀吗？

作者在这里恰恰忘记了社会学最根本的一个假设就是，任何社会现象、结构、体系都是人类建构（construction）的结果，同时又可以成为人类解构（deconstruction）的结果。综上所述，可以看出汤林森的文化帝国主义论，是西方中心主义的、决定论的、精英主义的，虽然在具体分析的层面有许多可资借鉴和参考之处，但其总体结论在现实的、不同文化之间关系上所扮演的角色，却难辞为文化霸权、文化殖民辩护之咎。

5. “软霸权”的扩张和膨胀

美国加利福尼亚大学传播学家赫伯特·席勒（Herbert Schiller）在《美国帝国与传播》（1969）一书中，分析了美国传媒工业神话般的崛起及其与军事利益集团操纵的直接关系。他赞同“文化帝国主义”概念并这样刻画其特征：“通过整个程序让一个社会进入世界现代体系的核心，它的领导阶层通过魅力、压力、实力或腐败的方式来塑造社会制度，以便让其与系统的支配中心的价值和结构相一致，使这个系统本身成为制度的发动机。”

传播学的发展历史即是传播全球化和美国谋求建立文化霸权的过程。例证不胜枚举。例如，发展中国家长期以来对发达国家垄断世界传媒信息流量表示不满，1976 年就提出“信息非殖民化”问题，同年在科伦坡举行的第五次不结盟国家会议上，又提出了“信息和传播的世界新秩序”的构想。这个要求表达了广大发展中国家的强烈愿望，对建立“世界经济新秩序”来说也是一个必要的补充，因此很快被联合国教科文组织和联合国大会列入议程。在以后的一系列会议上，不结盟国家指控西方几个传播大国的通讯社（主要 4 家，即美联社、合众国际社、法新社和路透社）垄断了世界传媒 80% 的信息。关于国际信息新秩序的争论，极大地动员了美国的传媒工业一致对外，除了各种媒体连篇累牍的口诛笔伐外，还有政治—经济上的要挟；不仅把不结盟国家主张对国际信息流量不平等进行平衡的要求解释为对传媒业自由生存的威胁，而且还认为这些主张也是对信息自由流动——这一未来信息社会的根本原则——的背离；联合国教科文组织在上述问题上的立场必须改弦更张，否则美国将拒绝参与该组织的活动。

联合国教科文组织设有一个专门研究传播问题的国际委员会，1980 年该委员会出版了一份报告，其中只是把双方的立场和观点融合到对传播和信息的技术系统重新进行国际布局的问题里，其他内容不过是对双方诉求的直录，了无新意，但也确实是在联合国官方文件中第一次写入国际传播存在信息流量不平衡问题。未曾想美国政府却对此大发雷霆，1985 年里根政府将此前的威胁付诸实现——悻悻然宣布退出联合国教科文组织，在国际关系中表现出十足的霸道作风。在此之前，美国参议院起草的报告已经规定了美国的行为准则，谴责了联合国教科文组织的“政治化”，也指责了国际电信联盟，并建议华盛顿拿出补救措施以确保国际组织的有效性、非政治性，以便能够发展、管理和扩展国际电信传播的基础设施和网络运营，云云。次年，英国撒切尔的保守党政府仿效美国，也宣布退出了教科文组织。这件事可视为对席勒一段话的注解。据此，人们不难想象后来布什政府不顾各国反对强行退出限制大气排放的《京都议定书》和军备控制条约，以及在国际法庭等问题上的立场，还有单方面部署“国家导弹防御系统”（NMD）和“战区导弹防御系统”（TMD）等作为，都是出自美国政府一贯的霸权主义行动逻辑。

冷战结束后，美国的文化霸权主要体现在它向国际社会提供所谓“全球共同物品”（global public goods）的战略上，它包括：（1）维持全球重要地区的均势；（2）促进开放自由的国际经济贸易体制；（3）保护国际公共性如公海航行自由等不受侵犯；（4）维持国际规则和制度受到尊重；（5）援助落后地区的经济开发；（6）充当联盟的召集人和分歧的调解人。美国在当今世界上的霸权地位突出表现在，只有它有能力为世界各国提供“全球公共物品”，而后者对于构成世界的稳定和秩序来说是须臾不可或缺的，就像空气、水对于人的生存一样，从这个意义上说，美国的地位又是无人能取代的。哈佛大学肯尼迪学院院长约瑟夫·奈（Joseph S. Nye）把这种霸权称为“软霸权”，它是从与文化相关的各种因素所构成的“软实力”——通常包括文化魅力或吸引力、意识形态的力量，以及社会规范和制度运行机制的力量——中引申出来的，以区别于往日靠军事、经济的实力地位建立的霸权。“软实力”地位的确立固然仍需以军事实力为依托，但它一经确立就会与军事、经济实力合在一起造成决定性的全球政治影响力，使军事实力地位霸权如虎添翼，可以胡萝卜加大棒软硬兼施，一手用军事威胁，另一手用文化吸引双管齐下，形成全面控制和主宰世界的局面。

当今，美国的文化霸权是其全面主宰世界战略的重要一环，而“软霸权”的极度膨胀和扩张则是其文化霸权主义的主要表现形式。美国的“软霸权”概括说来可分为以下几种表现形式：（1）美国的大众文化、生活方式、价值观念对世界各国的影响和渗透；（2）自由主义是美国意识形态的根基，但美国当今的自由主义已日益失却了启蒙运动理想的批判传承，转向了社会政治上的保守主义，成为对既定现实进行辩护的合法性依据；（3）美国假手各种国际组织机构，利用国际规范制度及其运行机制，达到操纵和宰制的目的，为其称霸全球的战略目标服务。

6. 社会科学的“麦当劳化”

作为美国快餐的一个著名品牌，麦当劳流行于世界各地，几乎家喻户晓。麦当劳快餐与其用料配方、制作工艺、生产流程、营销策略、经营理念合在一起，形成麦当劳企业文化和产业模式而向社会生活其他领域扩展，这就是“麦当劳化”（McDonaldization）。提出“麦当劳化”一词的马里兰大学的乔治·瑞泽尔（George Ritzer）教授说，“麦当劳快餐店的原则正在主导美国社会以及世界其余地方的越来越多的部门”。

社会的麦当劳化其中一个很重要的方面是社会科学研究的麦当劳化，其具体表现就是：社会科学的特征在一定程度上越来越像麦当劳企业，而且有各种迹象表明它还在朝着更进一步麦当劳化的方向发展。效率至上、可计算性、可预测性以及可控制性这几项麦当劳的要素，逐渐向社会科学领域渗透并成为社会科学理性化的指标。这种发展趋势确实极大地提高了社会科学研究的应用性和效率，也导致了社会科学研究原创性的减少和学术研究装配线上产品的单一化和预定化。

我们不妨以美国社会学为例看看它是怎样麦当劳化的，以及它对美国社会和世界产生的影响。美国社会学的职业化是以其主要专业期刊——《美国社会学杂志》《美国社会学评论》——为首的有组织的科学共同体即美国社会学学会而实现的。在美国的学术体制下，这两个专业杂志提供给社会学家的是主流学术界认可的学术规范，它保证了社会学家的著述成为完全合格的标准化产品。每篇作品都有统一的格式，其中必须具备文献检索、理论假设、案例分析、验证假设、结论意见、参考文献等内容，而其品质则由一个经指定的专业编辑群体和评论体制来保障。这种专业化的学术体制为美国乃至全世界提供品质整齐划一的作品，就像麦当劳为全世界的快餐店提供的由同一配方、统一工艺、相同生产流程制作出的汉堡包一样。正如麦当劳的汉堡包诱导着世界各地的快餐消费者的口味趋向一致一样，两份专业杂志刊载的标准化文章也在引导着全世界的社会学家趋向于相同的学术兴趣。以至于有人做过这样的类比，多数美国社会学者的工作就像麦当劳的雇员一样，按照相同的质量标准去生产一篇又一篇麦当劳式的作品。结果就是美国社会学产品的标准化程度远远高于欧洲和世界各地社会学，在这一标准化问题上甚少有例外。与既定标准不符的作品，无论是低于还是高于标准的东西，都休想有出笼的机会。

如果社会学的麦当劳化仅限于美国一国，那问题倒还没有那么严重。但因为美国社会学自第二次世界大战后至今一直主导着世界社会学的走向，并对它的发展有着决定性的影响，所以人们完全有理由说，世界社会学的麦当劳化是美国社会学组织机构的高度专业化和学术研究标准化的结果。德国学者理查德·明赫（Richard Münch）在分析了美国社会学理论对欧洲社会学的影响后认为，20 世纪 50 年代美国社会学由帕森斯的结构功能主义范式和拉扎斯菲尔德的实证主义的量化方法论所支配，帕森斯综合了欧洲经典的社会研究方式并将其纳入他的美国社会理论模式，这个模式与一般的中产阶级、盎格鲁—撒克逊白人新教徒心目中的美国形象密切相关。作为欧洲社会的对比物，它成了美国现实的写照。在 70 年代帕森斯遭到批判后，美国社会学理论学派林立，虽然各自都有其不同的理论源头，但它们互相竞争着的范式却仍然分享着一个共同的信念：即认为社会是由自由的、独立的个人，通过竞争、交换、协商、合作的互动而构成的。明赫认为，这种美国式的我族中心的社会理念，是整个世界美国化的一个重要组成部分。20 世纪 90 年代，伴随着理性选择理论的蹿红，也同样有着麦当劳式的效应。因为“理性选择”是最恰当的、最精确的公式化了的理论，所以它可以在世界各地以同一种方式被复制并运用到极为不同的社会现象中去，其品质不会有丝毫差错。理性选择理论是一种在理论技能上进行少许培训就可以到处被复制和被使用的标准化的产品。既然麦当劳现在可以行销世界，而且每个人都明白其经济交易性，那么，理性选择的经济学范式就是可以解释随处可见的社会互动和社会过程的得心应手的工具了。由此可见，社会学的麦当劳化与世界的美国化是一脉相承的。

为了阻止世界的美国化，就需要首先抵制社会学和社会的麦当劳化。这样说并非要贬低或诋毁美国社会学在专业化、职业化道路上所取得的重要成果及其对这门学科的重大贡献，而是想指出，麦当劳化与全球化一样犹如一把双刃剑，它在张扬工具合理性、形式合理性、片面推崇功能效率、可计算性、效益最大化的同时，必然要戕害价值合理性和实质合理性，扼杀价值选择的多样性，窒息人的精神灵性。而在西方的文化逻辑中，诚如韦伯所言，工具合理性和价值合理性（instrumental rationality & value rationality）、形式合理性和实质合理性（formal rationality & substantive rationality）的关系犹如一个钱币的两面，它们既互为存在的前提，又相互背反，人们只能从适应环境上做二选一的抉择。殊不知对于人类的社会生存来说，工具合理和价值合理所指涉的科学的真实和生存的真实（scientific truth & existential truth）就像空气和水一样同属须臾不可或缺。正如瑞泽尔所言，麦当劳化的产生背景是官僚制、科学管理和流水作业线在社会生活中的普遍涌现，其主要特征是方法的标准化和产品的同质化。可以想见，如法炮制的全球化必然是过程的统一化和后果的同一化，换言之，亦即全盘美国化。这使人们联想起韦伯所说的“铁笼”（iron cage），这种状况无论对于社会科学抑或对于人类生存来说都是无法忍受的。为此，明赫大声疾呼：“欧洲社会学需要抵制这种趋势，正如它为保存自己和世界的多样性而需要抵制文化整体上的麦当劳化一样。这就要求欧洲社会学实现同样深入的职业化……但它绝非是要重走美国通过标准化实现的职业化道路。”诚哉斯言！这一呼吁，对中国社会学来说同样适用。

四 全球化背景下的文化共生

1. 正确处理全球化与本土化的关系

前面我们讨论了全球化对民族文化带来的冲击和挑战，现在我们来讨论一下面对这样的境况应如何应对的问题，换言之，这是一个新形势下的文化选择问题。这里我们首先在方法论上应明确地选择自己的立场：在全球化背景下的民族文化发展战略上走“和而不同”的路，这意味着在文化交流之中一方面要反对文化霸权主义，另一方面要抵制文化上的我族中心主义（cultural ethnocentrism）的负面影响。为此，就必须正确理解和处理文化全球化中的普遍主义与特殊主义的关系问题。

在我们的一些论述中，往往把全球化描述为变民族文化为世界文化的单向过程，这是一种非常片面的、静态的单向思维。必须从这种静态思维转向一种双向的动态思维，即把全球化视为一种从民族文化向世界文化以及从世界文化向民族文化的双向、不断往复的运动过程。这样，在某一时间点上静止地看，就只能说某种文化具备的民族的因素多一些而世界的因素少一些，或者世界的因素多一些而民族的因素少一些，而不能说只有民族的没有世界的因素，或者只有世界的而没有民族的因素。这样说来，全球化就永远处于不断变化着的运动过程之中，而不是某种静止状态。同样，全球化中的文化或文化的全球化，就永远包含着世界的和民族的、全球的和本土的两种充满张力的要素；它是世界—民族的或民族—世界的，或者，是全球—本土的或本土—全球的。换言之，文化的全球化是普遍的和特殊的二者的对立统一。

美国研究全球文化的专家罗伯森教授使用glocalize（全球本土化）一词来说明目前非常快速全球化的原因。他进一步解释道："在我的视角中，从我所说的首要意义上理解的全球化是一个相对自主的过程。其主要动态包含着普遍性的特殊化和特殊性的普遍化这一双重性过程。普遍性的特殊化，被定义为普遍性这个问题在全球的具体化，已成为寻求全球性的原教旨的原因。换言之，目前非常快速全球化的阶段促使关注世界的'真正意义'的运动和寻求整体世界之意义的运动（和个人）的兴起。特殊性的普遍化，指的是对特殊的东西、对表面上越来越精致的认同展示方式的寻求具有全球普遍性。"

对这段话的最好的理性诠释就是"自反性"（reflexivity）概念。贝克与吉登斯、拉什三人合著的《自反性现代化》一书对这个概念有深入的讨论。吉登斯在论述现代性的后果时也曾指出，全球化时代社会科学的一个重要特点就是，它的理论、概念、话语不断地循环往复于自己的研究对象之中，并且"自反性地"重新建构着、改变着自己的研究对象。所谓"自反省地改变自己的研究对象"，也就是赋予对象与（自己）原来理论、概念的意义截然相反的性质，或者说，把对象建构成具有与（自己）原概念/原理论/原话语的意义完全相反的性质。“全球化”概念、话语或理论就是一个明显例证。究其原委，与其说全球化时代没有一个稳定的社会世界让我们去认识，毋宁说对这个世界的认识本身，在全球化时代就充满着不稳定性和不确定性。

其实，我们的日常生活语言就不乏能说明这一现象的例子。“从大处着眼，从小处着手”，作为中国人的一种生活智慧，其意与西谚“全球思考，本土行动”（thinking globally，acting locally）相近，都是想说明，本土性问题只有纳入比它大得多的全球背景中，才能得到有效的解决；与此同时，只有从本土性的层面出发，才会恰当地处理全局性问题。还有一个近年来听得越来越多的、耳熟能详的说法——“越是民族的，越是世界的”，这一短语可作为理解“特殊性的普遍化”的注脚。但如果要全面地说明这里的问题，似乎还应加上它的逆命题“越是世界的，越是民族的”，才能表达“普遍性的特殊化”这另一半的内容，这样才比较周延。这话乍听起来似乎荒唐，但是仔细想想，我们日常生活中林林总总的文化现象，又有多少不是从异域民族传播中得来？我们日常所说的“音乐无国界”“艺术无国界”“文化无国界”，无非想表明，文化的生命力就蕴含在传播之中；一切文化传播都是由“民族的”和“世界的”两个矢量的双向运动所构成的动态过程。职是之故，在二者关系中任何形式的扬此抑彼都是片面的，对发展先进文化来说都是不可取的。

正如我们在第一节中已经讲过的，文化是一个符号的世界，它特别容易在不同系统中传播，可以说传播是文化的特性。故此，西方传播学者经常用“flow”或“flux”表示文化传播的作用方式和生产方式是一种流动状态。同样，中文也常用交流、流通、沟通、交往等词汇名状文化，其含义也是西文的传播（communication）一词的题中应有之义。从文化变迁角度上看，任何一种文化都在不同程度上经历着发生、发展、衰退、再生的过程，这是一个客观的普遍规律。文化发展就是选择、吸纳、同化不同系统的文化成分变成自己的构成性要素，这在中国和世界其他民族的文化中都是屡见不鲜的。因此，文化任何时候都是一个动态的、开放的、不断变化着的系统，它的发展、壮大永远离不开与其他文化的交流、沟通和传播。任何由于担心全球化会带来文化冲击和消极后果而主张文化上“闭关自守”的观点，都是没有根据的，也是根本做不到的。

相反，为了把我们的文化发展壮大成真正先进的文化，就必须进一步深化文化领域的改革开放，以与时俱进、不断创新的精神从世界不同民族的文化中汲取营养，来改革更新传统文化中一切与时代不相适应的价值观念。

如果我们这样来认识和看待全球化，就不会相信文化全球化导致完全西化和同质化的结论，就会增强自己的文化自信心，从而以“有容乃大”的包容心态和宽容精神去对待异质文化的理念、习俗、生活方式，通过平等对话、理智沟通去最大限度地化解不同文化之间的张力和冲突，为我国的和平和发展营造一个有利的国际环境。

2. 坚持“和而不同”的民族文化发展战略

2002 年 10 月，江泽民主席访问美国时，曾在布什图书馆发表演讲，其间引用了孔子的“和而不同”思想，指出“国家之间应和谐而又不千篇一律，不同而又不相互冲突；和谐以共生共长，不同以相辅相成”。他还指出：“世界各种文明、社会制度和发展模式应相互交流和相互借鉴，在和平竞争中取长补短，在求同存异中共同发展。”江主席的这番论述也为我们在全球化时代处理不同文化之间的共生、发展民族文化问题上指明了方向。

“和而不同”语出《论语·子路》：“君子和而不同，小人同而不和。”原意是说君子用自己的正确意见来纠正别人的错误意见，使一切恰到好处，而不盲从附和。而小人只是盲从附和，却不肯表示自己的不同意见（参见杨伯峻编著《论语译注》）。“和”，指调和、和谐（harmonious），如五味的调和，一定要有 5 种原料才能调和滋味；同样，八音的和谐，要有高低、长短、快慢各种不同的声调才能使乐曲和谐。“同”，指认同、同一、同意（identification，consensus）。“和而不同”，是指在保持自身独立性的情况下与他人团结、合作，以达到真正的整体和谐。因此，“和”还有中庸、适度、无过无不及、恰到好处，即和美之意。《论语·学而》说：“礼之用，和为贵。先天之道，斯为美；小大由之。有所不行，知和而和，不以礼节之，亦不可行也。”大意是说，“礼”的作用固然在于“和”（凡事恰到好处），但“和”必须以礼为原则。如果离开“礼”，言“和”就是“不以礼节之”的“和”，也是不可行的。故《国语·郑语》中说：“和实生物，同则不继。”就是说，任何事物的发生都是由不同的要素和合而成；只有同质性（homogeneity），就无差别、对立，缺少异质性（heterogeneity），则难以持续存在。把这种认识扩大到不同文化传统上来，就是要承认不同文化传承之间的差异，在“不同”的基础上通过沟通、商谈，求同存异，达成“和”（融合），才能使之得到发展。倘若一味追求形式上的同，不但得不到发展，反而导致衰退，难以为继。

“和而不同”以简约的形式高度概括了古代中国人的共生理念，对于我们今天在全球化背景下处理不同文化传承之间的关系，建构一种全球共生文化具有重要的借鉴意义。所谓“共生”，本来是指生物学意义上两种生物之间的寄居共栖关系（symbiosis），进而在人际和国际之间比喻为共存—共处的关系（co-existential relationship），再进一步在不同文化之间借喻为“你中有我，我中有你”的具有内在关联的共生关系（inter-existential relationship）。在当今世界，以高新科技的迅猛发展为依托，经济社会发展的全球化趋势已是社会生活中的不争事实。在全球化的背景下，每一个共同体或国家在经济资源、生态环境和领土安全上必须以其他共同体或国家的安全为自己存在的前提。它们之间的关系必须建立在一种具有内在紧密关联、彼此具有相互构成性因素的文化——即相互依存的亦即“共生”的文化（inter-existential culture）——之上，这一点变得越来越重要，也越来越被人们所认识。换言之，今天的人类活动已连成一个互动整体，这就要求人们的行为方式和思维方式必须摆脱那种二元分立对决、非此即彼的争斗共生模式，从思维模式中放弃那种“零和”（zero sum）游戏规则，改行一种“双赢”（win-win）规则。

但是，这并不意味着全球化过程之中将会形成一种单一的、同质的世界文化。从文化上看，全球化表现为一种不同质的文化之间相互传播彼此融会的过程，亦即丰富生动的、多元并存的全球文化的形成过程。这是一个由全球文化的统一性和民族文化的多样性两个矢量构成的、不断循环往复的双向运动过程。对于每一个民族国家而言，这里都有一个正确处理全球文化统一性与民族文化多样性的关系问题，关键在于如何保持二者的动态平衡。为此就必须在民族国家内反对文化上的我族中心主义（cultural ethnocentrism），又要在民族国家之间反对文化上的霸权主义（cultural hegemonism）。这两种貌似对立的极端倾向，本质上具有一个共同点，即都否认文化多样性的价值。

文化的本性在于创造（creation），其使命与一切墨守成规、刻板一致、千篇一律是不相容的，创造必然导致多样性。在文化领域，只有不拘一格才会呈现出丰富多彩和生机勃勃的活力，而同质性、统一性必然窒息文化生命。

中西方文化是两种不同质的文化典型，二者既呈分立态势，又是一种互补关系。概括说来，西洋文化基于主客二分立场发展出一种重经验分析的进路，目标在于获取主体对客体的把握和支配能力；而中华文化则立基于物我互为主体性（inter-subjectivity）上，强调历史综合的路向，以保持人与外部环境的调适、适应为目标。

中西文化上的这种差异性和互补关系凸显在中西方医学关系上。众所周知，中医的经络学说视人体为一系统整体，通过望闻问切四诊合参的途径达到辨证施治的目的。而西医是建立在生理学、解剖学和临床治疗学等基础学科之上，把人体分解为局部组织进行治疗的。二者依据各不相同的理论和方法对疾病进行治疗，疗效也各不相同。大体说来，西医对急性病症、局部病变的疗效要快于、优于中医，而中医和中草药则对许多慢性疾病有显著疗效，同时又可以免除西医西药衍生的许多副作用。近年来，世界卫生组织也在大力提倡将传统疗法和现代医学结合起来，以达到疗效上的互补，为祛除人类健康所面临的许多新的疾病威胁而服务。

面对新世纪全球化的巨大挑战，“和而不同”强调：不同民族国家的人们具有不同文化和信奉不同的价值观，只要不互相对抗，就会为当代世界增添新的色彩和活力；对于人类这个大系统以及生息劳作在这个大系统中的人类来说，多样性是须臾不可或缺的。

（选自《国外社会科学》2003 年第 4 期）

加拿大和美国学者关于多元文化主义的评论

韩家炳*

在全球化进程中，伴随着民族国家中主流社会和少数民族矛盾的尖锐，多元文化主义思潮登上当代西方政治思想舞台，并逐渐成为国际政治学界、民族学界、社会学界、文化人类学界和教育学界研究的热门话题。自20世纪70年代以来，欧美学界一直关注多元文化主义这一重大的政治和学术议题。加拿大是世界上第一个实行多元文化主义政策的国家，美国的多元文化主义虽然仅仅停留在人们的价值体系和社会态度层面，但在国家政策的实施中包含了多元文化主义理念，因此具有典型分析性。在美国，“多元文化主义在高等院校内讲授，在政府中争论，被种族领导人所提倡，在媒体中被报道，在公民中被讨论。没有人对它冷漠无知，以致形成了众多的支持者及其对手。有人认为，多元文化主义是建立真正平等社会的基石，而有人认为多元文化主义将是吞没美国社会基础的‘黑洞’。与美国相同，多元文化主义在加拿大也引起人们的广泛兴趣和恐慌。这些关切的表达带有对失去文化同质性和国家认同感的焦虑之情”。① 多元文化主义在加美两国引起不同的反响，两国学者对此又是持何种态度，本文即以简单介绍多元文化主义的含义界定为切入点，梳理

---

* 作者信息：韩家炳，1972年生，复旦大学历史系博士生，安徽师范大学历史系讲师。

① Vincent N. Parrillo, *Is Multiculturalism A Threat*? (*Part I*), Pine Forge Press, 1996, in http: www. wpunj. edu cohss/sociology/soc399/multi2. htm.

两国学界对多元文化主义的不同评论。

一

何谓多元文化主义（multiculturalism）？简单来说，多元文化主义即是一种为了谋求多民族、多文化在一个国家内共存而形成的国民统合措施。

多元文化主义虽被称为“主义”（-ism），且使用频率很高，但定义它却是一件困难的事情。① 美国学者唐纳德·H. 罗伊（Donald H. Roy）认为，“多元文化主义”至少包括三个主题：第一，种族歧视与男性至上主义制度的结束并给予妇女与少数民族公民权（选举权、参与权）；第二，一个新的全面的多元文化，包括迄今仍处于社会边缘的种族文化的形成；第三，一种比较与差异的文化世界观以及实现不同文化之间的相互理解。② 另一位美国学者 C. W. 沃特森（C. W. Watson）对多元文化主义实行分类考察后认为，多元文化主义首先是一种文化观，其次是一种历史观，再次是一种教育理念，最后是一种公共政策。③《加拿大研究资源指南》中写道：“多元文化主义”有三种含义：鼓励保持群体的传统和

---

① John Rex, The Concept of a Multi-Cultural Society, *New Community*, 14, Autumn, 1987, pp. 218 – 219.《文化人类学百科全书》没有对“多元文化主义”的含义做出界定，只是在有关“多元文化教育与人类社会学”词条解释中略有提及。详见：Levinson, David and Ember, Melvin, 1996, Encyclopedia of Cultural Anthropology, Vol. 3, New York: American Reference Publishing Company, Inc., pp. 808 – 810。“multiculturalism”一词首先出现于 1989 年再版《牛津词典》当中，而哈佛图书馆中 20 世纪七八十年代的书目中有“多元文化主义”一词的书均来自加拿大和澳大利亚。正如美国学者内森·格拉策所言，“多元文化主义”一词来自我们的邻居这一说法在道理上是能够讲得通的，这也说明了“多元文化主义”一词在加拿大出现要比美国早。另外，美国对主要报纸进行统计的 Nexis 在 1988 年还未收入“multiculturalism”，1988 年只有 33 个关于“multiculturalism”的词条，然而在此之后有了快速的增长，1990 年有 100 多条，1991 年有 600 多条，1992 年有 900 多条，1993 年有 1200 多条，而 1994 年该词条的出现频率达到高峰，有 1500 多条，此后基本稳定在 1200 条左右。参见 Nathan Galzer, *We Are All Multiculturalists Now*, Cambridge: Harward University Press, 1997, p. 7。

② H. Roy Donald, *The Reuniting of American*: *Eleven Multiculturalism Dialogues*, New York: Peter Lang Publishing, Inc., 1996, p. 217.

③ Conard William Watson, *Concepts in the Social Science*: *Multiculturalism*, Buckingham, Philadelphia Open University Press (preface), 2000.

充分参与加拿大社会的权利；文化多元主义的哲学或意识形态；种族多样性的社会特征。[①]《加拿大年鉴》写道："多元文化主义"至少有三种意义：一是指一个种族和异质文化特征的社会；二是指一种平等理想以及在种族与文化团体中的互相尊重；三是指 1971 年联邦政府宣布在一些省份实行的国家政策。[②]

由此，多元文化主义之间的共识可以概括为：第一，美国和加拿大是一个多元民族和族裔构成的国家，美国、加拿大文化是一种多元的文化；第二，不同民族、族裔、性别和文化传统的美国人、加拿大人在美国和加拿大的经历是不同的，美国、加拿大的传统不能以某一个民族或群体的历史经验为准绳；第三，群体认同与群体权利是多元文化的主要内容，也是美国、加拿大社会必须面临的现实。总而言之，就美国（加拿大也是如此）来说，多元文化主义词汇的使用原则涵盖了一系列意义，它是一种意识形态、一种话语，同时也是政策和实践的聚束。[③]

二

加拿大是世界上第一个实行多元文化主义政策且其实施得到国家宪法保障的国家。尽管"与加拿大相比，美国多元文化主义看起来似乎处于上升趋势，却很少具有合法性"，[④] 但客观而言，美国和加拿大两国政府把多元文化主义运用到政治、经济、文化、教育、医疗卫生保健以及外交等领域所取得的成效却是不争的事实。然而，两国的学术界对多元文化主义的评论并非一致，赞成者有之，反对者亦不在少数，也有人采取不偏不倚的态度。

加拿大学术界对多元文化主义的评论主要有以下一些观点：针对加

① *Canada Studies Resource Guides*, Minister of Supply and Service Canada, 1998, p. 1.

② *The Canadian Encyclopedia* (*Vol.* Ⅲ), Admonton, Alberta Canada Hurting Publishers Ltd. 1998, p. 1401.

③ Ellis Cashmore, *Dictionary of Race and Ethnic Relations*, London and New York, 1996, pp. 244 – 245.

④ Leo Driedger, *Multi-Ethnic Canada: Identities and Inequalities*, Ontario: Oxford University Press, 1996, p. 272.

拿大联邦政府把多元文化主义当作是有助于团结国民和使他们互相认同的黏合剂以及允许加拿大社会保存其自己的特点与文化传统的观点，历史学家和其他一些社会科学家表示质疑乃至大加鞭挞。历史学家霍华德·帕尔默（Howard Palmer）认为，多元文化主义不过是联邦政府为了赢得多伦多少数种族选票和调和西部各省日益增长的对双语政策反抗的一种尝试罢了。[①] 社会学家琼·伯内特（Jean Burnet）批评了多元文化主义概念的模糊化，但他相信多元文化主义的基本目标是对加拿大国内情势的必然反应。[②] 社会学家萨伯哈斯·拉姆查兰（Subhas Ramcharan）谴责了多元文化主义，在他看来，多元文化主义夸大了差异，加剧了过去体制安排上的不平等和分离的实践。[③] 社会学家彼得·S. 李（Peter S. Li）和B. 辛格·博拉亚（B. Singh Bolaria）一致同意萨伯哈斯·拉姆查兰的观点，他们认为，多元文化主义是幻觉的失败，而不是一种政策，用文化方案来解决根植于政治与经济基础之上的种族不平等和种族歧视这一难题只是一种幻觉而已。[④] 尼尔·比森达斯（Neil Bissoondath）有力地支持前者的观点，作为加拿大新长篇小说作家群的优秀代表之一，同时也是多元文化主义的强烈反对者，他编辑的《推销幻觉：加拿大多元文化主义的迷信》一书指出："前移民时代的加拿大人口几乎全是白人和基督徒。多元文化主义已经严重削弱了加拿大的自我界定。我们不知道我们是谁。移民已经被获准得到太多并继续要求更多的权利，留给主流社会的只剩下迷惑和羞怯。毫不奇怪，这必将导致一种强烈和不利的反应。"[⑤] 至于是何种强烈与不利的反应，尼尔·比森达斯没有给出直接解释，但

---

① Howard Palmer, *Coming Canadians: An Introductory History to Canada's Peoples*, Toronto: McClellandand Stewart, 1988, 参见 R. D. Francis, Richard Jones & Donald B. Smith, *Destinies : Canadian History since Confederation*, Toronto: Harcourt Brace and Company CanadaInc. , 1992, p. 461。

② Jean Burnet, "Multiculturalism Ten Year Later", in Jean Leonard Elliott (ed.), *Two Nations, Many Cultures*, Toronto: Scarborough, 1983, p. 241.

③ Subhas Ramcharan, *Racism, Nationalities in Canada*, Toronto, 1982, p. 11 0

④ Peter S. Li & B. Singh Bolaria, "Racial Minorities in Multicultural Canada, Toronto, 1983", in R. D. Francis, Richard Jones & Donald B. Smith, *Destinies : Canadian History Since Confederation*, Toronto: Harcourt Brace and Company Canada Inc. , 1992, p. 462.

⑤ Lost Direction, in *Canada & the World Backgrounder*, 11892102, Vol. 63, Issue 4, 1998, p. 16, See in Database: Military & Government Collection.

马尼托巴图书馆协会的格尔泽玛·切玛博士做了间接回答："在我看来，多元文化主义将助长针对'看得见的少数民族'的种族主义的弥漫。"作家比尔·盖尔德纳（Bill Gairdner）对多元文化主义的谴责更为激烈，他在其著作《加拿大的困境》中写道："多元文化主义侵蚀了加拿大的国家基石，它是另一种形式的种族主义，多元文化主义必定会分裂民族和破坏国家。"与此同时，社会学家雷金纳德·毕比也反问道："如果多样性是我们的共同点，那么我们真的有这种共同点吗？"①

抛开国家政策的政治考虑，多元文化主义值得追求吗？社会学家诺曼·布基尼亚尼（Norman Buchignani）的回答是肯定的，他认为多元文化主义不仅已经在加拿大原住民自己建立的新社区里提升了他们的意识，而且有助于各种群体在保持各自的民族身份的同时确立国家的认同感。②另外两名社会学家兰斯·W. 罗伯茨（Lance W. Roberts）和罗德尼·A. 克利夫顿（Rodney A. Clifton）认为，多元文化主义至少有象征的价值，它使种族集团成员在对较小的、个人的社区保持一种归属感的同时，还可以作为一员参与到复杂的工业社会并从中受益。③ 国家图书馆管理学专家罗奇·卡里尔（Roch Carrier）更是高度颂扬了多元文化主义对加拿大的贡献。他在提交中美洲开发银行文化中心项目的演讲中说道："加拿大多元文化主义政策是非常有效的，它培育了来自不同背景民族的依附感和归属感的加拿大社会。整个加拿大，我们需要公民参与。政府不想疏远任何同伴或合作者，每个人都有获得同样权利的机会；政府也不想支配任何人的情感，政府所想的只是每个人平等的机遇。如果加拿大人没有归属感或者无法参与到我们的社会中来，那么我们的国家将会蒙受损失。"他还强调："请记住，多元文化主义既意味着一种良好的意愿，也是一项美好的事业。加拿大人是非常务实的，当所有人都被包容之时，就是巨大能量爆发之日，不同的经历和知识都会流淌到加拿大主流中来。如果人民与他们原来的国家、语言和文化继续保持联系，那么当我们与

① Lost Direction, in *Canada & the World Backgrounder*, 11892102, Vol. 63, Issue 4, 1998, p. 16, See in Database: Military & Government Collection.

② Norman Buchignani, Doreen M. Indre & Ram Srivastava, *Continuous Journey: A Social History of South Asian and Canada*, Toronto: McClelland and Stewart, 1985, p. 227.

③ Peter S. Li (ed.), *Race and Ethnic Relation in Canada*, Toronto, 1990, p. 133.

这些国家往来时，我们就派他们去做驻外大使。这将会创造非常多的联系，同时也让其他国家知道我们尊重他们的文化。”① 莱斯利·劳克泽考（Leslie Laczko）教授对此做出呼应，他认为多元文化主义的积极后果之一就是有助于加强加拿大与世界其他国家的交流和贸易联系。因为在全球化发展进程的语境下，加拿大实际上被当作是在国内多元主义和国家发展全面联系中的最大局外人。②当代西方多元文化主义的主要思想代表、渥太华大学哲学教授威尔·基姆利奇卡（Will Kymlicka）对多元文化主义的赞颂最具有代表性。在对加拿大与澳大利亚和美国的归化率、政治参与率、官方语言能力和通婚率4个经验指数进行比较之后，他说：“关于加拿大成功原因的关键解释之一就在于它的多元文化主义政策。多元文化主义使我们的人民保留或表达认同自豪感成为可能。如果日渐减少法律的、体制的、经济和社会的表达障碍，人民就会实现这一目标。”③

曾经是意大利人社区一名学生的历史学家罗伯特·A. 哈利（Robert A. Harley）认为，多元文化主义既非伟大的成功，也不是一塌糊涂的失败。在他看来，多元文化主义是加拿大保持自身特质永恒追求的一部分。他在一篇文章中写道，加拿大的生存在于它的认同之旅，如果这一旅程保留了我们的认同，我们就会得到较好的回报。④ 苏万达·萨古纳斯里（Suwanda Sugunasiri）博士是多伦多政府多元文化主义的事务顾问，他对多元文化主义的评价在表述上虽与哈利不同，但含义基本一致。萨古纳

① Roch Carrier, Bringing the Rainbow into the House: Multiculturalism in Canada, this lecture was presented at the Inter-American Development Bank (IADB) in Washington, D. C. on February 2. As part of the IADB Cultural Center Lectures Program, the lecture was originally published in the IADB Cultural Center's Encuentros, No. 40, February 2001, See in http://www.collectionscanada. Ca/national/librarian/a6 – 3001 – e. html.

② Leslie S. Laczko, Civic Experience and Feelings of Fraternity in Canada: An Empirical Exploration, paper prepared for the Round Table on Ethnicity and Citizenship, Royal Society Conference, Ottawa, February, 1994, p. 23.

③ Will Kymlicka, Immigrants, Multiculturalism and Canadian Citizenship, paper presented for the conference on the 50th Anniversary of Canadian Citizenship, University of Ottawa, February, 1997, in http: www. pch. gc. Caprogsmultievidence copyright-e. cfm.

④ Robert A. Harley, So Great a Heritage as Ours: Immigration and the Survival of Canadian Policy, in Daedelus117 (Fall), p. 93, in R. D. Francis, Richard Jones & Donald B. Smith, *Destinies: Canadian History Since Confederation*, Toronto: Harcourt Brace and Company Canada Inc., 1988, p. 462.

斯里支持多元文化主义，但认为到21世纪多元文化主义的内容会发生变化，比如停止资助传统语言，重心转移到难民政策上，法院需要选择陪审团以保证少数民族积极参与和公正表达等。同时萨古纳斯里也对少数民族成员提出了一些建议："不要在每一个转折时刻都为种族主义悲伤，少数民族可能感觉到仍在遭受歧视，但你们想到过20年前他们经历的磨难吗？他们自称为'TWASPs'——被虐待的'WASP'（White Anglo-Saxon Protestant），因为他们永远被迫要求屈服。"① 哈利和萨古纳斯里对多元文化主义这一"中庸"评价在加拿大学术界并未得到多大认同，因而响应者较少。

同样，在美国，多元文化主义保存了各少数民文化主义者力图追求种族和文化平等的做法，是一种反历史的一厢情愿，注定要失败，因为"历史与社会本身就是同时拥有高低贵贱等不同内容的"。② 他宣称""不同文化具备不同的认知世界的观念，它们彼此不可调和，无交流可言……文化意味着一场对混沌的战争，也意味着一场对其他文化的战争。"针对多元化对美国文化和社会的巨大威胁，布卢姆提出了一条应战的方法，即"阅读共同承认的经典作品"。所谓"好的、老的、伟大的作品"，实质上就是柏拉图、亚里士多德、霍布斯、洛克、卢梭等西方文明思想家和所谓的英语三巨匠——乔叟、弥尔顿和莎士比亚的作品。他认为，只有倡导一个基于阅读经典作品之上的通才教育，才能促进文化的统一性，使美国人对公共利益有一个一致的看法。

布卢姆的观点得到了曾以提出"历史的终结"而一鸣惊人的弗朗西斯·福山（Francis Fukuyama）的呼应。福山认为，20世纪20年代以前的美国从来不是一个多元文化的国家，WASP文化一直主导着美国的文化，而正是因为有了WASP的文化霸权，美国才可能充满自信地称霸世界。宾夕法尼亚大学教授沃尔特·麦克杜格尔（Walter A. McDougall）则把多元文化主义斥为冷战后西方马克思主义的一种变异，在多元文化主

① Molding A Nation of Nation, *Canada & the World Backgrounder*, 11892102, Jan., Vol. 63, Issue 4, 1998, p. 4, See in Database: Military & Government Collection.

② Allan Bloom, *The Closing of the American Mind*, New York: Simon and Schuster, 1987, p. 372.

义的影响下，历史研究被降格为“脚注掩饰的诡辩”（polemics tricked out with footnotes），历史学家则沦为“欺世盗名的海盗”（pirates flying under false colors）。[①]

美国著名历史学家小阿瑟·施莱辛格（Arthur M. Schlesinger，Jr.）认为，美国越来越成为多种少数民族的综合体，美国人的传统理想是要建立一个统一国家去保证全体公民的自由，每个人都能追求他们自己所选择的生活，现在这种理想已经被放弃了，“万众归一”的信条已经瓦解；在“统一”的信念被人们忽视时，“万众”受到崇尚以至于失去了中央核心。他由此大声疾呼：“中央控制到底还能否坚持下去？熔炉是否将会被空想的通天塔取而代之？”[②] 其实在此之前，施莱辛格已经充分表达过自己的观点，他曾说：“我已经完全理解，就像我完全理解拉塞尔·科克、劳伦斯·阿斯托、彼得·布里米诺的作品一样，新国家（美国）的语言、法律、体制、政治理念、风俗习惯、格言和祷文大体上都是来自不列颠的。”[③] J. 格雷（J. Gray）发出了更警醒的结论，他认为，今天的多元文化主义已经“变得类似于快手拙笔的表演，总想改写国家的团结统一，弱化国家公民的意识，将之融入群体（往往是外来群体）的权力之中，最终想以此来改变整个国家……如果我们继续容忍这种公民意志的消沉，继续放纵种族情绪的发展……美国将会遭受无法挽回的损失和伤害”。[④] 哈佛大学教授塞缪尔·亨廷顿则在《外交事务》上撰文呐喊：“如果自由主义民主的公意瓦解，而多元文化主义占了上风，那么美国就会步苏联的后尘，成为他们历史陈迹中的一部分。”[⑤]

---

① Francis Fukuyama, Immigration, in Lamar Alexander & Chester E. Finn, Jr. (eds.), *The New Promise of American Life*, Indianapolis: The Hudson Institute, 1995, pp. 104 – 118; Walter A. McDougall, An Ideological Agenda for History, *Academic Questions*, Vol. 12, Issue1 (1998 1999), pp. 29 – 36，转引自王希，《多元文化主义的起源，实践与局限性》，《美国研究》2002 年第 2 期，第 50—51 页。

② Arthur M. Schlesinger, Jr., *The Disuniting of America : Reflections on a Multicultural Society*, Knoxville, TN : White Direct Books, 1991, p. 19.

③ John O'Sullivan, Nationhood: An American Activity, *National Review*, 00280038, 221, Vol. 46, Issue 3, 1994, p. 36, See in Database: Military & Government Collection.

④ J. Gray, *False Dawn: the Delusions of Global Capitalism*, London: Granta Books, 1998, p. 136.

⑤ Jacob Heilbrunn, Huntington's Diseasy, *New Republic*, 00286583, 1208, Vol. 217, Issue 23, p. 4, 1997, See in Database: Military & Government Collection.

与上述全面否定的批评相比，另一些人的批评则相对温和。温和批评派认为，社会需要共同的价值观和历史观，他们承认过去的教育大纲中对少数族裔、种族、妇女及其他群体表述不够，但他们质疑多元文化主义的广泛应用，并且指出，美国的政府体制、政治理念和语言本来大部分就是源于英国男性的理念和行动。他们争辩说，这些思想、理念和制度（如多元与民主）是确实有价值的，而且传统和经典的课程也不一定就代表保守的观点。他们认同多元文化主义的许多主张，但他们认为不应包括群体间权力的重新分配和主导群体在政治、经济和文化方面控制权的放弃。这些批评家担心，多元文化主义将会鼓励社会走向分裂。

黛安娜·拉维奇（Diane Ravitch）是温和派的代表人物，她支持多样化，但对多元文化主义及多元文化主义教育的衍生和结果表示慎重。担任过美国主管研究的前助理教育部部长的拉维奇在她的《语言政治：压力集团怎样限制学生求知》一书中披露，全美的中小学教材由4家出版社垄断，它们已经成功地劫持了美国的教育体系……达尔文思想、黑人历史、亚裔奋斗史、赌博吸毒、宗教史等内容全部远离了教育，留给青少年的是与现实隔离的“魔鬼般的泡沫”。[①] 拉维奇还在其《多元文化理论》一文中说明文化的多元是当今美国社会的组织原则，“孩子们……了解到文化的多元是一个国家的财富而并非需要解决的问题。美国的独特之处正在于其现存文化是由多个附属文化相互作用而形成的……也许听起来有些自相矛盾，但美国的确具有一种多元文化性质的文化”。[②] 然而，拉维奇同时又认为，美国这种新型的泛义的文化——她称之为“普遍性的多元文化”——正受到来自“特殊性的多元文化”的威胁，它“教导孩子们的身份由他们的‘文化基因’所决定，在他们的血液中，在种族记忆中，或者在文化DNA中存在着某些能够决定他们是谁以及他们可能成就什么的东西”。[③] 在她看来，保持美国社会作为一个整体的意识非常重要，但这种在拉维奇看来由新型的“普遍性的多元文化”所倡导的广

---

① 《美国人的爱国迷魂汤》，参见 http：www. flylan. comworld119. htm。

② Diane Ravitch, Multiculturalism ： E Pluribus Plures, *American Scholar* (Summer), 1990, p. 339.

③ Ibid. , p. 341.

泛性与兼容性并不被文化进步主义者所接受。

文化进步主义者认为，美国学校存在着对多元文化的漠视，其欧洲中心主义的课程设置与有色人种毫无关联。他们还认为，只有通过支持设立美国少数种族文化课程，才可以增进多元文化社会中的相互尊敬与了解，美国文化的多元性才能得到张扬。[①] 杰拉德·格拉夫（Gerald Graf）和威廉·凯恩（William Cain）认为，课程设置实际上是一种文化的微观世界，它包含什么，拒绝什么，是这种文化视什么为重要，什么为有价值的指数。在多元文化主义问题上的辩论表明，就美国文化在美国种族问题上应采取什么立场以及应如何行事存在很大的歧异。[②] 爱德华·勒特韦克（Edward Luttwak）在其著作《危急的美国梦》中写道："美国既不像法国和意大利那样有可供分享的民族文化来联合人民，我们的多元文化社会有太多不同的文化；美国也不像日本那样仅仅依靠种族就能团结人民，我们有太多的种族起源。美国人所共有的只是机遇与追求富裕的平等。"马克·福尔科夫（Mark Falcoff）认为："在所有的国家中，'问题美国'是这个国家独一无二的特征。除了体现于宪法和普通法中的 18 世纪政治理念，美国从来没有历史和认同。"[③] 正是在此基础上，文化进步主义者进一步认为，美国不再是一个熔炉，也不再存在所谓的主流，而是许多"流"竭力在寻觅它们共同的源头，而共同的源头不是西方文明。巴巴拉·赫恩斯坦·史密斯（Barbara Herrnstein Smith）提出，在美国没有一种单一的综合性的大文化，没有一种所有的或者大多数美国人参与的大文化，没有一种在数量上占绝对优势的凌驾于其他少数种族文化之上的大文化，没有超越其他文化的文化。所以，美国是多文化的，只有将这种多元性涵盖在民族归属性之中才有可能造就文化之间的和谐局面。[④]

---

① James L. Nolan, Jr. (ed.), *The American Culture Wars: Current Contests and Future Prospects*, Charlottesville: University Press of Virginia, 1996, p. 20.

② Ibid., p. 8.

③ John O' Sullivan, American's Identity Crisis, *National Review*, 00280038, 1121, Vol. 46, Issue22, 1994, p. 36, See in Database: Military & Government Collection.

④ James L. Nolan, Jr. (ed.), *The American Culture Wars: Current Contests and Future Prospects*, Charlottesville: University Press of Virginia, 1996, p. 9.

三

总之，多元文化主义及其牵涉的种族冲突、文化相对主义问题是现今加拿大和美国政治文化的一个焦点议题。从某种意义上说，这也是当今国际社会的一个焦点。从加拿大和美国学术界不同派别对多元文化主义评判的论争中，人们能够意识到20世纪60—70年代以来加、美两国文化变迁的后果。尽管多元文化主义保守派依然相信西方文明的统合力量，但与此同时，他们也确切地意识到多元文化主义的强大冲击，意识到了它的现实意味与价值。不管怎么说，再保守的力量对这样的冲击也不能采取置之不理的态度了。多元文化主义已经是加、美两国现实中的巨大力量，是针对现实中既有的重大问题的。尽管多元文化主义温和派对多元文化主义的承认似乎是“暧昧”的，但也不妨说，旧有的保守传统正在濒临瓦解，需要转换新的姿态来应对现实的挑战。所以，从加、美两国社会的实际情况出发，只有当不同种族的文化和利益在法律和制度框架内的平等得到真正的确立，尤其是少数种族的群体利益得到充分的尊重，而主流文化能够完全消解它的中心权利和中心意识的时候，多元文化主义才不失其为正当。也正如文森特·帕里诺所言，“多元文化主义不是我们的敌人，系统的种族主义才是”。①

（选自《国外社会科学》2006年第4期）

① Vincent N. Parrillo，“Is Multiculturalism A Threat？（Part Ⅰ）”，in Vincent N. Parrillo，*Diversity in America*，Pine Forge Press，1996，in http：www. wpunj. Educohss sociologysoc399multi2. htm.

发达国家文化创意产业发展模式研究

张养志*

20世纪末，在发达市场经济国家推动知识经济的过程中，不少国家和地区开始把文化创意产业作为战略产业和支柱产业，把发展创意产业提高到战略高度，并采取相应的政策措施和手段来扶持其发展，最大限度地挖掘知识经济的潜力，发展文化创意产业。

一 英国与美国的市场主导型文化创意产业发展模式

英国与美国在经过市场经济的"自由放任""全面干预"等阶段之后，进入了成熟的自由市场经济发展阶段。与此相适应，两国实行的是市场主导型文化创意产业发展模式。

1. 实行自由企业制度

文化企业是创意经济的主体，英、美两国文化创意产业运行的核心就是实行自由企业制度。企业生产什么、生产多少、如何生产，完全自行决策，创意产品和服务的价格也由企业根据市场的供求关系来决定。尤其在经济全球化的发展进程中，美国众多的跨国文化企业采取了全球化经营战略，从资金、技术、信息的全球自由流动中不断获得高额垄断利润，同时按照市场规则扩张海外销售市场，占据了国际竞争的有利地

* 作者信息：张养志，1964年生，北京印刷学院教授、硕士生导师。

位，其影响力日益增大。美国的影视、图书出版业以及音乐唱片业，已建成庞大的全球销售网络，并控制了许多国家的销售网和众多电影院、出版机构及连锁店。英美的自由企业制度还表现在政府不对文化企业的内部事务进行干预，而是为微观生产主体的正常生产经营创造外部条件，即政府对企业的管理以法律为依据，不存在行政性的直接干预。

2. 限制垄断，保护自由竞争

在英美两国文化创意产业的发展过程中，竞争和垄断是并存的，但垄断并不排除竞争。为了维护市场经济的基本原则，美国采取了一系列措施，通过反托拉斯法和保护中小企业法来限制文化产业垄断，保护竞争。这使得美国核心版权产业中尽管垄断程度比较高，但竞争依然是文化创意市场的基本特征，也是美国版权经济活力的主要来源。

3. 减少国家行政干预，加强宏观指导和公共服务

政策上最大限度地减少国家行政干预是英美市场主导型文化创意产业发展模式最突出的特点之一。之所以如此，不仅是由于两国长期以来一直保持着自由主义的传统，而且更重要的是自第二次世界大战以来新自由主义经济学派的理论指导。两国推动文化创意产业发展的宏观政策主要体现在以下方面。

（1）实施面向全球市场的发展理念，重视宏观整体设计和产业政策指导

英国是世界上第一个在政策上推动创意产业发展的国家。英国政府在分析美国推动版权产业发展的现实经验之后，认识到文化创意与经济发展之间存在密切关系：文化应该惠及全民，而不再只是为少数人服务的精英艺术，推广创意产业是摆脱英国经济困境的有效方法。因此，英国率先提出了创意产业概念。1997 年布莱尔当选英国首相后的第一件事，就是成立了“创意产业特别工作组”（Creative Industries Task Force, CITF）并亲自任主席。他提出要“通过英国引以为豪的高度革命性、创造性和创意性来证明英国的实力”，使英国从一个多世纪以前的“世界工厂”蜕变为当今的“世界创意中心”，从而全方位地提升了英国的国家核心竞争力。在推动文化创意产业的进程中，英国致力于客观而翔实的创意产业基础研究；积极培养公民的创意生活和环境；注重数字化对创意产业的影响，并大力寻求国与国、政府与学界、政府与产业界、企业与

企业之间的合作与沟通。英国政府宏观上引导文化创意产业发展的政策措施主要集中在三个方面。第一，政府在组织管理、人才培养、资金支持、生产经营等方面加强机制建设，对创意文化产品，从研发、制作、销售到出口，实施全方位的系统性扶持。第二，规划创意产业蓝图（Mapping Document），倡导创意产业的概念，培养公民创意生活与创意环境，发掘大众文化对经济层面的影响力。第三，建议各地区政府与民间广泛合作，以伙伴关系解决创意产业面临的问题，对创意产业提供补救对策，如保护知识产权，促进文化产品输出，提供从业者教育和训练等。

通过版权贸易输出其文化价值观，是美国发展文化产业的基本法则。美国政府利用其在贸易自由化进程中的领先地位，采取有效地政策措施支持美国文化商品占领国际市经场。应该说，美国的创意产业已经取得了向全球输出的主导权。作为文化产业大国，美国发展文化创意产业的目标明确，重点扶持电影、电视、家庭录像、商用软件、娱乐软件、图书、音乐和唱片等产业，在引导产业发展中重视建立创意市场竞争体系，强调产业链的形成和集聚效应的发挥，已经形成了一系列创意产业发展集群。如果把美国的整个经济领域分成三个部门——创意部门、制造部门和服务部门，然后再把部门工作者的工资和收入都加起来，那么创意部门（即创意产业集群）占美国就业人数的30%，而工资收入几乎占据了美国人所有工资收入的一半——将近2万亿美元，差不多是生产和服务部门之和。[①]

（2）强化财政、金融调控，为创意企业提供强有力的资金支持

英国文化创意产业的从业者多为中小型企业，甚至以个人工作室的方式存在。资金是中小型创意企业创办与发展的关键。在面临国内创业环境中的金融及投资问题时，英国政府协同金融界和有潜力的民间投资者为它们提供资助，逐步建立强大的创意工业财务支持系统，以奖励投资、建立风险基金、提供贷款及区域财务论坛等方式作为对文化创意产业的财务支持。如英国科学、技术及艺术基金会（National Endowments for Science，Technology and Arts，NESTA）为具有创新能力的个人从业者提

① ［美］理查德·弗罗里达：《创意经济》，方海萍等译，中国人民大学出版社2006年版，第30页。

供发展资金；政府的小型公司贷款保证计划（Small Firms Loan Guarantee Scheme）为连续5年苏格兰企业提供250万英镑作为创意种子基金。自1997年至今，英国整体经济增长了70%，而创意产业增长了93%，为全英国提供了195万个工作岗位，占总就业人数的4.1%，成为该国雇用就业人口的第一大产业和产值仅次于金融服务业的第二大产业。创意产业有效抵消了英国贸易逆差，实现了经济从“制造型”向“创意服务型”的转变，使英国率先成为国际上创意产业的“标杆国”。2002年，英国文化创意产业增加值达809亿英镑，成为英国第二大产业（仅次于金融服务业）。而美国更是重视对创意产业的基础设施建设和科技投入，科技含量高已成为美国创意产业的一大特征。以影视业为例，每一项可能对影视产业的创制与传播产生影响的科技成果，几乎都会同步运用于电影电视之中。在大众传媒领域，如印刷复制、录音录像、电子排版、网络传输、数字化、地球通信卫星等高新技术的广泛应用，使美国创意产业具备了向全世界扩展的“桥梁”和“利器”。在图书和唱片业，利用互联网技术开发的网上售书等业务，极大地促进了其销量的增长。

（3）重视创意园区建设，创建企业孵化器

创意园区是一种介于政府、市场与企业之间的新型社会经济组织和企业发展平台，它通过提供一系列企业发展所需的管理支持和资源网络，帮助处于初创阶段或相对弱小的新创企业，使其能够独立运作并健康成长。1956年，美国人乔曼·库首次提出了孵化器概念，并在纽约成立了第一家企业。1980—2001年，美国的产业园区数量从12个迅速发展到900个以上。美国创意产业园区主要有4种形式：政府主办的园区、私人主办的园区、学术机构主办的园区、公私合营的园区。这些园区层次分明，分工明确。一级孵化器是项目孵化器；二级孵化器是企业孵化器；三级孵化器是“大孵化”概念，即二级孵化器的企业升级孵化；四级孵化器是指跨国孵化。目前美国很多创业园区集团本身就是新创企业，它们不仅向其他新创企业提供办公场所和设施，而且还提供更加全面的管理咨询，包括企业发展和技术开发、市场营销、竞争研究分析、法律顾问、会计等。这种模式的优点在于通过创业者和风险投资的联合，将巨额资金与大量具有创意的新创企业结合，同时吸引了大批优秀的管理人才加盟。

（4）实施相对宽松的移民政策，吸纳全球各地的创意人才和高利润的创意产业

美国能够在一个多世纪内在全球范围内保持竞争力，靠的不仅仅是富饶的自然禀赋，也不仅是广阔的国内市场，更重要的是通过实施宽松的移民政策对全球创意人才、睿智思想和相关产业进行吸纳。美国政府认为，长期的经济优势在于吸引和留住人才的能力，而不是单纯的商品、服务和资本的竞争。如果说在20世纪30年代，美国吸引了一批为逃避法西斯而离开欧洲的科学、文化以及商业方面的人才，标志着移民政策开始发挥作用的话，那么20世纪80—90年代则达到了吸纳创意人才的高潮。仅20世纪90年代就有超过1100万的新移民来到美国，而今天的移民人口数量已经超过了3000万，占总人口数的11%。[①] 来自全球各地的创造型人才分布在创意产业的各个领域，美国《财富》评选的100强公司多数是由移民者领导的，如可口可乐公司首席执行官伊斯代尔（E-. Neville Isdell）出生于爱尔兰。总之，受益于对全球人才的宽松政策以及在科研技术中的巨额投资，美国打开了创意产业的时代之门。如今美国有近4000万人属于创意型人才，超过劳动力总数的30%，他们所服务的领域从科学、工程学到建筑和设计，从艺术、音乐、娱乐业到专业性很强的其他相关领域，为美国经济发展做出了巨大贡献。

二 日本与韩国的政府主导型文化创意产业发展模式

日本、韩国之所以能在比较短的时间内成为世界上文化创意产业的强国，除特殊的历史传统和文化氛围外，两国实行政府主导型文化创意产业发展模式无疑是最主要的原因之一。日、韩政府主导型文化创意产业发展模式的特点是在政府强有力的干预和主导作用下，大力发挥市场机制配置文化资源的基础性作用，而政府干预的重要手段就是比较成功地运用宏观经济计划与产业政策。

---

① ［美］理查德·弗罗里达：《创意经济》，方梅萍等译，中国人民大学出版社2006年版，第7页。

1. 建立富有活力的文化创意市场组织结构

日、韩的创意企业结构有自己的特殊性。第一是企业经营集团化。自20世纪50年代中期以来，随着社会财富向文化产业的逐步集中，许多大企业互相结合，组建起文化企业集团。这些企业集团分为以银行和金融组织为中心集结而成的财团型企业集团，以及以一个独立的大垄断企业为中心、通过控股或其他形式将一大批企业纳入自己的生产体系而形成的独立型企业集团。第二是企业股权分散与法人相互持股。第三是经理决策与工人参与制。企业的经营者在企业中居于核心地位，成为企业事实上的决策者。除了经理决策外，日本企业的职工对劳动条件、生产计划、新技术引进、公司住宅等福利措施具有与经营者进行协议、共同决策的权利。工人参与决策还表现在“自下而上”的决策程序上，这种决策程序使得几乎所有的决策事项都能看到工人的意见。第四是活跃的中小企业与系列化生产。大企业与中小企业和平共处是日、韩企业结构的典型特征之一，创意产业内亦是如此。中小企业一般都被纳入大企业的系列化生产体系，就是以大企业为顶点，以中坚企业为骨干，以广大中小企业为基础组成的“垂直型”协作方式。第五是中介机构活跃，充当文化和市场高度融合的桥梁。在日本，文化行业协会几乎遍布每个行当，这些自律性的组织或机构都是社团法人，负责制定行业规则，维护会员的合法权益，同时进行行业统计，其作用十分突出，被看作政府职能的延伸。

2. 比较成功的市场动力机制

市场动力机制是指社会与个人的行为目标以及为达到目标所采取的激励机制。日、韩创意产业的飞速发展得益于市场动力机制的成功解决，如日本在结合国情因素和吸收西方文明的基础上创造出了一种物质动力与精神动力并重，奖励与惩罚、竞争与合作相结合的综合型的动力机制。在这种动力机制下，企业和劳动者的行为目标不仅是多元的，而且基本上是一致的，这就很自然地使所有者、经营者和劳动者的利益得以协调，并自觉地服从于社会目标，从而保证了企业和整个文化创意产业的长期稳定发展。与多元的行为目标相一致，所采取的激励机制也是多元的。这种多元的激励机制比之欧美的以物质刺激为核心，以惩罚与竞争为主的激励机制，比较典型的成功之处在于把物质刺激与精神刺激、惩罚与奖励、竞争与合作进行有机的结合，并形成了一种独特的符合日本国情与历史和文化传统的激励机制。日本企业对职工“感情投资”的程度，在世界上是独一无二的，日本企业的终身雇佣制和年功序列工资制在发达市场经济国家也是绝无仅有的，同时日本社会所极力提倡的“命运共同体”与“团队精神”都很自然地使个人之间形成了一种紧密的合作关系。

3. 比较严密的宏观经济计划

日、韩两国政府在宏观经济政策上发挥了巨大作用，从而形成了政府主导型的文化创意产业模式。两国政府宏观经济政策的主要功能是制定发展战略和经济计划，经济计划对企业起着“指导”“引导”和“预测”的作用。1916 年，日本确定了“文化立国 21 世纪方案”；1998 年的“文化振兴基本设想”又提出，要把文化的振兴提高到国家最重要的位置；强调对文化进行重点投资，认为对文化的投资是对未来的先行性投资；2003 年又制定了“观光立国战略”。对振兴地区和地方文化，日本政府明确规定：政府应支持地区文化活动，包括重新挖掘、振兴具有地方特色的文化遗产、民间艺术、传统工艺和祭祀活动等；制定长期规划，对具有地方特色的文化艺术提供全面支持；中央政府与地方政府联手举办全国规模的文化节。

韩国政府在 1910 年设立了“文化产业局”，而后在此基础上又成立“文化观光部”，统领文化创意、观光事务等机构。1997 年的亚洲金融风暴更是促使韩国政府意识到，创意产业是 21 世纪最重要的产业之一，并迅速纳入国家宏观支持计划。政府逐年增加文化经费预算，大力支持创意产业的发展，计划到 2010 年全国共建成 10 多个文化产业园区，10 个传统文化产业园区，1—2 个综合文化产业园区，形成全国文化产业链，旨在优化资源配置，发展集约经营，形成规模优势，提升研发生产能力和文化产业的整体实力。为了保障计划的落实，1999 年政府出台了《文化产业振兴基本法》，并建立了“文化产业基金”，为新创文化公司提供贷款。[1]

---

① 中国科学技术信息研究所：《韩国文化创意产业发展》，http：www. zhongman. Com/cul/whzh/culchangye/200707/29772. html。

4. 卓有成效的产业政策调控业和企业为对象，由政府推行的干预产业的政策总称。

日本的文化产业政策是针对产业而不是针对个别公司的，它不以某一公司作为国家重点扶持对象，而是以产业作为扶持对象。其目的一是造成竞争的环境；二是使企业能达到规模经济，使这个产业中有足够的新公司加入竞争，并以在国际竞争中取胜为发展目标。另外，日本政府还通过健全法律法规的配套措施来保证产业合理化政策目标的实现。在推动文化产业发展的过程中，最具代表性的法律是1970年颁布的《著作权法》。该法经过20多次修改，于2001年更名为《著作权管理法》并开始实施。近年来，根据文化产业发展的新形势，日本又制定了多部新的法律，如《IT基本法》《知识产权基本法》《文化艺术振兴基本法》等。这些法律法规具有很强的可操作性，同时，还制定更为具体的措施与之配套。而韩国政府在落实《文化产业振兴基本法》的同时，近几年来适应数字化信息时代文化产业发展的需要，也陆续对《影像振兴基本法》《著作权法》《电影振兴法》《演出法》《广播法》《唱片录像带暨游戏制品法》等做了部分或全面修订，被删除或修改的内容达70%左右。

在文化创意产业的发展过程中，具有创意力的人是最革命、最活跃的生产要素。只要战略目标明确、宏观调控有力、体制机制得当、运行主体到位，数字化时代人类的智力和想象力能达到什么程度，文化创意产业就能发展到怎样的程度。发展文化创意产业，一方面要加速文化创意产业向传统产业渗透，即增加传统产业的文化内涵；另一方面要加强文化创意的商品化和产业化，以市场机制来促进文化创意产业的发展，从而满足人们日益增长的文化消费需求。

（选自《国外社会科学》2009年第5期）

当代西方文化产业区域发展模式评析

韩美群*

作为一种朝阳产业或黄金产业，文化产业在西方发达国家的高速发展已经成为当今时代令人瞩目的重要文化经济现象。随着经济全球化进程的加快，以及文化产业特殊的生产、传播和消费方式的发展，文化产业日益呈现出全球化的特征。但是就文化属性而言，文化产业的这种共性丝毫没有改变其地域性特征，相反却赋予了文化产业更多的地域特色。

地域性在某种意义上表现为地方集体化的个性。艾伦·斯考特在论述地域、文化与经济的关系时曾指出："地域与文化总是彼此联系的，因为任何地方都是相互联系的人的聚居地，具有深厚地方特色的文化将不同的地域区分开来。"① 地域与文化相辅相成，文化有其独特的地域特征，地域有其个性的文化标识。但是，不同地域的文化个性实际上却表现出了原生原发的人类共性。正所谓越是民族的就越是人类的，越是地域的就越是世界的，人们需要的就是这种具有个性特质的人类共性文化。正因为如此，世界知名的文化产业都烙上了鲜明的地方性色彩，文化产业发展的区域化特征也日益凸显。

---

* 作者信息：韩美群，1975 年生，中南财经政法大学讲师。

① Allen J. Scott, *The Cultural Economy of Cities*: *Essays on the Geography of Image-Producing Industries*, London, SAGE Publications Ltd., 2000, p. 3

一　资源优势模式

资源优势模式是建立在文化资源——包括自然山水、历史遗迹、民俗、地域文化、宗教文化等——的基础之上的。如果说物质生产受资源环境的制约而呈现出区域发展的特征，那么文化产业经济由于受区域文化特色的影响，这种区域性发展特征更为显著。

对于一个地区来说，如果本身具有丰富的文化资源，文化产业的发展便有了基本的竞争优势。被誉为“竞争战略之父”的迈克尔·波特（Michael E. Porter）对国家和地区的竞争优势格外关注。在他提出的“钻石体系”分析框架中，产业发展所必需的生产要素是第一位的。① 欧盟国家由于历史悠久，文化资源相对丰富。它们利用这些资源大力发展地方性的特色文化产业。例如，英国对本国的文化资源进行了合理开发和市场化、商业化运作，从而形成了具有地域特色的产业文化，如王室文化、博物馆文化、生态旅游文化、建筑文化等。位于英格兰中部埃文河畔的斯特拉福特小镇是当今英国著名的旅游胜地之一，除了优美的环境，这里还是著名文豪莎士比亚的故乡。当地政府充分利用了这一文化资源，将其作为国家级文化产业项目进行了全方位的延伸性开发。莎士比亚的故居被开辟为一座纪念馆，同时建设相关配套设施，如以莎士比亚名字命名的皇家歌剧院、博物馆、图书馆、纪念塔等。② 这个小镇处处都渗透着“莎士比亚”这一文化主题，形成了它独特的“文化名片”。

事实上，区域文化产业的发展除了依托有形的文化资源外，创造性地打造文化无形资产也能产生倍增效应。墨尔本是澳大利亚第二大城市，有着美丽的自然风光和维多利亚式的漂亮建筑。但让墨尔本真正令人瞩目的是其深厚的文化底蕴。近年来，墨尔本政府投入巨资修建和改建了当代艺术中心、墨尔本博物馆、州立图书馆、移动图像中心、国立画廊和国际馆、音乐馆等大型文化设施，营造出了浓厚的文化氛围，突出了

---

① ［美］M. E. 波特：《国家竞争优势》，李明轩、邱如美译，华夏出版社 2002 年版。

② Alyson Gagne, Shakespeare's Stratford-upon-Avon, http: tntonline. co. uk travel destinations europe england.

与其他城市不同的文化特色。[①] 墨尔本的这种无形文化形象推动了其有形文化产业经济的规模化发展。

合理利用各地有形或无形文化资源，打造自己的文化品牌，有利于推动地区特色文化产业的发展。文化资源按其性质来分，一般可以分为两类，即A类和B类，其中A类为内生性资源，主要包括自然资源和历史文化资源（如英国模式）；B类为创造性资源，与劳动力的创意息息相关（如墨尔本模式）。文化资源对区域文化产业发展的影响和作用可以总结为：（1）区域文化产业的发展是内生性文化资源与创造性资源的综合结果；（2）文化经济研究的产出系数与资本投资取向密切相关；（3）各种文化资源是可选因素而非必需因素。因此，在对区域文化资源进行投资决策时，应注重资源选择的合理性，以实现文化产业经济产出的最大化。资源优势模式对于最大限度利用文化资源优势、发展地区文化产业经济具有重要的现实意义。

二 资本技术模式

文化产业的发展与科技进步和创新密不可分。资本技术模式突出了科技进步与创新在文化产业发展中的重要作用。西方“文化产业”的概念最初与“文化工业”“大众文化”等是一致或等同的，如果撇开其批判性和否定性意味，便可以发现其技术性格和市场特质。

对于区域文化产业的发展来讲，如果一个地区缺乏文化资源的支撑，资本技术模式便显得格外重要。当今世界上文化产业最发达的国家首推美国。从文化资源的角度来看，美国与欧盟国家相比几乎没有优势，在历史文化禀赋上还显落后，但是凭借其强大的经济实力、人才优势和科技优势，美国克服了地域文化资源弱势，一跃成为全球文化产业的“巨无霸”。[②] 以美国电影产业为例，根据赫尔曼和麦克切斯尼的统计，早在1925年，英国、加拿大、澳大利亚、新西兰和阿根廷的电影市场收入

① 北京国际城市发展研究院中国领导决策信息系统数据库，http：www. ccgov. net. cn。

② 李怀亮、刘悦笛主编：《文化巨无霸——当代美国文化产业研究》，广东人民出版社2005年版。

90%以上都进了美国好莱坞电影公司的腰包。[①] 在欧盟各国，好莱坞的票房收入份额从1984年的60.2%上升到1991年的71.1%。[②] 近年来好莱坞的电影业及其附属产品每年获利接近30亿美元，出口创收占美国出口业的第二位，仅次于高科技行业，超过了军火和农业。美国好莱坞电影产业成功的原因是多方面的，排除其成功的商业运营模式，单从技术和资本的角度来看，好莱坞电影在技术和投资方面无人能及的领先优势是其独霸局面的一个不可缺少的支撑点。美国文化产业发展中的强势地位主要是由其资本与技术推动的。

这种产业模式对于文化资源相对贫乏的地区发展文化产业具有重要的借鉴意义。传统的经济学认为，技术因素并不是一种生产要素，而是生产函数的变换。根据这种理论，人们在进行理论研究时，通常假定生产函数在不同区域内是相似的，这实际上否定了技术因素存在区域差异性和行业差异性。事实上，在研究区域文化产业发展模式的过程中，我们发现在不同区域或行业，技术因素实际上存在较大的差异。一个地区的经济水平越高，资本越充足，技术力量和创新力量就越强，文化产业经济发展的前景就越好。

发挥科技对区域文化产业发展的作用，应该拓宽科技成果的推广应用范围，并提高科技应用效率，这两者缺一不可。因此，对于一个地区来说，充分利用本身固有的资源发展文化产业固然重要，而提升其科技水平和创新能力也为该地区文化产业的发展开拓了广阔的道路。特别是在整体文化环境和文化氛围有些滞后的地区，资本技术模式对于确定区域文化产业发展目标和方向尤其重要。

三 整合集约模式

文化产业的发展与其他产业一样，需要走综合化、集约化的道路。对于一个地区而言，发展区域文化产业，既不能局限于以地理文化资源

---

① Edward S. Herman & Robert W. McChesney, *The Global Media*, London: Cassell, 1997, p. 14.

② David Held, et al., *Global Transformations*, Cambridge: Polity Press, 1999, p. 356.

划分的自然区，也不能局限于纯粹国家管理的行政区，而是必须遵循文化自身的“超时空”特性和文化产业发展的内在经济规律。美国著名的区域经济学家艾德加·胡佛（Edgar M. Hoover）曾对经济区域做出解释：“区域是基于描述、分析、管理、计划或制定政策等目的而作为一个应用性整体加以考察的地区。”① 该视野下的“区域”概念实质上是一个跨行政、跨地理的概念，是不同行政或自然地理区域按经济发展规律而整合的统一体。

依据文化资源、行业特征、技术规模、创新能力等对不同区域间的文化产业进行整合，使文化产业优势最大化，是当代西方区域文化产业发展的重要趋势之一。自20世纪90年代以来，西方国家文化产业为了在竞争中占据有利的地位，纷纷制定了文化产业发展的综合化、集约化模式，既包括行业内部联合重组，又包括跨地区、跨行业甚至跨国组合，从而形成规模化的集约生产模式。据格列柯的统计，② 20世纪90年代前期，美国被报道过的媒体收购事件就有557起，几乎接近1960—1989年的全部交易总量；而90年代中后期也发生了一系列文化产业内的重大重组、收购和整合事件。③

近年来，西方文化产业跨域并购、整合事件有增无减，如2002年美国AT&T的有线电视部AT&T宽带（AT&T Broadband）与Cnmcast公司合并；2003年美国国家广播公司（NBC）收购法国威旺迪环球公司（Vivendi Universal）在美国的娱乐资产，组建NBC环球新公司；2004年德国最大的杂志出版集团古纳亚尔收购了“汽车杂志之雄”施德托加路德的先行汽车杂志社；2005年，美国第三大传媒公司维亚康姆收购儿童网站尼奥宠物（NeoPets）；2008年，美国哥伦比亚广播公司（CBS）收购全球首家以IT网站概念上市的CNET。文化产业跨地域、跨行业整合的结

① ［美］艾德加·胡佛：《区域经济学导论》（第三版），郭万清等译，上海远东出版社1992年版。

② Albert N. Greco, Shaping the Future: Mergers, Acquisitions, and the U. S. Publishing, Communications, and Mass Media Industries, 1990 – 1995, *Publishing Research Quarterly*, Vol. 12, 1996, p. 3.

③ ［美］大卫·赫斯蒙德夫：《文化产业》，张菲娜译，中国人民大学出版社2007年版，第157—158页。

果，是通过集约经营使各自的文化价值实现共享，经济效益得以提升。上述公司通过文化产业并购或重组，迅速成为全球文化市场的获利者和领导者。在它们下面的是处于“第二阶梯”的区域性文化巨头，这些区域性文化公司每年的媒介和文化动漫收入也都超过了10亿美元。① 文化产业的跨域整合集约模式使文化产业上下游产业链在一定区域内高度集聚，有利于整合文化资源，发挥行业优势。迈克尔波特认为，通过地域接近的互相联系的公司和关联产业间的整合，会形成高度专业化的企业协作，从而产生集聚效应。“文化经济在地理位置上的集聚，几乎总能让文化产品的生产更有效率。……但是提高经济效率并不是唯一的原因和结果，包括信息、意见、文化观念等的学习和创新也在时时发生。”② 文化产业区域内或区域间的整合与集约，不仅可以产生相应的文化产业群体优势，而且还有助于文化企业技术创新，提高创新效益。

四 区域非均衡发展模式

从区域总体发展战略的角度来看，西方学者曾提出过两种截然相反的理论，即均衡发展理论和非均衡发展理论。均衡发展理论（新古典学派）强调区域间或区域内部各地区间在产业发展方面基本保持同步与平衡发展；非均衡发展理论强调区域经济要根据不平衡发展规律，有重点、有差异、有特点地发展，而不是平均用力、平行发展。这两种发展理论各有利弊。均衡发展理论考虑到区域不平衡发展对区域进一步发展的负面影响，却研究忽视了不同区域发展的基础条件的差距。非均衡发展理论考虑到了不同区域经济发展与社会进步具有不同的动力，却忽视了社会公平的严重损害将导致效率的更大损失。美国经济学家约翰·威廉姆森（John Williamson）在此基础上提出了“区域成长理论”（倒U型理

① Edward S. Herman & Robert W. McChesney, *The Global Media*, London: Cassell, 1997, p. 53.

② Allen J. Scott & Dominic Power, *Cultural Industries and the Production of Culture*, Routledge, New York, 2004, p. 8.

论),[①] 认为在经济发展的早期，区域间差异扩大，区域不平衡程度增强；当经济逐渐成熟时，区域间差异缩小，区域不平衡程度降低。该理论提出后众说纷纭，但仅就其对区域经济发展一般趋势的描述而言，这一模型将时序问题与空间结构变动相结合，对区域文化产业的发展模式有重要参考价值。

（选自《国外社会科学》2009 年第 6 期）

① ［美］约翰·威廉姆森：《区域不平衡和国家发展过程：一个描述转型》，《经济发展与文化变迁》1965 年第 13 期。

论文化多元化的特点、实质和意义

张红霞*

自古以来，自然界和人类社会就是多元的。自然界正是因为有数以万计的生物共存才如此丰富多彩而又生机盎然；人类社会正是因为有不同的民族和文化同在才格外绚丽多彩。因而“多元共存”是一种理想追求。无论是孔子的“仁者爱人”，还是墨子的“尚同”和“大同境界”，还是霍布斯、卢梭的“社会契约论”，抑或普里什文的“和谐共创”，都是以自我与他人的同时共在为前提的。21世纪，文化多元共存不仅是重大的现实，而且是必然的历史趋势，也是未来文化存在发展的方式。

学术界对文化多元化的含义有多种理解。有的学者认为，文化多元化指的是不同民族、国家的文化共存的一种状态。即在同一时间，同一个社会、国家或民族中多种文化相互作用、相互影响的状态。有的学者认为，“文化多元化是指各民族在现代化发展过程中形成的生活方式，分为有形和无形两种类型。有形的包括建筑、饮食、工具与民族文化相联系的历史文献。无形的包括生活方式、传统习惯、信仰意识和价值观念、思维和行为模式等”。① 有的学者认为，文化多元化就是指在坚持社会主

---

* 作者信息：张红霞，1971年生，陕西师范大学博士生，中国石油大学（华东）人文社科学院副教授，257061。

① 温雪梅：《文化全球化与文化多元化的辩证关系》，《天津市工会管理干部学院学报》2003年第4期，第37页。

流文化的前提下，允许多种文化交织、兼容、发展的态势。[①] 联合国教科文组织于2001年9月11日通过的《文化多样性宣言》则认为，文化多样化是指"文化在不同的时代和不同的地方具有各种不同的表现形式，具体表现为构成人类各群体和各个社会的独特性及其全部独特性所构成的多样化"。[②] 这些观点从不同的侧面和角度阐释了文化多元化的内涵，各具特色，都具有合理性。相比之下，"文化多元化是一种坚持主流文化前提下，允许多种文化并存、交融和共同发展的态势"的观点更能揭示文化多元化的实质。

一　文化多元化的特点

当今世界，文化多元化已成为社会的现实文化背景和必然的历史趋势，并以五彩缤纷的姿态化呈现在我们面前。文化多元具有以下特点。

第一，多元共存。多元共存是指各种文化都有平等的生存权利和发展空间，互相之间应该平等共处、和谐发展。它是文化多元化的价值追求和基本特征，也是文化发展的内在规律和内在要求。经济全球化是文化多元化的基础和前提。自20世纪80年代以来，随着经济全球化的不断发展，世界文化多元化已成为历史发展趋势；而信息网络时代所带来的各民族人民交往的便捷和网络特有的片面性，激发和增强了人们的民族意识和对民族文化的认同感。同时，每一种文化都具有稳定的特质。在全球化过程中，一种文化在另外一种文化语境中不可能完全被异质文化所同化，而只能是有选择地借鉴，通过自己的文化眼光选取所需之物，体现了一种主体选择和解读的意义，这使文化的多元共存成为可能。可见，尽管全球化已成为当今世界发展的总趋势，但它却无法摆脱各国文化独立发展的合理性。文化多元共生仍是全球化语境下文化发展的真实状态和普遍现象。另外，因为每一种民族文化都具有其他文化所没有的

① 杨雪英、朱凌云：《论文化的多元化与高校思想政治教育》，《中国高教研究》2006年第6期，第60页。

② 杨金玲：《如何正确认识全球化下的文化多元化》，《理论界》2007年第11期，第142页。

优势因素，因此，文化的多元共存为各种文化的相互交流、取长补短提供了条件，各种文化在彼此借鉴优势、共同发展和繁荣的过程中产生了互相依存的共生性，从而形成了多姿多彩、魅力无穷的人类文化景观。

第二，和而不同。这是《论语·子路》所载孔子的一句名言。这一思想认为，世界上的各种文化和民族之间应和谐而又不千篇一律，彼此不同而又不相互冲突；和谐以便于共生共长，“不同”以利于相辅相成。按照这一思想，世界各种文化应在和平竞争中取长补短，在求同存异中共同发展。因为每一种文化都是一个民族的基本象征，内含着一个民族特有的价值观念、行为方式，凝聚着一个民族的精神实质。别林斯基指出：“愈是民族的，就愈是世界的。”马克思曾经指出：“古往今来每个民族都在某些方面优越于其他民族。”[①] 因此，文化多元主义者认为，没有任何一种文化比其他文化更加优秀，更不能将自己的文化标准强加于其他不同的文化。[②] “和而不同”的理念允许彰显每一种民族文化中的优势因素，鼓励多种文化在交流中不断创新和激荡，其目的就是用人类所积累的全部知识财富丰富当今世界的文化宝库。汤因比强调，一切文明和历史在某种意义上说都是平行的和同时代的，各种文化都有自己的优长和相对的真理，应该共存发展。

第三，融合创新。在文化多元化的过程中，处在同一时代、同一文化体系中的多元文化各自具有鲜明的民族特色，但各种文化彼此之间是时刻不停地进行着相互交流和相互作用的融合。融合是你中有我，我中有你。在相互融合的过程中，每一种文化都按照自己的价值观念和标准进行自主的选择，吸纳来自于异质文化的精髓，不断丰富和发展自己。因此，文化在任何时候都是一个动态的、开放的、不断变化着的系统，它的发展、壮大永远离不开与其他文化的交流、沟通和传播。多元文化在融合的过程中也会伴有冲突，没有冲突就没有融合，而且融合本身就包含着冲突或矛盾。它们之间不是一种天然对立的关系，而是一种相互渗透、对话、融合和竞争的关系。多元化的文化保持其生命力的途径是

① 《马克思恩格斯全集》第2卷，人民出版社1957年版，第194页。

② ［英］C. W. 沃特森：《多元文化主义》，叶兴艺译，吉林人民出版社2005年版，第13页。

正视冲突，吸收借鉴其他文化的有益成分，使自身文化得以更新和发展。一种文化要想在不利于自身存在的条件下获得生存的机会和可能性，就只有通过吸收其他文化的珍贵养料取长补短，迎接挑战，而整个世界文化也是在各种文化的交流和发展中不断繁荣创新的。

第四，长期稳定。长期性和稳定性也是文化多元化的显著特征。文化多元化作为文化发展的态势，以多元文化的共存与发展为前提。多元文化是随着不同民族的产生而形成的。每一个民族在其漫长的繁衍和发展历程中为适应各自的生存环境，从一开始就生成和发展出了自己的一套价值观念和生活方式，即各自的文化。一个民族的文化是一个民族全部历史的创造物，是民族生命与民族精神的不竭源泉。它是在该民族长期的生产、实践与交往过程中逐渐形成的，并在该民族的发展过程中不断发展。因此，从某种意义上来说，人类的发展史就是多种文化长期并存、交流、创新和发展的历史。因此，多元化的文化具有长期性的特征。另外，每一个民族的传统习俗、宗教信仰、思维方式和价值观念是适应本民族的一种文化形态，而且是在本民族的社会生产和生活实践中逐渐形成和发展起来的。这种文化形态一经产生就会在该民族的发展过程中长期存在并起作用，它具有更大的稳定性。

二　文化多元化的实质

文化是个整体性概念，它由表层结构与深层结构（即文化核心）构成，二者在文化整体结构中的地位与作用是不同的。诸如饮食文化、服饰文化、居住文化、语言文化等构成了文化结构的表层，它们并非文化的核心。构成文化深层结构的是那些在全球性范围内将不同民族文化区别开来的文化特质，即流淌在每个族人心灵中、体现着不同民族特征的东西，它既是一种思维和行为模式，同时还包括民族信仰和价值倾向等。[①] 它隐藏在表层文化的背后，体现着民族特性。

由此可见，价值观是文化的核心。每个民族都有其独具特色的民族文化，而每个民族文化的核心就是蕴含在文化深层的价值观、思维方式。

① 李庆本：《全球一体化与文化多元化》，《中国文化研究》1999年第1期，第129页。

正是各民族不同的价值观和思维方式塑造了不同民族各具特色的风俗习惯、文化心理、生活方式和行为模式等，从而使各民族文化保持着其独特性和稳定性。因此，从这个意义上来讲，文化多元化实质上就是价值观、思维方式的多元化。

多元化是事物发展的基本样态。世界是多元的，世界上的万事万物都有自己的特点，人也如此。成长于不同地域、人文环境、风俗习惯、历史传统中的人，他们的价值观念、思维方式和行为模式也会存在很大差异，这符合多元发展的规律。而不同性质、特点和背景的价值观和思维方式处于同一个领域中，彼此之间也会产生冲突，这也是正常的，因为事物就是在彼此交流、冲突、融合中不断发展的。我们应该正视多元价值观的存在以及它们之间的冲突，并以积极的态度接受它，允许多元价值观和思维方式共存。这不仅是社会、文化和谐发展的必然要求，也是世界发展的客观现实。

价值多元化是时代与个体发展的必然趋势和结果，它的实质就是容纳不同的价值标准与追求。随着经济全球化进程的加快、国际互联网的迅速发展，先进文化和落后文化、保守文化和开放文化、民族文化和外来文化等交织在一起，从而在社会各个领域同时树立了多种价值观，为人们提供了更多的选择机会。每个人都有自己的选择与追求，并可以成为不同的价值主体，从而使价值观呈现出多元化倾向。

三 文化多元化的重要意义

多元文化是一个民族或国家的重要资源，它可以造福于子孙后代。在世界范围内，各民族各地区的传统文化多姿多彩，构成了独具魅力的人文风景。因此，文化多元化虽然在一定程度上给民族文化带来一定冲击，但总的来说，文化多元化有利于世界民族和文化的繁荣与发展。

第一，文化多元化有利于增强文化的生命力。事物相异相合、相辅相成，不同事物聚合在一起才能产生新事物，也就是说，多样性有利于事物取长补短，创新发展；单一性使事物没有活力，经常会导致生机窒息。文化多元化是文化创新和创造的源泉。文化创新或某种新文化的创造，在许多情况下是有赖于对不同文化元素的重新组合。一个社会已有的文化元素越多，文化多样性就越丰富，人们的选择就越多，就越能诱发人们的灵感和创造性，文化创新的可能性就越大，创造、发明就越是丰富，文化的生命力就越强。这完全适用于全人类文化发展的基本规律。中国文化也是在不断吸收外来文化的过程中得到丰富和发展的，如印度佛教传入中国，极大地促进了中国哲学、宗教、文学和艺术的发展，而印度佛教也在中国发扬光大。可以说，古今中外许多著名舞蹈、音乐、文学、绘画、工艺等都是在不同文化的交流中，在吸收其他民族文化精华的基础上创造出来的。没有文化的多元化发展，就不可能成就今天多姿多彩的人类文化。

第二，文化多元化是维护文化生态平衡的需要。就像地球需要保持多种生物才能达到生物平衡一样，人类文化的正常发展也需要多样性的传统与智慧。人类每一种文化都是经历了几千年甚至上万年的积淀而发展起来的，它们的经验和智慧、信息库藏都是其他文化无法替代的。每一种文化都是在与异质文化交流与接触，并在对异质文化做出选择过程中发展的。在现代文明迅速席卷全球的今天，每时每刻都不知道有多少土生土长的传统文化在消失。一种落后的地方传统文化的消失，谁也不会注意，谁也不会感到惋惜，但当一批文化群落消失的时候，文化的生态平衡就会遭到破坏。我们现在面临的是自然生态破坏、自然资源减少的问题。① 因此，保持文化的多元化才能避免文化走入“特质化”（specialization）道路，“保持其他族群的生活方式与文化特性，就如保护濒临绝灭的稀有种属一样，是为了人类全体文化的永续存在而保存”。② 文化多样性给文化进化提供了丰富的选择和更大的可能，而保护文化多样性是对文化差异性的尊重，是维护文化生态平衡的必要前提。

第三，文化多元化是反对文化霸权主义的强有力武器。当今世界的文化霸权主义是指某些西方发达国家，主要是美国将本国文化强加于其他国家的一种做法，其实质就是维护文化一元化。美国著名学者塞缪

① 方李莉：《文化生态失衡问题的提出》，《北京大学学报》（哲学社会科学版）2001 年第 3 期，第 105 页。

② 费孝通、李亦园：《中国文化与新世纪的社会学人类学》，《北京大学学报》（哲学社会科学版）1998 年第 6 期，第 85 页。

尔·亨廷顿著文宣称："虽然美国的流行文化和消费品席卷全世界，渗透到最边远和最拒斥的社会……在经济、意识形态、军事技术和文化方面居于压倒优势"，但美国"要想重新唤起较强的国家优越感，还需要战胜美国存在的崇尚多样性及多元文化主义的思想。"① 他得出结论说："如果多元文化盛行，如果与开明的民主制度的共识发生分歧，那么，美国就可能落入历史的垃圾堆！"为了维系这种"共识"，"增强人民之间的凝聚力，就必须制造一个假想敌"。亨廷顿清醒地看到，非西方国家（比如中国和一些亚洲国家）在全球化进程中不断加强自身的文化自觉意识，已日益成为西方文化之外的另一种强大力量。为此，他才提出要学会与不同于西方文化传统的非西方民族和谐相处的文化对策，并主张要尽力去辨认西方文明和其他文明之间存在的共性因素。未来世界只能是不同民族共存的世界，时代要求每个民族不得不学会与其他民族和谐相处，否则就会丧失自己的利益，不利于自己的发展。

第四，坚持文化多元化是化解民族冲突的有效手段。和平与发展是当今时代的主题，但当今世界并不安宁，民族冲突时有发生，如阿拉伯民族与西方民族的冲突在相当长的一段时期内愈演愈烈。化解民族矛盾，处理好民族之间的关系是各个国家和民族和睦相处的重要条件，而民族平等是民族团结和共同繁荣的基础。因为每一个民族，无论其大小，都是人类大家庭的一员，都为人类的发展做出过重要贡献，都应该是平等的。而在每个民族漫长的历史发展过程中积淀而成的民族文化，具有浓厚的民族特色，对异质文化乃至整个人类文化的发展具有重要作用，因而也应该得到尊重、理解和认同。

（选自《国外社会科学》2010 年第 4 期）

① Samuel P. Huntington, "The Erosion of American National Interests", *Foreign Affairs*, Vol. 76, No. 5, 1997, p. 38.

韩流的文化启示

——兼论韩流对现代社会生活方式的影响及其文化根源

朴光海*

一 序言

自20世纪90年代末开始，以韩剧为代表的韩国电影、歌舞、音乐、服饰、游戏、整容、料理以及其他韩国商品等汇聚成一股“韩流”，在中国兴起了一股流行热潮。这股流行热潮以中国为震源，逐渐向周边的国家和地区扩展和蔓延，并在短短几年间就席卷了亚洲大部分地区，甚至还扩散到了中东、中亚和俄罗斯等地。在这些国家和地区，韩流的影响力已经超越了一般意义上的文化流行现象层面，而开始逐渐影响到人们的衣食住行等生活习惯。在中国，韩流的到来打破和改变了一部分人群的生活习惯和生活方式，进而成为现代生活方式的一种载体。韩流是一种创新文化，它以东亚传统文化为本源，融合西方现代文化要素而形成，即它的基因来自于东亚传统文化，而形式则是从西方现代文化借用而来的。因此可以说，韩流是东西方文化、传统与现代文化相结合和相融合的产物。从韩流这一文化形式可以看出，传统性与现代性没有必然的对

* 作者信息：朴光海，1972年生，博士，中国社会科学院文献信息中心副研究员。

立，如果将二者的长处和优势因素挖掘出来，并加以融合和改进，即优势互补，相互交融，就会创造出更具价值的东西。韩流的经验告诉我们，发展现代化，要立足于本民族传统文化，在继承、发展和创新传统文化的基础上，努力实现现代化。

二 韩流成为现代生活方式的一种载体

西方早期的社会学家凡勃仑（Thorsten Veblen）说："生活方式可以概括地把它说成是一种流行的精神态度或生活理论。"① 在不同历史时期和不同社会发展阶段，不同的阶层、年龄、性别和职业的人，都各自有着自己的生活形态和生活方式。尤其是在注重个性完美的现代社会，人们更加重视自己的生活意愿，并按照自己的审美取向和价值取向自由地选择个人的生活方式。所以，选择什么样的生活方式，完全取决于个人。

韩流在中国盛行已经有十多年的时间，对一部分人的生活方式产生了很大的影响，尤其是对人们的闲暇生活方式和消费方式产生了较大影响。例如，闲暇时打开电视看韩剧已经成为许多中国家庭闲暇生活的一种习惯。韩剧对于中国观众来说可谓老少皆宜。据新浪网调查，在接受调查的网民中，有 83.12% 的人表示喜欢"韩剧"，在问到你最喜欢哪个国家或地区的影视节目时，有 54.55% 的人选择了"韩剧"。② 年轻人看韩剧则更为灵活和方便，他们通过互联网或干脆买来影碟一口气看完。而有关韩剧的话题更是人们茶余饭后津津乐道的谈资。韩剧对于中国人认识和了解韩国及其文化起到了重要的媒介作用，韩剧中干净整洁、充满现代化气息的城市风貌和美丽的自然风光吸引着人们对去韩国旅游的向往。据韩国文化体育观光部统计，从 2000 年开始，每年有几十万中国游客涌向韩国，2009 年中国访韩游客数为 134.2 万人，占整个访韩外国游客的 19%。③ 着迷于韩国歌舞明星和韩国时尚的青少年，不仅模仿明星

---

① ［美］凡勃仑：《有闲阶级论》，蔡受百译，商务印书馆 1982 年版，第 16 页。

② 《特别关注："韩剧"热与中国青少年的成长》，http：//theory. People. comcn/GB/40555/4154221. html。

③ 韩国文化体育观光部（http：//www. cst. go. kr/main. Jsp）。

的舞姿和演唱，就连打扮也仿效那些明星，将头发染成不同颜色，穿肥大的裤子和高高的松糕鞋，更有甚者，直接拿着自己喜欢的明星照片到美容店整容，“哈韩一族”悄然在中国的大街小巷中出现；韩国餐厅、韩国美容店经常顾客盈门，许多人乐此不疲地光顾韩国店，体验别样的韩国风情；韩国化妆品、时装、服饰、手机、家电、汽车等成为人们喜爱的商品；大批中国学生到韩国留学深造，截至2009年，在韩留学的中国学生人数达到5.7万，占韩国外国留学生总数的60%以上。这些都说明韩流已经成为一部分人生活方式的载体，而且在他们的生活中占据着重要地位。

韩流作为一种流行文化，能在短短的时间内风靡中国，并且能被中国人欣赏和接受，凸显了韩流的独到之处。中国人喜欢韩流，他们选择了韩流，并将其作为一种生活方式。正是由于这些人的存在和消费，韩流才得以迅速传播和流行。所以说，这些受众是韩流得以迅速扩展和蔓延的基础和重要保障。那么，中国人为什么会喜欢韩流，并将其作为一种生活方式呢?

1. 中国人在接受韩流方面没有任何障碍，而且容易产生情感共鸣和文化认同。情感共鸣和文化认同非常重要。从文化传播的角度来看，一种文化要传播到另外一个文化圈并产生影响，就要具备一定的优越性和可相互交流和沟通的基础，即所谓的文化认同。韩流就具备了这样的要素。中韩两国同属东亚文化圈，两国的文化十分相近，具有同质性。韩国文化和中国文化有着密切的关联，与其他外来文化相比，韩国文化具有无法比拟的优势，在中国更容易得到认同和接受。另外，中韩两国在感情表达、价值观念和思维方式等方面也都很相近。因此，两国在跨国文化的传播中存在着文化趋同性。可以说，两国文化上的相通性为韩流在中国的流行提供了首要基础和条件。而且，两国人的身材、相貌都很相近，具有相似的生活习惯和习俗。中国人认为韩国文化与欧美文化相比较，显得更为优雅而恬淡，和中国人传统的价值观念、审美情趣、道德评判比较相近，所以容易产生心理认同，因而也就比较容易接受。韩剧可谓是韩流的代表，它在中国受众面最广，影响面也最大。中国观众能够接受和喜欢韩剧的主要原因还是在于韩剧所表现和宣扬的审美趋向、价值观念、道德评判和传统文化等因素能够被中国人所接受和认同。人们会对韩剧里呈现的家庭氛围感到亲切和产生共鸣；对人物之间似曾相识的言谈对话、举止行为，发出会心的微笑。从韩剧的内容上来看，几乎每部韩剧都涉及重视家庭、孝敬老人、长幼有序、兄弟友爱等传统伦理美德，并渗透着诸多儒家传统文化的因素。这些都是中国人熟悉而喜爱，却又正在失去的东西。所以，中国观众自然乐于接受以韩剧为代表的韩国文化。另外，韩剧生活气息浓厚、场景时尚、画面清雅、演员的表演朴实自然，这些也都是人们喜欢韩剧的原因。

2. 韩流中蕴含的新颖、时尚、现代、前卫元素深深吸引了人们，尤其是年轻人。韩剧中演员们的服饰和佩戴的饰品都经过精心设计与搭配，色彩艳丽、个性张扬、夸张大胆，随意而另类，充满时尚感，深深影响着观众们的审美观，并使人们不自觉地去模仿和追崇。韩国歌舞现代而充满时尚动感，韩流明星的衣着打扮更是前卫、流行，这些无不深深吸引着中国的年青一代。

3. 韩流作为时尚流行文化满足了人们追求时尚，彰显个性的需求，从而成为人们生活方式选择的一种载体。随着生活水平的提高，很多人在日常生活和消费中更加注重展现个性和宣扬自我，他们追求时尚、流行和个性的文化，以充分显示主体的个性、品位和气质。而以韩剧为主，韩国的电影、歌舞、服饰、餐饮、旅游、整容、商品为代表的韩流正是综合了传统因素和现代元素形成的时尚流行文化，其形式的时尚化、流行化和内容的传统化满足了人们对新文化的需求，尤其是满足了青少年渴望新鲜、个性化文化的需求。以韩流为代表的韩国现代文化，是以包括中国传统文化底蕴作为根源的东方文化为基础，接受并发展了欧美和世界的现代文化而形成的，所以对中国青年既有新鲜感，又有相当的亲和力，容易被接受。

三　韩流形成的文化根源

综观韩国的历史，可以说韩国文化是在本民族传统文化的基础上融合其他外来文化要素而形成的一种复合型文化，它具有鲜明的多元化、融合性特征。韩流作为韩国的大众文化，显然也具有这样的特征。

1. 以儒家文化为代表的东亚传统文化无疑是其源头文化之一

在韩流文化中，特别是韩流的代表——影视作品中处处体现出东亚传统文化中倡导的重视家庭、重视教育、孝敬老人、长幼有序、兄弟友爱等传统伦理美德，并渗透着诸多传统儒家文化的因子。虽然作品中的叙事手法、表现方式等都非常西化，而且场景也非常现代，但其骨子里的东西仍然是传统的，体现了东方式的伦理观念和社会道德规范。中韩两国地理位置邻近，两国的文化交流源远流长。早在三国时期，随着汉字的传入，中国的儒家文化也自然而然地传播到了朝鲜半岛，并且与当时社会的规范制度相融合，逐渐成为统治阶级的思想主体和整个民族的文化渊源。韩国受儒家文化影响颇深，历代王朝对中国儒家文化进行了大量的吸收和借鉴，并加以本土化改造，构成了以儒家文化为内核的韩国传统文化，许多中华优秀的文化传统在韩国保存下来并得以发扬。这里值得一提的是，在保护和保存传统方面，韩国似乎比中国做了更多的努力。尽管日本帝国主义长达 36 年（1910—1945 年）的殖民统治，使得民族文化传统和资源被破坏殆尽；尽管长达三年的朝鲜战争又使整个半岛饱受战争的摧残；尽管目前韩国的现代化程度虽然已很高，但是，与儒家的发源地中国相比，韩国似乎更多地保留了儒家文化的传统并加以发扬。例如，韩国每年都要举行祭孔活动，并严格按照中国古代礼制进行，这种祭孔活动在韩国已经延续了 1600 多年的历史。而在中国，这种祭祀活动已经消失，中国举行祭孔大典要参照和借鉴韩国祭孔活动的程序。又如，韩国的传统节日氛围非常浓厚，每到传统节日，韩国人就要全家聚在一起吃团圆饭，或者去祭拜先祖，或者举行跪拜仪式。总之，韩国的传统节日似乎更具有传统性。与之相反，中国的传统节日氛围似乎越来越淡薄，而且趋于简单化。

此外，儒家文化中的选贤文化、注重教育以及忠君孝道思想在韩国受到了极高的重视，并且已经深深融入了韩国的民族文化之中。[①] 例如，在儒家思想中提倡对父母尽孝，对国家尽忠。在韩国，这种以忠孝为支柱的儒教秩序、倡导大家庭和等级制度、长幼有序的礼节服从精神经过长期的体验和教化，已经形成一套以社会风俗和价值观念为基础的自律性道德规范。我们在一些韩国影视作品中也能看到的周末团圆、遇事全家商讨、按照古礼举行各种仪式等民俗习惯在现代韩国还一贯地保持着。

① 李明伟：《韩国：传统与现代结合的新模式》，《新视野》2003 年第 2 期，第 79 页。

在大多数韩国家庭中，男子和父亲仍然居于家庭中心地位，家长处于家庭的绝对主导地位，“父权制”家庭依然是韩国现代社会普遍存在的、而且是得到社会认可的一种家庭形式。媳妇要恪守妇道，侍奉公婆，相夫教子。家庭是韩国消费、收入、分配以及社会福利的基本单位，现代韩国人的价值观、思想方式和行为方式仍以家庭生活为主。家庭的需要先于个人的需要，这是韩国家庭制度，特别是韩国传统的大家庭制度的本质所在。[①] 如今，儒家文化已经深深根植于韩国社会，在政治体制、经济模式以及社会生活等各个方面都产生了一些积极的影响。可以说，儒家文化是现代韩国文化的传统根基，是推动韩国自身文化向前发展和进步的内驱动力之一。

2. 日本殖民文化的影响

日本在对朝鲜半岛实施36年的殖民统治过程中，主要从以下三个方面对韩国现代社会的形成及韩国现当代文化的构建产生了影响。

（1）在向朝鲜强制推行和实施殖民政策的过程中，将日本现代化的运作模式和现代化的事物也强加给了朝鲜人民，这在客观上缩短了朝鲜的现代化进程。现代法律制度、税收制度、城市商业化，乃至兴修水利、推广优良品种等，都在这个时期以强迫命令的方式推行。这种殖民统治打破了朝鲜社会旧的封建体制，造成了经济的快速发展和社会的重大变化。[②]

（2）日本的殖民统治虽然严重地破坏了朝鲜的经济发展，掠走了大批资源，给朝鲜人民带来了极大的痛苦与灾难，但是从客观上对朝鲜旧的社会体制、政治传统以及传统文化进行了改造，铲除了弊端。李氏王朝（1392—1910年）末期，由于政府的腐败和堕落，官场上任人唯亲、官员欺压百姓的现象颇为严重，百姓们怨声载道，再加上保守的知识分子只专注于烦琐无用的空谈和道德说教，整个社会毫无生机，陷入了严重的衰落境地。而日本帝国主义带有军事色彩的高效政府管理模式的殖民统治，客观上铲除了朝鲜旧体制、旧民族文化中的弊端，加速了朝鲜经济与社会的变化。正是由于朝鲜封建旧制度的解体，本民族的传统文

---

① 张东霞：《反思儒家文化对韩国现代化的积极影响》，http：//www. Sne. snnu. edu. cn / xsjt//jsjy/jxhd/lunwen/se02/0211. html。

② 李明伟：《韩国：传统与现代结合的新模式》，《新视野》2003年第2期，第79页。

化得到了改造与更新的机会。[①]

（3）日本对朝鲜半岛实施的侵略和殖民地化，使得朝鲜人民蒙受了巨大的灾难和痛苦。不得使用本民族语言和姓名、全部要改用日本语言和日本姓氏，这些极端的民族文化扼杀政策和“皇民化”政策，唤醒了朝鲜人民的民族精神和反抗精神，并形成了极其强烈的民族自尊心和危机意识。这种强烈的民族意识和危机意识已经渗透到了韩国人的血液之中，而且一直延续到现在。韩国自1945年8月15日摆脱日本帝国主义殖民统治迎来光复，便开始对日本文化采取全面和严格的封杀政策，“50年来没有上映过一部日本电影或电视剧，日本歌曲也在‘禁唱’‘禁播’之列”。[②] 虽然在文化上予以阻止和封杀，但是从民族利益出发学习日本的先进科学技术、先进管理模式，借鉴其有益经验，并与之积极发展经济贸易，这种既排斥对方又要从对方身上获得实际利益的民族精神着实让人叹服。正是这种民族精神和民族意识促使他们不断发奋图强、自力更生，创造出让世人瞩目的“汉江奇迹”，并迈进世界新兴工业国的行列。另外，朴正熙执政时期为推动韩国经济快速发展和建构新的文化流价值导向所采取的一系列政策和措施，都借鉴和仿效了日本的模式，这种做法使得韩国很快摆脱了效率低下的传统官僚政治的影响，经济得到了恢复并飞速发展，新的制度、新的文化理念也得以建构和发展。总之，不论是现代化理念的引领，还是民族精神的激发，抑或不论是经济的主观往来，还是文化的客观改造，日本文化始终都徘徊在韩国文化的边缘和外围。[③] 尽管如此，随着时间的流逝和推移，日本的文化价值观念在一定程度上已经渗透到韩国文化之中，并且或多或少地影响着韩国政治、经济、社会和文化的发展，这是毫无争议的客观事实。

3. 西方现代文化，也可以说是韩流文化的另外一个源头

韩国的影视作品除了体现出东方传统文化因子之外，也体现出可贵的平民思想和关注普通人命运的现代观念以及西方文化提倡的国家民主、

---

① 李明伟：《韩国：传统与现代结合的新模式》，《新视野》2003年第2期，第79页。

② 冯玉忠：《我看韩国》，中国友谊出版公司1996年版，第19页。

③ 孙雪岩：《“韩流”探源——解读韩国的融合文化》，《聊城大学学报》2009年第1期，第81页。

自由，鼓励个性张扬，强调并肯定个人对自由、自主、成功的渴望和追求等，这正是韩国文化对西方文化的吸收和借鉴。而且，韩国影视剧的叙事铺陈手法、表现方式其实也非常西化；韩国电影采用的是好莱坞式的运作模式，从制作到拍摄，再到包装、后期的宣传、推介和销售，都是一套完整的亚洲版好莱坞模式。① 另外，韩国影视作品、韩流明星、歌舞作品、韩国服饰等韩流产品都表现出韩国人充满现代感的生活方式和追求流行和时尚、彰显个性的精神风貌，这些要素其实都来自西方现代文化。众所周知，由于历史的原因，韩国同样受到以美国文化为首的西方现代文化的影响。以基督教为代表的西方现代文化给韩国带来了先进的科学文化和教育，它作为西方宗教对韩国人接受人本主义、自由民主主义等西方思想意识起到了重要的启蒙作用。② 韩国作家李光洙认为，基督教对朝鲜所做的贡献可以分为 8 项：引进了西方文明；重新规范了日益衰落的道德标准；促进和普及了教育；提高了妇女的社会地位；修改了早期的婚姻制度；普及了朝鲜字母和朝鲜文字；使传统的价值观念和伦理观现代化；刺激了个性的发展。③ 可以说，基督教文化对现代韩国社会的发展以及韩国文化的形成发挥了至关重要的作用。④

除上述几种文化源头之外，韩国的本土文化，诸如传统的巫俗文化——萨满文化、花郎文化、习俗文化、器皿文化以及各种祭祀文化等也都是韩流文化形成的重要来源。

由此可见，韩流文化是由以儒家文化为代表的东亚传统文化和以基督教文化为代表的西方现代文化构成的，其基础是东亚传统文化，同时吸收和融合了西方现代文化。可以说，韩流是东方传统文化与西方现代文化相融合的产物。在现代社会的发展中，韩国保持了儒教的传统，但并没有被儒教束缚手脚，在弘扬东方儒家文化优良传统的同时，学习并吸收了包括基督教文化和罗马文化圈等在内的西方文化及世界上其他先进文化。韩国文化的各个部分融合转化，最终形成了以儒家伦理为主、

---

① http：//ks. cn. yahoo. com /question /1407040 603598. html.

② 李正奎：《韩国近代社会的变迁与基督教》，《延边大学学报》2001 年第 2 期，第 95 页。

③ ［韩］宋丙洛：《韩国经济的崛起》，张胜纪等译，商务印书馆 1994 年版，第 57 页。

④ 孙西辉：《韩国现代化进程中的文化动因探析》，《理论学刊》2007 年第 1 期，第 111 页。

西方基督教伦理为辅的新儒家伦理，[①] 以及以东方儒家文化为基础，以西方基督教文化为主导的独特的韩国文化。[②]

四 韩流的经验与文化启示

韩流可以说是在民族传统文化的基础上融合西方文化要素创新的一种新文化，既体现了民族性又展现了现代性。韩流对传统文化进行了创新，这种创新就是吸收了西方文化的精髓，并将其与东亚传统文化进行了创造性的融合，从而创造出今天的韩流文化。因此可以说，韩流文化是东方文化与西方文化、传统文化与现代文化相结合、相融合的产物。韩流的流行与发展得益于民族文化传统与现代文明精神、东方文化与西方文化的有机结合，创造了韩国现代文化的超强优势。正如韩国文化观光部副部长裴钟信所说的那样，“实际上，韩国也是在充分吸收了西方文化优秀部分的基础上重新将其本土化。比如韩剧，也是在吸收和消化西方文化的长处后，加上韩国特有的意蕴才形成的。兼收并蓄、突出自我，这是韩国流行文化的成功之道”。

从韩流的事例我们可以看出，在发展现代文化的过程中，我们应该重视对传统文化的传承和发展，而且应该以传统文化为本。传统文化是一个国家或一个民族在长期的社会实践和发展中积淀下来的物质文明和精神文明的文化遗产，它具有特殊性和民族性，体现了一个民族最本质、最具特色的东西。可以说，传统文化是一个国家实现民族振兴，走向现代化的重要精神支柱和精神动力。传承和利用好这些传统文化，现代化进程或许会更加顺畅。在重视对传统文化的传承和发展的同时，我们也要吸收和融合现代性。现代性作为一种文明形态产生于欧洲，它包藏着人类的共性，是人类生存和进步的表现，在一定的历史时期和一定的意义上代表了人类发展的方向，所以能够被东方人所接受，且已横扫全

---

① 罗峰：《韩国文化与现代政治转型》，《东北亚研究》1998 年第 3 期，第 26 页。

② 李明伟：《韩国：传统与现代结合的新模式》，《新视野》2003 年第 2 期，第 80 页。

球。[1] 现代性作为一种文明形态是外来的，在韩国走向现代化的过程中，不仅没有与原本的儒家文化发生根本性的冲突，而且受到儒家文化的包容与促进。[2] 韩流的成功经验表明，传统性与现代性不是必然对立的关系，现代性既然是一种进步，就必定能够和本民族优秀的文化结合。其实，任何现代化只能从现实传统文化出发，否则便成为无源之水、无本之木，而且脱离传统的现代化也不可能赢得人们的普遍认同和支持。陈寅恪先生说过："其真能于思想上自成系统有所创获者，必须一方面吸收输入外来之学说，一方面不忘本来民族之地位。"[3]

另外，韩流之所以能够取得成功，与其对自身偏好的传统文化的坚持和对西方文化有选择地吸收和创新有着密切的关系。实际上，传统文化也好，西方文化也罢，各自都有着自己的长处和短处，所以在传承发展传统，吸收西方现代文化，促进传统性与现代性融合的过程中，对于传统文化与西方文化，我们不应该一概否定，也不能全部继承和吸收，应取其精华，去其糟粕，正确发挥其作用。那种毫无批判的、不考虑时代发展情况而全盘继承的做法和完全否定民族传统文化，鼓吹全部要西化的做法都是不科学的，也是不可取的。

总之，韩流的经验告诉我们，在发展现代化的过程中，既要重视对传统文化的传承和发展，以其为本，同时也要吸收、融合和借鉴现代文化，但要注意汲取精华，清除糟粕，促进传统性与现代性的融合，从而创造出更加先进、更加符合人类社会发展需求和潮流的文化。

（选自《国外社会科学》2011 年第 4 期）

① 刘长林：《儒家思想、中国的韩流和现代性反思》，《东洋社会思想》2007，第 15 辑，第 116 页。

② 同上书，第 113 页。

③ http：//wenda. tianya. cn /wenda /thread? tid = 4f00c99455 bff46b.

文化研究、多元文化主义与媒体文化*

[美] 道格拉斯·凯尔纳** 赵士发译***

一 引论

广播、电视、电影和其他媒体文化产品为我们提供了许多材料，这些材料来自我们塑造的特有身份、自我意识和一些观念，即我们成为男性或女性意味着什么，还有我们的阶级、种族、国籍和性别意识以及“我们”和“他们”的观念意味着什么。媒体形象帮助我们塑造了世界观和更深层的价值观：什么是好的或坏的，哪些是积极的或消极的，怎么做才是道德的或邪恶的。媒体故事提供了象征、神话和资源，借此我们建构起共同的文化，并通过实践而使自己融入这种文化当中。媒体奇观向我们展示了谁有权，谁无权，谁被允许动用军队和行使暴力，谁不被允许。它们使武装权力戏剧化与合法化，并表明无权的人必须待在他们的位置上或任人压迫。

从摇篮到坟墓，我们一生都浸泡在媒体和消费社会里，因而，学习怎样理解、解释和评论媒体的信息和含义就显得非常重要。媒体是一种

---

* 本文来自道格拉斯·凯尔纳教授的网站（http：//www. gseis. ucla. Edu/faculty/kellner/），在得到他本人允许后，现译为中文以飨读者。

** 道格拉斯·凯尔纳（Douglas Kellner），1943 年生，现为美国加州大学洛杉矶分校教授，主要研究晚期马克思主义和社会批判理论，并致力于媒体文化批判和教育哲学研究，近些年在后现代主义、当代美国文化批判与多元文化路径探索等方面取得了突出的成果。

*** 译者信息：赵士发，1973 年生，博士，武汉大学哲学学院、马克思主义哲学研究所副教授。

复杂的且常被误解的文化教育学资源：它教导我们如何去做或者不去做，教我们想什么，感受什么，相信什么，害怕什么，期望什么。媒体也是教育的一种形式，它教导我们如何做男人或女人；如何着装、打扮和消费；如何对不同社会群体的成员做出反应；如何变得受人欢迎，如何取得成功和避免失败；如何顺应主流社会的规范、价值、实践和制度系统。因此，获得批判媒体的素养，对个人和公民来说，是学习如何应付充满诱惑的文化环境的重要途径。学习如何阅读、批判和抵抗社会文化的操纵，能够使一个人与占优势的媒体和文化形式相联系；能够提高个人面对媒体文化的自主权，增强人们应付文化环境的能力。

在此，我将要讨论文化研究视角对提高媒体批判能力和文化素养具有哪些潜在贡献。近年来，文化研究已经作为文化与社会研究的一整套方法而出现。伯明翰大学当代文化研究中心开创了这条路径，这种路径培育了多样性的批判方法，并对文化产品进行了分析、解释和批判。在一系列的内部辩论，在回应20世纪六七十年代的社会运动的过程中，伯明翰学派开始逐渐关注文化文本，包括媒体文化中的阶级、性别、民族、种族和国籍等重要观念之间相互具有哪些影响。他们最先研究报纸、广播、电视、电影和其他大众文化形式对受众的影响，同时也关注各种各样的受众如何解释和使用不同的媒体文化，分析那些导致不同受众对多样媒体文本做出不同反应的因素。

英国文化研究在研究青年亚文化的过程中，展示了文化如何塑造出不同的个性形态和群体认同。对文化研究来说，媒体文化为塑造人的世界观、行为甚至个性提供了原料。那些不加批判地追随媒体文化指示的人们，本身易于成为主流，遵循主流社会的时尚、价值观和行为。然而，文化研究对于亚文化群体和个人如何反抗主流社会的文化认同形式，从而创造他们自己的风格和个性也同样感兴趣。于是，那些服从流行服装和时尚符号、行为和政治意识形态的人们，形成了在主流群体中作为特殊社会群体成员（例如白种人、中产阶级、保守派的美国人）的身份。以亚文化如朋克文化、黑人民族主义文化为标志的人群，他们的表现和行为不同于那些在主流文化中的群体，于是产生了对抗的身份，他们自我界定为反标准类型。

文化研究认为，文化必须在社会关系和制度中通过文化生产和消费来研究。因而文化研究与社会学、政治学、经济学研究密切相关。文化研究表明媒体文化如何清楚地说明了占支配地位的价值、政治意识形态、社会发展和时代的新奇事物。它将美国文化和社会设想为一个竞争地带，各种各样的群体思想为统治地位而斗争。电视、电影、音乐和大众文化形式，往往是自由的或保守的，间或也表达更多激进的或反抗的观点。文化研究是有价值的，因为它提供了一些使人能够批判地解读文化的工具。从小说到电视的更广阔的文化产品统一体，都是文化研究考察的对象，它拒绝建立任何特殊的文化层级和标准，从而颠覆了文化的高低之别。以前，接近文化的主要是学究和精英，他们认为媒体文化陈腐、无价值、不值得认真关注。与之相比，文化研究方案应避免将文化领域分成高雅文化与低俗文化，或分成大众文化与精英文化。这样的区分是很难成立的，并且通常服务于美学的价值标准和政治的需要（例如肯定高雅文化而忽视大众文化，或者赞美被认为是“流行的”大众文化，而鄙视被认为是“精英的”高雅文化）。

文化研究为我们没有偏见地对待一种或另一种文化文本、制度或实践提供了可能，让我们有可能从整体上对文化进行批判的考察。它为对更多不同的文化产品进行政治的而不是审美的评价开辟了道路，人们试图从文化产品中将批判的与反对的和顺从的与保守的观念区分开来。例如：对好莱坞电影的研究表明，电影在20世纪60年代促成了激进分子和反主流文化的观点，在70年代电影成为自由主义者和保守主义者的战场；然而，70年代后期的电影趋向于保守主义，帮助罗纳德·里根当选为总统。

对于文化研究的方案，有一个内在的、批判的与政治学的维度，它不同于从客观主义的和不关心政治的学术路径去研究文化和社会。例如，英国文化研究从文化的社会起源和社会效应中历史地分析文化。它把文化置于社会生产和再生产的理论中，指明文化形式进一步服务于社会统治的途径，或者使人们能够进行反对现行统治的反抗和斗争。它将社会分析为一套等级的和敌对的社会关系，主要以从属的阶级、性别、种族、人种和国民阶层受压迫为特征。它采用葛兰西的霸权和反霸权模型，试图分析“霸权的”或占统治地位的社会的和文化的支配力量，同时也寻求反霸权的反抗斗争力量。为了援助反抗压迫反抗统治的政治斗争和解放进程，这个方案致力于推进社会转型，试图详细说明统治和反抗的力量。对文化研究来说，意识形态的观念是非常重要的，因为占统治地位的意识形态服务于统治与被统治社会关系的再生产。例如，阶级意识形态赞扬上层社会的生活而贬低劳动阶层的生活，性别意识形态促使男性歧视女性，种族意识形态利用种族主义歧视有色人种和少数民族。意识形态使不平等和从属关系的出现显得自然而合理，从而引诱人们认同统治关系。当代社会是由不同政治意识形态（自由主义的、保守主义的、激进主义的等）的对立群体构成的。文化研究表明，如果可能，在一个给定的文化产品（当然包括意识形态矛盾的详细说明）中，意识形态是有效的。在研究过程中，我将会提供一些意识形态分析和批判的例子，说明不同意识形态在媒体文化文本中是如何起作用的。

由于文化研究关注种族、性别和阶级的情况，以及对导致各种形式压迫的意识形态的批判，它提出了一个多元文化主义的方案，展示了文化如何再生产某种形式的种族主义、性别主义和反对从属阶级成员、社会团体或替代生活方式的偏见。多元文化主义肯定了不同类型的文化和文化群体的价值，比如，主张黑人、拉丁美洲人、亚洲人、土著美国人、同性恋者以及其他受压迫的和处于边缘的声音，都有他们自己的合法性和重要性。一个反抗的多元文化主义试图表明各行各业人们的声音和体验是如何消失的，以及它们是如何从主流文化中被剔除的，并为帮助被排除在主流文化之外的群体表达不同的观点、经验和文化形式而斗争。于是，保守势力以攻击多元文化主义为目标，他们希望保持白人男性现有的标准与欧洲中心的特权，在20世纪60年代至今的文化战争中，他们从教育、文艺和自由表达的限制等方面对多元文化主义进行了攻击。

于是，文化研究促进了多元文化主义的政治和媒体教育学，其目的在于使人们对权力和统治关系在电视或电影等文化文本中如何编码保持敏感。但是，它也需要详细说明人们反对占统治地位的编码的意义，创造他们自己可供选择的批评文本。文化研究表明了媒体文化是如何操纵和灌输给我们的，使个体能够抵抗媒体文化产品中的统治意识，生产他们自己的意义。它也有助于形成媒体文化内部的反抗和批评的契机，从而有助于促进批判意识的发展。

批判的文化研究开创的概念和分析将使读者能够剖析当代的媒体文

化产品，来获得超越文化环境的能力。文化研究将有见识地考察和揭示整个文化领域，为个体权力、政治斗争和社会转型提供一个广阔的、综合的构架，以便进行文化、政治和社会研究。在下文中，我将阐明文化研究中那些在我看来最有价值的主要因素。

二 批判的文化研究的要素

文化研究最有力的地方是它包含着三重方案：分析文化的生产和政治经济学、分析文化文本、分析受众对这些文本及其影响的接受。这一全面综合的方案避免了太狭隘地集中于其中的某一个维度而忽视其他。为了避免这样的局限，我打算采取多元视角的方法来讨论：（a）生产和政治经济学；（b）文本分析；（c）文化文本的接受和使用。[①]

1. 生产和政治经济学

在近来的许多文化研究模式中，生产和政治经济学都是被忽视的。强调分析文化文本在生产和分配系统中的重要性是非常必要的，这常常被称为文化的政治经济学。[②] 将文本置于文化生产和分配系统中，能够帮助阐明文本的特征和影响。与其说是从相反的途径走向文化，不如说是政治经济学能够对文本分析和批判有实际性的贡献。生产系统通常决定将会生产什么类型的文化产品，在结构上决定什么能够被说明，而什么又不能够被说明和展示，将有哪些限制，文本将会产生怎样的受众效应等。

例如，对电视、电影或流行音乐的编码的研究之所以得到加强，是因为对生产的规则和惯例的研究使然。这些文化形式是由界限明确的规

---

① 霍尔揭示了这个模型，指导了许多早期伯明翰学派的作品。然而，大约在 20 世纪 80 年代中期，伯明翰学派开始日益忽视文化的生产和政治经济学（一些人认为这一直是他们工作的一个问题），他们的许多研究变得更加理论化，切断了同政治斗争的联系。我试图对早期伯明翰方案的精神重新渲染，根据当代文化的发展而重构它。

② 政治经济学这个术语，唤起我们注意发生在具体的经济系统中的文化生产和分配事实，构成国家和经济之间的联系。例如，在美国，资本主义制度预示文化生产被市场规则统治，但系统的民主主义规则意味着有一些国家制定的文化制度。关于多少活动将被市场或经济学的压力所统治，多大程度的国家管理和干涉才是令人满意的，多大程度确保广播节目的多样性，哪些现象例如香烟广告和色情被认为是应禁止的有害现象等，在一个特定社会内部存在着张力。

则和惯例构成的，文化研究的成果能够帮助说明编码实际上在起作用。比如，由于广播和音乐电视格式的要求，许多流行歌曲都是3—5分钟，以适应发行系统的格式。由于大公司首先追求利润，受此目的驱使，美国电影、电视的生产中占主导的都是一些特殊的形式，如谈话和娱乐节目、肥皂剧、情景剧、动作和冒险系列剧、电视真人秀等。这种经济因素解释了为什么会有某些流派和亚流派的周期，为什么会有电影产业中的狂热，为什么会有流行电影与电视系列的交叉，为什么产品结构中会有某些同质性。这些在生产系统中都标示着严格的类型编码、刻板的惯例和明确限定的意识形态边界。

政治经济学的研究同样能够帮助判定政治的和意识形态的话语及其影响的界限和范围。例如，我对美国电视的研究揭露了主要跨国公司接管广播电视公司和传媒集团是20世纪80年代美国社会“向右转”的一部分，它们凭借强大的公司实力赢得了对政府和主流媒体的控制。例如，在80年代，三个广播电视网被大公司集团接管：1985年美国广播公司（ABC）由首都城市公司（Capital Cities）接管；国家广播公司（NBC）由通用电气公司接管；哥伦比亚广播公司（CBS）由悌西金融集团接管。美国广播公司和国家广播公司带着源于里根主义的利益动机都在寻求合并，这可能会影响它们忽视对里根的批判，通常会支持他的保守主义计划、军事冒险、连任总统。今天，公司集团得到进一步强化，美国在线、时代华纳、迪士尼和其他全球媒体集团控制了更多的文化生产与分配的域名。例如，在全球化的背景下，如果不分析生产与新闻信息的政治经济学，不分析海湾战争的真实环境和受众的接受，就不能够真实地分析媒体在海湾战争中的角色。同样，保守派公司对占统治地位的媒体企业的所有权，有助于解释主流媒体为何支持布什政府及其政策，例如发动阿富汗战争。

对于娱乐，如果一个人没有分析麦当娜的市场策略，她的政治环境和她的文化产品及其影响，就不能完全把握麦当娜现象。在与之相似的时尚中，年轻女性流行音乐明星和组合，如玛丽亚·凯利、布兰妮·斯皮尔斯、詹妮弗·洛佩兹或者超级男孩也是展示魅力工业和媒体奇观的工具，使明星成为某种时尚、美、风格、性以及音乐公司的标志。在评价色情文学的社会影响时，应该意识到性产业如色情电影的生产过程，不能仅描述文本本身和它们对受众的影响。

而且，在全球化时代，一个人必须知道全球网络的文化生产与分配是按利润和企业霸权进行的。然而，单独的政治经济学不能把握文化研究的关键，因为作为单一的方法有其局限性。一些政治经济学分析降低了文本的意义和影响，很大程度上限制和减少了文本的意识形态功能，认为媒体文化仅仅反映了占统治地位的经济精英的意识形态，它控制了文化工业，只是资本主义的意识形态机器。真实的情况是，媒体文化压倒一切性地支持资本主义的价值，但它也是不同的种族、阶级、性别和社会团体之间激烈争斗的领域。这样，为了完全把握媒体文化的性质和效应，我们需要开创新的方法去全面分析它的意义和影响。

2. 文本分析

媒体文化产品要求多维度地接近阅读文本，分析它们多种多样的话语形式、意识形态立场、叙述策略以及形象构造和影响。媒体文化的文本批判类型很广泛，从定量的内容分析，比如剖析一个文本中暴力插曲的数量，到定性研究，如调查妇女、黑人或其他群体的形象，或把各种各样的批评理论应用于揭示文本的含义，或说明文本如何生产意义的功能。传统上，文本的定性分析是形式主义文学评论的任务，它致力于分析想象的文学作品的形式属性，诸如风格、形象比喻、描述、叙述结构、观点和人工产品的其他形式元素，能够说明文化产品的重要含义、价值、象征与意识形态。然而，从20世纪60年代开始，文学形式主义的文本分析，这种源于符号语言学的方法得到了发展，成为一个研究意义创造的系统，不仅适用于书面语言，而且运用于其他不用语言的符码，如电影电视的视听语言。

符号语言学分析语言和非语言的文化“症候”如何形成意义的系统，就像送给某人一朵玫瑰花就是爱的标志，在大学考试中得到一个A就是完成了学习任务。符号语言的分析能够和风格批评联系起来（习俗研究决定文化形式如肥皂剧的类型），揭示特殊风格的编码和形式怎样遵循特定的意义。例如，情景剧遵循一个冲突和解决冲突的模式，论证如何通过正确的行动和价值观解决一些社会问题，提供恰当和不恰当行为的道德故事。相反，肥皂剧扩散问题，提供关于需要通过生活的无止境的苦难而获得的忍耐力和痛苦的信息，产生积极的和消极的社会行为模型。

广告展示了商品推广方案如何解决普及、接受和效果的问题等。

例如，一部符号语言学和风格分析的电影《蓝博》[①]（1982年），将会说明它如何遵循好莱坞的惯例，战争电影使美国和它的“敌人”之间的冲突戏剧化。符号语言学描述了依据第二次世界大战的电影符码如何建立反角形象，如何解决冲突达到美丽结局，这遵守了传统好莱坞的经典电影制作，描绘了正义压倒邪恶的胜利。符号学分析也将包括对电影形式元素的缜密研究，比如对《蓝博》，要仔细剖析将蓝博作为一个神呈现出来的摄影角度和方法，或他作为自然力量穿越丛林的慢镜头形象。对2001年电影《香草天空》的符号学分析，将着手于卡梅隆·克罗的电影如何再现1997年的西班牙电影，运用明星汤姆·克鲁斯和佩内洛普·克鲁兹如何卷入现实生活的浪漫史，提供了一个关于美丽、欲望、性和权力标志的现代神话。科幻小说的主题和形象呈现了对未来的符号学描述，技术科学可以使每个人都美丽，生活在自己的文化美梦之中。

这种文化研究的文本分析把形式主义分析与考察文化如何传达具体的性别、种族、阶级、性、国家等意义的意识形态批判结合起来，而意识形态的文本分析则运用多种方法来充分解释每一个维度，表明它们是如何符合文本系统的。任何一种批判方法都只是从一个特殊的视角分析并突出文本的某些特征而忽略其他。比如，马克思主义的方法倾向于突出阶级，女权主义方法强调性别，批判的种族理论关注种族和种族划分，同性恋理论解释性别。

各种批评方法都有它们自己的优势与局限。就传统而言，马克思主义意识形态批判在阶级和历史语境的分析方面发挥了自己的强项，但在形式分析方面却较为单薄。许多马克思主义版本是高度“还原论的”，将文本分析还原为对统治阶级意识形态的批判。一些女权主义版本尽管也是还原论，早期的女权主义限制自己分析性别形象；而一些形式复杂的女权主义版本则把心理分析和符号学等方法引入性别分析。心理分析要求解释无意识的内容和意义，能够清楚说明在文本中隐藏的意义。如阿尔弗雷德·希区柯克的梦想序列设计成电影符号，阐明了他的角色困境，或者如《雌雄大盗》（1967年）中建构的一个女主角靠着床栏的形象，

① 中文译名为《第一滴血》。——译者注

暗示她的性要求受挫，也暗示她被禁锢在中产阶级的家庭生活里，还暗示她需要反抗。

当然，每次从评论家的主体立场来阅读文本都只有一个可能，即不管它如何多方面透视，都只可能成为部分受众阅读的偏爱对象。因为在原文的编码和受众的解码之间有裂痕，所以总是存在每一种媒体文化文本都具有多样性解读的可能性①。当然，任何文本的开放性或多义性都是有限的，文本分析能够说明阅读的可能参数并描绘前景，其目的在于阐释文本及其文化与意识形态的效果。这样的分析也给批判误读或者片面的、不完善的解读提供了原料。因而进一步贯彻文化研究分析，必须考察不同的受众实际上是如何阅读媒体文本的，并判定它们对受众思想和行为的影响。

3. 受众接受与媒体文化的运用

所有的文本都会受到多样的解读，这取决于读者的视角和主体位置。不同性别、阶级、种族、国家、地区、性取向和政治思想的成员，对文本的解读是不同的，那么，不同的受众为什么会用不同的有时甚至是冲突的方式来解释文本，对此，文化研究可以进行解释。尽管以文化研究接近受众的标准来衡量也有一些局限性，会导致一些问题，但关注受众的接受确实是近几年来文化研究的优点之一，这也是它的主要贡献之一。

发现受众如何阅读文本的一个标准方法是从事人种学研究，试图判定文本是如何影响受众及其信仰和行为的。人种学的文化研究已经指出了一些方法，使受众能够经常使用与占有文本。例如，雷德威研究滑稽角色的小说，说明了这些书如何给女性提供了空想，被理解为对传统女性角色、行为和观点的再造。然而，它们也使女性能够通过对不同生活的幻想，激发对男性统治的反抗。或者，对其他的受众来说，它们可能强迫女性服从于男性的统治，使女性陷入浪漫的幻想，如对白马王子的服从始终认为是女性的幸福。

媒体文化为个体创造认同和意义提供了原料，而文化研究发现了文化形式的作用。青少年把电子游戏和音乐电视作为逃离社会规范要求的

① 参见［英］斯图亚特·霍尔《编码/解码》，霍尔等：《文化、媒体、语言》，伦敦：哈钦森，1980年，第128—138页。

方法。男性把体育作为一个幻想认同的领域，在其中他们感到能够作为“他们的”团队和明星获得胜利。这样的体育赛事也产生出了某些团体，这些团体目前正迷失于我们时代私有化的媒体和消费主义文化中。事实上，各种类型的影迷，从《星际迷航》（又名《星空奇遇记》）的粉丝（星空旅行迷）到《吸血鬼猎人巴菲》的爱好者，各种各样的肥皂剧迷，也形成了团体，使人们能够和其他人联系起来，分享彼此的兴趣和爱好。实际上，一些粉丝也积极地再现他们喜爱的文化形式，例如改写他们喜欢的节目剧本，有时以删节形式重新定义人物的性别特征，或者以音乐的形式借用或复制“叙情民歌”。受众接受强调了受众的接受和借用，帮助文化研究克服先前对待文化的片面的文本主义倾向。它也指导我们关注文本的实际政治影响和受众如何使用文本。实际上，有时候受众颠覆了文化产品制片人或经理人输送给他们的意图，就像机敏的年轻受众嘲笑那些大肆宣传某些角色、展览或产品的意图太过明显那样。受众研究能够揭示人们实际上是如何使用文化文本，又是怎样影响他们的日常生活的。虽然这里还存在一些问题，但是接受研究已经在文化研究中建立起来，尤其是在美国的文化研究中建立起来，对此我是同意的。实际上，阶级作为一个构成受众解码和使用文化文本的重要变量被忽视是危险的。英国的文化研究对文本使用和接受文化文本的过程中的阶级差别以及亚文化的差别尤其敏感，而不是像我已经注意到的美国文化研究中的那些学位论文、书籍和文章都不重视阶级。美国学院大多数学科忽视作为文化和社会本质特征的阶级，这种地域缺陷并不奇怪。

然而也有相反的危险，即夸大阶级的本质力量而不重视甚或忽视像性别和种族划分这样的变量。斯泰格指出，费斯克在哈特利的基础上列出了七个对文化接受很重要的“主体性立场”：“自我、性别、年龄、家庭、阶级、国家和种族划分”，并且建议增加性取向。毫无疑问，影响受众如何接受和使用文本的因素还有更多，在研究文化的接受时，必须考虑所有这些因素。因为受众依靠明确具体的要素解读和使用文本，如他们的阶级、种族、种族划分、性别、性取向等。

此外，我主张，所有的受众产生他们自己的意义，承认媒体文化具有强有力的控制效应，借此来提醒人们注意使“积极的受众”浪漫化的趋势。在文化研究中有这样的趋势，接受研究的传统使占统治地位的和反抗的解读之间形成对分[1]（构成费斯克作品的二分法）。“占统治地位”的解读是受众占有的文本符合占主导地位的文化文本的意识形态目的，就像恢复男性的权力、法律、秩序和社会稳定那样，比如《虎胆龙威》电影的结局，英雄和有代表性的权威消灭了已经接管公司总部高层的恐怖分子，受众会感到愉悦。相反，一种“反抗的”解读赞美受众对所占有文本的反抗，例如，费斯克观察到在庇护所的无家可归的个体对占支配地位的文本的反抗，他们在重复观看《虎胆龙威》录像带时，为警察和权威人物的毁灭而欢呼。

在文化研究中有一个趋势，赞美抵抗本身没有区分抵抗的类型和形式，尽管这是有用的区分（一个相似的问题在于，在某些接受研究中不分青红皂白地赞美受众的快乐）。例如从无家可归的人的视角出发，《虎胆龙威》中对社会权威的抵抗，能够为强化粗暴的大男子主义服务，鼓励用暴力的方式来解决社会问题。保罗·萨特、弗朗茨·法农尤其是赫伯特·马尔库塞主张，当暴力施用于压迫的力量或反动分子时，当暴力用于大众力量反抗压迫时，就是根本的解放。相反，许多女权主义者或具有甘地主义思想的人，把所有的暴力作为粗暴的大男子主义行为的形式，许多人认为，用它来解决冲突是很成问题的。抵抗和快乐不能因此将它们本身规定为占有文化文本的进步因素，但是抵抗与对立的解读，或在特定经验中的快乐是进步的还是反动的，是解放性的还是破坏性的，都必须做出艰难的区分。

对于片面的纯粹文本分析来说，文化研究强调受众和接受是一个很好的校正。我认为，文化研究在最近几年过分强调接受和文本分析，而对文化生产和它的政治经济学强调不够。这种类型的文化研究盲目迷恋受众接受研究，忽视生产和文本分析，从而产生对民粹主义文本和受众使用文化产品的快乐的赞美。采取这样一个极端的方法，文化研究将会丧失它的批判性视角，导致一个倾向，即无论研究什么受众经验，都成为绝对的假象。这样的研究也忽略了特定类型媒体文化操控与保护的效应，服务于文化工业的利益，但这是目前文化研究中的做法。

---

① 参见斯图亚特·霍尔《编码/解码》，霍尔等：《文化、媒体、语言》，伦敦：哈钦森，1980年，第128—138页。

事实上，研究媒体效应的一个新方法是利用收集媒体文本的数据库，诸如对话、新闻全文数据库或词汇，去追溯像《X 档案》《吸血鬼猎人巴菲》等媒体文化产品的影响，或者通过对媒体中涉及的内容，去分析媒体文化对正做广告的企业的影响，像耐克和麦当劳。同样，互联网受众研究也是一个新的领域，研究粉丝在聊天室专心于他们特别喜爱的文化产品的行为，创建他们自己的粉丝网站，或者构建文化产品公开他们如何过梦想生活和他们的文化工业剧本。先前的受众和媒体接受研究，优先研究人种学，具有一定的局限性，广泛的有影响的研究能够显示大众媒体文化产品如何有大范围的影响。1995 年，我在出版的《媒体文化》一书里研究了一些大众文化产品，它们对全球受众的行为产生了明显影响。比如，包括小孩和成年人在内的团体，模仿“蓝博”各种各样反社会的行为方式，或模仿瘪三和白痴的狂热者扮作流行音乐电视中的卡通人物以老练的方式放火或虐待动物。媒体效应是复杂的，有时是有争议的，它是文化研究的优点，这也使文化研究本身成为其内容的重要部分。

三 走向批评的、多元文化的与多视角的文化研究

为了避免文本分析和受众与接受研究方法的片面性，我主张，必须从多个角度展开文化研究，应从政治经济学、文本分析和受众接受等视角理解文化。文本分析应该利用多视角的批判方法，受众接受研究应该通过受众占有文化来描绘主体立场或视角的广阔范围。这需要多元的方法，明确在媒体文化文本中分析阶级、种族、种族划分、性别、性取向等维度的重要性，并研究它们对受众如何解读和说明媒体文化的影响。另外，批判的文化研究攻击性别主义、种族主义或对特殊社会群体的偏见（如同性恋者、知识分子等），批判那些推销任何类型统治或压迫的文本。若要一个文化产品考察文化研究中如何将生产、文本分析和受众研究卓有成效地贯穿起来，就让我们来反思一下麦当娜现象。麦当娜首先出现在里根主义时代，表现为 20 世纪 80 年代物质主义与崇尚消费取向的拜金女郎。她也出现在与音乐电视、时尚发烧和加强产品市场化相关联的戏剧化的偶像扩散的时代。麦当娜是音乐电视的超级明星之一，她有意识地制造形象来吸引大量的受众。她早期的音乐视频的目标群体是年

轻女孩（麦当娜的超级崇拜者），但不久以后，通过她的人种混血的性别形象和多元文化家庭的形象，她的音乐会吸引黑人、西班牙人和少数民族的大量受众。因为她的视频越来越复杂并具有政治性（如“像一个祈祷者”“表现你自己”“时髦”等），也吸引了大量男女同性恋者、女权主义者和学术界的人成为受众。

因此，麦当娜的声望很大程度上是她的营销策略在起作用，她的音乐视频作品和形象吸引了各种各样的受众。为了使她的音乐、电影、音乐会与公共关系表演的意义和效应概念化，这要求从她的作品产生和接受的语境中去解读，这包括对音乐电视、音乐产业、音乐会、市场化和生产图像的讨论。理解麦当娜的流行也要求关注受众，这不仅仅有个体，也有特殊的群体成员，麦当娜使年轻少女能够为个体认同而斗争，或使同性恋者能够在大众主流文化产品中选择性别形象。然而评价麦当娜的政治学影响也要分析她的工作，分析其如何只是按照图像和消费规定再生产认同的消费文化。我将设计一个有趣的项目，考察以前的麦当娜狂热者是如何看待超级巨星的演化和最近的变身的，例如她的婚姻和 2001 年世界巡回演唱会，也考察当代的狂热者如何看待麦当娜的年龄，拥抱像布兰妮·斯皮尔斯或玛利亚·玛凯利那样年轻的流行音乐歌手。

总之，批判的和多元的文化研究为我们提供了综合的方法，能够被应用于很多文化产品，从色情文学到麦当娜，从音乐电视到电视新闻或一些特殊事件，如 2000 年美国总统选举，或者 2001 年恐怖分子袭击美国和美国媒体的反应。它的综合视角包括了政治经济学、文本分析和受众研究，提供了批判的和政治的透视，使个体能够仔细剖析主流文化形式的信息、意义和影响。文化研究因而成为批判媒体教育学的一部分，它使个体能够反抗媒体操控，增强他们的自由和个性。它使人们在文化上获得主权，能够为文化选择与政治变迁而斗争。因而文化研究不只是另一种学术时尚，而是为了争取更好的社会生活而斗争的一部分。

（选自《国外社会科学》2011 年第 5 期）

文化的误读

——泰勒文化概念和文化科学的重新解读

萧俊明*

在英美人类学界，爱德华·泰勒的奠基之父的地位几乎是不可动摇的，他关于文化的定义，不仅在人类学界而且在与文化相关的研究领域都被奉为金科玉律，凡是一般地谈及文化时，几乎都把它列为第一个具有现代意义的文化定义。

美国人类学家克罗伯和克拉克洪在梳理文化定义时注意到了这样一个事实：泰勒的《原始文化》一书在1871年出版之后，也即他的文化定义提出之后，一直到20世纪初的30多年间竟然没有一条新的定义提出。从表面上看，这似乎有些后无来者的意味，其实这恰恰说明在这一时期人类学界关于文化观的研究处于一个停滞阶段。这并非是因为人类学家们不思进取，而是因为他们实在寻找不到突破口。对泰勒持批判立场的美国人类学奠基人博厄斯直到72岁高龄时才提出其第一条正式的文化定义。根据克罗伯和克拉克洪的考察，从1900年到1918年，仅出现了6条新的定义，而1920—1950年出现了一个高峰期，美国学界突然间冒出了不下157条新的定义，其中大部分都是由人类学家提出的。①

* 作者信息：萧俊明，1973年生，中国社会科学院信息情报研究院研究员，100732。

① Adam Kuper, *Culture: The Anthropologists Account*, Harvard University Press, 1999, pp. 56-57.

具有讽刺意味的是，这种数量上的辉煌并未带来质的飞跃，反而预示着一种衰退。因为，在很大程度上，这些定义是对泰勒定义的进一步探讨、提炼和发展，没有任何根本性的突破。一些人类学名家如马林诺斯基、莫斯、博厄斯、克罗伯、本尼迪克特、米德乃至格尔茨等，虽然其中有些人对泰勒的定义提出了质疑和批评，但是实际上是将文化作为一个"复合整体"这一构想具体化。换言之，泰勒的文化定义成了那个时期的民族志研究和写作的基本组织原则，以致整个学科似乎都是按照泰勒设定的轨迹去展开研究。泰勒的学说在20世纪20年代以后开始衰落，但是其影响却持续到20世纪中后期，甚至到了80年代他的文化定义仍被视为"唯一一个能够为大多数人类学家所正确引用的并且在其他定义被证明太笨拙时他们可以回头求助的定义"。[①] 换言之，泰勒的文化概念始终"阴魂不散"。那么这个"阴魂"的本来面目究竟是什么呢？这需要一番缜密的考察。

一 泰勒文化定义的重新解读

众所周知，泰勒的成名之作是《原始文化》。他在该书的第一页提出了其著名的文化定义。为了展开下面的考察，我们在这里重述这个定义：

> 文化或文明，从其宽泛的民族志意义上来理解，是指一个复合整体，它包含知识、信仰、艺术、道德、法律、习俗以及作为社会一个成员的人所习得的其他一切能力和习惯。[②]

这个看似简明的定义却有不少值得深究之处。首先来讲，将泰勒的定义列为第一个具有现代意义的文化定义是令人质疑的。从泰勒本人的学术生涯和成果来看，古斯塔夫·克莱姆对他的影响是不容忽略的。克莱姆是德国非常有影响的民族志学家和人类学的奠基者，著有十卷本的

---

① Paul Bohannan & Mark Glazer, *High Points in Anthropology*, New York: McGraw-Hill, 1988, p. 62.

② Edward Tylor, *Primitive Culture*, London, 1913, Vol. I, p. 1

《人类文化全史》（1843—1852）和两卷本的《普通文化科学》（1854，1855）。

民族志在德国是有传统的，其著作形式大多是多卷本的百科全书式的汇编，这在欧洲其他国家几乎是没有的。所有早期的德国民族志汇编都是以“世界史”的形式按照一种进步论的图式撰写的，克莱姆也不例外，他毫无批判地接受了法国启蒙运动的三阶段进步论图式，这个图式起到了一种组织架构的作用，他不过是把来自世界各地的民族志材料填充进去罢了。

泰勒在撰写《人类早期历史研究》（1865 年）和《原始文化》时，由于没有可资利用的英文资料，所以他不得不大量引用德文的相关资料，尤其是从克莱姆的著作中受惠不少。从某种意义上讲，克莱姆是他的灵感之源，特别是他的文化定义对泰勒启发极大。克莱姆认为，构成文化的是“风俗、信息、技能、和平和战争时期的家庭和公共生活、宗教、科学以及艺术”。[①]

那么，由此来判断泰勒及其定义，不难看出，他显然不是原创者，而更像一位移植者。美国人类学家威廉·亚当斯评论说，从纯理论的意义上讲，他不是创新者而是引入者，只不过把德国传统引入英语世界。在亚当斯看来，在人类学史上，泰勒和博厄斯是两个最广受误解的人物，在一般理解中，泰勒是古典进化论的先驱者，其实并非如此。“他既非一个体系建造者，亦非一个鼓吹者。他像克莱姆和其他德国前辈们一样，只不过是把进化理论用作一种组织民族志材料的便利方法，而非使用民族志材料去建造一种进化理论。泰勒的《人类早期历史研究》和《原始文化》与其说属于梅恩、摩尔根和麦克伦南的社会进化论传统，不如说更接近德国鸿篇巨制的民族志汇编传统。在这两部著作中，泰勒其实把德国民族志传统移植到英国的土壤中”。[②] 如此说来，泰勒的文化概念全部是从德国或者说克莱姆那里舶来的，没有任何自己的创造，这中间恐怕需要一番细致的梳理。

① William Y. Adams, *The Philosophical Roots of Anthropology*, CS LI Publications, 1998, pp. 287 – 288.

② Ibid., p. 297.

那么，泰勒究竟从克莱姆那里拿来了什么？我们不妨从以下两个方面做一番考证。

1. 文化与文化科学

“文化”概念的现代含义或者说人类学含义应该是德国创造的，虽然文化这个词可以追溯得很久远。根据威廉斯对“文化”一词的现代用法的追溯，德文的“文化”一词借自法文，起初在18世纪末拼为“Culture”，从19世纪起拼为“Kultur”，其主要用法仍然是作为“文明”的同义词，具有两方面的含义。一个是抽象的意义，指的是成为“文明的”或“有教养的”普遍过程；另一个是指启蒙史学家在用以描述人类发展的世俗过程的全史形式中所确定的文明的含义。在威廉斯看来，使文化一词的含义发生改变的是赫尔德和克莱姆。“文化”在他们那里是一个独立的名词，无论是从广义还是从狭义而言，是指一个民族、一个时期、一个群体或全人类的一种特定的生活方式。[①]

更为重要的是，克莱姆是用“文化”一词取代“文明”一词的第一人。[②] 换句话讲，是他第一个给文化赋予了人类学和民族志的意义，这对人类学在英美国家的建立和后来的发展产生了决定性的影响。

如果说“文化”一词的演化来自多个源头，而且可以追溯得很久远，那么“文化科学”一词则完全是德国人在近现代首创的。它的德文拼写是“Kulturwissenschaft”。据考证，这一概念最早是由德国历史学家拉维涅-佩吉朗在其《社会科学纲要》第一部《发展和生产的规律》（1838）中提出的。他认为，文化科学的任务是确立文化规律，按照这些规律去对人类和民众进行集体的灵魂培育，从而使人性达到完美。[③] 在1841年出版的《社会科学纲要》第二部《文化规律》中，他从一般文化规律以

---

① Raymond Williams, *Keywords: A Vocabulary of Culture and Society*, New York: Oxford UP1983, pp. 88 –92.

② A. L. Kroeber & C. Kluckhohn, *Culture: A Critical Review of Concepts and Definitions*, New York: Vintage Books, 1963, p. 49.

③ Die Bewegungs- und Produktion sgesetze. Ein staatswirtschaftlicher Versuch (Grundzüge der Gesellschaftswissenschaft. 1. Teil), Konigsberg: E. J. Dalkowski, 1838, S. 8. 他的原文名字是Moritz von Lavergne-Peguilhen，国内不少文献都译为列维·皮究格亨，参见《文化学词典》，前言，中央民族学院出版社1988年版。这显然是个误译，笔者采用的是《马克思恩格斯全集》中的译名，参见第38卷注405。

及感官本性规律等方面对其理论进行了展开。①

克莱姆也创造了一个拼写上略有差异的词 Cultur-wissenschaft，他是在1951 年一篇题为《关于普遍文化科学的基本观念》的论文中提出的。②克莱姆使用这个词是为了明确区别于他先前使用的文化史（Culturgeschichte）概念。③ 在克莱姆看来，人类具有一种天赋予他们的面对自然的力量，文化是在这种力量不断发展的过程中产生的现象，文化科学的任务是描述这些现象，在人类自身和自然中寻找其发生的原因，并且论证人类与自然的这种交互作用的发生规律。这样，文化科学便按照一种人类驱动力的顺序而不是文化史的顺序来描述文化现象。④

现在回过头来看泰勒的文化定义和文化科学概念，似乎看不出有什么创新之处。在当代人类学家看来，他不过是把现代用法的“文化”和“人类学”（文化科学）这两个来自德文的词挪用到自己的学科词汇，并称自己为人类学家。⑤ 或者说，他将德国人命名的文化概念作为一种核心

---

① Die Kulturgesetze. 1. Abt. Enthaltend die allgemeinen Kulturgesetze und die Gesetze der sinnlichen Natur（Grundzüge der Gesellschaftswissenschaft. 2. Teil），Knigsberg：J. H. Bohn，1841，S. 1ff.

② Sitzungsberichte der kaiserlichen Akademieder Wissenschaften. Philosophisch-historische Classe，7. Bd，Wien，1851，S. 167 – 190.

③ 国内有的文献将拉维涅 – 佩吉朗的“Kulturwissenschaft”译为“文化科学”，而将克莱姆的“Cultur-wissenschaft”译为“文化学”。参见《文化学词典》，前言。其实，这中间的差别并不同于英文中“science of culture”（文化科学）与 culturology（文化学）之间的区别。在德文中，“Culturwissenschaft”是“Kulturwissenschaft”的原正字，只是拼写上的不同，没有字义上的差别，倒是“Kulturwissenschaften”（复数形式）与“Kulturwissenschaft”（单数形式）之间的差别很值得注意。Kulturwissenschaft 限定性比较强，是指一门研究文化的单一学科，它的英译是 science of culture（文化科学）。Kulturwissenschaften 是用来替代 Geisteswissenschaften（精神科学）一词的，它的研究对象是广义而言的文化，但在更大程度上是作为 Naturwissenschaften（自然科学）的对立面，参见 Hans Dieter Olschleger（ed.），Theories and Methods in Japanese Studies：Current State and Future Developments，V&R Unipress GmbH，2008，p. 92，所以它的英译更倾向于 humanities（人文科学），例如卡西尔的 Zur Logi kder Kulturwissenschaften 的英译是 The Logic of the Humanities（《人文科学的逻辑》）。

④ Sitzungsberichte der Kaiserlichen Akademie der Wissenschaften. Philosophisch-historische Classe，7. Bd，Wien，1851，S. 168 – 169. 亦参见 Moritz Lazarus，herausgegeben，mit einer Einleitung und Anmerkungen versehen von Klaus Christian Kohnke，Grundzüge der Völkerpsychologie und Kulturwissenschaft，Hamburg：Felix Meiner Verlag，2003，XIX，Fuβnote21。

⑤ H. Sidky，*Perspectives on Culture*：*A Critical Introduction to Theory in Cultural Anthropology*，New Jersey，2004，p. 34.

组织概念提供给英语世界。[①] 这些评判在一定程度上源自 J. 利奥波德的观点，后者认为泰勒关于文化的概念和定义及其人类学立场在很大程度上衍生于德国思想传统，德国历史学洪堡学派的著作使他对“文化”一词有了了解，而克莱姆的著作使他从更为专门的和民族志的意义上掌握了“文化”这个词。[②] 利奥波德甚至认为“复合整体”在 19 世纪初的德国是一个常见的概念，不过泰勒没有将这个整体视为有机的，而认为整体的部分是可以分离开来进行研究的。[③] 利奥波德的观点有失偏颇，尤其是泰勒的“大写的”文化和“复合整体”概念并非一种简单的复制。

2. 复合整体

在泰勒那里，“复合整体”无疑是一个核心概念，也正是因为使用了“整体”这一用语，后来的解释者都将之归入整体论一脉，甚至认为有机整体论是其思想来源之一。[④] 西方学界有一个通病，总是喜欢用某种“主义”或“理论”去进行统摄或归类，有时甚至是很牵强的。这种做法的后果往往是造成误读和误解。具体到泰勒而言，这种误解发生过不止一次，最为典型的是认为泰勒的学说不过是达尔文进化论在文化领域的延伸，好像人类学的诞生总是与达尔文主义的胜利有关，其实这在很大程度上是欺人之谈。不仅泰勒而且麦克伦南等所谓的古典进化论者都否认他们在思想上受惠于达尔文。[⑤]

同理，泰勒虽然使用“整体”一词，但是他与有机整体论相去甚远，他也并非只是简单地将“有机”去掉而把另一种版本的整体论引入人类学研究。况且，有机整体论并不仅是德国的产物，而是整个欧洲大陆的一个源远流长的传统方法论，泰勒构建其文化科学有其自己的方法论，

---

① William Y. Adams, *The Philosophical Roots of Anthropology*, CS LI Publications, 1998, p. 298.

② J. Leopold, *Culture in Comparative and Evolutionary Perspective*: *E. B. Tylor and the Making of Primitive Culture*, Berlin: Reinet, 1980, p. 89.

③ Carla Pasquinelli, “The Concept of Culture between Modernity and Postmodernity | , in Vácłav Hubinger (ed.), *Grasping the Changing World*: *Anthropological Concepts in Postmodern Era*, Routledge, 1996, p. 56.

④ Ibid..

⑤ William Y. Adams, *The Philosophical Roots of Anthropology*, CS LI Publications, 1998, p. 51.

他更需要的是一种“整体”文化观，或者说一种文化普遍概念。

从某种意义上讲，泰勒使用“复合整体”这一概念也是一种无奈之举。古往今来，但凡研究文化者，无论是哲学家、文学家、人类学家、社会学家还是语言学家，都有一种野心。这个野心就是要从诸多具体事物中抽象出一个普遍概念从而完成对文化的概念厘定。但是，这个野心始终无法实现，因为它所追求的概念始终无法对象化和具体化。

对泰勒来说，他面对的是同样的难题。他的那个“大写的”“单数的”文化如何能够被实体化或具体化使之成为可知、可感或可触的？为此，他必须构拟一个整体来承载这个作为普遍概念的文化，于是他把若干分离的要素填充到这个构拟出来的整体中使之去支撑这个文化普遍概念。那么，这个复合整体就不可能是有机的，因为任何有机的整体即使不能被实体化也可以被隐喻化，就像人体常被用来隐喻整体一样。从这个意义上讲，泰勒的“复合整体”其实是一个虚构，而它的构成要素却是实在的，于是就形成了一种你可以经验它的各个要素却无从知晓这个整体究竟为何物的“悖论”。本尼迪克特非常具体地描述了这样一种“悖论”。她认为，“各种文化大于其特质的总和。我们可能对某一部落的婚姻形式、仪式舞蹈、青春期启动的分布情况了如指掌，但仍对把这些要素用于其自己目的的作为一个整体的文化全然不知。这个目的从其周围地域中的可能特质中选择那些对它有用的，放弃那些对它无用的。它将其他特质进行重新铸造，使之符合它的要求”。①

本尼迪克特的论述看似是一种形而上学整体论的变体，但是深究起来便可发现其实是风马牛不相及的。因为，无论是本体论整体论、属性整体论抑或律则整体论（形而上学整体论的三个变种），有一个不变的基本性原则是部分决定不了整体，也就是说整体永远处于主导地位。然而，“复合整体”却不是整体论意义上的整体。这个整体是虚构的，占据主导地位的只能是整体中某一特定要素。换言之，不是整体决定部分，而是某一要素或部分支配其他要素或部分。

如此，“复合整体”不过是泰勒给人类学界留下的一个“猜想”。围绕这个猜想，出现了“功能”“结构”“模式”“意义”等一系列解答方

① Clifford Geertz, *Local Knowledge*, New York: Basic Books, 1983, p. 50.

案，却始终找不到正解。归结起来讲，英美人类学破解这个“猜想”的过程大致可分为三个阶段：实质阶段、抽象阶段和符号阶段。每个阶段的核心要素分别是习俗、模式和意义，与之相对应的方法论范式分别是说明、理解和解释。①

第一阶段的核心要素是习俗。从表面上看，泰勒的定义中所罗列的要素似乎带大的随机性，其实不然。在以往的观念中，知识、信仰、艺术、道德、法律等属于文化的组成部分，文化被视为很高雅的东西，代表着完美，而习俗始终被视为与之格格不入的东西。泰勒不仅将一直受高雅文化所鄙视的习俗列为文化诸要素之一，而且给予它一个主导地位，使之凌驾于其他要素之上，打破了西方既定的思维定式。可以说，以习俗为核心的文化概念对当时的欧美学界产生了极大的冲击。这种冲击不仅给人耳目一新的感觉，而且极具颠覆性。更为重要的是，它不仅决定性地提升了人类学这门学科的地位，更对人类学以外的学科产生了极大的影响。但是，泰勒这样做是有其目的的：“揭露粗俗古老文化的遗存，把这些已经变成有害迷信的东西一笔勾销。”②

这一阶段的方法论工具是说明（explanation）范式。所谓说明范式其实无非是效仿其他社会科学以自然科学的方法为基础来展开研究，着重于规律陈述、确定齐一性，尤其是绝对相信所考察现象的客观性。在这种说明范式中，习俗所起的核心作用在于保证迪尔凯姆赋予社会事实的那种客观性，也就是保证我们能够客观地认识和理解事物。

以习俗为核心的文化概念到20世纪20年代达到了顶峰，到了30年代，人类学家的关注点开始从习俗转向“行为模式”。这种转变的结果是文化概念不再那么宽泛，不再包括“作为社会一个成员的人所习得的其他一切能力和习惯”，而限定于制约某一社会群体成员的价值体系和规范体系。以行为模式而非社会习惯来界定文化，无非是将文化概念转换为一个独立于任何社会实践而存在的概念体系从而使文化具有了一种抽象

① Carla Pasquinelli，“The Concept of Culture between Modernity and PostmodernityⅠ，in Václav Hubinger（ed.），*Grasping the Changing World*：*Anthropological Concepts in Postmodern Era*，Routledge，1996，p. 66.

② Clifford Geertz，*Local Knowledge*，New York：Basic Books，1983，p. 69.

性质。不过，在这种转换中，作为“复合整体”的文化概念非但未被舍弃反而变得更为至关重要，因为它保证了任何规范体系所必需的连贯性。

然而，这种从宽泛到褊狭、从具体到抽象的转换的结果是使社会学家和心理学家成为探索这个“复合整体”的主角，人类学家却退出了舞台，对文化的探索转变为对社会体系与人格之间的关系的探索，尤其是帕森斯将文化概念视为左右社会行动的价值体系的观念反倒影响了人类学，人类学也因此进入了昏暗的年代。

人类学的衰退预示着第三个阶段即符号阶段的到来，其核心要素也从“模式”转变为“意义”。于是，文化变成了一个“意义之网”，或者更准确地说，“文化是由社会确定的意义结构组成的”。[①] 做出这个界定的是符号人类学的代表人物格尔茨，在他看来，文化在本质上是一个符号学概念。这样，文化就被视为人类学家必须加以解释的一个由当地人所写的文本。人类学家在进行解释时必须考虑当地人的解释。人类学家的知识是由关于解释的解释组成的。那么，就在解释发生时，文化变成一个由社会构建的符号体系。格尔茨认为，进行解释就是强行一种秩序。但是，这种秩序是地方性的，因此人类学家的知识也是地方性知识。格尔茨的立场是彻底相对主义的，文化在他那里不再是抽象的，而是事实的、具体的和独一的，而文化的这种多样性是拒绝任何寻找普遍性或共性的企图的。[②]

由此可见，格尔茨的理论立场与泰勒是截然对立的。不错，格尔茨对泰勒的“复合整体”概念是严厉批判的，但是他在发现和构拟意义的操作实践中又不得不重新引入一种总体性概念，“复合整体”变成了一种新版的解释学循环，只不过这个循环是“跳来跳去”的：“通过使整体得以实现的部分来理解整体，通过激活部分的整体来理解部分，在这二者之间跳来跳去。”[③] 不过，格尔茨并没有跳出“复合整体”的怪圈。

从另一方面讲，对于“复合整体”的探索实际上也是一个补充和完

---

① Ruth Benedict, *Patterns of Culture*, Boston: Houghton Mifflin, 1989, p. 47.

② Carla Pasquinelli, "The Concept of Culture between Modernity and Postmodernity Ⅰ, in Václav Hubinger (ed.), *Grasping the Changing World: Anthropological Concepts in Postmodern Era*, Routledge, 1996, pp. 59 – 66.

③ Edward Tylor, *Primitive Culture*, London, 1871, Vol. II, p. 453.

善的过程，毕竟泰勒的文化概念中缺少某些现代要素，如功能整合、文化相对性、有意义的历史性、行为决定论等。具有悖论意味的是，这种补充和完善并未使之更加清晰，反倒是越发模糊，最终被人类学中的后现代主义彻底搁置一旁。

其实，这中间的根本原因在于："复合整体"不过是泰勒构想的一个形而上学的非实质性实体，它与观察资料无法吻合，因而也无从去感知它，即便可以感知的话，也只能以超感官知觉去感知。①

二 文化科学的两大原则

对文化在概念上做出厘定之后，泰勒随即又确定了文化科学的研究对象和使命：

> 人类不同社会的文化状况，只要能够按照一般原则加以研究，都是适合于人类思想和活动规律研究的对象。一方面，文明中广泛存在的齐一性在很大程度可归因于具有相同原因的相同活动；另一方面，文明的不同等级可被视为发展或进化的诸阶段，每一个阶段都是先前历史的产物，并且在塑造未来的历史中发挥其应有的作用。本书致力于从民族志的若干领域来研究这两大原则，同时特别关注与处于更高阶段的民族的文明相比较而言的处于更低阶段的部落的文明。②

泰勒在这里并未给予两大原则明确的称谓，只是按照自然科学的方式进行了文化规律的陈述。这也给后来的研究者留下了重新解释和命名的余地，于是这两大原则便有了多种释义和称谓。包尔丹称之为"人类之内的心理统一性或一致性"和"随时间而产生的智性进化或完善的模式"。③ 穆尔则称之为"齐一论"和"遗存概念"。④ 其实，泰勒本人对这

---

① Christopher Herbert, *Culture and Anomie*, The University of Chicago Press, 1991, p. 14.

② Edward Tylor, *Primitive Culture*, London, 1871, Vol. I, p. 1.

③ Daniel L. Pals, *Seven Theories of Religion*, New York: Oxford University Press, 1996, p. 20.

④ Jerry D. Moore, *Visions of Culture: An Introduction to Anthropological Theories and Theorists*, Alta Mira Press, 1997, p. 21.

两条原则都做过简明扼要的释义，只是后来的解释者出于不同目的而加以演绎。

1. 第一原则

在穆尔的解释中，泰勒的“齐一性”被演绎为“齐一论”，并将其源头追溯至查尔斯·赖尔。齐一论是一个地质学术语，英文是 uniformitarianism，又译均变论、渐变论等。它最早是由英国地质学家詹姆斯·赫顿在 1785 年和 1789 年提出的，它的核心概念已经成为一句名言：“现在是通往过去的钥匙”，也即“推今及古原理”。约翰·普莱费尔对赫顿的学说进行了提炼，使之更加严密。而真正确立其学说并将其推广普及的是查尔斯·赖尔的三卷本著作《地质学原理》（1830—1833）。赖尔的“齐一性原理”（principle of uniformity）在穆尔的论述中成了泰勒的理论源头，似乎泰勒只是把它挪用到文化方面。其实事情并不是这么简单。

赖尔的齐一论是为了对抗灾变论而提出的，它本身具有相当的局限性。鲍勒在论述达尔文主义的思想来源时提到的问题很值得思索。他指出：“将达尔文主义的鼻祖追溯到查尔斯·赖尔的齐一论地质学一直是流行的做法。按照齐一论，所有变化都是通过可观察原因的作用而逐渐发生的。在人们看来，达尔文只不过是将这种连续性元素应用于有机和物理世界……我们现在认识到，这样的勾画太过简单。达尔文从赖尔那里受惠很多，但是‘齐一性原理’是以一种稳态的世界图景为基础的。无论是达尔文还是任何现代进化论者，都不可能接受这种观点。进化论包含了一种发展元素，赖尔否定发展，而灾变论者坚持并扩展了发展。因此，可以认为，现代进化观念既受惠于灾变论也受惠于齐一论，只不过它与后者的联系更加直接明显。”

更明确地讲，将达尔文主义的源头追溯到齐一论很可能是一个错觉。“因为达尔文承认赖尔的重要影响，所以普遍认为齐一论地质学是通往现代进化论的一个阶段，而与之对立的灾变论是科学发展的障碍……达尔文从赖尔那里获得的是连续变化的观念，但是赖尔本人却将这种观念与稳态观点联系起来，而稳态观点与进化论是截然对立的。”

赖尔最终确实转向了进化论，不过那是 30 年以后的事，但他并不赞同自然选择理论，因为它解释不了人类的精神能力和道德感受性的来源。在《人类的远古时代》（1863）一书中，他接受了关于早期社会原始状态的考古证据，甚至愿意接受生命历史是逐渐进步的观点，而这是他几十年来一直反对的。[①]《人类的远古时代》一书使他在进步论与退化论的争论中站在了进步论一边，他在书中用地质学、考古学、古生物学以及民族学的事实和证据支持了文化是从早期原始状态进化过来的观点。[②]

鲍勒的论述对理解泰勒无疑具有借鉴意义。当然，我们并不是要彻底否认泰勒与齐一论的渊源关系，而是要从事一种更细致的辨析，从而厘清这中间的来龙去脉。确实，泰勒使用了"齐一性"这个概念，但是凭此就推断泰勒将赖尔的齐一性原理应用于文化领域，未免也有简单化之嫌，鲍勒所指出的问题在人类学界也同样存在。这中间首先涉及的是如何理解齐一论或均变论，也就是说，是从宽泛的意义还是褊狭的意义来理解。所谓宽泛的意义，指的是应该从整个欧美的思想背景来理解齐一论。西方社会科学起源于欧洲启蒙运动，而齐一论是启蒙思想的基本指导原则之一。美国思想史学家阿瑟·O. 洛夫乔伊曾这样写道："齐一论——这是启蒙运动的这种普遍和强势哲学的第一和根本原则。"实际上，他已经把这一原则上升到理性的高度。在他看来，理性在所有人中都是同一的，因此理性必然不容纳任何多样性。"对于一个有理性的人来说，任何事物，如果其可理解性、可证实性以及事实上的确认只限于特殊年龄、种族、气质、传统或状况的人们，那么就其本身而言（eoipso）是没有真理性和价值的，或无论如何是没有任何重要意义的。"[③]

大卫·休谟从更一般的意义上阐述了齐一论：

> 人的行为在所有民族和时代都具有很大的齐一性，人类本性在原则和操作上也是同一的。同样的动机总是产生同样的行为：同样的事件总是产生于同样的原因。野心、贪心、自私、自负、友爱、大度、公益精神，这些不同程度混在一起散布于社会的情感，从世

---

① Peter J. Bowler, *Evolution: The History of an Idea*, University of California Press, 1984, pp. 103, 20, 212, 221.

② H. Sidky, *Perspectives on Culture: A Critical Introduction to Theory in Cultural Anthropology*, New Jersey2004, p. 38.

③ Arthur O. Lovejoy, *Essays in the History of Ideas*, New York: G. P. Putnam's Sons, 1948, pp. 79 – 80.

> 界之初以来就一直存在着，并且依然是所见到的人类一切活动和事业的源泉……人类在所有时间和地方都是十分相同的，所以历史在这个特殊的方面并未告诉我们任何新奇的东西。①

泰勒在对齐一性做出进一步说明时也在一定程度上诠释了休谟的观点："从广义的角度去研究，人类的品行和习惯即刻显示那种导致意大利谚语创造者宣称'全世界是一个国家'的相似性和一致性。毫无疑问，这种相似性和一致性可以从两个方面来探寻，一方面是人类本性的普遍相似性，另一方面是生活环境的普遍相似性。在比较接近同等文明等级的种族时，从这两方面进行研究可能尤为合适。"② 显然，泰勒的齐一性是广义而言的齐一论。

更为普遍的做法是将泰勒的第一原则归为"心理一致性"概念。所谓心理一致性与其说是一条规律不如说是一个假说：人类共有的一种超越各种不同文化的状况或能力。它原本是道德哲学中的一个论题，理论源头可以追溯至斯多葛的（consensus gentium，"人类的一致同意"），后经芝诺的发展，成为一种主张人的行为要与上帝或自然和谐的伦理学说。在人类学中，它也是一个经久不衰的论题，因而对它的理解和表述也不尽相同，大体上可分为实质性的和形式上的两大类。就前者而言，是指各民族共有的具体特征；而后者主要是作为一种说明原则来证成一种跨文化理解的可能性或文化进化过程中的一种假定的齐一性。③

具体到维多利亚时代的人类学而言，泰勒的前辈詹姆斯·普里查德试图以宗教的齐一性来确立人类的心理一致性。在他看来，所有人原初是一个人，上帝最初向所有人只启示了一种真正的宗教。他关注的不是追寻文明的起源，而是捍卫它的基础，也即原始启示和人类统一性。事实上，他是在捍卫这样一个原则：所有的人始终服从于一个单一的道德法则。在他那里，心理一致性不是思考文明的发展的起点，而是思考人

---

① David Hume, *An Enquiry Concerning Human under Standing*, Forgotten Books, 2008 [1748], p. 61.

② Edward Tylor, *Primitive Culture*, London, 1871, Vol. I, p. 6.

③ Robert H. Winthrop, *Dictionary of Concepts in Cultural Anthropology*, New York: Greenwood Press, 1991, p. 222.

类统一性的终点，[①] 因而不过是原始一神论和人种一元论的说明工具。泰勒与他还是有着根本的区别的。

泰勒本人并没有使用“心理一致性”这个表达式，“心理一致性”观念在他那里表现为对普遍规律的强调，他认为，人同自然一样，普遍地服从于统一的规律，“假设澳大利亚和英格兰在穴居时代和铁制房屋时代建立了不同的心智规律，这和假设石炭系时期的化学化合规律与现代的化学化合规律不是一回事同样毫无道理”。这种强调更是一种铺垫，为的是推出他的第二原则，因为只有“相信关于人类思想和活动原则的普遍认识是按照恰当的次序排列事实的指导”，才可能“构拟已经丢失的历史”。[②] 泰勒最为关注的丢失的历史是人类心智的各个序列阶段，而泰勒构拟这些阶段依赖的是“遗存概念”和比较法，此二者是其第二原则的主要支撑。这样，人类心理一致性观念在泰勒那里就成为他追寻人类心智发展的序列阶段的必要前提。

值得注意的是，说到“心理一致性”观念，往往会把泰勒同阿道夫·巴斯蒂安联系起来。泰勒在《原始文化》第一版序言中确实提到过特别使用了巴斯蒂安的《历史上的人》中的材料，但他们之间并没有传承关系。马克思对《历史上的人》的评价是：“试图对心理学做出‘自然科学的’说明并对历史学做出心理学上的说明。写得拙劣、紊乱而又模糊不清。唯一可取的是有的地方叙述了民族志学上的一些奇闻。”[③] 看来泰勒不过是把那些奇闻填充到他的著作中。从理论层面上讲，二者之间并没有更多的相通之处。巴斯蒂安的学说有两个核心概念——基本观念（德文为 Elementargedanken，英文为 elementary ideas）和民俗观念（德国为 Völkergedanken，英文为 folk ideas），前者是所有人类社会所共有的，它们通过不同的文化也即各种不同的、经验层面上的民俗观念显现出来。[④] 民俗观念是一个特定人群的“集体心智”的“集体表征”，从民俗

---

① George W. Stocking, Jr., *Victorian Anthropology*, New York: The Free Press, 1987, pp. 49 – 52.

② Edward Tylor, *Primitive Culture*, London, 1871, Vol. I, pp. 158 – 159, 15.

③ 《马克思恩格斯全集》第 30 卷，人民出版社 1974 年版，第 131 页。

④ Robert H. Winthrop, *Dictionary of Concepts in Cultural Anthropology*, New York: Greenwood Press, 1991, p. 223.

观念可以推导出基础观念。虽然二者相比基本观念是第一位的，但巴斯蒂安更注重的是田野工作，强调第一手资料的重要性，也就是说他不是泰勒那样的“坐在扶椅里的人类学家”，继承和发展了他的思想和学说是他的弟子博厄斯，不是泰勒。

需要指出的是，将泰勒的第一原则等同于“心理一致性”观念的作用之一，是为证明泰勒是反民族中心主义和反种族主义的提供依据，不过这种看似无懈可击的依据却在其第二原则的展开中破绽百出。

2. 第二原则

第二原则在某种意义上是效仿克莱姆用进步论图式来构拟人类文化的进化过程。克莱姆将文化进化划分为蒙昧、驯化和自由三个阶段，泰勒则分为蒙昧、野蛮和文明阶段。显然，二者之间存在着某种贯通性和关联性。二者的源头似乎都可以追溯到孔德提出的人类智性发展的“三阶段规律”。孔德的三个阶段分别为神学阶段、形而上学阶段和实证主义阶段，神学阶段又进一步划分为万物有灵论时期、多神论时期、一神论时期，尤其是神学阶段的构想应该对进化论者的影响极大。达尔文早在1938 年的私人笔记中就写道：“孔德关于科学神学阶段的思想是一个宏大的思想。”① 而更早的源头是孟德斯鸠的进化图式，他提出的人类史的三个发展阶段分别为狩猎或蒙昧阶段、游牧或野蛮阶段、文明阶段。② 单纯从字面上看，泰勒似乎是在照抄孟德斯鸠，其实这种划分在 19 世纪是受社会理论家普遍接受的，比如摩尔根采用了同样的划分，只是各自从不同的进路进行探索。由此可见，法国启蒙运动的思想影响到了整个欧洲大陆，可以说克莱姆和泰勒在这方面是一脉相承的。虽然说克莱姆和泰勒都在应用和扩展启蒙运动的进化图式，但前者更具创新性。这一点也得到雷蒙德·威廉斯的肯定，他在《关键词》一书中指出：“克莱姆的《人类文化全史》是关键性的创新，它从蒙昧经由驯化再到自由追溯了人

---

① Charles Darwin, Notebook N (Metaphysics and Expression), Journal's Timespan: fall1838 – summer1839, page (leaf) 12.

② Mary Efrosini Gregory, *Evolutionism in Eighteenth-century French Thought*, Peter Lang Publishing, Inc., New York, 2008, p. 35.

类的发展。泰勒在其《原始文化》一书中继承了克莱姆的衣钵。”[①] 依此可以判断，虽然泰勒的思想源头可以追溯到孔德和孟德斯鸠，但是他从克莱姆那里获得的灵感来源是毋庸置疑的。

泰勒构拟其三阶段进化过程主要依托于比较法和“遗存”（survivals）概念。比较法是19世纪英美人类学界广为采用甚至滥用的一种方法，而它在更大的程度上不如说是一种假定：所有的社会在其发展的过程中都必然经历类似的可比阶段，因此研究当代的所谓原始社会的状态可以揭示如今的文明社会的早期状态。泰勒对于这种比较法作了很具体的描述：“通过比较历史上著名种族的不同的文明发展阶段，再辅以考古学根据史前部落的残余做出的推断，便可大致对人类早期的一般状态做出判断，这种一般状态被我们视为一种原始状态，无论人类早期状态背后的真实情况如何。这种假设的原始状态在很大程度上与现代的蒙昧部落的状态相一致。”[②]

遗存概念实际上是比较法的进一步延伸和细化。所谓遗存是指依然存活于当今文明中的人类早期习俗和信仰的痕迹，在更先进的社会中，可以通过遗存窥视文化的进化。泰勒将遗存定义为“仪式、习俗、观念等等，它们被习惯的力量从其原乡带入一个新的社会阶段，因而成为这个新文化状态由之进化而来的更古老的文化状态的证据和实例”。泰勒又补充道：“依托这些遗存，便可以宣称，从中观察到这些遗存的那个民族的文明必然衍生于一个更早的阶段。”[③]

无论是比较法还是遗存概念，主要是为了解决衡量文化发展程度的尺度和标准问题。在泰勒看来，首先要有一个衡量方法，即一个评定文明的进步与退化的确定尺度。而最好的方法是对过去和现在真实存在的民族和部落进行分类，通过分类可以对文明的程度划出等级，人类则按照这些等级被划为三六九等。在这种等级划分中，欧美“有教养世界”无疑处在高端，蒙昧部落处在低端，其余的按照它们是更接近蒙昧一端

① Raymond Williams, *Keywords: A Vocabulary of Culture and Society*, Oxford University Press, 1983, p. 90.

② Edward Tylor, *Primitive Culture*, London, 1871, Vol. I, p. 21.

③ Ibid., pp. 16, 71.

还是接近有教养的一端来排列。这种划分主要依据的指标是：有无工业、工业发展程度的高低、科学知识的程度、道德原则的确定性、宗教信仰和仪式的状况以及社会和政治组织的程度等。总之，现代工业文明的种种特征都被列入其中。这样，在对这些事实或指标进行比较的基础上，便可大体上设定出一个文明的尺度。① 这个文明的尺度的根本作用在于证明从简单到复杂、从"低级"到"高级"的文化进步，进而证明"尽管不断有退化现象的干扰，文化从原始到现代的主要趋势是从蒙昧走向文明"。②

公允地讲，泰勒的两大原则既不像哲学原理那样具有严密的逻辑性，也不像自然科学规律那样具有确凿的客观性，而不过是"想象和追溯"的产物。③ 即便从人类学和民族志的角度来看，泰勒的文化科学非但没有那么高的学术价值，而且缺乏应有的学术严谨性和严肃性。他所用的观察资料并非来自田野工作，而大多是旅行者、传教士、商人和公务人员等等提供的不准确的、第二手或第三手资料。难怪埃文斯－普里查德说他"简直是在讲故事"，除了对可能发生过的事情做出富有想象力的构拟，别无他物。④

其实，泰勒的推论过程是很简单的。无非是借助所谓的普遍规律将人类文化的发展纳入一个统一的轨道和价值等级划分，按照这样的轨道和等级划分，所谓蒙昧和野蛮阶段，不过是英国或欧洲文明的初级阶段，维多利亚时代的英国文明无疑代表了人类发展的最高水平。这种典型的偷换概念的推论不仅带有极浓的民族中心主义色彩，更重要的是赋予英国文明一种普世价值。

三 误读与评价

泰勒作为一位自学成才的学者能够在英国的学术界获得如此地位确

① Edward Tylor, *Primitive Culture*, London, 1871, Vol. I, pp. 26－27.

② Ibid., p. 21.

③ William Y. Adams, *The Philosophical Roots of Anthropology*, CS LI Publications, 1998, p. 57.

④ Daniel L. Pals, *Seven Theories of Religion*, New York: Oxford University Press, 1996, p. 47.

实有其过人之处。其高明之处无非是能在学术争论中辨明意识形态方向，站稳立场。尤其在“进步论”与“退化论”、“人种一元论”与“人种多元论”的论争中，他始终代表着“进步”的一方。在西方学界的评价中，他的伟大成就之一就是打败了退化论，他因此而成为与反动学说进行斗争的先锋战士。其实，这中间不仅隐含了一种意识形态偏见，更表现出一种二元对立的误读。

在泰勒那个时代，进步论与退化论之间的论争和对立由来已久。具体到文化或文明问题而言，退化论的观点认为人类文化的最初状态是高级的，后来有些退化到了“更低”的水平，有些进步到“更高”的水平。再者是认为人的精神或文化生活不同于其物质生活，并不受同样的自然规律所支配，因而不是科学研究的对象。它的致命之处在于，一是其理论根据是“神启”观念即人的最初状态是文明的；二是它否定现代工业文明，认为是社会的倒退。而进步论也恰恰是在这两点占据了上风，首先用貌似实证的证据和方法来证明其主张；其次但更重要的是，它认为人类文明始终都在进步，始终都在向前发展。

如果脱离了时代背景和具体语境来看待这种理论观点的对立，它似乎意义不大。但是，如果从意识形态维度的视角去看，则会得出截然不同的判断。泰勒在《原始社会》第二章中对退化论做出了毫不留情的批判，然而，这些激烈言辞的“潜文本”是什么呢？我们这里只需对马修·阿诺德与泰勒的文化观做一比较，泰勒的用心所在便一目了然。

在泰勒的《原始文化》出版的两年前也即 1869 年，阿诺德的《文化与无政府状态》一书出版，在学术界引起了极大的轰动。在阿诺德看来，文化与文明完全是两回事。文化是对完美的追求，是一种心智与精神的内在状态；追求完美就是追求美好与光明。“当举国上下出现生命和思想的闪光之时，当整个社会让思想浸透时，可以感受到美、富有智慧和活力时，便是人类的幸福时刻，便是一个民族生命中的标志性时代，便是文学艺术以及天才创造力绽放的时代。”① 而阿诺德所说的文明是指维多利亚时代的英国工业文明，他认为这个时代的文明不同于希腊和罗马文

① Matthew Arnold, *Culture and Anarchy*, J. D. Wilson (ed.), Cambridge: Cambridge University Press, 1960, p. 69.

明，它是机械的、物质的、外部的，与追求完美的文化理念是格格不入的。阿诺德在描述英国文明状态时颇有几分人心不古江河日下的哀叹："的确，在我们这个国家里，文化教导我们去确立的完美之品性，几乎全部遭到强劲的反对和藐视……世上没有哪个地方像我们这样推崇机械和物质文明。完美作为人类大家庭的普遍发展的理念与我们强烈的个人主义，与我们痛恨所有对个性自由发展的限制，与我们的'人人为自己'的准则格格不入。"① 阿诺德所描述的文明是一种世风日下道德沦丧的无政府状态，他的描述不啻为英国工业文明唱的一曲挽歌。

然而，在泰勒看来，他所在的国家是"开明国家"，那里公民是"有教养的公民"，他所处的时代"在占有实际知识和追求真理作为生活指导原则方面是以往任何一个时代几乎不能达及的"。②

同处一个时代，面对同样的社会景观，竟然会出现如此之大的反差。不可否认，阿诺德的描述乍一看完全是精英论和退化论的论调（实际上他并不相信精英，不过是个愤世嫉俗的浪漫主义者），他所设想的人类的幸福时刻更多的是一种理想境界，是神的意志遍及天下的时代，但他的社会批判意识无疑是值得赞许的。泰勒的描述虽然披上了科学和进步的外衣，但他对当时的社会弊病却是百般遮掩，甚至大肆美化。至此，我们终于看清泰勒把"文化"与"文明"当作同义词来使用的用心所在，终于明白"文化"一词为什么在泰勒那里是"单数的""大写的"。泰勒不啻在说，英国的文明是"唯一的"（单数），"普世的"（大写），是人类文化（文明）的理想状态。

然而，按照二元对立的观点来看待和分析事物，凡是说社会倒退今不如昔的就属于退化论，因而是保守、落后乃至反动的；反之，只要挂上所谓的科学招牌，说社会在前进，就是进步的。这种绝对论的、简化论的思维方式产生的不仅仅是误读，而且往往是颠覆黑白。它遮蔽了所谓退化论的积极意义，压制了具有社会批判意识的话语，而它所褒扬的东西往往是虚幻和错觉，对社会对学术界并无积极意义。更值得玩味的

---

① Matthew Arnold, *Culture and Anarchy*, Cambridge University Press, Cambridge, 1960, pp. 48 - 49.

② Edward Tylor, *Primitive Culture*, London, 1871, Vol. II, p. 450.

是，至少在几十年内，在英语圈内，泰勒的文化定义的影响远远比不上阿诺德关于文化的界定。[1] 然而，时过境迁，阿诺德的界定即使在学术界知之者也不多，而泰勒的定义至少在关注文化的人群中几乎无人不知。是阿诺德的文化太过高雅，还是西方学术话语的意识形态力在作祟?

同样的误读还发生在人种多元论与人种一元论的争论上。人种多元论（polygenism）是英国19世纪具有代表性的自然主义理论之一，它的盛行迎合了种族思想的需要。按照人种多元论，人类之所以有不同的种族，完全是不同的造物活动的结果，每一个种族属于一个不同的物种。[2] 据此，人种多元论者否认人类各种族之间有任何关系，认为人类的相互理解和沟通实际上是不可能的，因而武断地将所有民族隔绝开来。人种多元论在很大程度上是一种种族决定论，它虽然并不坚持宿命的种族优越性，却极力主张种族等级制，而在这个等级中，欧洲无疑代表着最高等级。所以，人种多元论反对殖民地的异族通婚，尤其歧视混血儿，认为混血儿不是真正的人类，他们不属于任何一个单一种族，而是一种魔鬼。人种多元论反对一元造物说或一神造物说，认为《圣经》不过是虔诚的谎言，它的主要成就在于摧毁了可以作为所有人和所有民族之间的统一关联的自然规律观念。[3]

人种一元论（monogenism）的主张与人种多元论截然对立，它认为所有人类产生于一个共同的祖先，也就是一元造物或一神造物，而当代人类群体之间的可感知的差异是环境因素造成的。与人种一元论相关联的是人类心理一致性观念。这便给人种一元论贴上了反对民族中心主义和种族主义的标签。达尔文的《人类的由来》（1871）勾勒了一种世俗化的一元创世论，即所有人类都属于一个单一物种，并且必然衍生于单一一对祖先。但是种族的概念并未从达尔文的学说中消失，在《人类的由来》一书中，他用“亚种”这一概念来指代种族，并且做出了优劣之分。

克莱姆同样接受人种一元论，但对种族同样有优劣之分，“人类在整

---

① Adam Kuper, *Culture: The Anthropologists Account*, Harvard University Press, 1999, p. 59.

② H. Sidky, *Perspectives on Culture: A Critical Introduction to Theory in Cultural Anthropology*, New Jersey, 2004, p. 40.

③ Hannah Arent, *The Origins of Totalitarianism*, Schocken Books, New York, 2004, p. 234.

体上如同人一样是分为两个互不可缺的部分的一个存在，这两个部分是主动部分和被动部分，也即男性部分和女性部分”。① 按照克莱姆的划分，主动种族包括日耳曼人、拉丁人，被动种族包括有色人种、斯拉夫人，但是这两类人的品性特征却有着天壤之别。对于前者，克莱姆极尽赞美之词，称他们“热爱自由，勇气非凡，具有人的尊严和人权意识，富有诗意而又喜爱权力”；而对后者却是极力贬低，称他们“因软弱而随和，因懒散而包容”。② 主动种族凭着他们这些品性征服了后者。诸如克莱姆这类理论在 19 世纪受到了广泛的接受，并且成为那个时期人类学的基石。

泰勒虽然站在人种一元论的立场上，但他在《人类学——人及其文化研究》一书第三章中按照大脑和智力的发达程度对种族也做出了优劣之分，种族主义色彩一目了然。在西方学界，关于泰勒是否具有种族主义倾向一直争论不断。说他是反种族主义的，无非是被他的人种一元论的假象所迷惑，再用二元对立的观点来分析问题，误读也就这样产生了。再者就是别有用心。事实上，人种多元论与人种一元论在种族等级制上汇合了，只不过各自的种族歧视的激烈程度不同。

然而，最大的误读莫过于把泰勒归为达尔文主义者，或者将达尔文的自然选择论视为泰勒的理论来源之一。更为极端的是将泰勒称为“文化达尔文主义者”，仿佛他是文化领域的斯宾塞。在 20 世纪 60 年代，英美人类学界曾就泰勒是否是文化达尔文主义者展开过讨论。③

要想澄清这中间的是非曲直，还要颇费一番周折。西方学界时至今日还普遍流行的一种看法是，文化进化论是根据达尔文的自然选择论来追踪文化发展的轨迹，就像物种的进化过程是从简单到复杂那样，文化的进化过程也是从简单到复杂。这种看法的问题在于，一是它把文化进

---

① G. Klemm, *Allgemeine Kultur-Geschichte der Menschheit*, Vol, 1 (Leipzig), S. 195 – 196, quoted in David Keane, *Caste-based Discrimination in International Human Rights Law*, Ashgate Publishing Co., 2007, p. 74.

② G. Klemm, *Allgemeine Kultur-Geschichte der Menschheit*, Vol, 1 (Leipzig), S. 195 – 196, quoted in David Keane, *Caste-based Discrimination in International Human Rights Law*, Ashgate Publishing Co., 2007, S. 252.

③ George W. Stocking, Jr., *Race, Culture and Evolution: Essays in the History of Anthropology*, The University of Chicago Press, 1982, pp. 91 – 109.

化简单地等同于生物进化也即达尔文式的进化，因而把达尔文的自然选择论视为普遍适用的乃至唯一的进化论。实际上有关社会和文化进化或进步的思想是由启蒙运动时期的思想家或哲学家提出的。二是对达尔文本人的思想历程缺乏深刻的认识，因而粗暴地断定自然选择理论是达尔文一以贯之的思想。在一定程度上，对泰勒的误读是由对达尔文的误读导致的。简单地说，达尔文的《物种起源》（1859）与《人类的由来》（1871）之间存在着相当大的理论差异，前者是围绕着自然选择这个假设构建的，主要论证的是自然界中随机变异的存在。而后者主要是以科学的或自然主义的方式论述人类的心智和社会发展，只是将自然选择作为一个主要因子，它的构成来源在很大程度上是自然选择理论之外的，也就是说，是达尔文受惠于人类学家。① 换个说法，自然选择理论一旦用于人类的社会和文化发展会出现相当的扭曲。正如格蕾塔·琼斯所指出的："许多社会理论家把自然选择用作一个类比，但是他们使用的版本是经历过达尔文在《人类的由来》中所勾画的那种人类进化史过滤的，因此它是一个在本质上完全改变了的版本，而我以为是一个被窜改了的版本。"②

事实上，泰勒本人也明确澄清过他的学术思想与达尔文主义和社会达尔文主义了无关系。他在《原始文化》第二版序言（1873）中写道："可能有些读者对我的疏漏感到惊异，那就是在这样一部竭力主张一种发展或进化理论的著作中几乎没有提及达尔文先生和斯宾塞先生，他们对这一研究领域的现代思想进程产生的影响应该得到正式承认。参考文献中没有他们的著作是因为本书的安排有其自己的思路，几乎没有深入地接触先前出版的这些著名哲学家的著作。"③

泰勒为什么偏偏在第二版做出这样的表白，因为在《人类的由来》问世之后，人们可能会将达尔文同他的著作联系起来，泰勒对此不可能视而不见。这一方面说明他的理论与自然选择理论没有任何关联，另一方面说明他看到了他自己的人类进化理论与达尔文《人类的由来》的主

---

① GretaJones, *The Social History of Darwin's Descent of Man*, *Economy and Society*, Vol. 7, No. 1, 1978, p. 20, note1, p. 12.

② Ibid., p. 19.

③ Edward Tylor, *Primitive Culture*, London, 1871, Vol. I, p. vii.

要思想是不可谐调的。从推理上讲，如果说达尔文的物竞天择的自然选择观念到斯宾塞那里被演绎为“适者生存”（survival of the fittest），那么到了泰勒那里应该被演绎为“文化上的适者生存”，但是泰勒的方法论工具依赖的是“不适者的遗存”（survival of the unfit）。如果说泰勒对于达尔文还是友好的，只是否认与他的思想关联，那么对斯宾塞他就没有那么客气了，在这之后他与斯宾塞进行过言辞激烈乃至尖锐的论化战。他在论战中不仅极力否认他在思想上曾研受惠于斯宾塞，而且几乎将斯宾塞指责为剽窃者。①

也许是由于误读或者说理解上的差异，泰勒始终没有得到一个“定论”，因而对他的“评定”也是莫衷一是，有人说他对“文化”做出了“唯物主义的解释”，也有人说他是“哲学上的唯心主义”和“文化上的达尔文主义”，② 还有人说他在思想上根植于法国启蒙运动的进步论和英国经验主义传统，是进步论传统的实证主义化身，③ 实际上，泰勒究竟属于哪一“主义”已经不重要，因为对他的评价很难用“肯定”或“否定”来划分，而只好用“激烈的”或“平和的”来归类。

言辞激烈的评论几乎是对泰勒完全否定，上文已经分别提到过。老一代的人类学名家如博厄斯和埃文斯－普里查德的评说不过是指责他缺乏实证和经验基础，这已经让泰勒无地自容，而新一代的后起之秀如赫伯特是要彻底揭穿泰勒所谓“改革者的科学”的假面具，他认为泰勒的文化观不过是把文化神秘化，迷信化、巫术化，使文化成为一种民族志虚构。④

即便是没有全面否定的比较平和的评论，对泰勒也不会有太高的评语。对泰勒做过全面而深入研究的斯托金认为，泰勒以及他那个时代的古典进化论代表人物与马克思、弗洛伊德、韦伯和迪尔凯姆这些人物相比，不具有那样明显的历史重要意义。具体而言，马克思的历史重要意

---

① George W. Stocking, Jr., *Victorian Anthropology*, New York: The Free Press, 1982, p. 95.

② Morris E. Opler, "Cause, Process, and Dynamics in the Evolutionism of E. B. Tylor", *Southwestern Journal of Anthropology*, Vol. 20, No. 2, 1964, pp. 123－144.

③ George W. Stocking, Jr., *Victorian Anthropology*, New York: The Free Press, 1982, p. 90, 76.

④ Christopher Herbert, *Culture and Anomie*, The University of Chicago Press, 1991, pp. 1－28.

义是世界性的，弗洛伊德是整个思想或知识领域的，韦伯和迪尔凯姆是在创建学科方面的。以泰勒为代表的古典进化论者的差距在于，他们既没有为当今提供任何纲领性的理论立场，也不是“现代人类科学知识资本的主要投资者”。①

斯托金的言下之意：“泰勒对于当今的人类学已经没有什么可说的了”，因为无论是他的“万物有灵论”“遗存论”抑或“比较法”已是过时的东西，早就被现代人类学的新发展所取代。②

（选自《国外社会科学》2012 年第 3 期）

① George W. Stocking，Jr.，*Victorian Anthropology*，New York：The Free Press，1987，pp. 301－302.

② George W. Stocking，Jr. & Edward Tylor，*International Encyclopedia of the Social Sciences*，Vol. 16，New York Free Press，1968，p. 176.

面向全球化的跨文化思维及其悖论

单　波[*]

跨文化传播作为一个过程，它使每一个人怀着乡愁走向全球，迫使思想从文化转向跨文化，一路与后殖民主义、文化帝国主义、东方主义话语理论、文化相对主义、后现代主义等思潮相互激荡，有时也与全球化同行。20 世纪 60 年代全球化概念首次出现，并表达出时空压缩与人类关系结构和范围改变、文化同质化、价值观趋同等意义，跨文化传播思维开始留意这一背景，霍夫斯特德（Geert Hofstede）在 20 世纪 70 年代进行文化价值观的调查研究时认为，在全球经济一体化中，世界各公司的策略都着重发展如何能够满足最大市场、最多顾客的产品及其服务，而对不同文化及价值观的研究，是此类策略成功的关键。[①] 自 20 世纪 90 年代以来，全球化携带着资本的力量和政治、文化的力量，把这样的场景拉到我们面前：世界终将会沦落为美国化的“地球村”，在这里，众人所讲的英语都带有美国口音，穿的都是李牌牛仔裤、蓝哥牌衬衫，喝的是可口可乐，吃的是麦当劳，浏览互联网时，电脑使用的都是微软的软件，听的是摇滚或乡村音乐，收看的是美国音乐电视台的综艺节目、美国有线新闻网的新闻、好莱坞电影以及肥皂剧《豪门恩怨》的重播，大家在喝着百威或米乐啤酒、抽着万宝路香烟时，谈论的是那些带预言性标题

---

* 作者信息：单波，1964 年生，武汉大学新闻与传播学院特聘教授。

① 参见 Geert Hofstede, *Culture's Consequences: Comparing Values, Behaviors, Institutions and Organizations across Nations*, Thousand Oaks CA: Sage Publications, 2001。此为 1980 年版的更新版。

的世界性系列节目。[①] 此时，全球化成了跨文化传播必须面对的问题。

一 乐观地想象全球化的前景

按照一种比较中性的表述，全球化包括两个层面，一个是物质层面，另一个是精神层面，前者主要指世界时空的压缩，运输、传播技术等因素的变化使时空建构出现麦克卢汉所谓的“内爆”，世界越来越“小”了；后者则指全球意识的加强。[②] 在跨文化传播理论中，文化的全球化已经作为一个术语构成了一种研究的视角。全球化虽然是一个与跨文化相异的视角，但它试图以强大的力量把跨文化传播纳入全球化的轨道，使其遭遇了这样几种模式：征服、转化、吸收与适应，部分的吸收与文化借取，自由主义与最小限度的参与，冲突与阶级斗争，对话式参与。[③]

在这种情况下，很自然地出现顺应全球化的逻辑的“合奏”。有些跨文化传播理论向全球化靠拢了，比如跨文化市场营销与管理、跨文化组织管理等，它们迎合全球化的需要，促进消费主义的地域的流动性、社会的流动性、想象的流行性和促销的流动性，[④] 使人们只知道交流技术的价值，而不再理解文化和跨文化的价值。而有一些学者对全球化赋予乐观的想象。其中，比较引人注目的是，约翰·贝利（J. W. Berry）从文化适应的角度反对一种比较流行的观点，即文化适应和全球化过程更多颠覆的是非主流人群，其最终结果是非主流群体成员文化和行为特质的丧失，趋附于与主流群体如出一辙的同质化社会，文化适应的长期结果是全球同质化，社会结构以及人们的信念、价值观、消费倾向趋同。他基于文化适应的理论框架提出，除了非主流群体被文化同化的可能性外，也存在其他的可能：融合有助于人们既维系其传统文化和行为方式，又

---

① ［英］约翰·斯道雷：《英国文化研究中的文化与权力：对全球化等于美国化观点的一些疑问》，载单波、石义彬主编《跨文化传播新论》，武汉大学出版社 2005 年版，第 24—25 页。

② R. Roberson, *Globalization: Social Theory and Global Culture*, Sage: London, 1992.

③ F. Dallymayr, *Beyond Orientalism: Essays on Cross-Cultural Encounter*, State University of New York Press, 1996.

④ ［英］格雷姆·默多克：《疆域与十字路口：全球市场时代认同与团结》，载单波、石义彬主编《跨文化传播新论》，武汉大学出版社 2005 年版，第 18—19 页。

在不断演进的公民框架中参与日常交流；分离的结果为群体和个体尽可能规避与主方国民接触，以此维系其传统文化和心理；边缘化的后果是非主流群体的文化失落以及因遭受排斥而无法全面、公平地融入更广泛的社会。因此，他认为，全球化背景下的跨文化交流的结果不是文化同化和同质化，而更可能是融合（文化和心理延续与新社会结构的建构）或分离（抵御他化，复兴传统文化）。① 金荣渊从开放体系的视角强调人类具有很强的适应能力，认为个体经过长期积累的跨文化经历，通过循序渐进的心理上的演进过程，能够超越传统文化的边界，获得"跨文化人格"，这是个体文化身份取向在全球化的语境下日趋彰显个性的渐进发展过程，这种发展经历着"压力—适应—成长"的动力过程。她称"跨文化人格"是使自身熟悉、适应新环境中文化陌生人的颇具建设性的方式，也是在全球化进程中谋求心理和功能性适应的人类发展模式。② 重点关注跨文化培训的兰迪斯甚至认为，文化同化（culture assimilation）是传授另一种文化的一种学习编程技术，同化者可以帮助一种文化里的人们更好地理解另一种文化的观点。③ 在他们这里，本土与全球、主流与非主流、强势与弱势的辩证关系全然失去，完全偏向于单一线性逻辑的思考，也即落入了全球化的思维中。

在这种思维中，跨文化传播研究与其说是建构新的文化，不如说是寻求调适文化差距或文化冲突的策略，将跨文化的一系列理论转化为一种自我管理调适技术、人与人沟通的技巧、不同的国家或组织之间的协商谈判策略；转化成跨国促销的形象设计和诉求方式等实用型研究，从宏观回归微观。在这个意义上，最典型的概念是从日本产生的全球本土化（glocalization）概念，按照罗伯森的解释，它意味着普遍化与特殊化趋势的融合。④ 持这一理念的人认为，文化差异是推行全球化战略的致命

---

① J. W. Berry, "Globalization and Acculturation", *International Journal of Intercultural Relations*, Vol. 32, 2008, pp. 328 – 336.

② Young Yun Kim & Dharm P. S. Bhawuk, "Globalization and Diversity: Contributions from Intercultural Research", *International Journal of Intercultural Relations*, Vol. 32, 2008, pp. 301 – 304.

③ Dan Landis, *Handbook of Intercultural Training*, 3 rd ed., Thousand Oaks, CA: Sage, 2004.

④ [美] 罗兰·罗伯森：《全球化：社会理论和全球文化》，梁光严译，上海人民出版社2000年版。

问题，可以通过“全球化思维，地方化行动”（think globally，act locally）加以超越，即通过适应特定的文化偏好去推行标准化产品。[①] 于是，人的跨文化生存问题就转变为一个跨文化传播能力（cross-cultural communication competence）问题，当鲁本在20世纪70年代末提出这一概念时，它囊括7个要素，即向对方表示尊敬和对其持积极态度的能力，采取描述性、非评价性和非判断性态度，最大限度地了解对方知识和个性的能力，移情能力，应付不同情境的灵活机动能力，轮流交谈的相互交往能力，以及能容忍新的和含混不清的情景并从容不迫对其做出反应的能力。[②] 如今，围绕这一概念的思考越来越呈现这样的状况：过于强调效率型的跨文化能力，而忽视了有效人际互动的重要性；把跨文化传播能力缩小为达到实际目标的手段，不可避免地依赖于所有可能的行动能力；将跨文化传播能力界定在不同国家与个人的相关场景下，忽略存在于国家内部的文化间问题；注重描述“微小层次”的个体之间的互动，削弱了对群体间文化互动（inter-collective interaction）的思考。[③] 这从另一个方面体现了“全球化思维，地方化行动”的逻辑。

二 以科学的名义修正全球化的危机

跨文化传播的起点是对社会流动的关注。进入全球化阶段以前，文化基本上被看作是一个民族或地区所在地人们的“生活方式总和”，是一种有地理疆界的、向内发展的概念。但是在全球化背景下，人们所接收的文化信息已经远远超越了他们的物理空间，传播技术和运输技术的发展带来人口流动、信息流动、跨地区的文化交流，从而突破空间对文化的限制，成为跨文化传播的一个主要特征，“不同因素构成的跨地区文化

---

① ［美］保罗·赫比格：《跨文化市场营销》，芮建伟等译，机械工业出版社2000年版，第56页。

② Brent D. Ruben & Daniel J. Kealey, *Behavioral Assessment of Communication Competency and the Prediction of Cross-cultural Adaptation*, Pergamon Press Ltd., 1979.

③ Stefanie Rathje, "Intercultural Competence: The Status and Future of a Controversial Concept", *Language and Intercultural Communication*, 2007, Vol. 7, No. 4, pp. 254-266.

逐渐成为历史舞台的新宠”。① 人们已经感觉到，建构自己的认同和理解其生活的民族框架遭遇严峻挑战，身份要么变得越来越模糊和不确定，要么因感受到某种威胁和恐惧而走向原教旨主义。这样一来，跨文化传播面对的最紧迫的问题便是文化认同（身份）的危机。一般说来，从社会学、心理学等角度的探寻总是试图用科学方法修正危机，使全球化具有科学、丰富的内容。

在关注身份问题的学者中，迈克尔·赫克特（Michael L. Hecht）是有代表性的一位。他在1993年提出身份传播理论（communication theory of identity），建立了关于身份的8种假设：身份有个人、社会和他群体特性；身份都是持久的和不断变化的；身份都是情感的、认知的、行为的和精神的；身份都有内容和解释层面的关系；身份涉及主观和赋予意义；身份是代码，这表现在谈话并确定社区成员上；身份有语义属性，这表现在核心符号、意义和标签上；身份标明适当和有效的沟通模式。在此基础上，他阐明了身份的四种框架：第一，个人的身份，即个体的自我认知和自我形象，它存在于个人层面，作为个人的特征；第二，表现化的身份，指个人表现的或者表达的身份，人们在传播中表现他们的身份并且交换表现的身份；第三，关系的身份，即身份是交际双方社会关系的一部分，是双方互动协商的结果；第四，群体身份，即集体是定义的身份，群体身份超越个人，是群体或者集体的一个特征。② 这一理论的显著特点是以科学的名义修正了全球化的身份偏向，寻求在互动中形成身份的动态平衡。一般理论认为旅居者应尊重东道国文化，并鼓励他们适应东道国的道德准则（“入乡随俗”），或尊重东道国规范的同时保持自己的道德伦理。里查德·伊万诺夫（Richard Evanoff）认为，在跨文化对话中采取一种替代模式，其间有着不同道德伦理的人们可以积极建构他们的共同基础，批判现存的规范，形成新的规范，即创造出协同的“第三种文化”（third cultures）。其最终目的是融合不同文化的规范，指导跨文

① J. Pieterse, “Globalization as Hybridization”, in M. Featherstone, S. Lash & R. Robertson (eds.), *Global Modernities*, Newbury Park, CA and London: Sage, 1995.

② M. L. Hecht, “A Research Odyssey: Toward the Development of a Communication Theory of Identity”, *Communication Monographs*, 1993, Vol. 60, No. 1, pp. 76 - 82.

化情境中个人的交往。这一观点明显吸收了贝内特（M. J. Bennett）的“跨文化敏感”（intercultural sensitivity）理论，该理论把个人应对跨文化差异获得融合视角的过程分为6个阶段，即否认（在早期“种族中心主义”阶段简直没认识到差异）、防御（承认差异，但认为一种文化比另一种优越）、最小化（采取表面的普遍主义，把差异估计得最小）、接受（在后来的“种族相对主义”阶段，以一种简化的相对主义的方式接受了差异）、适应（个人能够以其他文化作为参考框架）、融合（个人采用了双文化的视角，以多种文化框架为参照）。① 伊万诺夫认为，还应超越贝内特所说的6个阶段，达到第7个阶段——“生成”阶段，即新的文化形式创造性地产生出来。生成阶段超越了贝内特的种族中心主义和种族相对主义阶段。其目的并非简单意味着现存的文化是最好的（种族中心主义）或每种文化都是一样的出色（种族相对主义），而是产生出一个不同的、更好的文化观。生成阶段使个人和社会都可能产生变化，它所生成的新的选择，或许失败，或许行不通，但同样有价值，因为我们需要不断地实验。② 融合并不是一种价值观完全取代另一种，也不是把两种文化并置调和，它伴随着对两种文化的批评。融合并不是旅居者适应东道国文化的规范，而是一个相互改变的过程，旅居者和东道国文化在彼此适应。许多跨文化交流者都遭遇到价值观念的失范现象，因为指导他们行为的规范尚不存在，这种规范必须在对话的过程中创造出来。

在拥有全球化视角的跨文化传播研究中，一些新的概念正在取代过去跨文化传播研究中常见的涵化（acculturation）、同化、整合（integration）等旧有概念。这些新的概念包括以下几种。③

接触区（contact zones），即地理和历史都分隔的人们彼此接触对方的一个空间。在这个空间里，人们建立了往前发展的关系，通常都是在强

① M. J. Bennett, “Toward Ethniclativism: A Developmental Model of Intercultural Sensitivity”, in R. M. Paige (ed.), *Education for the Intercultural Experience*, Maine: Intercultural Press Inc., 1993, pp. 21 –71.

② Richard Evanoff, “Integration in Intercultural Ethics”, *International Journal of Intercultural Relations*, 2006, Vol. 30, No. 4, pp. 421 –437.

③ R. Lie, *Space of Intercultural Communication: An Interdisciplinary Introduction to Communication, Culture, and Globalizing /Localizing Identities*, New Jersey: Hampton Press, 2003.

迫、不平等和难以处理的冲突中进行的……接触区是使过去在地理和历史上都分隔的主体在同一时空并存的尝试，这些主体的发展轨迹现在已经相交。[①] 而处于这个接触区的人最重要的特征就是在一段时间内在文化上“背井离乡”（displacement）。

散居海外者（diaspora），它包括这样几种内涵：（1）“移居海外的少数群体”，他们从原有的“中心”位置分散到至少两个边缘位置；（2）他们怀有“对祖国的记忆、印象或梦想”；（3）他们“相信他们也许不能再完全地被自己的祖国接受”；（4）他们将祖先的家园视作最后的归宿，只要时机成熟；（5）他们怀有保护或者重建祖国的心愿；（6）作为一个群体，他们的意识和凝聚力都受到与祖国所保持的关系的重要影响。[②] 散居海外的人并不将自己定位在一个特定的地方，他们在各个不同的地方重建自己的文化，但是他们文化的根与所在地分离了。

多元文化主义（multiculturalism），它本身被看作对同化政策的一种积极替代方案，意指那种承认少数族群的公民权和文化认同的政策，或更宽泛地说，是对文化多样性价值的肯定。

世界主义（cosmopolitanism），它具有更多个人特征，而不是群体过程和群体特征。汉纳斯提出的这个概念有以下特点：（1）有与他者交往的意愿；（2）有与他者交流的跨文化能力。它表现出一种对世界的开放，但又是一个比较精英的概念，总是出现在较高的社会阶层中，因为只有他们才有能力经常旅游，成为国际公民。

从跨文化传播的这些概念新宠中，我们可以看出跨文化传播研究者已经更多地将研究视角由帝国主义传播的单向流动转向世界范围的文化流动，对已经普遍出现的由移民等带来的文化的混合和共存有了更清醒的认识和更深切的关注。英国媒介研究学者斯拉伯里（A. Sreberny）通过对散居海外者的媒介研究发现，在全球化的新范式下，旧有的研究范畴被新的所取代。例如，过去的“少数族群研究”和“移民研究”现在越来越被“散居海外者研究”取代。过去的研究是围绕文化适应的议题，

---

① M. L. Pratt, *Imperial Eyes: Travel Writing and Transculturation*, London: Routledge, 1992.

② R. Lie, *Space of Intercultural Communication: An Interdisciplinary Introduction to Communication, Culture, and Globalizing /Localizing Identities*, New Jersey: Hampton Press, 2003 .

以及在新的国家文化空间里新的文化身份形成问题，而新的研究则更关注双重国家文化空间——过去祖国的文化空间和新到国家的文化空间。“少数族群”是一个更抽象的、更与统计联系在一起的范畴，而“散居海外群体”则更强调文化的连续性。在欧洲，“少数族群”更多的是指欧洲内部流动的人口，例如在英国的希腊人、在奥地利的克罗地亚人等。而“散居海外的群体”更意味着对来自欧洲以外的人的关注。在对这些群体的研究中，研究重点向电视和互联网等媒介倾斜，尤其是互联网，因为互联网是散居海外群体最好的传播工具。散居海外者可以通过这种不受地理约束的传播技术，建立和维护跨国的散居海外者的共同意识，在网络的虚拟空间中实现文化的重新本土化，从而使他们在新的居住地依然拥有传播自己民族文化和保持原有民族文化身份的文化空间。此外，在媒介受众研究方面，已经有不少研究开始关注这些“散居海外者”的媒介消费习惯和文化品位。研究已经注意到，散居海外族群建立的频道与主流媒介针对他们制作的媒介节目之间有很大的差异。[①] 这些研究都表明，欧洲在媒介中对移民群体和其他非主流群体的重视在加大，并意识到要在尊重各群体文化身份的基础上满足所有群体的信息和文化需要，而不再是一味地为他们重建欧洲的文化身份。

三　以自由的名义揭示全球化反人性的内容

进入21世纪以来，全球化浪潮构成了对跨文化传播的更猛烈冲击，2001年发生的“9·11”恐怖事件突出呈现了全球化的内在矛盾，也使跨文化传播所内含的价值遭遇空前挑战。文化多样性的价值观在理论与行动上发生着严重冲突。一方面，欧盟抱持着“在多样性中联合”的政策，开始拥抱一个更为多样的文化方法。另一方面，在这个文化政策下的基本理论不是鼓吹“差异”，也不是拥抱“多元文化主义”，而是要通过多样性来提高欧洲的整体统一，民族的和亚民族的文化差异尤其被表述为

① A. Sreberny, “The Role of Media in the Cultural Practices of Diasporic Communities”, in T. Bennett (ed.), *Differing Diversities: Cultural Policy and Cultural Diversity*, Council of Europe, 2001.

同一“文明”的分支，它差异尤其被表述为同一“文明”的分支，它地区。[①] 欧洲委员会的文件在描述欧洲文化遗产时基本没有提到任何非欧洲后裔的家、学者的贡献，同样将欧洲身份建立在古希腊、罗马、犹太教和基督教的根上。对文化多样性文化政策的其他研究还显示，即使在“文化多样性”的鼓动之下，欧洲委员会的欧洲中心主义话语依然非常明显，其重要表现是“恐伊斯兰症”，以及右翼对伊斯兰原教旨主义者、非法移民和避难者对欧洲的威胁的鼓吹。

此外，不仅黑人、亚洲人、穆斯林或第三世界国家的人被排除在欧洲文化之外，美国人也是一样。欧洲委员会的官员认为美国电视和好莱坞电影表现了一种文化帝国主义的形式，威胁到欧洲文化的完整。因此，在官方的欧洲文化概念中，流行文化、多元文化主义、文化杂交都不是欧洲文化。只有莎士比亚戏剧、贝多芬的音乐才是欧洲的文化遗产。

对于欧洲委员会的文化政策的这种双重性，学者的研究和批评是非常必要的。肖尔（C. Shore）认为，文化多样性现在存在于欧洲越来越多元的文化社会中，要让欧洲在共同的文化身份中整合，就必须注意不能边缘化或者排除那些在欧洲委员会的欧洲文化概念中“非欧洲”的人和文化。欧盟不能通过加强带有成见的“我们”和“他们”的二元对立来巩固一种欧盟公民的爱国主义和归属感。要提高欧洲的文化多样性，还必须认识到欧洲文化不是静态的，它是一系列沟通、交流和汇合的过程，新的文化形式和身份从中形成。欧洲的印度人、穆斯林、亚洲的散居海外群体等都是欧洲丰富文化的一部分，他们对欧洲文化多样性的贡献应该得到承认。欧洲的文化民主就是要让少数族群和多数人都发出自己的声音，是提高宽容和鼓励差异。

与此同时，文化帝国主义和媒介帝国主义以更猛烈的势头损害着文化多样性。根据麦奎尔的观察，美国输出的文化产品在情节剧方面（电影、电视连续剧）占有绝对份额，研究者总是强调这种输出给欧洲带来的负面文化影响；受众是倾向于观看自己民族的文化产品的，现在也有很多这样的产品被制作并在黄金时段播放；但是在情节剧方面，美国的

---

① C. Shore, “The Cultural Policies of the European Union and Cultural Diversity”, in T. Bennett (ed.), *Differing Diversities: Cultural Policy and Cultural Diversity*, Council of Europe, 2001.

文化产品依然比其他欧洲产品更受欢迎。从某种程度来看，美国文化产品是欧洲最受欢迎和广泛传播的文化。这样的结果之一就是电视根本就不是欧洲跨文化交流的媒介。大量研究证明，受众可以清晰分辨出本土的和外国制作的文化内容，并对外国文化内容保持一定的距离，从而使其对“自己的”文化的影响力减少。欧洲出现了更多的模仿美国模式的娱乐和情境喜剧片，不过在文化上更接近欧洲类型。欧洲肥皂剧倾向于更真实，也更以社区为中心。语言成为各种跨文化媒介产生影响的主要障碍。国际卫星频道因而无法与本土的频道形成强有力的竞争，泛欧洲频道也未能产生文化统一的影响。为此，国际频道的地方语言版不得不退出，以应付与本土频道的竞争。[①]

美国学者波因廷与梅森发现，“9·11”事件之后，特别是那些以美国为首的英语国家入侵阿富汗和伊拉克后，少数穆斯林以“他者”的方式进入“西方国家”，起诉他们的“反恐战争”。社区的穆斯林都被作为“邪恶”的刑事犯和“第五纵队”的敌人，成为媒体、政客、安全机构和刑事司法系统眼中的异类族群。他们发出疑问，在国家的反恐怖主义措施和日常生活中的种族主义中，是否还存在“宽容、自由、正义以及和平”[②]。这里体现了关于人类文化共同体的理想，关于文化对话、理解直至达成共识的期盼。

给这一疑问以深刻注解的，要数20世纪80年代以来的重要发现，即群体成员在陈述群体内人员或者群体外人员的行为时所采用的不同的具体客观或者抽象评价的语言倾向，即所谓“群体间语言偏见”（linguistic intergroupbias）。美国学者戈勒姆重新进入这一理论，研究了208个成年白人如何对待一个电视犯罪新闻中嫌疑人的种族身份，并探讨了种族身份如何影响用于描述嫌疑人的语言提炼。[③] 他的研究证实了犯罪新闻引起

---

① C. Shore, “The Cultural Policies of the European Union and Cultural Diversity”, in T. Bennett (ed.), *Differing Diversities: Cultural Policy and Cultural Diversity*, Council of Europe, 2001.

② Scott Poynting & Victoria Mason, “Tolerance, Freedom, Justice and Peace: Britain, Australia and Anti-Muslim Racism since 11 September 2001”, *Journal of Intercultural Studies*, 2006, Vol. 27, No. 4, pp. 365 -391.

③ Bradley W. Gorham, “News Media's Relationship with Stereotyping: The Linguistic Intergroup Bias in Response to Crime News”, *Journal of Communication*, Vol. 56, 2006, pp. 289 -308.

群体间语言偏见，并表明媒介使用与群体间语言偏见的出现有着显著的关联。具体来说，成年白人对非裔嫌疑人更可能使用更多的抽象描述词，对白人嫌疑人更可能使用更多的具体描述词。而且，这一倾向与新闻媒介的使用有关，更频繁地看电视新闻、阅读报纸的人更可能呈现群体间语言偏见。而且实验结果证明，与种族相关的新闻报道将先入为主地主导种族刻板印象。而且这些刻板印象一旦触发，就会以可能促使涵化占主导地位的种族观念的方式支配新闻理解。尽管这一研究不能说明长期的媒介使用与社会群体感知之间的因果关系，但它的确发现了涵化的一个必要条件：媒介使用变量与对占主导地位的意识形态的支持之间的关联。经常使用本地、网络和有线电视新闻，以及经常使用地方报纸，都与群体间语言偏见的出现有联系，其方式是支持负面的对非裔美国人的刻板印象。而且，所有电视使用都与群体间语言偏见有联系。这也许意味着，不管在今天的媒介环境中频道和选择是否过剩，认为非裔美国人是暴力性的符号化讯息仍难避免。社会心理学家经常认为，社会领域充满对非裔美国人的刻板化再现。这种观点得到了媒介内容分析（特别是新闻）的证明。比这种理论更为复杂的是，人们可以维持有同情心的、低度偏见的少数群体观念，同时他们又对少数群体怀有不安的感觉；或者，人们可以自觉地坚持平等主义的信念，同时又做出符合刻板印象的解释。既然存在这样的复杂性，那么就应揭示媒介影响我们的种族思想的微妙方式，逐步干涉媒介的负面影响过程。只有通过理解观看者赋予媒介种族内容的多种方式，我们才可以使用大众媒介来促进社会正义与平等。

大众传媒研究者和社会心理学家经常指出，大众传媒是刻板印象的重要来源之一，经常看电视的人容易相信现实社会与电视上描述的世界是类似的。涵化理论的许多内容分析已揭示媒介文本可能扶持对种族、权力和社会的占主导地位的看法，但没有揭示这些信息是否真正在观众中产生影响，是否真正发挥了他们所说的意识形态的作用，也没有详细说明从接触电视到产生影响的具体运作机制，甚至这一重要的研究流派也遭到欺世盗名的质疑。为了更好地理解媒体协助维护刻板印象和偏见的方式，戈勒姆指出，需要仔细地考察人们在种族问题上与大众传媒之间的相互影响。他运用社会心理学方法来揭示人们与有关种族的媒介内容互相作用的不同方式。考虑到人们会对符合刻板印象的含混不清的信息做出反应，他认为关注观众如何加工处理媒体信息尤为重要，即便观众是在有意识地抵制偏见。再者，虽然在美国公开的偏执态度有了普遍的好转，但一些研究表明，它已被一种更为隐蔽的现代种族歧视所取代，其特点是白人对非裔美国人的困苦既表示同情，又对黑人表示不安和不屑。这样，在一个大众传媒互相抵触地呈现非裔美国人形象的社会里，人们在新闻广播中既看到成功的新闻主播形象又看到危险的犯罪分子形象，他们就会对少数民族产生相互冲突的看法，甚至受众本身并未意识到群体形象使他们怀有微妙的种族歧视。按照戈勒姆的逻辑，群体间语言偏见在语言上以不同程度的抽象性为特征，并取决于这个人是否在谈论内群体或外群体成员，取决于这个成员在某种程度上是否与群体的刻板印象相符。正是在这个意义上，他提醒学者，只有更好地了解人们对种族问题相关新闻的不同诠释，我们才能想出办法避免新闻制作人和受众加深负面的刻板印象。

与此同时，一些学者的研究发现，文化同化的作用并不能消除彼此的仇恨；[①] 充斥在博客日志中的对“他者”的谈论、以语言符号为载体进行“文化的排他”和种族主义行为同样加深着彼此的误解，引发彼此的敌对；它依然反映了种族的不平等系统，并由社会内部成员共享的话语体系来维持、复制和巩固。[②] 另外，由于全球化的快速发展，人们正在日益走向一种混合性的、拼接性的、多面性的文化依存，对于交往中亲密关系结构、情感心理依恋、意象和意义分享、仪式和习俗效应、宗教或其他信仰的情怀、代际传承关系的探讨日益增加，努力为超越跨文化传播的内在障碍寻找着出路。如何应对这种矛盾，把学会欣赏和容忍多样性、复合性和文化差异真正落实到人的生活层面，依然是摆在西方学者面前的一个重要问题。

如果说前文所讲的全球化的“变奏”是以科学的名义从方法上修正

---

① Seth J. Schwartz, Hilda Pantin, Summer Sullivan, Guillermo Prado & José Szapocznik, “Nativity and Years in the Receiving Culture as Markers of Acculturation in Ethnic Enclaves”, *Journal of Cross-Cultural Psychology*, Vol. 37, 2006, pp. 345 – 353.

② Lena Karlsson, “The Diary Weblog and the Travelling Tales of Diasporic Tourists”, *Journal of Intercultural Studies*, Vol. 27, No. 3, 2006, pp. 299 – 312.

全球化，那么，全球化的反思则是以自由的名义揭示全球化反人性的内容，提供资本主义的内在修正机制和大众的反抗路径。在这方面，英国文化研究的代表性人物斯图尔特·霍尔（Stuart Hall）把反思推向了思想和日常生活实践的深处。从20世纪80年代末到现在，这位牙买加人以特有的个人体验长期投身于民族、种族、身份与文化表征等问题的研究，其核心而又连贯的工作是分析以一种独特权力形态出现的“复杂统一体”。在他那里，这意味着权力会通过接合，通过连接众多不同的领域，通过一种用协商、妥协，有时用策略性退却战术达至共识等方式，巩固着权力的弥合过程，进而取得权力的最大化效果。由此，他更为深刻地呈现了全球化过程中权力支配现象的形成。但是，他又没有完全像福柯那样局限于从一个总体框架内观察权力，而是能够敏锐觉察到出现在强权范围之内和之间的缝隙，以及从这一缝隙中可能涌现出的反抗与抵制力量。[①] 因此，他一方面能认识到，文化表征是一种复杂的意识形态关系的最集中再现，拥有支配权力、垄断生产体制并对大众审美情趣加以物化导向的社会机构关系，往往可以在某一历史时段中依据自身的需要决定文化表征的内容和形式。另一方面，他又意识到，特定的族群在特定的西方文化语境下，唯有进行某种“反表征”，才能有效地彰显其作为“他者”或“族裔散居族群”或“边缘族群”的文化诉求，实现这些族群在文化认同上的主体性。同时，他从笛卡儿的“我思”的主体性转变为去中心化的主体性，使其具有互动性和对话性，从以自我为中心的“我”走向互动与对话的主体，把追问“我们是谁”“我们从哪里来”“我们到哪儿去”等传统的认同观变成“我们会成为谁”“我们是如何被表征的”以及“如何影响到我们怎样表征我们自己”等反表征的文化认同诉求的认同观。[②] 与爱德华·霍尔一样，他也导入精神分析学的观点，但他的关注点不再仅仅是潜意识，而是对话的主体性如何可能的问题，即“他者”是根本性的，无论对自我的构造，对作为主体的我们，对新

---

① 参见［英］安吉拉·麦克罗比《文化研究的用途》，李庆本译，北京大学出版社2007年版，第436页。

② Stuart Hall, “Conclusion: The Multi-cultural Question”, in B. Hesse (eds.), *Un /settled Multi-culturalisms: Diasporas, Entanglements, Transruptions*, London: Zed Book, 2000, pp. 209 - 241.

身份的认同都是如此；我们的主体性是通过向来不完整的无意识与“他者”的对话才得以形成的。① 文化研究曾过分强调人的抵制能力，不能对应于少数族群的基本要求，即全面真诚的种族公正、主要社会经济过程的相同收益和对差异的认可，也使跨文化传播的可能性成为疑问，这种偏失在霍尔这里得以扭转。他使人们领悟到一种辩证逻辑：每一个人都会参与到“文化归属”的形式中去，由此就有了寻求解决不同文化群体间冲突的框架问题，而这一点并不需要通过同化来达到更宽泛的一致性；同时，假如不考虑他者，差异性就不能得到绝对保护，因为“我就是由与我相关的他者的缺失而构成的”。②

四 跨文化传播的思想处境

回首半个多世纪的思想历程，最能表达跨文化传播的思想处境的事情还是发生在两个“霍尔”身上。1951 年，年近不惑的爱德华·霍尔刚刚进入美国国务院外国服务所，负责选拔和培训与异文化打交道的美国人，此时，年方十九的斯图尔特·霍尔从牙买加移民到英国，后来加入到文化研究行列，并引领了这一领域的研究。前者试图帮助美国人克服傲慢与偏见，改善与其他文化群体的交流，但这种努力不仅改变不了美国霸权的实质及其灾难性的后果，相反被收编到美国全球化战略之中，以致霍尔当年的培训方法被扩展到各种商业培训，使美国人更懂得玩弄全球化的游戏。后者力求指点强权范围之内和之间的缝隙，呈现文化抗争的希望，同时也通过建构去中心化的主体性，使人类能生活在互动与对话之中。可是，被全球化抛弃、压迫的人们常常是本能地选择冲突、暴力，把排斥他者作为抗拒全球化的方式，或者在文化自恋中独自疗伤，走向自我封闭；而英国政治家们则不断地以不同形式呼吁民族团结，暗中寻求办法来消除和抵制文化多元主义政治的出现。到头来，理论依然

---

① ［英］斯图尔特·霍尔：《表征——文化表象与意指实践》，徐亮、陆新华译，商务印书馆 2003 年版，第 239—240 页。

② 参见［英］安吉拉· 麦克罗比《文化研究的用途》，李庆本译，北京大学出版社 2007 年版，第 39 页。

被大众与政治家的喧嚣无情地淹没。

随着思想的发展，难以把握的不再仅仅是跨文化传播活动与现象，而是跨文化传播思想本身。思想在左冲右突之中总是想寻找可以遵循的跨文化传播之道。比如，解决了文化差异问题，就呈现出利用差异权制造种族隔离的问题；解决了多元文化问题，却又难以面对文化自恋、文化分裂问题，诸如此类。从积极的角度而言，探索永无止境；而从消极的角度讲，我们得忍受思想的局限与不完善。因此，“跨文化传播如何可能”就成了一个永远在创造过程中的没有完善答案的问题。

（选自《国外社会科学》2013 年第 1 期）

解读当代西方发达国家的文化政策

——西方学者对文化政策的研究及其启示

范春燕*

自20世纪八九十年代以来，西方发达国家的文化政策领域出现了一些新的调整和变化：美国相对独立的狭义文化政策逐渐被文化、政治、经济和外交等各种诉求交织在一起的广义文化政策所代替；英国、法国、澳大利亚、加拿大等国高调推出“创造性”（creativity）主题，以“创意产业”（creative industries）代替原来的“文化产业”（cultural industries）辞藻；第二集团的对外文化战略也从原来的“文化例外”（cultural exception）转向“文化多样性”（cultural diversity）。发达国家文化政策领域的新动向也引起了西方学界的高度关注，并催生了一个新的研究学科——“文化政策研究”（cultural policy research）。一批来自西方各大高校和研究机构、具有不同人文学科背景和相似关切点的学者，宣称要和“赞助者”保持距离，保持批判性思维，重建新的文化政策研究话语体系，以超越过去“文化研究”和“政策研究”之间的疏离，超越“精英文化”和“大众文化”之间的对立。本文旨在通过西方学者对文化政策的相关研究来解读当代西方发达国家文化政策的背景、机制、矛盾和趋向，并提出一些对我们的文化大发展大繁荣战略具有启发性的建议。

---

* 作者信息：范春燕，1964年生，武汉大学新闻与传播学院特聘教授。

一 “文化政策研究”的兴起

近年来，随着西方发达国家文化政策的新一轮调整，西方学界对文化政策领域的研究也日渐活跃起来。一些大学纷纷成立文化政策研究中心，设立相关方向的课程和专业；一批具有较高学术价值的研究成果也相继推出，如吉姆·麦圭根的《重新思考文化政策》、托比·米勒和乔治·尤迪斯合著的《文化政策》、杰勒米·亚赫尼与奥利弗·班尼特合编的《知识分子与文化政策》、贾斯汀·路易斯和托比·米勒的《批判的文化政策研究读本》等。尤其是1994年《国际文化政策研究》期刊在澳大利亚发行，1999年第一届“国际文化政策研究大会”在挪威卑尔根市召开，它们标志着文化政策研究作为一个新的独立学科呼之欲出。

按照学者们的主张，文化政策研究作为一个新学科，其方法论的构建要突出以下两点。

一是超越“文化研究—政策研究”二分法，建立批评性话语和实用性话语的连接。人们通常认为，文化具有创造性、情感性和激进性，而政策则具有实用性、工具性和保守性，二者之间具有明显的界限，过去的研究基本上就是沿着这一界限分为互不搭界的两部分：一部分是隶属于政府或大财团的“政策研究”，研究的重点是文化政策的实施和管理；另一部分是分散于高校和研究机构中的“文化研究”，研究的重点是文化活动与权力的关系。这两大部分各自为政，在保留“纯粹性”的同时也带来了一些无法克服的弊病。如政策研究由于缺失批判性维度，造成“对国家过分依赖，工具主义明显且冗长乏味”；[①] 文化研究则由于缺失实用性维度，总是“用谁也听不懂的行话谈谁都应该听懂的事情”，[②] 而且“随着学术研究与新闻的或票友的文化研究分道扬镳，

---

① Per Mangset, “The First International Conference on Culture Policy Research”, *International Journal of Cultural Policy*, Vol. 7, No. 1, 2000, pp. 1 – 8.

② ［英］吉姆·麦圭根：《重新思考文化政策》，何道宽译，中国人民大学出版社2010年版，第188页。

学术研究往往变成了意识形态的、对抗的、脱离了与政府日常交涉的研究”。① 因此，学者们认为，新的文化政策研究首先要打破文化和政策之间的藩篱，为文化政策和文化政策研究本身寻找理据。实际上，阿多诺在 20 世纪 60 年代就曾提出这样的观点，即：文化被管理有可能使其创造性遭到一定程度的破坏，但如果没有管理，威胁文化的就是其自身的存在。② 而且，“随着近年来西方社会中艺术和官僚之间、文化和政治、经济之间的界限越来越模糊，一种受污染的、不纯粹的交叉性研究在所难免”。③ 那么，如何才能重建文化研究和政策研究之间的连接呢？一些学者提出，新的文化政策研究要建立在“实用”和“批判”两种话语的接合之上。也就是说，文化政策研究不仅要体现一种批判议程，能够考问当前文化政策的工具性，批评文化政策话语和修辞的空洞性，而且还要还原文化话语的具体内容，理解其复杂的交流属性；文化政策研究不仅是一种“冥思的”追求，还应是一种把想象力倾注到社会经济现实中的“行动的”追求。④ 在具体操作上，应侧重于“批判性的知识分子如何才能讲实际，而讲实际的知识分子如何才能具有一定的批判性”。⑤ 也就是说，从事政策研究的学者不能只是记录政府文化部门的工作，还应对政策的建构和实施进行评价，并尽可能地独立于委托部门之外开展研究；而从事理论研究的学者要有意识地避免一种过度抽象化、脱离实际的纯学术倾向。

二是超越“精英文化—大众文化”二分法，重建跨学科的“丰裕哲学”(Philosophy of Plenty)。自 20 世纪 40 年代以来，西方的文化研究领域就一直存在着对立的两翼，一翼是以阿多诺为代表的“精英文化”论，

---

① ［澳］约翰·哈特利：《文化研究简史》，季广茂译，金城出版社 2008 年版，第 56 页。

② Theodor Adorno, *Culture and Administration*, *in the Culture Industry*, Routledge Press, 1991, p. 108.

③ Per Mangset, “The First International Conference on Culture Policy Research”, *International Journal of Cultural Policy*, Vol. 7, No. 1, 2000, pp. 1 – 8.

④ ［澳］约翰·哈特利：《文化研究简史》，季广茂译，金城出版社 2008 年版，第 33 页。

⑤ ［英］吉姆·麦圭根：《重新思考文化政策》，何道宽译，中国人民大学出版社 2010 年版，第 179 页。

另一翼是以费斯克为代表的“大众文化”论。阿多诺认为，文化工业标志着垄断资本主义条件下文化的堕落以及统治阶级通过大众文化消费实现的意识形态控制。费斯克则认为，文化工业为大众文化提供了丰富的资源，使文化生产从少数精英的特权中解放出来；意识形态也不是能为政治精英所掌握的国家机器，大众不是一个在宰制和规训面前毫无意识的消极的群体；大众通过将文化商品转化为自身的文化，既规避和裂解了文化商品的同质性，也能从对抗的姿态中找到“意义”和“快感”。①实际上，大众文化与晚期资本主义的消费主义意识形态颇为合拍，而消费主义把自主的消费者放在现实的核心，也完全符合新自由主义的全球化观念。② 因此，新的文化政策研究既要接纳文化平民主义，又要批评其消费主义倾向，并和这种理念保持距离；同时从阿多诺的文化产业批判、阿尔都塞的意识形态国家机器理论、葛兰西的霸权理论、伯明翰学派的文化理论、后马克思主义的接合理论、哈贝马斯的治理术中汲取有用资源，并在对国家话语、市场话语、学术话语和公众话语的共同考量下重建文化政策研究的话语体系。按照约翰·哈利特的说法，新的文化政策研究不必再在精英文化和大众文化之间做出非此即彼的选择，也“不必再从批判性局外人、政治经济学家、后现代文本主义或文化激进主义者的长期争论中制造一个胜者”，新的文化研究应该是杂交的、全球的、后学科的会话，是具有包容性和创新性的“丰裕哲学”。③

可以看出，新学科的建构试图突出辩证性、跨界性和包容性，以适应其研究对象文化政策的内在紧张。但从近期相关学者发表的著述来看，他们的研究大都遵循一种文化研究的具体化和实例化的路径，并在从反叛姿态转变为独立姿态的同时保留一定的资本批判。由于本文的重点并不是对学科本身进行评析，而是要通过学者们的相关研究成果来了解当代西方发达国家的文化政策，因此这里对学科本身不再做进一步的讨论。

---

① ［美］约翰·费斯克：《理解大众文化》，王晓珏等译，中央编译出版社 2001 年版，第 29 页。

② ［英］吉姆·麦圭根：《重新思考文化政策》，何道宽译，中国人民大学出版社 2010 年版，第 154 页。

③ ［澳］约翰·哈特利：《文化研究简史》，季广茂译，金城出版社 2008 年版，第 310 页。

二 当代西方发达国家文化政策的转向及其根源

总的来讲，近年来西方发达国家文化政策的转向主要体现在以下三个方面。

一是从狭义的人文艺术政策转向广义的泛文化政策。当代西方发达国家文化政策中最为显著的一个变化就是：文化政策越来越不再特指那些具有相对独立性的狭义的人文艺术政策，而是泛指那些与政治、经济、军事、外交等领域交织在一起的广义文化政策。而且，随着国家文化政策越来越追求人文艺术之外的目标，针对人文艺术本身的国家扶植也就逐渐弱化。

从美国来看，一方面狭义文化政策不断缩水，另一方面广义文化政策不断加强。美国不设文化部，也没有官方制定的冠以文化字样的指导性政策。随着新自由主义的兴起，尤其是 20 世纪 90 年代美国国内“文化战争”的爆发，来自政府的投资和管理更是少之又少，一些创造性文化活动处于停滞状态，一些小的文化艺术团体也面临生存危机。但从广义文化政策的视角来看，却是另一番景象。美国于 2003 年重返联合国教科文组织，意欲占据文化领域的绝对主导权；文化商业政策、文化安全政策、文化外交政策等广义文化政策层出不穷；国内智囊从“历史终结”“文明冲突”到“软权力”“文化外交”的话语更替，也映射出美国对广义文化政策的日渐倚重。

从英、法、澳、加等国来看，也存在着不同程度的广义文化政策扩大的趋势。和美国不同，这些国家都有明确的人文艺术政策和专门的政府文化部门，文化领域的投资也以政府的直接拨款为主，国家介入文化事务较多。但随着全球化和新自由主义的推进，这些国家的文化部门也开始边缘化，文化政策和经济政策、外交政策难解难分。

对发达国家文化政策领域的这一转变，学者们从不同侧面进行了分析。如大卫·斯罗索比和杰勒米·亚赫尼提出，西方文化政策正从一种显性的（explicit）文化政策转向一种隐性的（implicit）文化政策。所谓显性的文化政策，是指那些标有文化字样的政策，比如传统的人文艺术政策；而隐性的文化政策是指不出现文化字样，但本身又和文化有着千丝万缕联系的政策，如宏观调控、商业、移民、税收、劳动力市场、媒体规制和国际贸易等方面的政策，都可以归入此类。[①] 吉姆·麦圭根认为，文化政策领域的转变实际上反映了一种从文化政策本身（culture policy as proper）向作为展示的文化政策（culture policy as display）的转向。所谓文化政策本身，指的是与艺术、媒介、文化身份相关的文化政策；而作为展示的文化政策则和国家形象、经济、外交等有着密切联系，其“两个次范畴是国家软实力（展示性的庆典、博览会等）和经济还原主义（也就是商业命题，促进经济增长的杠杆作用）”[②]。虽然侧重点有所不同，但这两位学者都捕捉到西方发达国家文化政策中两个越来越相异相离的部分：一个是针对人文艺术领域的具有相对独立性的文化政策，而另一个则是和其他领域纠缠在一起、难以区分的广义文化政策，而且后者越来越成为文化政策构成的主体。

由于广义文化政策倾向于把文化作为一种手段来追求文化之外的目标，这就在带来一定经济发展的同时，也使文化自身失去了独立性，沦为政治和经济的次领域。麦圭根把这一政策转变的根源归结为新自由主义条件下的经济还原主义，认为在市场至上的信条下，工具性的文化政策虽然能带来具体的经济效益和国家利益，但代价必然是文化本身失去创造性和生命力，并最终丧失对社会其他层面的支撑和引领作用。

二是从“文化产业”转向“创意产业”。从 20 世纪 90 年代开始，西方发达国家相继提出了“创造性”的概念，以“创意产业”代替原来的“文化产业”。如英国 1993 年就以《创造性的未来》为题公布了《国家文化艺术发展战略》；澳大利亚也在 1994 年发布《创造性的国家：澳大利亚联邦文化政策》；欧盟理事会文化指导委员会在 1998 年提出要将建设“创造性”的欧洲作为战略目标，按照这一目标，欧洲 27 个国家先后对文化进行了修改和更新；加拿大、日本、韩国等国家随后也加入创造性

① David Throsby, “Explicit and Implicit Cultural Policy: Some Economic Aspects”, *International Journal of Cultural Policy*, Vol. 15, No. 2, 2009, pp. 179 – 185; Jeremy Ahearne, “Cultural Policy Explicit and Implicit: A Distinction and Some Uses”, *International Journal of Cultural Policy*, Vol. 15, No. 2, 2009, pp. 141 – 153.

② ［英］吉姆·麦圭根：《重新思考文化政策》，何道宽译，中国人民大学出版社 2010 年版，第 80—84 页。

“家族”。

从概念本身来看，创意产业主要从产业内部发展动力的角度强调文化的重要性，从而在一定程度上规避了文化产业概念的紧张关系。由于创意产业强调个体“创造性”，而“创造性”既可以视为传统文化艺术的精髓——创作，也可以视为新兴文化产业的核心——创新，因此也能在一定程度上规避狭义文化政策和广义文化政策之间的矛盾。但从其实际运行来看，这种辞藻的变化并没有真正解决当代西方发达国家文化生产的内在矛盾。创意是为产业服务的，而绝不是相反。在创意文化辞藻中，文化和产业之间的紧张关系又有了新的表现和发展：文化创意理应具有“创造性”的内在品质，但在实际中却要服从市场规则，总是要求可交付和可计量的成果。西蒙·鲁德豪斯对此曾提出，要缓解创造性和可计量性以及价值性和工具性之间的矛盾，创意产业就应该“通过分配而不是通过自身的生产来获取利润”。但在当代资本主义条件下，这很难做到。另外，知识产权和创意产业之间也存在着悖论。我们知道，知识产权是创意产业政策的基础，美国甚至把创意产业统称为版权产业。但知识产权在提供个体创造动力的同时，也损害了已经存在的公共产品的供给。由于知识的私有化和信息的商品化，一些信息文化产品开始从公共资源向排他性营销产品转变，曾经是公众能够免费获取的知识和信息如今出现了获取门槛，从长远看，这并不利于社会整体的创新和进步。

对“创造性”转向出现的原因，有些学者将其归结为新自由主义和资本主义的全球化。如克里斯·比尔顿认为，创意产业代替文化产业的原因在于新自由主义理念的统治，即传统的、植根于特殊文化和情感结构的文化产品概念已经变得更为个性化、商品化和具有管理型逻辑。① 这种新的文化产品概念不再局限于某一民族、地区和特殊的文化背景，而是可以自由漂浮，并宣扬具有创造性的个体要从族群、阶级中解放出来并在经济中发挥他们的魔力，这完全符合新自由主义和个人主义的意识形态。也有一些学者强调知识经济和信息社会的技术革命背景。如尼古拉斯·加纳姆提出，要把创意产业放在信息社会的背景下理解，而且也

① Chris Bilton, “Introduction”, *International Journal of Cultural Policy*, Vol. 16, No. 3, 2010, pp. 231 -233.

只有放在信息社会的背景下才能理解，创意产业政策的实质就是文化政策和信息社会相关政策的混合体。①

三是从“文化例外”转向“文化多样性”。无论是文化产业还是创意产业，从根本而言都以利润为目的，因此，能够占有更多的市场和消费人群也必然在其考量之内。在全球化日益发展的条件下，美国作为已经占据制高点的文化超级大国，必然致力于推行文化领域的“自由贸易”，其目的是使美国的文化产品能在世界各个角落畅通无阻。而对处于相对弱势地位的英、法、澳、加等第二集团国家来讲，抵御美国文化的攻势、保护国内市场就成了对外文化政策的基调。“文化例外”（cultural exception）反映了它们这种文化保护主义理念的口号。

所谓“文化例外”，就是说文化产品和其他产品相比具有特殊性，其生产和传播速度快，一旦占有市场就会形成垄断，因此文化产品应该被排除在国际自由贸易协定之外，应该允许弱势国家利用贸易配额、关税壁垒或政府补贴对民族文化产品进行保护。“文化例外”是法国 1994 年在乌拉圭回合谈判中正式提出的。在其后的文化贸易争端中，“文化例外”一直作为第二集团的保护主义理据对抗美国的自由贸易理据。

20 世纪 90 年代中后期，第二集团相继提出“多样性”（diversity）概念，并以“文化多样性”代替之前的“文化例外”作为新的对外政策理据。“文化多样性”主要从对抗文化同质化的角度出发，提出弱势文化对维护全球文化生态的多样性具有重要的价值和意义。按照联合国教科文组织的说法，“文化多样性”的理据在于有权力“选择一种充实、满意、有价值和被珍视的共同生活的方式，借以促进人类各种生存形式和整体生存形式的兴旺”。②

从“文化例外”转向“文化多样性”，实际上反映了第二集团从一种被动的保护型战略转向了一种更为积极主动的发展型战略。“文化例外”强调的是抵制外来文化，突出“以守为攻”；而“文化多样性”强调的是

① Nicholas Garnham, “From Cultural to Creative Industries”, *International Journal of Cultural Policy*, Vol. 11, No. 1, 2005, pp. 15 – 29.

② ［英］吉姆·麦圭根：《重新思考文化政策》，何道宽译，中国人民大学出版社 2010 年版，第 133 页。

发展自身，突出“以攻为守”。随着文化产业在生产层面上的跨国化，仅仅靠守住消费市场已经不够，需要主动寻求生产层面上的国际优势配置。如英国利用人员薪酬、技术和设施费用相对低廉的条件，成了美国好莱坞影片的制作场所。2000年，法国人让－马丽·梅斯耶购买了美国娱乐网，组建包括移动通信和影视娱乐等多项产业在内的跨国公司，也宣布了法国“文化例外”政策的“死亡”。[①] 转向“文化多样性”战略也表明第二集团开始寻求跨国机构的支持。联合国教科文组织作为“多样性”战略的主要推动者，虽然没有类似世界贸易组织的硬性执法机制，但其报告、宣言、倡议有时也能起到舆论上的支持作用。从“文化例外”到“文化多样性”，改变了单纯从经济层面强调文化保护的理据，而强调一种更有价值的生活方式显然比强调保护文化产品的市场份额更具合法性。

三 几点启示

1. “无为而治”迷思的背后

美国经常标榜自己的文化政策是“无为而治”，国内一些学者对此并没有做出批判性思考，有些学者还提出我们当前对内的文化政策应该学习美国的这种“无为而治”。

通过分析我们可以得知，美国的这种所谓的放任和不干预政策主要是在狭义文化政策领域，也就是政府在人文艺术领域的投资少、监管弱，文化艺术机构主要依靠企业赞助和社会捐助生存。从这个角度而言，美国的文化政策可以称得上是“无为”，但却称不上“而治”。首先，私人捐助体系青睐与官方主流文化相联系的大型艺术普及类机构，如美国的博物馆联盟、艺术协会等，这些机构总能拿到充裕的资金，而另一些处于第二层级的小型艺术创造类机构和少数族群文化团体却很难筹到款。[②] 其次，自由放任理念与“建立在成果基础上的评价机制”相联系，这对

---

① 单万里：《法国“文化例外”主张的衰亡》，《读书》2004年第7期。

② Reberto Bedoya，U. S. Cultural Policy：Its Politics of Participation，Its Creative Potential，National Performance Network，2004，http：//www. npnweb. org /wp-content /content /files /CulturalPolicy. pdf.

创作类文化十分不利，造成一些创作类艺术家和艺术团体生存维艰。因此，这种“无为”的结果就是艺术领域的单面化和同质化，根本不利于“百花齐放”和文化繁荣。因为对狭义文化领域而言，如果没有国家层面的调控，一切都交由市场，弱势文化就会越来越弱，直至消失。

而从广义文化政策的视角来看，美国的文化政策不仅一直都在，而且无处不在。美国的广义文化政策主要包括：利用世贸组织和其他一些国际机构推行新自由主义政策，为美国文化产业的全球生产和消费打通道路，通过发展版权业（主要是软件业、电影业）垄断全球文化市场；与此同时，利用发达的文化软实力以及军事外交的硬实力，积极推销美国文化，也就是其“民主制度、价值观念和生活方式”。

认清美国“无为而治”迷思的意义在于，首先我们不能把美国文化政策的经验归结为“无为而治”。因为从狭义文化领域来看，“无为”根本不利于文化领域的发展，而从广义文化政策的视角来看，美国又绝不是“无为”。美国的经验正是在于把文化、经济、国家安全和国际政治无缝连接，在于其全方位的“作为”。

2. 文化产业中的文化“品性”

欧洲一些国家提出“创造性”主题，试图重整文化和经济之间的紧张关系，但从政策的实际运行和具体操作来看，文化在作为经济助推器的同时也失去了情感结构，失去了文化应有的“品性”，而变得符号化、平面化和同质化。按照马克思主义的观点，文化被经济和社会形塑是不可避免的，但也因其具有的相对独立性影响着经济社会的进程和方式，发挥着重要的作用。如果文化单纯是作为盈利的手段去迎合市场和需求，那么就会最终沦为经济的附庸，从而失去杠杆功能。只有保持着情感结构和民族特性的文化才具有生命力，才能真正起到助推器的作用。

中国的文化具有悠久的历史和独特的品性，我们在发展创意产业时要注意保护文化的品性并使之发扬光大。此外要处理好两种文化政策之间的关系。一方面，人文艺术领域需要国家的大力扶植，不能任其在市场中失去文化的内核和民族特性；另一方面，也要把具有当代中国特色的文化融入经济和外交政策中，构建可持续的广义文化政策。

3. 对外文化战略中的“攻守”辩证法

在一个开放的国际文化环境中，越是强势的文化产业，越能够扩大市场占有率；越是弱势的文化产业，越容易受到外来的强大冲击，进而威胁到自身的生存。在美国文化霸权的压力下，其他国家只能实行不同程度的文化保护政策。但是随着全球化的日益发展，单纯采取守势，在由美国制定规则的国际贸易中获得利益的空间越来越小。适当发展走出去战略，组建主导性的文化跨国企业，已经成为第二集团的共识。“文化例外”到“文化多样性”的理据转变给我们的启示是：一方面要保护民族文化产业，提高文化安全意识，另一方面也要支持和鼓励文化产品的出口，形成一批对外文化交流品牌，扩大我国文化产品的国际文化市场份额。当然，我们也要认识到，文化走出去战略是一项旷日持久的大工程，练好内功仍是第一位的考量。

（选自《国外社会科学》2013 年第 3 期）

从东亚地区对比看韩流文化消费的多元性

[韩] 林玄镇[*] 张元皓[**]
刘倩[***]编译

一 前言

从《江南 Style》在全世界流行来看，韩流已走出亚洲，成为全球消费的文化产品。① 韩流的走红显示出全球文化消费的新趋势。首先，文化产品的生产、流通、消费的路径始于亚洲，通向西欧，与之前的路径相反。其次，文化消费的平台变得更加多样，以 YouTube 为平台的文化消费方式尤其突出。最后，韩流文化产品的特点、属性与普通文化产品大不相同。普通文化产品一般包含制造国的文化属性、文化喜好、价值等元素，而韩流的属性、消费者喜好等显示出杂合性（hybrid）。在韩国，有关韩流的研究可分为两大类。一类重在分析韩流内容，认为韩流文化产品的内容是形成韩流热潮的原因。另一类则从亚洲共享文化价值的重要性这一角度对韩流文化产品进行诠释。无论哪一类研究，都抱有通过

* 林玄镇，韩国首尔大学社会学系教授。

** 张元皓，韩国首尔市立大学城市社会学系教授。

*** 刘倩，韩国仁荷大学博士生。

① 尽管对“韩流”的定义仍有争议，但至少把韩流视为文化产品是妥当的。韩国文化部和韩国文化产业交流财团 2012 年 12 月共同实施的问卷调查就是证明。针对“韩流核心内容”这一问题，参加问卷调查的外国人的回答依次为韩国流行音乐、电视剧和电影。

研究增强韩国软实力、最大限度提高韩流经济效应的目的。

本研究试图避开上述研究的文化民族主义（cultural nationalism）视角，着重分析韩流如何对促进国家间的文化沟通和交流做出贡献。

二 韩流已成为国际化文化产品

近年来，韩流受到越来越多的国家和地区，包括东南亚、非洲、美洲等地居民的欢迎。

韩流在东南亚地区大受欢迎。以越南为例。2012 年 3 月，KBS《音乐银行》（Music Bank）节目在越南录制专场，共邀请了 3000 名越南观众。此次节目录制对越南社会造成了相当大的影响。越南广播专家证实，由于入场人数受限，越南青少年中流行一种说法，即拿到门票就是父母有能力的证明，甚至有政府高官抱怨没能为儿女拿到门票。同年 11 月，MBC 的《Show！音乐中心》在越南录制专场时改为收费入场。越南青少年为攒钱购买昂贵的演出门票，忙于打工，无心功课，导致家长严重不满。在越南，青少年对韩国流行音乐的过度狂热已被视为社会问题。针对这一现象，越南政府已开始探讨对策，媒体也多次举办相关讨论会。

在泰国，2006—2009 年，三家电视台共播放了 133 部韩剧，平均每天有超过一个半小时的时间在播放韩剧；泰国音乐频道 V 的“亚洲歌曲”排行榜前 48 位均被韩国偶像组合占据。

缅甸高原地区的村庄没有通电和电视信号，尽管如此，大多数村民仍然使用发电机和 DVD 光盘观看韩剧；在印度尼西亚，一些模仿韩国流行音乐歌手的新人组合纷纷接受韩国企划公司的培训。目前印尼最受欢迎的 S4 组合就是这种合作的成果。

中东地区的韩流热潮从连续剧开始。《大长今》于 2006 年 10 月—2007 年 10 月在伊朗播放，创下了 86% 的最高收视率。随后播放的《朱蒙》最高收视率也达到 85%；在埃及、沙特阿拉伯，《大长今》也被评为人气最高的韩剧。[1] 近年来，韩流受到越来越多的国家和地区，包括东南亚、非洲、美洲等地居民的欢迎。

---

① http：//www. chosun. com/site/data/html _ dir/2007/05/24/2007 052400017. html/.

韩流在非洲也备受青睐。2007 年，津巴布韦国家电台（ZBCTV）首次播放了韩剧。如今，播放韩剧的非洲国家包括博茨瓦纳、苏丹、肯尼亚、马拉维等。2012 年 8 月，KBS 面向全球青少年举办“国际化韩流竞猜秀”，安哥拉有超过 100 人申请参加。考虑到韩流在非洲人气越来越高，由韩国外交部和文化体育观光部主办的“韩国流行音乐节 2013”（K-pop World Festival）的预选增加了包括肯尼亚、突尼斯在内的七个非洲、中东国家和地区。

在南美地区，韩国流行音乐人气很高。在秘鲁，偶像组合 Super Junior 的粉丝俱乐部会员人数已超过两万。就连在南美经济开发和外来文化输入速度最慢的国家玻利维亚，韩国偶像组合的粉丝俱乐部也已多达数十个。在备受欢迎的大好形势下，在南美各地举办的韩国流行音乐演出全部获得成功。2012 年，Bigbang、JYJ 金俊秀、U-KISS 等组合或明星的全球巡演都包括南美各国。

在澳大利亚，韩国文化产品中的流行音乐最受欢迎。2011 年 11 月 12 日，“悉尼韩国流行音乐节”在悉尼大型场馆 ANZ 举行。尽管门票价格不菲，仅站票就接近 30 万韩元，相当于一般演唱会的 VIP 票价，演唱会仍然成功举办，吸引了两万多名观众。

在欧洲，没能买到“SM Town 现场全球巡演・巴黎站”门票的粉丝聚集在卢浮宫博物馆门前快闪，要求增加演出场次。为此，SM 决定将演出场次从原定的一次增至两次。最终，共有 14000 余人入场。

从以上实例可以看出，韩流的消费倾向因国家不同而不同。要想通过韩流文化消费促进各国之间的文化交流，对这种文化消费的多元性进行分析是非常必要的。本研究将视野缩小至东亚的日本、中国大陆和台湾地区，着重对韩流在这三个国家和地区的消费情况进行分析和比较。

三 日本、中国大陆和台湾地区韩流文化消费情况的分析与比较

韩国大众文化最早被推介至日本是在 20 世纪 90 年代，代表人物为赵容弼、BoA、东方神起等歌手和歌唱组合。不过，韩流正式升温源于 2003 年《冬季恋歌》的热播。《冬季恋歌》于 2003 年 6 月在日本 NHK BS 卫

星电视频道首次播放，收视率为 0.6%。随后，分别于 2004 年 4 月和 6 月在一般电视台播放，创下 5.1% 和 7.4% 的收视率。后来，《大长今》等剧陆续获得成功，日本国内开始把韩剧的受追捧视为一种社会现象。2012 年 10 月，共有 30 部韩剧在 NHK、TBS、BS 日本等 11 家电视台播放。韩国流行音乐人气也很旺。韩国歌星的各类演出在日本各地成功举办，Bigbang 2012 年全球巡演时，在日本的 9 个城市表演了 17 场。

韩流在中国大陆的兴起开始于 1997 年连续剧《星梦奇缘》和《爱情是什么》的大热。随后，歌舞组合 H. O. T 再掀高潮。1999 年《北京青年报》首次使用"韩流"一词。2000 年，在 H. O. T 北京演出获得空前成功后，"韩流"逐渐成为流行语。在 2005 年湖南卫视播放《大长今》创下惊人收视率之后，韩流在中国大陆迎来全盛期。韩国流行音乐也很受欢迎，韩国歌星频频赴华演出，以 Super Junior 为代表的偶像组合一直人气旺盛，Super Junior、Bigbang、JYJ 等组合的全球巡演均设北京站、上海站等。

在中国台湾地区，韩流始于 1998 年双人组合 Cion 的成功。台湾是播放韩剧最多的地区，2011 年，共有 162 部韩剧在台湾电视台、有线电视播放。在流行音乐方面，偶像组合 Super Junior 人气最高，创下自 2011 年起连续 100 周雄踞 KKBOX 韩国流行音乐人气排行榜榜首的纪录。Super Junior 2012 年初全球巡回演唱会台湾站（Super Show in Taiwan）创下 17 分钟门票售罄的惊人纪录。韩流明星 CNBLUE、B. A. P、张根硕等在台湾也是家喻户晓。

由此可见，在日本、中国大陆和台湾地区，韩国连续剧和流行音乐都是高人气文化产品。但是，分别在三地针对 20—30 岁、30—50 岁青壮年展开的专题小组讨论（Focus Group Discussion，FGD）调查结果显示，韩流文化在三地的消费趋势和影响各不相同（见表 1）。

从表 1 可以看出，日本、中国大陆和台湾地区人民对韩流的认识存在很大差异。日本人认为韩流是新类型文化的输入，几乎所有年龄段都通过韩剧和音乐接触韩国文化。通过这种对韩国文化的积极消费，日本人对韩国文化的整体理解越来越深，两国之间越来越亲密。而在中国大陆和台湾地区则是女性在大部分韩国文化的消费上占主导地位。人们认为韩流只是韩国商品竞争力增强的一种现象，而不是韩国文化的流行。特别是在中国大陆，韩流仅被视为昙花一现，影响也不大。中国台湾地区人民则担心韩国文化的单方向输入会阻碍本地文化产业的发展。

表1　针对日本、中国大陆、台湾地区不同年龄段青壮年展开的FGD调查结果

	日本	中国大陆	台湾地区
对韩国的印象	与日本相似，IT产业发达。	重视传统文化、团结、经济发展快。	民族性鲜明、经济高速发展。
对韩国文化的认知度	20—30岁男性对韩国文化认知度不太高；30—50岁男性、20—30/30—50岁女性对韩国文化的认知度非常高。	男性对韩国文化的认知度很低；女性对韩国文化的认知度很高。	男性对韩国文化的认知度较低；女性对韩国文化的认知度很高。
对韩剧的消费	20—30岁男性对韩剧几乎漠不关心；30—50岁男性偶尔看韩剧；女性，特别是30—50岁女性，很爱看韩剧。	女性对韩剧的消费量远高于男性。	男性的韩剧消费几乎为零；女性很爱看韩剧。
对韩国流行音乐的消费	20—30岁男、女均喜爱偶像组合的音乐；30—50岁女性偏爱连续剧主题曲。	男性普遍不关注韩国音乐；20—30岁女性喜爱偶像组合的音乐和连续剧主题曲；30—50岁女性喜爱连续剧主题曲。	各年龄段，无论男、女，均偏好偶像组合的音乐。
对韩流的认识	韩国文化产品和文化流行。	男性：韩国产品越来越受欢迎；女性：韩国文化向外国扩张。	韩国文化流行带动韩国商品热销。

续表

	日本	中国大陆	台湾地区
韩流的影响	韩流、对韩国的亲近感增加给日本文化和生活带来影响。	韩国服装、化妆品流行；中国本土文化强盛，受韩流影响甚微。	给台湾文化产业带来巨大影响，对韩国商品的消费增加。
韩流存在的问题	过量广电宣传造成负面印象，韩流过度商业化。	文化产品内容不够多样，无深刻哲学内涵。	单方向文化输入；担忧削弱台湾本地文化产业。

资料来源：장원호 & 김익기 & 김지영，“한류의 확대에 관한 문화산업적분석 - 일본에서의 한류를 중심으로”，『경제지리학회지』，15 권 4 호，2012 년，695 - 707 쪽；김익기 & 장원호，“중국에서의 한류와 반한류”，『지역사회학회』，14 권 2 호，2013 년，175 - 202 쪽。

不仅如此，韩流在三地产生的社会影响也各不相同。在日本，韩流在很大程度上改变了人们对韩国人的认识。日本人原本对韩国人不太抱有好感，却因为韩流而好感大增（见图 1）。根据日本内务省的调查，1999 年约 47% 的日本人对韩国人抱有亲近感，2012 年这一比例达到 62%。另外，赴韩旅游的日本人的数量也因为《冬季恋歌》的热播而由 2003 年的 180.3 万人猛增到 2004 年的 244.3 万人，2012 年达到 351.9 万人。① 目前，日本是典型的韩流消费国，消费额占韩国广电节目出口额的 53.9%（8409 部、8.16 亿美元），② 音乐出口额的 80.8%（6726.7 万美元）。③

而在中国大陆，韩流的社会影响并不大。FGD 调查结果显示，与其他国家（地区）相比，中国大陆对韩流评价较低。尽管韩流在中国大陆也很成功，但因本国传统文化兴盛，中国大陆对韩国文化、韩国人的理解和亲近感并未因此而增强。

与中国大陆相似，中国台湾地区对韩国人、韩国文化的理解和亲近感也没有因为韩流的成功而增强。有近 83% 的台湾人可把日本人当作邻居或家人，却只有 66% 的台湾人可把韩国人当作邻居或家人。考虑到韩

① http：//kto. visitkorea. or. kr/kor/notice/data/statis. kto.

② http：//www. index，go. kr/potal/main/EachDtlPageDetail. do? idx_ cd =2752.

③ http：//www. kocca. kr/cop/bbs/view/B0000138/1779255. do? menuNo =200831.

流在台湾地区的人气，这一数字应该说是比较低的。由此可见，在台湾地区，人们对韩流和韩国的认识是分割开来的。台湾人认为韩流消费不过是消费问题，与台湾地区处于竞争关系的韩国经济等则是另一性质的问题。

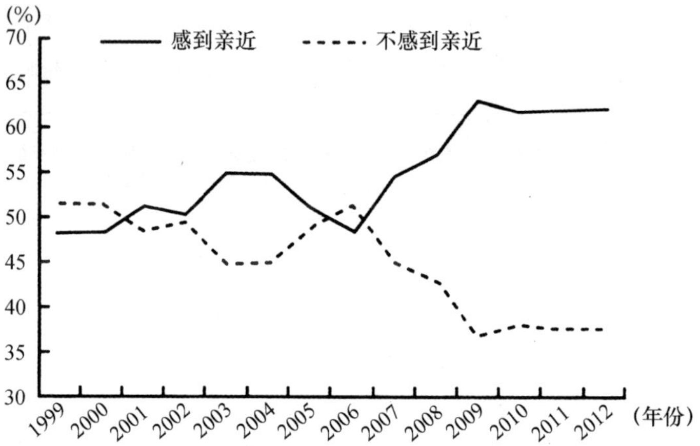

图 1 日本人对韩国人的亲近程度

资料来原：日本内阁府。

四 结论：韩流与文化共同体

如上所述，韩流已经成为国际化文化产品，但韩流的消费在各国呈现出不同面貌，很大程度上受各国政治、经济情况的影响。

要想使韩流长久不衰，韩国不能超出借由韩流收获文化自豪感的范畴，强行炫耀本国文化产品。尤其不能使政治问题介入文化交流。如前文所述，关于日本人对韩国人亲近度的问卷调查，2012 年初 60% 以上的日本人对韩国人感到亲近，2012 年 8 月韩、日之间发生领土争端，当年 11 月这一比例降至 40% 以下。可见，政治问题，特别是从文化民族主义角度解读文化的做法，并不能促进文化交流和合作，反而会助长单方向的文化扩张。近年来，随着对软实力的强调，韩国对韩流的重要性有了新的认识。如果韩国今后仍旧在文化民族主义基础上推进韩流的发展，必将受到“厌韩流”和“反韩流”的冲击。

此外，韩国还应该避免一味追求韩流的经济效应，这将使韩流遭遇发展瓶颈。这种倾向在韩国国家政策中时有体现。近年来，韩国流行音乐偶像组合的东南亚演出就是这种倾向的代表性实例。这些组合去东南亚国家仅参加大规模演出，演出结束后马上离开，与当地歌迷毫无交流，这种一味追求经济效应的做法如果持续下去，韩流热潮必将迅速降温。为确保韩流持续发展，韩国应将发展方向调整为通过韩流促进相互理解和合作，并在此基础上构建文化共同体。

互联网的发展推动了通信文化的国际化，并促使文化消费模式发生改变。这不但推动了韩流的扩散，而且为借助韩流构建文化共同体搭建了框架。特别是 YouTube 和社交网站（SNS）的发展给文化产品的生产和流通过程带来革新，同时也为构建超越国境的文化共同体提供了平台。韩流粉丝可以基于对韩流的共同喜好而相互交流，在文化消费之外的其他领域相互合作。今后，假如能够突破共享韩流内容这种单一模式，形成价值观和属性共享，国际文化共同体的构建必将水到渠成。在此过程中，社交网站将发挥文化消费平台的作用。

关于韩流持续发展的可能性，正如美国、欧洲和日本的大众文化都经历过兴衰起伏一样，韩流的未来也并非绝对乐观。韩流应该积极接纳各地文化，与各地区文化创建杂合文化，进行双向沟通。只有这样，韩流才能真正成为促进韩国与各地区以及各地区之间相互交流的桥梁式文化产品。

（选自《国外社会科学》2015 年第 2 期）

融合模式的抗争：对欧洲多元文化主义的强烈抵制*

［美］杰弗里·亚历山大** 阙天舒***译

在人类历史上，公民领域（civil sphere）许诺给予每个人法律、政治和文化地位，它是一种全新的社会创造物。贵族阶层将下层社会的秩序看作一种实际需要。例如，只要外来者纳税，世袭帝国（patrimonial empires）就会接纳他们。但是这种接纳仅仅是把他们当成外来的客人，因为在任何社会体制中，来自边缘地带的群体都不能够进入中心。① 尊重有时甚至是互惠都有可能，但不会有真正的包容。

然而，随着这种新社会形态的出现，外来族群（out-groups）的实质性融合是很难得到保证的。包容因时因地而异，还可能被阻止和逆转。阶层、宗教、民族、种族、性别、地域和性取向等因素让外来族群的融

---

* 原文题为"Struggling Over the Mode of Incorporation: Backlash against Multiculturalism in Europe"，刊于英国《民族与种族研究》（*Ethnic and Racial Studies*）2013 年第 4 期，第 531—556 页。该译文为上海哲学社会科学规划一般项目"华与罗世界文明与比较政治项目"（2014BZZ006）和中国博士后科学基金第 56 批资助项目一等资助的阶段性成果。

** 杰弗里·亚历山大（Jeffrey C. Alexander），美国社会理论家，当今文化社会学领军人物，新功能主义代表人物之一。曾任耶鲁大学社会学系主任，现为耶鲁大学社会学莉莲·沙旺森·萨登讲座教授（Lillian Chavenson Saden Professor of Sociology）、文化社会学中心主任，并担任美国顶级期刊《社会学理论》（*Sociological Theory*）的编辑。

*** 阙天舒，1976 年生，复旦大学政治学博士后流动站研究人员，华东政法大学政治学研究院副院长、副教授。

① Edward Shils, "Center and Periphery", in Edward Shils (ed.), *Center and Periphery, Essays in Macro-Sociology*, Chicago, IL: University of Chicago Press, 1975, p. 316.

入变成了一种异常艰难的政治和文化斗争。他们自己原有的特性经常处于劣势，有时甚至被完全取代。一直以来，核心族群（core groups）只愿意接受外来族群以非对等的方式融入。假如外来族群认同核心族群的礼仪和道德规范，愿意隐藏自身的族群文化并且只在私人而非公共生活中表现出来，那么他们就可以被自由社会所接纳。但需要注意的是这种"同化"的融合模式是存在问题的，因为这些外来族群身上依然存在一种"外来人"的烙印，人能够被融合，但特质无法改变。[①] 最近现代性的发展已充分证明这种同化模式不仅在道德上非常虚伪，在实践中也有巨大隐患。从很大程度上来讲，在 20 世纪社会表面的包容性之下，耻辱感所催生的暴力进一步激化了当时的灾难性战争和大萧条的情况。

随着这些灾难导致的社会代价和道德问题带来的教训逐渐为人所吸取，一种新兴的且更具回应性的"多元文化"融合模式逐渐而自然地进入了现代社会的集体意识。或许不但人可以被包容，他们的特质也能够被接受？如果外来族群遵守道德规范和公民领域中的法律基本原则，他们或许可以得到允许保留一些独特的而又不同于核心族群传统的文化信仰和惯例。这样一来，讨价还价的双方就处在一种相对对等的地位上，这也意味着他们还可以相互学习。外来族群和核心族群的道德和规矩都会出现变化：除了反感之外，核心族群也应学会去尊重外来族群的特质，这些特质可能仅仅是外来族群对新型社会限制（social constrain）的积极应对，但这种情况确实是真实存在的。[②] 若核心族群的文化视野能够再扩大些，他们中的一些人就能做到真正地去欣赏这些特质，有些人甚至能尊崇这些已经融合了的差异性。

从历史上看，就美国而言，移民身上的一些特质至今仍存在很大争议性，这些特质已经成为让多元文化融合发生冲突的主要导火索。[③] 繁荣

---

① Jeffrey C. Alexander, "Core Solidarity, Ethnic Outgroup, and Social Differentiation: A Multi-dimension-al Model of Inclasion in Modem Societies", in Jacques Dofiny & Akinsola Akiwowo (eds.), *The Civil Sphere*, New York: Oxford University Press, 2006, pp. 425 – 458.

② Ander Voyer, "Disciplined to Diversity: Learning the Language of Multiculturalism", *Ethnic and Racial Studies*, Vol. 34, No. 11, 2011, pp. 1874 – 1893.

③ Samuel G. Freedman, "Waging a One-man War on American Muslims", *The New York Times*, 17 December, 2011, p. A19.

时期，美国敞开国门，设想自身是移民乐土。萧条时期，核心族群对国家的定义开始变得狭隘并关闭了国门。近几十年来，正如珍妮弗·李（Jennifer Lee）和弗兰克·比恩（Frank Bean）指出的那样，反移民情绪已相对减弱，[①] 然而针对非裔美国人持续不断的种族主义依然是阻碍美国多元文化获得成功的绊脚石。米歇尔·拉蒙特（Michele Lamont）等人指出，欧洲的情况恰恰相反，与其说是种族的特质不如说是新一波外来移民的民族和宗教特质以令人越来越不安的方式给欧洲核心族群的集体认同带来挑战。

本文致力于探讨欧洲在如何融合外来移民有时甚至是要不要融合他们的问题上的抗争。美国难以控制的种族斗争已成为数十年来实证分析和理论辨析的重点。而作为欧洲危机一大表现的移民问题，虽然已经引发了很多讨论尤其是社会理论方面的讨论，整体来讲仍然处于相对初级的阶段。当代社会争论和学术研究都对多元文化主义本身是否能够出现的可能性产生了怀疑。[②]

在历史上最激进的超国家（supra-national）和反民族（anti-ethnic）的民主实验中，欧盟的蜕变令人担忧，特别是对穆斯林移民而言，具有独立地位的欧洲公民领域事实上已经变得脆弱。就此而言，最新的具有约束力的法律、行政和政治措施都受到了波及，这种危害还表现为极端政党的崛起、反穆斯林的随机暴力事件以及有组织地残忍攻击欧洲坦率支持多元文化扩张的人。当然，移民已经引发了每个欧洲国家的一系列反应，且各国反应程度又不同。新移民看似反公民的特质让整个欧洲都掀起了一股抵制移民的浪潮。[③] 欧洲新的“超多样性”（super-diversity）给欧洲的未来投下了巨大阴影。

---

① Diane Mcwhorter, “The Strange Career of Juan Crow”, *New York Times*, Sunday Review, 17 June, 2012, p. 8.

② Jurgen Habermas, Opening up Fortress Europe: Jurgen Habermas on Immigration as the Key to European Unity, http://www.signandsight.com/features/1048.html.

③ Ruud Koopmans, et al., *Contested Citizenship*, *Immigration and Cultural Diversity in Europe*, Minneapolis, MN: University of Minnesota Press, 2005.

一 近期有关欧洲移民的社会科学研究动态

这种迫在眉睫的危机感已衍生出大量的经验和政策层面上的研究。如在《英国皇家统计学会杂志》（*Journal of the Royal Statistical Studies*）一则广为人知的报道中，鲁迪·辛普森认为，从人口学来讲，当今英国的移民潮并非无法控制。① 在历史上，出于维护一致性和经济优势的原因，移民浪潮经常造成种族分离，美国的二元劳动力市场和民族飞地就证明了这一点。② 辛普森认为，目前伊斯兰移民的孤立程度从未超过30%，且"异化指数"表明少数族群和其余族群之间的住宅分布正在逐渐变得均衡，这种趋势对主要是穆斯林的巴基斯坦和孟加拉国是有利的，这两个地方对种族隔离最为关注。③ 通过对八个欧洲国家"第二代"移民的调查，莫里斯（Maurice）和施耐德（Schneider）发现，从客观指标来看，融合在不断推进。很明显，与第一代移民相比，移民后代与核心族群建立了更为紧密的关系，这些"混合"的联系的紧密性甚至远远超过那些土生土长的欧洲人之间的联系。移民后代受教育程度明显提升，很大一部分移民后代完成了中等教育并接受了更高教育。荷兰一项研究显示，40%的在读第二代移民进入了学院或大学深造。第二代移民对东道国的好感度也显著提升。

社会学家还注意到，尽管欧洲范围内都强烈抵制多元文化主义，一些地区仍然支持通过调整机制来适应移民差异性的政策。④ 在英国，少数

---

① Ludi Simpson, "Ghettos of the Mind: The Empirical Behaviorof Indices of Segregation and Diversity", *Journal of the Royal Statistical Society*, Vol. 170, No. 2, 2007, pp. 405 –424.

② Edna Bonacich, A Theory of Ethnic Antagonism: the Split Labor Market, American Sociological Review, Vol. 37, No. 5, 1972, pp. 547 –559.

③ Ludi Simpson, *Ghettos of the Mind: The EmpiricalBehavior of Indices of Segregation and Diversity*, 2007.

④ Crul Maurice & Jens Schneider, "Comparative Integration Context Theory: Participation and Belonging in New Diverse European Cities", *Ethnic and Racial Studies*, Vol. 33, No. 7, 2010, pp. 1249 –1268.

民族和种族仍然是频繁从市政府得到经济支持和差别对待的受益者。① 在法国，大学院（grandes e'coles）通过设立“特殊的行政程序”来增加学校中弱势学生的数量；在大公司则有“多样性氛围（diversity buzz）”，协会、大公司以及国家官僚系统的分支机构通过签署“框架协议”来增加少数族裔员工。② 在哥本哈根、斯图加特、维也纳、苏黎世和都柏林等欧洲主要城市，“多样性做法”已融入当前体制政策中。

然而，这些事实性报道虽然谈到了移民身上发生的这些变化中的结构性现实，但并没有真正触及欧洲核心族群在主观上是如何理解这些现实的。在2004年递交给荷兰议会调查委员会的一份报告中，德伊文达克（Duyvendak）和佩尔斯（Pels）认为，“这些事实并未证实社会经济整合已经失败这一流行观点”，但他们并未对此进行评估，更不用说对这些错误的流行观点进行解释了。在2008年关于欧盟平等和多样性政策的报告中，欧洲理事会小心翼翼地将创造“有利于移民和其他族裔之间和平共处的环境”这一目标设定为自身的一项使命。事实上，“和平共处”这个词更多的是形容交战双方在停火时的一种状态，很难用它去形容在民主、包容的社会秩序中对一种关系的展望。

托马斯．法伊斯特（Thomas Faist）注意到，多元文化主义的批判人士认为当代民族隔离是“令人扼腕”的存在，他们将“民族多样性当作真正起因……却没有检视宏观结构变化在多大程度上需要对此负责”。“为什么他们不这样做”才是真正紧迫的社会学问题。实证研究学者主要从经济、人口和狭隘政治层面来思考移民问题，这在很大程度上错失了移民的意义和创建这种意义背后的情感所在。③ 移民不只是一个简单的行为事实，它也是一个象征符号，这种符号的构建有着不同的原因。移民

① Meer Nasar & Modood Tario, “The Multicultural State We're in: Muslims, ‘Multiculture’ and the Civic Re-balancing of British Multiculturalism”, *Political Studies*, Vol. 57, No. 3, 2009, pp. 473 – 497.

② Steven Vertovec & Susanue Wessendorf (eds.), Introductio: Assessing the Backlash Against Multiculturalism in Europe, in Steven Vertovec & Susanne Wessendorf (eds), *The Multiculturalism Backlash: European Discourses, Policies, and Practices*, London: Routledge, 2010, pp. 1 – 31.

③ Jeffrey C. Alexander, “Core Solidarity, Ethnic Outgroup, and Social Differentiation: A Multi-dimensional Model of Inclusion in Modem Societies”, in Jacques Doiy & Akinsola Akiwowo (eds.), *National and Ethnic Movements Beverly Hills*, CA: SAGE, 1980, pp. 5 – 28.

对自己有所想象，这种集体想象是一个文化社会学问题，与人口学无关。①

二 关于差异与一致性的理论建构

社会学理论尚未准备好探讨一致性和差异问题，尤其是当它们与现代性的阴暗面相关的时候。传统和现代理论家太沉溺于这样的神话：随着现代性的到来，社会行动和秩序将变得理性化。偏离理性和开明道德普遍被视为剩余范畴（residual categories）。仇恨和偏见、暴力和排斥被视为前现代社会的残余，理论家们认为这些残余说明当代社会并未实现现代化。随着教育更普及、发展更全面、福利更完善以及法律制度更健全，社会理论认为，这种非理性的倾向和反应会逐渐消失。

显然事实并非如此。涂尔干（Durkheim）和帕森斯（Parsons）虽然抵制一致性的阴暗面，但认为即使在最现代的社会生活中，一致性仍然是最基本的维度。一致性并没有被理性化所淘汰，它仍是感觉、意义、奖励和处罚的一大重点，与任何经济或政治制度一样有力，与宗教一样有意义，与家庭一样能够影响到情绪。“我们”是什么？“我们”所蕴含的情感和道德的意义是一种根本性的、结构化的社会力量。“我们”的另一面则是差异，这个问题对“他们”同样有效：“他们”是谁？“他们”为什么会在这里？

现代性的经验已经很明确地表明可以用完全不同的方式来建立一致性。“原始”（primordial）的一致性将忠诚与特定群体、地域和信仰联系在一起。从古至今，这样的纽带对人类社会至关重要。文化抽象、机构分化和领土扩张的过程为创造一种更具文明性质的一致性提供了可能。②公民一致性（civil solidarity）创造了更多的普遍关联和联系，这种联系主要停留在想象层面。在伦理关切的名义下，公民的一致性对这种联系进

---

① Gonzalez Karina Velasco, et al., “Prejudice towards Muslims in the Netherlands; Testing Integrated Threat Theory”, *British Journal of Social Psychology*, Vol. 47, 2008, pp. 667 - 685.

② Talcott Parsons, *The System of Modem Societies*, Englewood Cliffs, NJ.: Prentice-Hall, 1971.

行了分离和批判，这种联系一开始看起来是非常具有约束性、原始性和限制性的。

就理想化原则而言，不论他们是否抵达这个领域，公民领域都需要将这里的公民视为完全的正式成员。对于那些出于逃避经济或政治危机抑或出于庇护的道德原因合法移民来到这里的人，即使他们还不是公民，都应被视为尊贵客人。移民拥有公民权，即便他们没有政治权利，他们也应当拥有作为人类社会一员的、与之相称的文化认同和社会支持。根据他们的居留期限，他们应该拥有成为公民的清晰的可行路径。至于那些非法移民，即使没有合法融合的保证，他们也应受到公平对待。只要他们为核心族群创造利润、为政治合法性做出贡献、抚养家人、直接和间接地参与教育和文化传承，他们就应当被接纳，他们及他们的后代就应该被允许“归化”（naturalize），并最终得到公民权。

就规范层面而言，界定公民领域的义务应存在“应该”和“应当”（shoulds and oughts）。如果公民机制是自由的，移民和旅居者就会遵从理想状态下的公民领域的话语。当然，在现实中公民领域的话语并不是理想状态下的，且其机制远非真正自由的。

这种是或不是的二元化结构在文化和符号方面是必需的，它的意义只有通过差异性才能体现，它并不是孤立的客观存在，而是相互关联的。不过，上述并不仅是文化必需上的问题。文化创造的差异具有极重要的社会意义，它在非理性话语体系下也有很大影响。公民领域事实上并不是不受约束的，它实质上是既有社会关系的范例化。这种意符（signifier）包括了公民话语的神圣抽象化，意指（signified）它们在世俗社会中的社会基础。真正的公民领域并不是完全独立的，它们受到时间、地点、功能方面的限制，它们也有致命的弱点。

公民话语的积极一面在于它让人们认可“人性”是一种有效的一致性。在国家和地区集体被狭隘划分的时候，公民领域面临的情况就是它们鲜少被带入真正的生活。有特定的宗教、种族和语言（linguistic stripes）背景的社会行动者指导和维持着公民领域，在未来的一段时间，他们还会继续占据这一领域。

通常核心团体特质的更大魅力在于授权公民能力，允许某类人比其他人看起来更文明。这些推定公民影响力（civil charisma）的特殊性分布体现了一种排外性和支配性，特别是当结合非公民领域所产生的等级结构时，如经济和政治上的成功或失败，这两种特性就体现得更加明显。因为不具备核心魅力，这些寄居者就会被排斥，无论他们是否拥有公民身份。许多移民甚至永远不会被允许成为公民，归化之门根本不会向他们敞开。

三 重建欧洲的公民领域

欧洲20世纪前半期的血腥斗争中充斥着原始的被认为是“纯净”的特质与外来的被认为是“污秽”的特质之间的冲突。似乎前一种特质自然地保证了融合和解放，而后一种则注定会受到排斥和压制。第一次世界大战的主要矛盾就是由这种传统的民族矛盾挑起的；在第二次世界大战中，还存在比种族和宗教因素更为重要的矛盾。这种仇恨引发的不仅是“外部”的抗击自由主义者和纳粹的国际军事行动，还有内部的反人类、反犹太、反斯拉夫、反吉卜赛、反同性恋和残疾人的种族屠杀事件。

战后的欧洲项目处在一个国际化的载体中，由集中的官僚机构进行管理，缺乏全套的支持性公民机构。例如，几乎没有任何有效的覆盖全欧洲的传播媒介；欧盟法逐渐停滞；投票和政党组织在欧洲的力量甚微。尽管存在这些局限，欧洲超国家行为体仍成功地大幅降低了欧洲大陆范围内的民族、种族和宗教的异化，并避免了这种情绪散播而引发种族屠杀和战争的可能性。然而，安抚欧洲内部关系不一定有助于缓和欧洲与外来族群间的关系。事实上，一个统一而安定的欧洲的新设想让这种关系的处理变得更加艰难，因为这种新设想让核心族群对自身固有的偏见和自己祖辈早期移民的历史视而不见。[①] 当然，欧洲的战后和解具有世界历史性意义：国家层面上建立了民主包容和福利国家；超国家层面上相对国际化的欧洲公民领域得以确立。但这种和解同样存在危险的反作用力，即它建立了一个隔绝于外部世界的欧洲壁垒。当这壁垒被全球化的海啸冲击时，就会造成社会动荡。

---

① Keithl Nelson, “Black Horror on the Rhine: Race as a Factor in Post-World I Diplomacy”, *The Journal of Modem History*, Vol. 42, No. 4, 1980, pp. 606 - 627.

四 其他新移民

在欧洲殖民扩张的几个世纪中，非西方人——至少是那些没被奴役的人——被迫留在边缘地带，不被允许进入殖民者的势力范围。第二次世界大战后诞生的后殖民世界削弱了对于非西方人来说根深蒂固的边界。急速增加的全球迁移的机会和全球通信加速了这种转变，欧洲劳动人口的萎缩则让上述转变的发展进一步增强。

大量非欧洲移民开始涌入西欧。他们出于政治和经济上的原因而移民，至少最初移民的目标并不是因为他们想扩大自己的公民核心。[①] 20 世纪 60 年代，随着经济复苏，作为非熟练劳动工的非西方人开始进入欧洲。德国、瑞士和奥地利出现了大规模的外籍工人（guest worker）计划。不久之后在其他欧洲国家也有了这种趋势，只是不那么明显而已。对于其他欧洲国家而言，对非西方移民敞开大门是建立新的后殖民主义帝国失败的结果，丢失殖民地等于丢失了他们的渴望和尊严，因此，英国和法国对来自前殖民地的移民敞开了公民领域的大门。荷兰也是如此，那里充分保障了来自苏里南、荷属安的列斯移民的公民权利。最终，数百万前殖民地移民来到了欧洲的大都会，直接或非直接地最终得到了公民权益保障。欧洲为遭受政治、种族和宗教迫害的非西方移民提供慷慨庇护，通过这种新政策，非西方移民的数量也在上升，尤其是在斯堪的纳维亚。[②]

由于经济和政治原因而进入欧洲境内的外来移民现在面临着是否能够成为公民领域一员的问题。事实证明这个问题难以回答。1969 年，一份递交给法国经济社会理事会的颇具影响力的政策报告中提及“非欧洲本地人的涌入，主要是……来自马格里布地区”。报告还宣称，作为一个不言而喻的事实，这样的移民构成了一个“难以同化的孤岛”。这些旅居

---

① 50 Jahre Einwanderung: Glückwunsch, Türke, 2011, http: //www.zeit.de/2011/43/50-Jahre-Migration-Einleitung.

② Kathrine Vitus & Hilde Liden, “The Status of the Asylum-seeking Child in Norway and Denmark: Comparing Discourses, Politics and Practices”, *Journal of Refugee Studies*, Vol. 23, No. 1, 2010, pp. 62 – 81.

者的原始特质不但与这些国家的核心族群不同，还明显不符合从历史角度对欧洲本身的定位。[1]

这些移民并不是西方人；他们不是基督徒，也不是白种人。他们并非来自现代社会，而是来自所谓的东方社会，来自非洲、土耳其、阿拉伯和南亚，这些地区都曾被西方征服。此外，如果存在某种特质能使这些民族和种族各异的移民联结起来的话，那只有他们的宗教。从 1099 年到奥斯曼围攻维也纳，欧洲基督教和伊斯兰教之间的战争横跨六个世纪。最近三个世纪，西方可以说在这场千年对抗中取得了胜利，但随着殖民主义的结束，一轮新的较量重新开始。随着欧洲公民领域成员不断增加，外部宿敌正成为内部的新移民。

五 对多元文化主义的抵制

对人口学视角下超级多样性的回应方式之一就是让欧洲公民领域更加自由，将其从传统核心族群品质中进一步区分出来，并开始积极评估非西方血统、习俗、肤色和宗教，而不是诋毁它们。有迹象表明 20 世纪 90 年代之前，欧洲大众与精英确实是朝着这个方向行进的。印度、巴基斯坦、马格里布和中东的民族特质确实改变了欧洲的面貌。从事经济生产的少数民族聚居地出现了。在英国和荷兰，咖喱食品、米饭和沙拉挑战着香肠、酸菜和土豆泥；获得教育机会的移民组织起来；城市居民之间出现了宗教和文化的差异；一群非西方人士成为欧洲的文化和政治精英。在法国、英国、荷兰和斯堪的纳维亚，有时甚至在德国，自由主义者和社会科学家都宣称建设一个后民族、新兴多元文化欧洲的历史机遇即将来临。[2] 很多公共知识分子也持类似观点。如斯图亚特·霍尔（Stuart Hall）就曾谈到“重塑英国”和建立“多元黑色”的新意识。

“目前，随着穆斯林的实践和状态被认定是危险和反公民的，人们认

---

① Aristider Zolberg & Longlitt Woon, “Why Islam Is Like Spanish: Cultural Incorporation in Europe and the United States”, *Politics & Society*, Vol. 27, No, 1, 1999, pp. 5 – 38.

② Yasemin Soysal, “Towards a Postnational Model of Membership”, in Gershon Shafir (ed.), *The Citizenship Debates; A Reader*, Minneapolis, MN: University of Minnesota Press, 1998, pp. 189 – 220.

为穆斯林的存在威胁到了欧洲民主。”过去十年，欧洲民调显示，“绝大多数人认为他们的国家已经触及文化或种族多样性的极限了。2/5 的受访者反对赋予移民公民权利，即使他们是合法入境的；1/3 的受访者支持遣返移民。在强烈反对移民的团体看来，正是多元文化政策造成了欧洲社会的分裂”。可见，一切主要问题就在于对伊斯兰的差异性太过尊崇，而不在于反穆斯林的歧视和社会劣势。2005 年，BBC 委托莫拉（MORA）开展的民调显示，1/3 的英国人坚信多元文化主义“威胁到了英国的生活方式”，并认为它“与英国民主价值观不相容”，超过半数的人同意“由于移民，我们国家的部分地区感觉不再像英国”。2007 年，保守党领袖戴维·卡梅伦（David Cameron）将多元文化主义与“文化分裂主义”相提并论，谴责这是在“蓄意削弱我们的集体认同”。同年，《经济学人》报道：“一个新的带有解剖和褒渎意味又令人憎恶的词汇已经出现在我们的词典里面：多元文化主义。”2008 年，英国劳工部长哈泽尔·布利尔斯（Hazel Blears）宣称，英国不应冒险将公共资金花在可能不必要的并把人们区隔开来的项目上，卡梅伦则认为多元文化主义是一种“灾难性的”且“执迷不悟的”教条，它制造了一种字面上合法的种族隔离。在一位颇受欢迎的英国专栏作家看来，工党内政大臣戴维·布朗奇（David Blunkett）的演讲撰稿人所称的新“m-word”至少提出了一种减少辩论、军队监管的国家强制政策。法国开始说起“巴尔干化”（Balkanization）和“社群主义”（communitarianism），[①] 德国人推行“平行社会”（parallel societies）。德国当权的基督教民主党内政部长威尔弗雷德·朔伊布勒（Wilfred Schauble）解释道：“如果我们想要成为集体的一部分，那么在更深的人类层次上，如宗教、文化、价值、认同一定要有什么东西将我们相连。”

知识分子提供了看似成熟的修辞理据来强烈抵制反穆斯林的倒退。如欧洲保守派知识分子在与塞缪尔·亨廷顿的协议中尖锐地提到了最近

① Patrick Simon & Pala Sala, Valerie, "We' re Not All Multiculturalists Yet: France Swings between Hard Integration and Soft Anti-diserimination", in Steven Vertovec & Susanne Wessendorf (eds.), *The Multiculturalism Backlash: European Discourses, Policies, and Practices*, London: Routledge, 2010, pp. 92 – 110.

移民到美国的拉美裔公民，他们认为这些人的伊斯兰特质使民主社会无法正常运作，因而他们对此强烈反对。[①] 例如，2005 年，颇具影响力的意大利评论员奥里亚娜·法拉奇（Oriana Fallaci）在《华尔街日报》（*Wall Street Journal*）上称："欧洲已不再是欧洲，它是欧拉伯（Eumbia），是伊斯兰的殖民地，伊斯兰的入侵不仅表现在物质层面，而且也体现在精神和文化层面。对入侵者卑躬屈膝毒害了民主，对思想自由和自由的概念本身造成了显而易见的后果。"

五年后，保守派德国作家汉斯·莫纳特（Hans Monath）在《每日镜报》上撰文宣称："伊斯兰并不是欧洲的一部分，几个世纪以来伊斯兰教一直是欧洲的敌人。无论在法律、政策或宪政思想层面，伊斯兰教并没有成为德国文化或社会生活的一部分。"更令人惊讶也更多揭示了这种强烈抵制情绪的范围的是，许多自由主义思想家引证先验的政治原则或实用主义的现实来抵制伊斯兰移民。在美国政治学家罗伯特·普特南（Robert Putnam）看来，他的定量研究表明社会多样性破坏了社会资本。[②] 德国社会学家克里斯蒂安·乔帕克（Christian Joppke）则声称，多元文化主义中的地方自治主义原则没有正视公认的中性原则和自由公共领域的非歧视性空间。2000 年，荷兰社会学家和社会民主党人保罗·斯海弗（Paul Scheffer）在著名晚报《新鹿特丹商业报》（*NRC Handelsblad*）上发表的长篇批判文章《多元文化的闹剧》（*The Mulitcultural*）引起的相关争论已成为新兴强烈抵制运动中最具影响力的知识暨政治论战之一。

这样的文化建设的转变已产生了重大影响，其中一个直接结果就是出现了更严格的移民和归化政策。在过去的十年中，所谓的"公民测试"已成为移民融合的重大障碍。新标准并没有着眼于非个人的、普遍性的事实，比如关注居住期限、就业记录和法律地位等，而是要求未来公民（would-be citizens）展示对特殊民族传统的熟悉度。英国的公民测试中问及在酒吧中当邻座的啤酒溢到其膝盖时该如何应对。荷兰的测试中则涉

---

① Baukje Prins, "The Nerve to Break Taboos: New Realism in the Dutch Discourse on Multiculturalism", *Journal of International Migration and Integration*, Vol. 3, Nos. 3/4, 2002, pp. 363 – 379.

② Alejandro Fortes & Erik Vickstrom, "Diversity, Social Capital, and Cohesion", *Annual Review of Sociology*, Vol. 37, 2011, pp. 461 – 479.

及同性恋、裸体主义、女性的着装和无神论的问题，而这些问题西方人并不需要回答。[①] 奥地利国家测试会考察移民对历史上重大战役的名称和日期的知晓度，德国的测试则涉及一夫多妻制和基督教文化。[②] 最新数据表明，这些新公民测试已大幅降低了移民成功率，且大幅减少了成为公民和入籍的机会。

在德国，对候选人德语能力提出更高要求已经抵消了2000年国籍自由化法案起初对提升入籍率所产生的积极作用。在荷兰，自提高语言能力要求后，入籍率已经显著下降。但其他最新数据似乎表明，尽管存在这些限制措施，合法或不合法地移民欧洲的人数都一如既往，并未减少。

欧洲对多元文化主义的抵制并不仅是贬低移民的情绪、歧视性行为或是这些最新的限制性法律和政策。在要求苛刻的同化以实现共同民主价值观的幌子下，极端政党已经雄心勃勃地大踏步迈上了欧洲舞台。在瑞典、芬兰、丹麦、法国、意大利、瑞士、荷兰和希腊，强烈反对多元文化主义的民粹主义者不仅掌控了公共讲台，还获得了议会权力。超政治性的煽风点火的激进分子已然崛起，他们的行为已经从口头抗争发展成了彻底的暴力。在德国，宪法保护办公室最近披露有2.5万名德国人活跃于这样的极右翼团体。在挪威，2011年6月22日，安德斯·布雷维克（Anders Breivik）在奥斯陆和乌托亚岛屠杀了77人，受害者大多数是儿童和青少年。布雷维克自称“十字军骑士”，在其令人寒心的宣言中表述道：“全欧洲的多元文化精英们正在对他们的全体人民发动全面的战争。他们的目标是继续实施大规模移民战略，而这将导致欧洲伊斯兰化——没有自由的欧洲：欧拉伯。”这种言论与欧洲抵制浪潮中的反公民逻辑遥相呼应。

六 结论

在20世纪最后几十年，后民族国家、全球化的欧洲看上去有可能躲

---

① Ines Michalowski, “Citizenship Tests and Traditions of Interference with Cultural Diversity”, in Rainer Baubbck & Christian Joppke (eds.), *How Liberal Are Citizenship Tests*? EUI Working Papers 41, Florence: Robert Schuman Centre for Advanced Studies, EUDO Citizenship Observatory, 2010, pp. 5–8.

② Bundesamt für Migration und Flüchtlinge, Einbürgerungstest Fragenkatelog zum Testvorbereitung, http://oet. bamf. de/pls/oetut/f? p. 514: 1: 303627253 6140737.

过同化吸收的严格束缚，然而现实恰恰相反。在融合模式问题上，欧洲出现了激烈抗争。欧洲核心族群对非西方的穆斯林开放的可能性引发了双方的精英和大众之间的强烈抵制运动。这无疑是一场社会和政治方面的斗争，但归根结底是文化的问题。一些人不相信非白人、非西方、穆斯林这样的人也能具有民主社会的公民参与所需的美德，因为他们的外貌特征、宗教规范、政治信仰和性别承诺与核心族群不同。目前，数千万遭受这样非难的移民在欧洲逗留，现有人口分布和经济现实意味着这些人占总人口的比例还会继续上升。随着这些移民试图从经济领域进入公民领域，从经验层面来看，同化式融合的不稳定性已清晰地显现出来。仅仅允许移民进入，却没有让他们的特质真正被融合，这体现了核心族群的根本性偏见。对这些特质的诟病和误解必将受到挑战并被改变。要使外来移民变得更加熟悉而不是陌生，则需要拓宽现实公民领域的文化结构。面对当今的全球化世界，只有使自身文化多元化，欧洲才能真正捍卫自身的民主价值观。

（选自《国外社会科学》2015 年第 6 期）

战后美国文化产业政策维护国家安全的实践及启示

王景云*

文化产业作为一种经济形态，其发展从来不是无序或自发的，而是需要政府出台政策加以谋划、引导和调控。西方发达国家已充分认识到文化产业在国家安全中的重要地位和作用，纷纷从各自国情实际出发，研究制定并着力推行相关文化产业政策。作为当今世界的文化超级大国，美国政府历来重视文化产业发展。通过出台、实施一系列文化产业发展政策，美国在世界文化市场上牟取高额利润的同时，一方面对内维系着主流价值观念的统领地位，保障本国政治安定与社会稳定；另一方面，对外以文化产品和文化贸易为武器，最大限度地确保本国文化主权不受侵犯，竭力输出自身的价值观念和政治理念，将美式文化凌驾于他国文化之上。有鉴于此，本文对20世纪50年代初至21世纪第一个十年间美国文化产业政策维护国家安全的实践进行梳理、归纳与总结，以期对我国文化产业政策的制定、调整与完善提供一定的启示与助益。

* 作者信息：王景云，1975年生，博士，哈尔滨工程大学马克思主义学院副教授。

一 美国文化产业政策秉承自由主义传统不战而胜

1. “无为而治”但又无所不能

与英、法为代表的欧洲国家不同程度保有国家扶持文化发展的传统相比，美国的文化产业政策始终注重强化市场那只“看不见的手”的作用，而弱化政府这只“看得见的手”的职能，看似“无为而治”，实则无所不能。这一现象与美国自由主义思想流布甚广、传承甚久的特殊历史文化背景紧密相关。美国是当今世界上第一个对文化进行立法的国家，其立法理念、原则和内涵几乎全部被自由主义思想所浸润。根据 1791 年起草的宪法第一修正案中的规定，“国会不得制定法律剥夺人民的言论和出版自由”，[①] 美国立法机关和政府部门在制定和执行文化政策时谨小慎微，唯恐越自由主义雷池半步。在行政体制上，美国并不设立专门的文化管理部门，而是任由市场机制进行调控和监管。当然，这种设置可从其已成为世界文化产业游戏规则的制定者和操纵者、迄今没有任何一个国家的文化产业具有实力能够与其相抗衡等客观现实中做出解释。也就是说，只要未对其文化霸权地位产生影响和威胁，美国可以对弱小国家的文化问题视而不见，也可以对与本国无关的文明冲突和文化对峙充耳不闻。这种以自由主义为底蕴的文化产业政策为美国文化产业发展搭建了宽广的舞台、提供了不竭的动力。然而，美国政府对文化产业的管理真的是放任自流、无所作为吗？事实绝非如此。尽管没有具体、细致、明晰的文本规定，但如果上升到维护文化主权的战略高度加以考量和审视，不难发现美国文化产业政策几乎是全方位、多层面、全期覆盖的，而且委婉、巧妙、策略地浸润于各个领域的大政方针之中，看似无影无形，实则无所不在。

2. 国家利益至尊至极

实现本国利益最大化，是美国调整完善文化产业政策的出发点和落脚点。1950 年，美国政府就已明确将不进口别国文化产品作为签署有关

---

① 熊澄宇：《世界文化产业研究》，清华大学出版社 2012 年版，第 72 页。

文化贸易国际协议的重要前置条件，以此来保护本国弱势文化产业。到了20世纪80年代，当其文化产品源源不断地涌入别国并在全球文化贸易中取得巨额顺差时，美国政府却将“文化例外”的条款删除，[①] 以坚决捍卫世贸组织规则为由，在全球文化市场上擎起自由贸易的大旗，甚至动辄启用国际贸易争端解决机制，将别国对文化产业的保护行为诉讼至国际法庭，不达目的绝不罢休。为了维护本国安全，2001年哈佛大学与美国尼克松中心联合发布了《美国国家利益报告》，将国家利益划分为四个层级。“在这四个档次的国家利益中，除了‘致命利益’涵纳防止核武器和生化武器扩散等与美国国家直接相关的条文外，另外三个档次的利益全部设置了文化产业方面的款项。”[②] 例如，在“极端利益”方面，明确规定“促使美国以外的国家和地区遵守国际标准和规则，和平化解世界及地区间的争端和冲突”，“促使西半球各国的民主、发展、兴盛与和谐”；在“重要利益”方面，明确规定“在具有战略重要性的国家里促进多元化、自由和民主的发展，但要采取操作性的措施，避免引发动荡和骚乱”；在“次要利益”方面，明确规定“将民主制度向世界各国扩散”，[③] 等等。即使今天，这些规定仍然是美国制定文化产业政策的根本原则和核心依据。不难看出，全面出击、立体进攻、保护自身、改造他国，是美国文化产业政策的策略和目标，而其终极目的是为美国确立全球文化霸主地位辟建通途。这种文化产业政策的实施，严重损害了别国的文化利益，已引起文化自觉性较高的欧洲和美洲邻国的警惕与防范。

3. “文化外交”服从服务于国家安全战略

文化与政治、经济、军事等因素一样，是美国开展外交活动的重要推手之一，它在很大程度上决定着美国外交行为的主要走向，甚至出现了一个专用词汇——“文化外交”。利用文化优势开展文化外交并服从服务于国家安全战略，是美国文化产业发展实践的重要内容。1999年9月，

---

① 涂成林：《美国文化安全政策渗透于国家整体战略之中》，《光明日报》2013年11月20日。

② 熊澄宇：《世界文化产业研究》，清华大学出版社2012年版，第74页。

③ 同上书，第74—75页。

美国“21世纪国家安全战略委员会”发布了权威报告——《即将到来的新世界：21世纪美国国家安全》，将21世纪世界发展变化的预期分为12个大趋势，其中第11条指出：“由于文化偏好的差异，美国可能会与不同文化的对手发生冲突，它们可能会采取一些震撼我们感情的暴力行为。”[①] 据此，美国政府无时无刻不在用自由主义思想作为开路先锋和普世药剂，为美式文化在全球传播制造舆论氛围。具体来说，美国文化外交主要有三条路径。一是凭借自身高品质的文化产品，向世界呈现其卓越的文化成就和多元的文化属性，从而改善和笃化美国的世界文化形象，增强其文化的摄纳力和吸附力，维护自己的文化利益，提升自身在全球的文化地位。文化产业创造了仅次于军事工业的巨额产值即是最有力的证明。2012年美国文化产业产值达到3800亿美元，其中，从1990—2013年的23年间，好莱坞电影、全美篮球职业联赛（NBA）转播和迪士尼乐园创造的产值几乎翻了两番。[②] 二是利用把持的国际规则主导权，签订文化贸易协定时将一些对本国国家安全有利的霸王条款强加于其他国家特别是发展中国家，以此确立实施单边行动的特权，确保美国文化产品的单向输出优势。例如，在签署《国际关税及贸易协定》的过程中，美国就单方面炮制了保护主义色彩浓厚的“301条款”。三是不遗余力地对别国进行意识形态干预和美式文化输出。美国毫不掩饰地将文化外交称为外交政策的“第四极”，通过广播、电视、出版物和网络向他国输送其意识形态、价值理念和生活方式，对异质文化进行牵制和同化；投入大量资金，扶植社会团体从事对外文化交流活动，特别是吸引他国社会精英和高级学者以学术交流的名义来美国进行访问，以此拓展美国文化渗透的层面和领域，使文化渗透更加巧妙、含蓄。

4. 政府扶持且形式多样

一方面，美国政府通过文化公共部门资助文化企业，形成良性循环和乘数效应，从而促进各类文化事业和文化产业快速发展。1965年，美国国会通过《国家艺术及人文事业基金法》，规定由政府设立国家艺术基

---

① 熊澄宇：《世界文化产业研究》，清华大学出版社2012年版，第75页。

② 涂成林：《美国文化安全政策渗透于国家整体战略之中》，《光明日报》2013年11月20日。

金会和国家人文基金会，要求这些机构每年拿出一定比例的资金用于文化产业投入。另一方面，美国政府强调对文化企业实行有选择有限度的资助支持。一是针对那些难以为继而又不可或缺的文化产业，由政府拿出一定资金予以扶植。例如，为了抵制非营利性公共媒体过于商业化和完全市场化的倾向，1967 年政府出资成立美国公共广播公司，由其承担指导官办广播事业、制定相关财政预算、理顺各方广播资源关系等职能。由于摆脱了商业影响，公共广播公司推出大量高品质高水准的纪录片、严肃音乐等节目，其精心打造的科教节目《发现》《自然》和儿童节目《芝麻街》等，深受观众喜爱，在全球范围取得较好的收视效果。二是凡由政府投资兴建的国家园林设施，其日常运转费用全部由财政支付。三是对实验性艺术院团有时也会出手相助，但援助资金只占其全部经费的1/20，[①] 其余部分还要向一些文化基金组织募集求助。长此以往，个别文化团体难以支撑，不得不关门了之。由此也可以看出，适者生存的丛林法则适用于美国绝大多数文化企业。

5. 采取积极灵活的税收机制

美国政府采取积极灵活的税收机制倡导和鼓励各类资本向文化产业集聚。一是通过减免税额为文化产业发展注入持续活力。20 世纪 70 年代，美国推出了著名的“501”条款，对非营利性艺术团体与机构、艺术产业捐助者，实行销售税和财产税的减免优惠，以此激励大财团、各类社会组织和个人为文化企业“输血”的积极性。二是为知识产权业异军突起创造宽松环境。例如，美国政府给予软件开发企业“永久性研发税优惠”待遇，充分显示出对新兴文化产业的大力扶持；依据《国内税收法》第 41 部分中有关“研究与试验税优惠”的规定，美国文化企业的创意性研究费用可降低 1/5 的税率。三是对公益性出版单位，根据出版公司性质、图书刊物的内容，采取上下浮动 10%—30% 的税率，以调节和引导出版资源朝着维护国家文化安全方向流转。而对创造利润的出版企业，不仅没有任何优惠政策，相反还会根据其获利数额收取较高的企业所得税。四是大力扶持会展业。美国各个州、市对坐落在其辖域内的各类展馆给予无偿投入，尤其对那些在世界上具有颇高知名度的国际展馆

---

① 孙有中：《美国文化产业》，外语教学与研究出版社 2007 年版，第 260 页。

给予较大资助，从而为会展业兴盛注入强大活力。例如，拉斯维加斯市政府早在1986年就出台政策，规定从该市所有宾馆营业额中收取10%的特别税，并将所征收的税费直接划拨给当地各大展览企业作为扩大产业规模的准备金。①

6. 筑起文化立法屏障

理论和实践都表明，高度发达的市场经济离不开健全的法律法规。美国政府调控文化市场最常态、最见效的手段非法律莫属。一方面，通过国会立法推动文化企业在文化市场上公平竞争、优胜劣汰；另一方面，通过运用法律手段促进文化企业追求利益最大化。例如，在保护知识产权方面，美国国会立足于原有的《版权法》，于1998年审议通过了包括《版权保护期限延长法》等在内的诸多旨在打击盗版行为、保护创作者合法权益的法规；1999年，审议通过了《数字千年版权法》，全面系统地对互联网的侵权行为做出明确规定，将网络作品、音乐作品生产商的利益置于法律保护范畴；2000年，审议通过了《防止数字化侵权及强化版权赔偿法》，对未经文化企业授权而使用其版权的行为加大民事惩罚力度，为包括电脑软件在内的原创性作品的版权提供法律支撑；2005年，审议通过的《家庭娱乐和版权法》，由《艺术家与防盗版法》《家庭电影法》和《孤本作品保存法》共同组成，该法严禁在电脑收藏文本中存储尚未在市面公演的电影、正式发行的游戏作品或者音乐作品，触犯该法者将接受重磅罚款和3年左右监禁的处罚。除了整治和规范市场秩序外，美国政府还借助立法保护公共利益。例如，针对互联网上色情和暴力内容泛滥的状况，美国国会先后颁布了《未成年人在线保护法》《未成年人互联网保护法》《儿童隐私保护与父母授权法》；以立法形式成立未成年人网上保护法委员会，将网络技术的最新发展积极运用到公共教育体系之中；在已有的《隐私权法》和《联邦电子通讯隐私权法》的基础上，1997年又审议通过了《全球电子商务发展框架》，旨在从各个方面编织起维护公民的知情权和隐私权的法律网络。②

① 孙有中：《美国文化产业》，外语教学与研究出版社2007年版，第260—261页。

② 同上书，第259—260页。

二 总结与启示

文化产业发展需要市场需求拉动、社会供给推动和政府政策牵动三个基本要素的综合作用，而市场需求、社会供给受经济规律支配，在一定时间段内具有稳定性，但政府政策作为外在影响因素，是影响文化产业发展的最大变量。美国高度重视文化产业政策这一最大变量的引领、规范、促进和推动作用，成功地将发展本国文化产业与保护传承本土文化紧密结合起来，有效地维护了文化安全乃至国家安全。梳理、盘点并总结其文化产业政策的发展经验和演进历程，对我国相关产业的发展壮大具有一定的借鉴意义。

1. 捍卫国家安全是制定文化产业政策的主要目标

现代意义上的国家安全是一个涉及国家利益、价值观念、文化主权、综合国力以及经济社会可持续发展的全局性、战略性问题。鉴于文化资本的天然逐利性和文化产品的意识形态属性，文化产业的发展与繁兴，不仅能够产生巨大的经济效益，增强一个国家的硬实力和综合国力，而且能够释放强大的综合效应，提升一个国家的软实力和整体竞争力。简而言之，文化产业是捍卫国家安全的重要途径，是实现和保障国家利益的重要和必要手段。基于此，美国在制定文化产业政策时，一直把维护国家安全作为出发点和落脚点，把保障国家利益作为根本取向，把增强本国文化影响力和凝聚力作为唯一衡量尺度。

自建国以来，美国一直未设立文化部，也没有在联邦层次上设置文化管理机构，但在“9·11”事件发生后，为了应对恐怖组织对国家安全的威胁，美国立即从文化政策上做出重大部署，成立国土安全文化局并赋予其四项主要职能：一是促进和培育文化产业，彰显美利坚民族崇尚自由的文化传统；二是引导和鼓励文化领域的领导者、管理者与最高决策者共同参与反恐战争，把维护美国国家安全作为发展文化产业的第一要务；三是利用文化生产的无形力量，向国内外宣传美国是当今世界最伟大的国家以及美利坚民族是世界上最优秀的民族；四是对非主流文化进行监督和限制，在发生特殊情况时立即切断可能损害国家利益、危及国家安全的文化组织与文化企业的联系。从中可以看出，其文化产业政策的制定和调整是完全服从服务于国家利益和国家安全的。美国政府认为，异质文化会改变人的信仰和价值取向，承载思想观念与价值理念的文化产品比手持枪支、怀揣炸弹的恐怖分子更危险更可怕，因此，表面上美国似乎对外来文化持开放态度，但在具体实践中通过签订《教育、科学和文化物品进口协定》等有关国际贸易文件，毫不客气地把禁止进口威胁国家文化安全的文化产品的条款写进文件，保留随时采取单边行动的特权。

美国的举措和成效启示我们，必须把文化产业政策上升到文化安全和国家利益的高度进行考量和研判，必须以维护文化安全以及国家安全为第一要义和唯一准则，即一切以维护国家安全为核心，一切以维护国家安全为目的，一切以维护国家安全为基准，使文化产业政策最大限度地服从服务于文化安全与国家安全的需要。唯其如此，才能确保所制定的文化产业政策沿着正确轨道运行。

2. 立足国情实际是制定文化产业政策的根本依据

作为国家政策体系的重要组成部分，文化产业政策在制定过程中也要从本国国情实际出发。换言之，衡量和检验一个国家文文化产业政策是否科学正确、可行有效，主要看其是否把国情作为制定文化产业政策的首要前提和根本依据。美国政府在制定产业政策时，

均强调本国经济社会发展的特殊性和差异性，将立足本国国情作为制定政策的坚实根基，充分考虑民族结构多元、民族成分多样等国情特点，坚持文化多元主义的原则，主张各种文化包容并存，鼓励和支持多形态多样式文化产业发展，最大限度地满足土著居民和来自世界各地的不同人群的精神需求，维系整个美国社会的和谐与稳定。

美国的成功做法启示我们，在制定文化产业政策过程中，必须立足于我国国情实际，把握社会主义初级阶段的基本特征，明确我国文化产业刚刚起步这一客观现实，对文化产业政策进行充分研究、科学论证和精心设计，扬长避短，趋利避害，在准确进行战略定位的基础上确立发展目标和可操作性的保证举措。既不能滞后于我国经济社会发展水平，也不能超越经济社会发展的现行阶段，确保文化产业政策符合我国基本国情，做到立得住、行得通、见成效。当前，中国文化“走出去”战略已正式成为指导国家对外文化交流和发展的一种长期战略。如何大胆、

积极地“走出去”，将自己的产品、技术、文化推广出去，同时又把更新的技术、文化“引进来”，是中国文化产业发展中亟待解决的现实难题。唯有通过与世界各国的经济文化合作，逐步增强自己的文化软实力，更好地参与文化全球化竞争，才能真正维护我国的国家文化安全。

3. 顺应时代走势是制定文化产业政策的必然要求

时代是指人类社会发展过程中的不同历史阶段，时代走势是指社会发展的基本方向和主要趋势。唯物辩证法告诉我们，人类社会处于永恒的运动、发展和变化之中，时代也处于不断的变革、迁徙和演进之中，与之相适应，人们的思想认识和生产生活行为亦应顺应时势、与时俱进，唯其如此，人类文明这条河流才能源远流长。作为人类思想会和行为重要表征的文化产业政策，具有实践性、批判性、开放性等特征，既是时代演化的重要结晶，也是对时代走势的具体彰显。换言之，文化产业政策是时代走势的产物并随着时代发展而不断改进完善。鉴于国家安全绝非一成不变，不同时代拥有不同的文化年安全主题，文化产业政策也必将随之调整和完善。

美国在制定文化产业政策过程中审时度势、适时而变，确保其文化产业发展处于时代前沿，为维护文化安全乃至国家安全积极创造条件。例如，美国电影产业能够做大做强与美国政府与时俱进的产业政策息息相关。20 世纪初，伴随好莱坞电影产业的突飞猛进，美国政府对电影生产企业和制作单位出台新的政策，采用工业产品的制造方式生产电影，围绕大制片公司机制和模式，日趋构建起金字塔形的电影制作体系。在政府自由主义文化政策的驱动下，电影产业跃升为美国文化产业的主导产业，并创造了巨额经济利润。二战后，受到严重影响的电影产业在美国政府支持下推出两大策略，一方面大制片商开始制作大片重新吸引观众走进影院，另一方面一批思想观念新锐的年轻导演不断推出新颖作品以引导年青一代驻足银幕，自此美国电影进入新的发展阶段——“好莱坞的文艺复兴时代”，并始终雄踞全球霸主地位。

美国政府设置的美国电影协会和全美影院业主协会两个监管机构，于 1968 年出台了电影分级制，即根据发行影片的内容可能会对观众产生的影响予以分级，目的在于控制色情和暴力影片对未成年人的影响。另外，两个协会还指导大型电影公司牢牢把握制作、发行和放映三个环节，尤其把发行业作为重中之重，以确保国家级的大型电影公司占据垄断地位。针对互联网时代好莱坞电影遭遇严重挑战的现状，美国政府因时而变、顺势而为，采取提供土地、减免税收、保护产权等政策措施，支持电影商加速发展数字电影、类型电影，以确保本国电影产业继续处于世界领先位置。

美国制定文化产业政策因时制宜、因势制宜，置身时代潮头，不断抢占世界文化产业的高层和顶端，给我们以深刻的启迪和触动。我国正处于后工业化与信息化交错混杂的新的历史时期，其主要特点是知识经济覆盖生产生活各领域、各层级、各角落，网络化膨胀、数字化飙升，面临着有史以来最广泛、最深刻、最微细的全方位社会变革。在制定文化产业政策时，要把握时代走势，掌握时代特征，未雨绸缪，抢先抓早，积极应对当今世界的新变化新挑战，体现时代性、把握规律性、富于创造性，努力掌握发展尖端文化产业的主动权。

4. 遵循市场规律是制定文化产业政策的基本准则

商品运行规律反映到市场经济中就形成了市场经济的内在机制，如价格机制、供求机制、竞争机制、利率机制和盈利预期机制等，这些机制的总和构成了市场经济一般性规律。文化只有进入市场才能成为产业，文化企业只有遵循市场机制才能成为自主经营、自负盈亏、自我发展和自我约束的法人实体和竞争主体。文化产业的这种市场逻辑，要求政府制定政策时必须遵循市场经济客观规律，必须借助市场这只“无形的手”，否则无法实现政策的预期目标。这是制定文化产业政策的根本路径，也是政策有效运行的关键所在。

美国政府尊重市场机制、市场逻辑和市场规律，发挥价格、税收、利率等经济杠杆的自发调节作用，防范和阻止垄断现象发生，引导文化企业依法开展正常的生产经营活动，建立规范的法人治理结构，构造资源合理配置的微观基础，促进文化企业实现利益最大化。一贯奉行贸易自由主义原则的美国政府认为，对于文化产业而言，最重要的不是扶持所谓的优秀文化，而是要营造和维护一个能够让各种声音自由表达的环境，同时保证公众能够有充分的选择机会。为了促进自由竞争、防止文化市场份额集中在某些大型文化企业手中，美国国会分别于 1890 年和 1914 年审议通过了《谢尔曼法》《联邦贸易委员会法》和《克莱顿法》，这三部被视为美国实施文化产业反垄断的基础性法律，赋予了各级各类文化企业平等参与市场竞争的权利，保护其合法权益。

美国的经验对我国具有很大的借鉴意义。我国文化产业正处于发展的初始阶段，市场结构呈现行政垄断和无序竞争共存的特征，这在一定程度上制约和束缚了文化产业健康发展。另外，还必须认识到，我国已成为世贸组织的重要成员，一个日益开放、统一的全球文化市场现实地摆在国人面前。这就要求我国开展经济活动时必须考虑市场因素，既要遵循市场规律，也要遵循文化产业发展规律。在制定完善文化产业政策时，必须按照市场经济的内在逻辑和主要理路来设计和调整我国文化产业的发展原则、发展目标和发展措施，把深化文化体制改革、创新文化发展机制、振兴文化产业作为要务，把开发拓展国内外两个文化市场作为重点，借助市场力量发展壮大我国文化产业，以文化产品的精良品质增强我国文化产业的整体实力和综合竞争力。党的十八届四中全会明确了全面推进依法治国的重要任务，依法行政与法治政府建设作为其中一项重要工作被提上议事日程，这些都为文化产业政策未来的发展进一步指明了方向。从整体看，我国文化产业政策尚缺乏顶层设计和系统设计，需要尽快完善包括市场准入与退出、资本市场、投融资、财税、对外贸易、土地、“走出去”等在内的文化产业政策体系；需要尽快出台诸如《电影法》《出版法》《广播法》《新闻法》等产业发展亟须的法律。也就是说，一方面，加快政府职能转变，使政府扮演好战略的规划者、公共服务的提供者、市场的监管者等角色，充分发挥其职能作用。另一方面，必须注意到，目前我国文化产业势单力薄，还不足以与西方发达国家的文化产业相抗衡，还没有成为保护文化安全和国家安全的有生力量，这就要求我们利用世贸组织合理规则，制定灵活有效的文化产业政策，争取更多时间和更大空间，促进民族文化产业尽早发展壮大。总之，通过文化产业政策的调控、引领与激励，不断加大我国文化产品“走出去”的步伐，以其精良品质赢得国际市场、赢得世界认同，进而彰显国家文化主权的独立性和自主性，切实维护并巩固我国的文化安全乃至国家安全。

（选自《国外社会科学》2016 年第 2 期）

专题二

网络、新闻与传播

西方当代传播学学术思想的回顾和展望（上）

陈卫星

传播学的三个基础流派

从历史上来说，第一个传播技术是修辞学，希腊的亚里士多德和中国的韩非子都是这方面的先驱。但作为现代社会科学的传播学是从 20 世纪开始的，它的基础学术流派是在 40 年代到 60 年代形成的。

控制论模式是传播学的第一个基础流派（我们在这里提到的控制论模式涵盖了先后问世的信息论），它在象征化水平上和内容传递机制上表明传播同时是过程和这个过程的结果。产生这种理论的背景是如何理解大众媒介和通信对时空的跨越所产生的多样化现象，并把真实情境的多样性引向一个典型的基础图形单元。这个图形就是发送者—通道—接收者，时空关系和形式移位得到象征性表现。通过一个目录系统和共同符码的用法，从而允许分析不同类型的传播，建立传播行动的分类。C. 申农和 W. 韦弗在 1949 年问世的《传播的数学理论》提出了有下列成分的传播模式：发送者，一个物理性质的信息管道，噪音，在信息的支配下的一个接收者，一个符号的储存系统。就是说，传播不是一个偶然性过程，而是涉及信息、信息传递、编码、解码、再编码、冗余度等概念。申农和韦弗还提出了一个从熵到信息的定理。就是说，一个系统内的熵是测定系统复杂性和无序状态的。在所有的封闭系统中，熵是不可逆地增长。通过发送信息可以取消或减少熵。一个开放的系统接收信息可以成为减少不肯定性和无序性的尺度。事实上，信息尺度奠基在一个简单的思想基础上：我们接收到一个信息是指这个信息是新的或者是这个信息包含着许多新成分和不可预测的成分。这个信息的价值是通过一定的量值来测定，它成为接收者理解的新信息。

作为控制论创始人，数学家 N. 维纳在 40 年代末期发表了两部经典著作，即《动物和机器中的控制论》（1947）和《人有人的用处》（1949）。他提出了一个乌托邦式的设想——传播人（Homocommunicants）。这首先是一个没有内在性也没有躯体的存在；传播人生存在一个没有秘密的社会中；他的存在是通过信息和交换信息。新的传播机器使社会变得透明。这三点在维纳的思想中不可分离。维纳对信息进行了新的定义："信息是指和外部世界进行交换的内容，以测定我们对这个世界的适应程度，是我们对这个世界的适应性结果。构成接收和使用信息的过程是一个我们跟随并适应环境偶然性的过程，有效地在这个环境中生存，……有效的生活，是和安全充分的信息在一起生活。如此，传播和调整关系到人的内部生活的本质，甚至关系到人在社会上的生活。"按照维纳的传播乌托邦设想，透明、拒绝社会排斥和对市场逻辑的质询是传播的本质功能。

知识和信息的传播的速度和数量的扩大和增长是 20 世纪最引人注目的社会加速度现象，涉及人类活动的各个领域。给予或产生一个信息，本身就有组织和评估的意义。对一个信息或一种信息传播行为的解码，首先就假定它进入什么信息传播范围，并与这个范围建立一种关系。控制论的问世提出了一个问题，就是大众媒介带来的信息瀑布对信息传播的主体——人产生什么样的作用？因为传播动作本身总是和其他东西相关联，如社会经济基础、文化符号系统、媒介的技术特性、对信息起扩散放大和中继站作用的体制，等等。传播学的学术使命是研究事物的流量状态和动态中的复杂性，控制论是第一种方法论式的考察方式，也就是使我们在信息面前获得更多的自由，有更多的责任心和参与意识。这里的出发点是和马克思主义相契合的，人类社会的发展从必然王国走向自由王国。人在社会发展的同时有责任和义务发展自己，丰富自己，完善自己，最终实现人的彻底解放。

与控制论同时问世的另一种思想方法是系统论，贝朗塔菲在 1933 年发表了代表作《系统理论》。系统论是要定义出系统的边界并把系统模型化，以便认同其中重要的组成因素和这些因素之间的反应类型，最后决定个体和整体的联系，系统论的主要分析工具是模型化和模拟化。在80年代，认知心理学、人种志方法论、语用学、社会学或新康德主义哲学家都以自己的方式表明系统论的局限性，尤其是系统论思想的还原主义的不精确性。但作为一种理论指称或者在隐喻意义上应用一些系统论的因素作为研究方法还是一种学术现实。对于那些有关社会的数量关系和数量结构的研究还比较薄弱的发展中国家来说，系统论还是一个可以经常援用的方法。

美国学者从20世纪40年代探索成型的经验—功能主义学派，在部分西欧国家和大部分第三世界国家拥有更大的学术影响。这个方法论在讨论与媒介的关系、与职业新闻机构、与记者职业群体的关系时有很强的解释力。经验—功能主义方法论的成功不仅仅在于它在政治学和社会学的领域中占据了相应的学术地位，保证了咨询功能，参与对媒介受众（audience）的研究，而且在于这种方法自身带来了一个无可争议的原则，这就是它本身体现了西方社会经济制度的两大支柱——信息自由和经济自由。

根据美国学者E. 卡茨的说法，这个学派的创始人有三个，社会学家拉斯菲尔德、心理学家霍夫兰和政治学家拉斯韦尔。拉斯韦尔的五个W模式在传播学学术思想上有奠基的意义。他明确地提出一个媒介的功能主义理论，认为媒介是社会的一个组成部分，在本质上保证文化传递和社会继承的功能。媒介可以控制环境，在社会的各个组成部分之间建立关系，有娱乐作用等。后来的美国学者R. 默顿、C. 怀特和T. 帕森斯等人又对拉斯韦尔的思想进行了完善和补充。如果说控制论感兴趣的是整个社会中信息的循环，是因果循环模式，那么经验—功能主义者的思考是围绕着大众媒介的角色及其影响，是原因—效果模式。1955年，卡茨和拉斯菲尔德提出的二级传播理论点缀了经验—功能主义学派的黄金时代。

应该看到，经验—功能主义学派把研究的轴线移向媒介的弱点和消费者的自治，把消费者的行为凸显出来。对媒介的社会功能的研究是经验—功能主义学派的一个重点。例如默顿坚持媒介强化社会规范的功能，主张把具有先锋意义的人和话语予以广告化，扩大知名度，并对导致消费者处于半催眠状态的新闻予以认可。这个学派的可塑性表现在后来的若干研究领域中，如电视对公众的分层，事件报道的日程功能，媒介消费者对媒介使用的满意，电视的文化效用，电视系列节目的文化传播角色等。

在知识领域，结构主义是20世纪中叶的一个学术高峰。结构主义从语言学出发扩展到其他人文科学领域，如人类学、历史学、文学和精神分析等，并成为传播学的一种方法论。

列维－施特劳斯对传播学理论的构想在1955年出版的《热带的忧郁》一书中得到了系统表达："在所有的社会，传播至少可以在三个水平上进行操作：女性、物质资料和服务、信息。因此，对亲属制度的研究，对经济制度的研究和对语言学的研究提供了类比。"在1958年出版的《结构人类学》一书中，他又回到这个根本问题："不要把社会和文化简化成语言，我们可以引发这场哥白尼式的革命。就是根据一种传播理论来阐释整个社会。从今天开始，这种尝试在三个水平上是可行的：因为亲缘规则和婚礼可以保证在群体之间交流妇女，这如同经济规则可以保证物质资料和服务的交换。而语言学规则则保证信息的交换。"一些最早的结构主义批评家看到列维—施特劳斯赋予传播以如此重要的总体性地位，但对社会生产关系只字不提，实际上是对马克思主义社会学的拒绝。在列维—施特劳斯的命题中，语言学实际上指的是语音学。这就暴露出一个问题，信息交换能简化到语言传播上这一点吗？如果是，这就很难在语言之外为传播定义。因为传播的概念是个综合性概念，指整个的社会交换关系和信息发送者和接受者之间相互的义务，这两点是建立一个社会的基础。无论如何，结构主义方法论对传播学的学术思想有深远和持久的影响，这主要表现在三个方面。

第一，从文学作品的研究出发建立对叙事的结构分析，尤其是在对报刊的表述，对广告信息的生产和研究。这种表述分析方法对传统的主题分析方法提出挑战。

第二，大力强化对视觉信息的分析，衍生出后来的符号学。在相当一个时期，符号学是结构主义思想方法系列中最有影响力的操作工具。根据巴尔特的说法，符号学的对象是所有符号系统。这包括形象、姿势、有旋律的声音和它们在习俗、仪式或构成的景观中的实体组合，或者是作为意义系统的语言。至今，人们还在用符号学的方法来研究广告表述和电视节目，并结合了一些新的非符号学的学术概念，如源于语言分析哲学的陈述状态策略和接受美学分析。

符号学的另外一条学术演变轨迹是沿着美国符号学家皮尔斯的符号学理论。皮尔斯指出，人类的一切思想和经验都是符号活动，因而符号是关于意识和经验的理论。他认为符号和对象的关系有三重，使联系过程开始的东西如痕迹、肖像；符号所产生的效果（解释）如象征。这三个符号分析范畴在当今欧美学术界激起广泛的学术兴趣。

第三，在法国崛起的结构主义方法论留下的另外两个重要思想是阿尔都塞的意识形态国家机器理论和福柯的监视装置理论。

阿尔都塞的意识形态分析旨在理解在某一社会形态中个人生产意义的方式。他认为，和镇压工具相比较，学校、教堂、媒介、家庭是一种意识形态国家机器，目的是为保证或担保在表现领域中象征暴力的垄断能够永远存在下去。

阿尔都塞的理论有两个不能自圆其说的地方：一是把资本主义国家的政治社会和市民（公民）社会混为一谈，把市民社会的形式内容等同于意识形态国家机器，几乎无法解释西方社会中社会抗争和多元意见的社会现象；二是用结构主义的观点来否定人的主体地位，是一种悲观论。

另一位法国学者布尔迪厄也开始思考被隐藏的暴力。他把社会看成是一个力量关系系统，它的意义来自于群体和阶级的交换过程中。布尔迪厄在 1982 年出版的《想要说什么》一书中从语言的象征表现功能出发继续阐发了这一理论。

1975 年，福柯发表的《监视和惩罚》一书从根本上更新了权力运用的模式分析理论。福柯提出有两种社会控制的模式：一是纪律封锁，是禁令、栅栏、等级化、分离化，是传播的断裂；另一种是纪律机制，是监视技术的多样化和交叉，是控制的软性方法，是功能性的。“通过一种监视的目光，每一个人在这种目光的压力之下，都会逐渐自觉地变成自己的监视者，这样就可以实现自我监禁。”按照福柯的说法，“事实上，权力生产真理，它生产对象领域和真理的仪式。”福柯的一个中心概念是装置（Dispositif）。这指组织和思想的总体表现形式，是一个异质性的整体，它包括表述、制度、建筑、规章、纪律和行政措施、科学陈述、哲学命题、道德和博爱。福柯的权力组织形式概念被引进了传播研究领域。“敞视式”（Panoptique）的组织模式是一个社会乌托邦，而电视装置恰恰就印证了这种控制模式。电视可以被看作一种组织时间和控制时间的制度模式，持续监视个人和保证个人行为的正面性。按照福柯的说法，敞视式监狱是一个通过透明度达成权力的公式，通过照明来实现压制。而电视颠倒了视觉，允许被监视的人在不被监视的情况下看。这里起作用的不是纪律机制，而是产生幻象、诱惑、敞视。电视是一个“组织机器”，成为“被颠倒的敞视”。从而实现了电视的象征权力功能。

可以这样说，在20世纪60年代末期和70年代初期，传播学的学术思潮围绕着三个奠基性的大流派基本成型。控制论、经验—功能主义和结构主义方法这三个流派迅速激起学术界和职业界的兴趣，占据政治文化的前台位置，形成一定程度上的学术自治。

然而，就在传播学形成基本学术格局之时，就面临着要求扩大学术范围的挑战。风雷激荡的60年代对西方社会思想的学术更新起到了催生的作用。60年代是传播学学术思想发展的一个转折点。学术思想和趣味开始分化，一些新思潮开始以批评姿态或“合作”口气力图渗透进传播学的学术领域。

法国著名社会学家E. 莫兰在1962年出版的《现代精神》一书中提出一套完全与经验—功能主义相反的大众文化社会学分析方法。他认为大众文化应该被看作一个与社会历史有关系的自足系统。作为大众文化载体的媒介系统是有支点的和多分叉的，媒介从经济出发，最后达到心理效果。这当中存在着不同水平上的辩证的动力。如生产—消费，消费—创造，投射—认同—移位等。在这个意义上，莫兰认为，大众文化用生产—创造、文化主题、文化消费这三个概念回答了拉斯韦尔五个W中的前面三个。

经验—功能主义学派把媒介看成现代民主的新工具和社会调整的决定性机制，从而成为一种鼓吹西方社会制度价值和现存事物状态的再生产的理论。与此相对的批判思想中最严格的批判应该是法兰克福学派的批评理论。法兰克福学派关注到个体趣味的自由观念，在现代社会中随着自律主体的逐渐消失而全部瓦解这一事实。从法兰克福学派的观点来看，效果、内容分析和受众分层的标准范畴大都来自市场研究，“一种易于受人操纵的研究手段”。经验主义的传播研究是在一个虚假的前提下进行，即消费者的选择都是明确的社会现象。而批判的研究是从不同的前提出发的，“我们先设问：在一个社会的整体进程中文化传播的功能是什么？然后我们再问这样特定的问题：强大的社会审查机构能通过些什么？在正式的和非正式的审查意见下事情成了什么样子？”

从一种扩大的意义上说，法兰克福学派包含了各种不同的立场，有马克思主义的，有萨特式的，有无政府主义的，也有知识分子式的精英文化贵族立场。目的在于分析大众文化商品化的信息和“被管理”的信息所产生的效果，从意识形态操纵和社会控制的角度出发否定了大众文化的载体—传播媒介对人的情感的释放功能和象征参与。

在传播学主流学术思想中，总可以找到千姿百态的社会心理学的痕迹。传统上，社会心理学始终满足于学术排行榜上的第二提琴手地位，其主要的学术方向是处理信息在小团体范围内传递的问题，例如，谣言现象。但巴罗阿多（Paloalto）学派的介入改变了这种形势。其中的主要人物有伯特森（Bateson）、伯德惠斯勒（Birdwhistell）、爱·霍尔（E. Hall）和瓦特拉威克（Watzlawick）。他们被称为隐蔽学团或巴罗阿多学派（因他们所居住的旧金山南郊的小城市命名）。他们认为应该抛弃线性传播模式，提出了两个假说。

第一，传播的本质存在于关系和反应过程。传播活动中有两个要点：一是内容，二是关系。往往是关系包括内容。有两种语言，一种是说的语言，另一种是讯息的语言。一种是功利性、经济性交换的手段，要求肯定性、迅速性、单义性，要服从经济秩序以便进行服务和商品交换：另一种是开拓一个可以分享的模糊的文化空间，是世界观，表达了人的文化属性和人对这个世界的象征交换关系。

第二，人的所有行为有一种传播价值。在主体间性中循环的人际空间是一个传播符号多于事物本身的传播空间。我们不得不相互联系，不得不受影响。语言符号本身就认定信息的意义和语言的功能分不开。巴松和霍尔从实际考察中，通过从少数民族、残疾人和不同文化背景的人的交流中总结出传播的自然特点和文化特点，包括亲近性、时空关系等，认为所有行为模式如话语、姿态、注视、模仿、个人空间感都是传播模式。只要是表达，就产生意义，进入传播。这个由人、媒介、自然和社会组成的传播有机体，是各种意义互相循环沟通的场所。每个人自觉不自觉地介入外界，个人的感觉、观点和看法处于相互运动、相互作用的过程。社会意义上的人际相互反应是意义产生的根源。有症候反应的个人和周围环境之间的心理障碍反映出传播困境。

巴松在其代表作《走向精神生态》一书中认为人的所有行为都是传播，传播有两个类型，一类是二进位的，数值化的，倾向于内容的表达，对信息符号进行编码。另一类是类似的，是通过象征符号来进行的一种外在表象的传播，倾向于关系的表达。这几乎成了一个传播学理论的本体论表述。巴罗阿多学派把研究范围从人际反应扩大到社会关系，并试图找出一套这些反应功能的法则，力图让自己扮演一个有关传播学的总体理论的角色。

加拿大人麦克卢汉的名声是从1962年出版的《哥德堡群英》一书开始的。两年后问世的《理解媒介》风靡欧美，获得了世界性的声誉。他的主要学术贡献有三点。第一，他提出了传播中最本质的事情不是表述，而是媒介自身。第二，把技术决定论的思想运用到社会的文化分析上。第三，有一种美国式的有人道主义标记的乐观主义，这主要是地球村的概念。

在麦克卢汉的遗产中，有一句影响很大的话，“媒介即信息”。我们要对这个说法提出质询。

第一，技术工具的发展水平影响到信息的产生，但本身也只是合作产生信息的要素。工具和使用的关系是一个适应关系，始终存在着社会内在性和技术超验性的矛盾。任何一项工具之作为工具使用，都不可能摆脱社会干预或社会力量的影响，从而具有社会目的性或合目的性。

第二，从马克思主义的社会存在决定社会意识的观点出发，一个信息的贴切性是有边界条件的，这就是它所处在的传播环境和传播网络当中的位置。一个信息是否有意义和有什么性质的意义要由具体的社会环境和这个环境中的信息接收主体来决定，只有这个信息接收主体才能激活、培育和再生产这个信息。（待续）

（选自《国外社会科学》1998年第1期）

西方当代传播学学术思想的回顾和展望（下）

陈卫星

一 传播学理论的新思潮

20世纪60年代以来，在西方传播学学术领域中有建树的新学派主要有五个。

第一个学派是传播政治经济学批评。美国学者F. 麦克卢普在1962年出版的《知识的生产和分配在美国》首先创立了一套针对组织和信息的成本和市场的分析方法。同时，传播理论研究中的政治经济学批评还被引进了法兰克福学派的文化工业理论。这当中有美国人H. 舍勒、D. 史密斯，也有欧洲人N. 加纳海姆、G. 穆多克、A. 马特拉、E. 布斯塔芒特和R. 扎罗。他们对信息和文化工业的分析把重点放在不断增长的国际影响方面。这时在欧美发达国家，文化民主化的政府政策和服务产业公共化的思想面临着一个正在向国际化方向发展的文化商业逻辑的挑战。政治经济学批评意味着文化工业的复杂性和由资本实现的文化活动的价值化增长过程。这需要把传播中经常被隐藏的经济层面摆出来，其中包括跨国经济集团的形成、经济和文化领域中的支配现象、文化信息产品的跨国流动所显现出来的战略意义和“文化帝国主义”概念等。

无疑，政治经济学批评学派从世界因市场经济一体化而形成的经济和交换分工的现实格局出发，对马克思主义的历史发展阶段论进行再思考。这个观点最早由经济学家 P. 巴哈在 1957 年的《增长的政治经济学》一书中与历史学家 E. 华伦斯坦的对话中提出，这与法国著名历史史学 F. 布龙代尔的“经济世界”概念相呼应。就是说，世界从地理上一分为三：中心地带、中间过渡地带和边缘地带，并由此形成世界分工，边缘地带服从于中心地带的需要。这种关系是不平等交换。传播交换网络是商品交换网络的一部分，交换网络的实质是向心化、等级化和各种产品的共存。

传播政治经济学批评学派有三点值得注意。第一，是把对文化支配现象的分析与后康德主义传统的美学、大众文化社会学尤其是文化实践社会学结合起来。尤其是涉及利奥塔在著名的《后现代状态》一书中提出知识“可能是全世界为权力的竞争中最重要的赌注”这一观点。第二，这些学者的分析都尽量避免变成纯经济分析而在学术方向上探索多学科发展的途径。第三，在关于“信息传播的世界新秩序”这个命题上的争论非常激烈。针对几个大通讯社的垄断地位，针对信息传播手段正在被集中到一部分跨国企业集团手里的现实，人们提出了世界信息传播新秩序的观点。

第二个学派是语用学。语用学（Pragmatics）这个词源于希腊文的 Praxis，是指一种主体和主体的语言应用关系。语用学有两个要点：研究语言行为情境，主观态度的介入。其次是和话语内容相比较，更注重语言行为的权威效果和象征有效性。不仅仅是描绘世界，而是作用于世界。语用学的发展一般被认为有两个来源。另一个是巴罗阿多学派，一个是奥斯丁等人所主张的语言行为（事件）理论。

巴罗阿多学派的当今主将瓦特拉茨威克在他 1967 年出版的代表作《人际传播语用学》中表明，一种主体之间的关系（主体间性）或语用关系是意义产生的根源。哪怕是我们最小的一点反应都有一种自反性、镜面性或循环性的属性。语言是行动，说话就是做事。但用话做事总是要和别的东西在一起，要依赖环境效果或者是陈述状态，即说话时所处的可能性状态。要把传播作为一个被整合的社会现象来进行考虑，把人际关系和社会关系结合起来考虑，从元传播入手，从非传播的模态找出传播的可能性，并提出了分析精神分裂症的双重限定定理。

语用学的另一个来源是英国哲学家 J. 奥斯丁的语言行动理论，就是把说话当作做事，把语言表述的功能分成记述式和行为式两种。记述式是只提供一个陈述事实，词→词（word to word）。而行为式是一种对事物对象的介入，词→物（word to world）。说话因此分为两种类型，一种是就事论事的陈述，只提供一个信息内容，让人去翻译、引用、重复。陈述表明任一件事，可能真，也可能假。另一种是从关系出发而形成的陈述状态，指整个语言行动的参数和情境性，如信息发送者在发送信息时的状态，其间的行为、意图、姿态、目光、声音、角色、情绪、位置、环境等物理的、心理的和社会的状态因素。陈述状态话语虽然不能或真或假，但可能是适当的或不适当的，这取决于话语是否被正确地、完全地和成功地完成了。

第三个学派是人种志传播学和社会互动反应理解。这在理论渊源上与德国社会学家 G. 齐美尔的社会性理论和美国人类学家米德的交流行为理论有衍生关系。

人种志（也被译为民俗人类学）传播学是从 J. 古迈尔和 D. 海墨开始的，源于社会语言学。他们汲取了奥地利哲学家和社会学家 A. 舒尔茨的概念“知识库存”：对社会的阐释是根据范畴和对常识的理解。这些资源帮助社会行动者达到主体间性的相互理解，并对其进行指导。这些可资利用的库存知识在日常生活中用一种有区别的方式来推广，在行动和反应中创造知识的多样性。根据个人、群体、年龄、性别而不同，所有来自“时间性”和“社会时间”的差异反映出对知识的关系和主体间性关系的网络位置。人种志传播学的研究焦点集中在社会反应现象或者是一个几种乡土语言同时起作用的社会、移民群体中的特殊传播情境，包括学校和社会生活中的不同仪式、媒介在家庭中的功能等。

在社会相互反应理论（也被译为象征互动理论）方法上，美国学者 E. 考夫曼的社会生活场面维度理论最有影响。他利用语言的记录或记载作为调查或考察传播情境的工具，在 1961 年出版的《收容所》一书中研究精神病院的社会状态。他表明一个控制严格的精神病医院的制度功能是在所有的病人中产生一种系列的“二度适应”，和被圈入这个环境中的人进行有交流意义的谈判，包括被保留的空间、内部交流网络、商业活动，甚至某种平行权力的到位。和功能主义者把视角放在社会制度上不同，考夫曼的社会行动相互反应论把考察重点放在日常生活中的行动者的角色功能上。

第四个学派是技术和调解社会学。这种学派把新的信息传播技术所带来的社会变化和调解机制结合起来考虑。考察技术中介作用如何影响社会关系和政治关系的建立是分析传播技术的社会参与和社会管理功能的一个经典课题。技术目的性总是暗示着每个技术对象的自发适应先于它存在的社会要求，比如移动电话满足当今不断增长的职业性业务联系的需求。1963 年，美国人 E. 罗杰斯提出了新的分析模式，即扩散模式。他认为，一种被传播开来的发明要通过社会成员的合作，它的扩散要适应相应的社会价值观。这可分为几个阶段：信息、劝说、决定、应用、肯定、不同社会范畴的使用者的需求程度不一，有发明者，最先的使用者，大多数使用者，大多数后来的使用者，最后来的使用者。这个模式被广泛用在信息传播技术硬件的销售学当中。

围绕着人/机器/社会这三者之间的关系进行争鸣是西方学术界的一个老话题，对技术进步带来社会进步提出质询的学者专家越来越多。部分学者还开始从实用角度研究新的信息传播技术设备的用法，把重点放在使用—消费层次上，研究社会介入技术的复杂性和整个社会文化实践与技术的关系。

第五个学派是信息接收理论和媒介消费理论。我们可以说信息接收是一个被隐藏的维度，涉及读者、观众、使用者或消费者，不可能用一种理论或一种研究方法来予以说明。德国学者 H. R. 姚斯的现象学接受理论、英国奥斯丁的语用学理论、经济学中有关在服务产业中消费者角色的理论、法国学者 M. 德塞尔托的西方文化形式的系谱分析理论都丰富了对信息接收理论的深入研究。英国文化研究学派大师 S. 霍尔在他著名的文章《编码/解码》（Encoding/decoding，1973）中提出一种谈判式（就是指信息接收者在接收信息时不是无条件的，而是有一种心理上的讨价还价过程）的接收理论，假定信息接收者对信息解码的修改，表现出意义理解的偏向性是基于自身利益和文化实践的基础。对媒介的接收是从自身的文化、特殊的社会记忆、库存的知识、被展开的象征资源的期待出发。个人在和接触到的视听信息进行交换时，与他们个人的历史和所处的环境有因果关系。

英国文化研究学派是对媒介的文化分析中历史最久而较有影响的一

个学派，其研究范围包括了人种志、大众媒介、语言和主体理论、文学与社会、女权主义等等，在理论资源上汲取了卢卡奇、巴赫金、本雅明、戈德曼、萨特、阿尔都塞、巴尔特等的观点，其中影响最大的是葛兰西的霸权理论：霸权是指特定的阶级利益、政治利益和意识形态利益的总的优势地位。

二　传播学究竟应该研究什么？

传播学思想的最初出发点是作为一种有专业学术范围和社会活动领域特殊性的思想，和其他现存的哲学和知识系统无直接关系。从 80 年代开始，传播学思想的研究中出现了哲学，或者说是有哲学性格的教条和质询。应该说涉足传播学的美国学者很少解释理论基础或进行哲学思考，只有一些德国和法国的哲学流派对传播学展开理论咨询，提出一些有启发意义的问题。

法国著名文化评论家博德利亚在 1986 年提出一种传播学的哲学思考：“传播在某种意义上继承着宗教行为。只要哪里存在着人的交流不再是通过一种非形式的一致性进行自发调整，就应该产生一种形式装置，一个集体性操作的膺象来保证意义的循环。”启蒙运动所创造的信仰是社会进步与人的解放同步，那么传播的发展也应该向透明化发展，这在今天的西方成为疑问。传播成为传播太多的牺牲品，太多的传播强加意义，是真实的缺失，是类象（simulacre）的统治。意大利哲学家 G. 维特莫《透明社会》一书中说，媒介化的社会远远不是更加清楚、更有教养、更有自我意识的社会。它相反更复杂，甚至是混沌状态。因为不再有大写的历史、大写的现实和大写的真理。

海湾战争以后，法国另一位著名哲学家和评论家 P. 维埃约也对电视直播新闻事件所产生的信息霸权的负面效应提出批判性的哲学思考。他根据爱因斯坦早年提出的三个爆炸理论（原子爆炸、人口爆炸和信息爆炸）认为，西方大国的电子媒介与新闻事件同步，把真实时间置于真实空间之上，把全世界统一在一个新闻时间维度，取消了有地域文化特色和理解可能性的地方时间，也就是说用真实时间取消了真实空间。让不同社会制度、文化背景和经济水平的国家和地区处在同一个信息时间会对人们的现实感产生一个非常严重的真假难辨的问题。

对那些重新思考当代媒介在舆论形成、思想循环和政治生活中的功能的研究者来说，德国哲学家哈贝马斯的理论具有深刻影响。哈贝马斯的“公共空间”概念是研究理性的批评实践的发生过程。“公共空间”的特点是，它是国家和社会的调解空间，在求得关于理性的力量和交换的财富的共识的情况下展开个人之间的争鸣和思想交锋，使意见更清晰。在当代西方社会中，由于大众文化的影响，民意测验对政治生活的组织作用和“行政方式”的信息管理，“公共空间”这个概念开始走向衰退。哈贝马斯对帕森斯的思想进行再思考，提出“传播反应”思想，把传播行动和反应放在与象征交换和语言背景的网状结构中进行分析，力图用语用学的形式分析在传播参与者当中赢得一个有动力的理性合约。哈贝马斯拒绝阿多尔诺的灾难主义观点，后者认为理性向工具理性的转化是根本的堕落。哈贝马斯提出，批判社会学应该研究一个有传播关系的社会中的反应网络。传送关系是把对立的个人聚在一起而释放出理性潜力，而服从于市场法则的大众媒介的传播战略是功利主义的和工具性的，这反而有把社会的真实世界予以殖民地化的危险。这种超出政治领域范围来重建“公共空间”的理论设想在西方学者看来是为现代民主的有效性提供了一个意图规范。

在哈贝马斯之后，西方学者提出了针对信息化增长、知识的表象形态和思想功能的解释系统。沿着海德格尔的思路，法国青年学者 P. 列维在 1987 年问世的成名作《机器世界》中宣布一个人类学意义上的嬗变，语言和计算的关系正在颠倒：“社会的信息化成为一个计算的权力针对语言的符号标记。”语言的本体论主权面临着计算的挑战。在他看来，这几乎是具有划时代的意义，就是说让操作返回到给予意义，例如遗传学的生命复制技术，文化领域中宗教的可选择性。这里提出的一个问题是文化是否可以被简化为智慧或计算。

从解释学的观念出发，法国另一哲学家 L. 塞兹在其力作《传播批评》（1988，1992）和主编的两大卷《传播批评大词典》（1993）中先验地预言，传统意义上的信息将会被取消，笛卡儿式的表象概念将会消失。因为正在形成一种新的完全为自己的传播，其中存在着他称之 tautisme 的我向性同语反复的全能统治。他发明的这个词包含着同语反复、我向性和全能主义三个方面的意思。在他看来，传播正在制造新的神圣，通过传播方式把被传播的对象和传播接收者融合起来。传播是一种机器化的表象，表现的功能和内容融为一体。这可以说是传播的表达力，也可以说不是。

从 20 世纪 70 年代到 80 年代，传播学的学术思想在没有否定基础流派的前提下用新视角新问题来丰富自己，但彼此之间多少有些矛盾。还有些西方学者试图进行不同的理论范型的嫁接，如技术社会学和象征符号互动理论的结合，政治经济学批评和哈贝马斯理论的结合，经验—功能主义思想和媒介应用的文化分析的结合等。经过半个世纪的发展，信息传播学的理论基础越来越精致，越来越丰富。尽管有否定和批评，三大基础流派还是占据着学术的中心位置，同时涌现了许多新的学术思考，对传播学学术思想进行了有深度的更新。我们可以用各种方式来评估这种丰富：有些学者对理论领域的扩大欢欣鼓舞并据此把传播学当作一个间性学科或跨学科；另外有些学者认为理论混淆会带来一种无所不包的杂烩式的学术概念。有人在学术探索上随心所欲而不去核实理论的同一性，以偏概全；也有人以发展自己的观点为要，试图按自己的观点理解整个传播现象以简化理论争鸣和多样性；还有人忧虑没有可以用来理解当代实践的新理论；等等。当前西方社会中传播活动专业化、职业化的要求是为企业或社会机构及公共权力的组织模式的战略提供合法化的依据，是社会管理的操作手段或技术机制中的核心内容，所有从事社会中介活动包括信息传播的人都受到管理实证主义的影响。这个新的功利主义时髦激起人们对认识论工具的研究，以便缓解采用技术结论而引起的社会紧张。

应该看到，世界上传播学学术中心的位置正在发生地理变化。美国学者最初占有学术垄断地位，20 世纪 60 年代以后，显然是英国学派和法国学派有更多的理论贡献。在发达国家的社会现实中，信息传播成为经济发展和管理操作中越来越大的赌注，如何对传播学的研究内容和研究范围进行理论定位是一种迫在眉睫的需要。法国著名传播学专家米涅教授在 1995 年出版的《传播思想》中提出了下列五点：第一，研究传播技术装置和信息的产生及意义的产生的关系；第二，研究社会对技术的干预，特别是使用者—消费者的活动如何使技术装置在社会层面上普及应用；第三，研究显现信息的文字形式（形象、声音、图式）和支配它们的概念以及它们实现的条件；第四，研究信息传播活动的社会维度、政治维度和经济维度以及这些维度和新信息传播载体的发明和实验的关系；第五，研究调解过程中的变化。传播交换领域中的调解所涉及的关系和形式并不把自己简化成主体间性形式，而是对所有人的开放形式。

半个世纪以来，传播学的三大基础流派吸引了不少理论上的后来者，并在此基础上开辟新的学术视角。然而，传播学本身的学术界限和范围从来没有被固定，总是在不断演变，这与信息传播技术的发展和技术社会化程度有关，势必要产生出有关生产活动中和新的表象形式中如何自动处理信息的理论。另外，传播学在某种意义上又涉及一些共同的理论基础，如社会学、经济学、政治学、人类学、语言学、历史学、地理学、哲学、心理学和科学哲学等，这也许能更好地理解被观察到的信息传播现象的意义。

在现在的西方传播学理论中，一般不赞同把学术思想简化到意识形态的水平，因为在意识形态中被肯定的特殊判断力是散布神话。传播中不能没有意识形态，但不应该再是温柔的操纵或者以排他性的方式在想象上做文章，而想象是制造愚昧和理性退化的根源。传播意识形态要在传播中找到自己的位置，这是指传播行动者寻找实践效果的特殊策略，或者是技术中介化的移植方式，或者是实现社会管理的操作目的。现代传播有很多暧昧性，它的第一个暧昧性是它和市场经济全球化的过程相伴随，这个过程的实质是商品的统治。显然如何在学术自治的方向上定位传播学，目前在西方仍然是一件很困难的事情。

（选自《国外社会科学》1998 年第 2 期）

20世纪西方新闻与大众传播理论概观

石义彬[*]　单　波[**]

西方的新闻与大众传播理论是一个难以把握的学术领域。自20世纪50年代以来，西方学者对此领域进行了方方面面的清理，但至今仍然没有统一的认识。他们大多偏重于用抽象的、有普遍意义的理论框架和方法来涵盖具体的、历史的、呈现文化多样性的新闻传播理论表述，这就难免产生各种各样"以偏概全"的研究模式。而在科学主义的视野下，这些被总结出来的研究模式又不断受到广泛的质疑，以至于得出"传播科学尚处于'前范式阶段'"[①]的判断。其实，问题并不在于新闻与大众传播理论有没有范式或能否用单一的研究范式来界定，而在于传播研究的"场域性"（contextuality）和人类传播活动的"不确定性"（indeterminancies）摧毁了为建立抽象的研究范式而设立的权威性学术话语。

1981年，丹尼斯·麦奎尔（Denis McQuail）和斯文·温德尔（Sven Windahl）出版《大众传播模式论》（*Communication Models for the Study of Mass Communication*）一书时，西方学者建构传播研究模式的热情还没有减退，他们对模式的遵从依然建立在模式的构造功能、解释功能、启发功能和预测功能之上，但这两位学者当时还算比较清醒，认识到"模式

* 作者信息：石义彬、单波，武汉大学新闻系。

** 作者信息：石义彬、单波，武汉大学新闻系。

① 参见R. T. Craig，"Communication as a Practical Discipline"，in B. Dervin，L. Grossberg，B. O'Keefe & E. Wartella（eds.），*Paradigm Dialogues in Communication*，Vol. 1，Issues，Beverly Hills，CA. Sage，1989，pp. 97－122。

不可避免地具有不完整、过分简单以及含有某些未被阐明的假设等缺陷，适用于一切目的和一切分析层次的模式无疑是不存在的”。[①] 同时还看到，“因为大众传播研究的不同途径涉及互不相容的不同侧重点，有时涉及到前后矛盾的理论，因此，任何一个全面性模式都可能混淆各种科学的探讨，不可能正确说明现实真实的思想状况”，另外，“一个单一的全面性模式可能无形中肯定一种单一分立的传播过程的存在，即由作为信息来源的社会传向作为受众的会”。[②] 到1994年，麦奎尔的《大众传播理论导论》第三版面世时，研究模式的思想已淡化，开始以人文主义研究方法和科学主义研究方法为横线，以媒介和社会为纵轴，把传播研究切割成媒介—文化论、媒介—唯物论、社会—文化论以及社会—唯物论四个不同的面向。显然，这种分析把西方传播研究带到了由“媒介、文化和社会”构成的“场”，呈现出传播研究的“场域性”，放松了主流传播学那种以“传播者—讯息—通道—受众—效果”为模式的操纵力量。

事实上，在回顾并反思20世纪西方新闻与大众传播理论的发展时，我们所面对的不仅是归纳其中的理论表述结果，更为重要的是在西方特定的“媒介、社会和文化”场域、意义中的理论表述过程。本文将由此出发，真实地理解20世纪西方新闻与大众传播理论的发展过程。

一 20世纪西方新闻与大众传播理论的知识来源

19世纪末和20世纪初，西方人以这样的思考方式开始新闻学研究的制度化行程：新闻与社会的平稳发展和民主政治的成功有着密切的相关性，电气化、摄影术、电影、留声机、电话、广播等新的传播技术戏剧性地变革着媒介领域，也给人们提供着生活基础，以至于传播的变化能戏剧性地改变人们的思想与行为；同时，人们所处的时代还是垄断资本时代，在追求高额利润的过程中，作为公众舆论必不可少的滋养品的新闻，已被耸人听闻、浅薄无聊所“污染”，并且威胁着民主政治。更为可

---

① 丹尼斯·麦奎尔、斯文·温德尔：《大众传播模式论》，祝建华、武伟译，上海译文出版社1985年版，第4页。

② 同上书，第13页。

怕的是，新闻从业人员无所适从，新闻业处于一种无序状态，因此，新闻学研究与教育是必需的。[①] 显然，这种思考方式是西方新闻学接受社会学影响的内在动因。

一般说来，在20世纪20年代以后，对西方新闻学和传播学构成间接和直接影响的主要是这样一些学者：研究官僚制度的德国人韦伯（Max Weber）、社会学之父孔德（Angust Comte）、实证研究方法的先驱迪尔凯姆（Emile Durkheim）、理论社会学的创始人斯宾塞（Herbert Spencer）、力主模仿理论的塔尔德（Gabriel Tarde）、研究群体对个人影响的社会心理学之父齐美尔（Georg Simmel）、实用主义哲学家杜威（John Deway）和詹姆斯（William James）、社会学家库利（Charles Horton Cooley）、社会学芝加哥学派领袖帕克（Robert E. Park）、社会学家米德（George Herbert Mead）。[②] 在他们所处的年代，报纸已成为拥有大量读者的、重要的大众媒体，社会进步的信念使他们中的一些人着迷于报纸在社会变迁过程中的潜力，于是，新闻学的问题被纳入社会学视野之中，“传播”被作为人与人互动的关键要素纳入其思想过程。比如，杜威向他的学生灌输的一个重要观念便是“大众传播是社会变迁的工具”，并且从未放弃借用媒体改良社会的可能性。[③] 而在库利看来，人与他人互动，有如一面镜子，帮助个人自我概念的形成，“传播”就是“镜中我”形成过程中“唯一”的关键要素，它提供社会化的一种方法，有如结合社会的齿轮。[④] 本来，关心大众媒体的库利已经注意到了大众传播效果问题、媒体所有权问题以及媒体在儿童社会化过程中的角色问题，但对报业商业主义的排拒，使得他只是在人际传播的范围内“诠释”其社会进步的信念。米德则从杜威和库利的学说出发，提出“个人乃经由与他人互动，进则认识自己”的自我理论，朝着强调人类传播是社会化的重要代理人这个方向大步迈进。[⑤] 帕克在11年的记者生涯中发现了新闻塑造民意的作用，

---

① 参见单波《反思新闻教育》，《新闻与传播研究》1998年第4期。

② 埃弗里特·M. 罗杰斯（Everett M. Rogers）：《传播科技学理》，庄克仁译，台湾正中书局1988年版，第93—96页。

③ 同上书，第97页。

④ 同上书，第99页。

⑤ 同上书，第105页。

并带着对这一问题的浓厚兴趣离开新闻界，进入社会学领域，使传播成为社会学领域的一个中心问题。在他那里，所谓传播就是“个人能以某种意识，到达某种程度，对别人采取态度与观点的一种社会心理过程”,[①] 新闻是人际交流的基础。他所关注的主要问题是，人际网络如何与大众媒体结合？报纸影响民意的程度如何？报纸如何为民意所控制？媒体如何能促进社会变迁？

显然，这些社会学家以他们对社会进步的关怀，把新闻与传播置于人类行为的实证分析层面，客观上打开了新闻学和传播学反思社会的新视角，并把它引向了社会科学研究轨道。从此，西方新闻学和传播学的理论表述不再仅仅是新闻传播的编史工作和经验化研究，而是延伸到了广阔的社会领域。但是，这个时期的行为主义者将权力（power）的研究等同于“影响力”（influence）的研究，过于轻率地忽视了作为“某种能力或预存属性”的权力与主要涉及权力运作过程的影响力之间的差异。相应地，以媒介效果研究取代传播过程研究，把媒介的影响力仅仅视为一种与生俱来的说服能力，至于这种影响力如何运作，则并未受到重视。

二 战后西方新闻与大众传播理论的多样化发展

第二次世界大战以后，上述单一层面的媒介影响力研究的语境不复存在，战争的创痛、核武器的威胁、技术的控制、意义的虚无等迫使人们重新思考人的权利和价值。在新闻传播领域，人们重新审视新闻自由。美国的新闻自由委员会和英国的皇家报业委员会均观察到，无论是媒介的私人垄断还是媒介的公共垄断，都已逐渐威胁到个人意见的表达自由，并认为应把媒介办成公共论坛，广泛吸收民众参与，形成人与人、媒介与受众的互动，以此使媒介负起社会责任。与此同时，电视、电脑等新传播技术已把传播推向社会变革第一线，其互动性、个人化、小型化的特性已迫使研究者不得不去关注传播系统中两人或多人的信息交流过程，并且在一个高度互动的传播系统中，已经不可能划分“来源”和“受

---

① 参见埃弗里特·M. 罗杰斯《传播科技学理》，庄克仁译，台湾正中书局 1988 年版，第 103 页。

众”，相反，每一个人都是“参与者”。于是，施拉姆在 1952 年最早提出了传播即“分享”信息的观念，认为传播是一种关系，是一种分享的活动，而不是一个人对另一个人施加的行为，从而在总体上扬弃了传统的媒介效果理论。[①] 在他看来，仅仅用“传者—受众”模式来描述传播是不确切的，也不应当把传播描述成两个同样活跃的双向间的一种关系，双方是由社会环境所连接的，也是由他们个人的知识和价值观的共识部分所联系的，也只有在这种关系中，双方才能分享信号。在这一分析框架下，他开始把目光投向媒介的长期效果，指出潜在的长期效果是大众媒介对于人类社会的主要作用，它表现在知识、新闻的获取及其社会化的过程中，存在于我们生命的所有时日之中。[②] 施拉姆的研究显示，媒介效果研究把触角伸向了社会变革的深处——人与人的互动，同时也呈现了传播的互动本质。

自 20 世纪 50 年代电视进入家庭以来，大众媒介已成长为文化工业巨人，民众对媒体的依赖感加强，政治机构对媒体的运用也越来越频繁，同时，60 年代欧美各国普遍发生的社会对抗、种族冲突、劳资纠纷、学生运动、反战示威和政治丑闻，使得媒体在政治动乱年代所扮演的“政治”角色引起许多争议。如政治传播学者布鲁勒（Jay Blumler）所指出的，当时的社会危机也引发了媒介危机，许多社会群体认为媒体扭曲了它们的本质。[③] 另一些人则为媒介的霸权和专制而深感忧虑，法兰克福学派的文化工业批判话语代表了这种深深的忧虑，在他们那里，文化工业一方面是资本主义社会中操作大众意识形态的工具，另一方面又是服从于资本主义商品交换逻辑的，总而言之，是为资本主义制度服务的。他们在媒介体制外的哲学思辨在某种意义上呈现了媒介危机的实质。

英国传播学者索尼亚·利文斯认为，卡茨的媒介研究在某种程度上整合了把媒介置于政治怀疑与批判框架中的批判研究（critical research）

---

① 何庆良：《施拉姆的传播理论》，《新闻研究资料》第 52 辑，中国社会科学出版社 1990 年版。同上。

② 参见张锦华《传播批判理论》，台湾黎明文化事业公司 1994 年版，第 2 页。

③ Livingstone Sonia, “The Work of Elihu Katz: Conceptualizing Media Effects in Context”, in Coener John, Philip Schlesinger & Roger Silverstone (eds.), *International Media Research: A Critical Survey*, 1997, pp. 18 –36.

与在既定政策参量内评估媒介系统功能的行政研究（administrative research），他对证据的重视、对单一或封闭的媒介效果定义的拒斥以及对传播的社会和心理过程的通观，成就了他对媒介研究的贡献。① 但是，实证主义和媒介自由市场观念的深刻影响，使北美传播学者难以消解实证式的媒介效果研究的“情结”，常常是用文化批判做手段，去达到加强媒介效果的目的。

20世纪60年代，欧美传播学分别出现了戏剧性的学术景观：麦克卢汉（M. McLuhan）以“媒介的功能在于延伸人体的感应能力”“媒介即信息”等新奇的观点震动学界，与此同时，英国的伯明翰大学现代文化研究中心的S. 霍尔（S. Hall）等学者则从社会存在和社会意识的辩证关系出发，考察资本主义社会意识形态与大众传播之间的关系，吸收法兰克福学派的文化工业理论，开创了文化研究的新领域。

更具戏剧性的是，尽管麦克卢汉和文化研究学者都注意“媒介的权力”，但描述的方法和心态并不相同。麦克卢汉认为，拥有绝对力量的是媒介本身而不是媒介的内容，“一切传播媒介都在彻底地改造我们，它们在私人生活、政治、经济、美学、心理、道德、伦理和社会各方面的影响是如此普遍深入，以至于我们的一切都与之接触，受其影响，为其改变”。② 显然，他试图形式化地揭示当今时代愈演愈烈的媒介技术统治现象，形式化地呈现媒介如何改变了人们的思维方式和理解方法，但并不对此进行反思，而是顺着技术决定论的思路，呈现出现代人置身于新交流方式中的舒适感，以媒介对人的支配的合法性给消费时代下定义。相反，文化研究学者对媒介支配人的现象是警觉的、反思的，他们从语言和内容层面描述传播媒介巨大的政治和意识形态影响力，认为这种影响力主要通过传播媒介所特有的“议题设定功能”得以发挥出来，而大众传播媒介所设定的“议题”是一种高度的人工合成物，它经过传播者的新闻价值标准的过滤筛选，因此，媒介所报道的事件已非事件本身，而是媒介将一些语言符号连接在一起，以传递某种意义，从而使媒介担负意识形态的构联角色。更为可悲的是，传播媒介的“议题设定功能”依

---

① 转引自徐耀魁主编《西方新闻理论评析》，新华出版社1998年版，第295页。

② 转引自张锦华《传播批判理论》，台湾黎明文化事业公司1994年版，第147页。

存于其“非党派性”和“中立”的招牌，这些招牌给人一种可信赖感，从而传播媒介所设定和提示的“议题”能对受众产生巨大的影响。

应该说，他们所面对的历史情境是相似的，即二战后大众文化（尤其是美国模式的流行文化），包括电影、电视、流行音乐、杂志等，在传播科技的力量、商业化包装的魅力及超级强国的威力下，大举渗透各国，社会生态文化产生巨大的变化，大众文化构成民众生活中极为重要的空间。但他们对历史情境做了不同层面的观察。一方面看到了传播科技对人的巨大统治力量，并由此看到了支配受众、拓展媒介市场的巨大潜力；另一方面则察觉出包括大众传播在内的大众文化总是处于特定的社会权力体系中，所谓文化的高雅与低俗、传播媒介的议题设定、文本的意义、传播的效果等，都是社会权力以各种面目渗透的结果。前一种观察是符合美国的市场研究模式的，其眼中的受众只是一个媒介或信息所指向的带有已知“社会—经济”特征的、潜在的消费者的聚合体；后一种观察则与法兰克福批判学派相呼应，把限于哲学思辨和推论的文化工业批判发展成媒介体制内的文化研究，如霍尔所揭示的，在迎合读者口味报道新闻、遵守客观性原则等一些既有的认知框架里，可能早已隐含了有利于现有权力框架的意识形态，因为当媒介“客观”地引用某一新闻来源的时候，早已在客观采访的结构关系中嵌进了一个已经设定的议题。虽然媒介并非被动地复制消息，而是有一个主动创造过程，但这种采访结构已被媒介视为当然的逻辑，这样一来，媒介的“自主”能力也就只是相对而非绝对的了。①

在一般意义上，我们很可能说，从那时起，欧美传播学研究形成了鲜明对照：北美传播学以行为主义的科学方法见长，而欧洲传播学开始流行批判方法和诠释学方法。但我们还应该看到，首先，这些方法不是相互排斥的，而是互补的，它们共同融入了西方传播学方法论体系；其次，任何方法都不能独立于研究者的基本观念架构之外，而自成一个客观的运作体系；因为任何人在运用方法研究问题之时，心中早已有一套自觉不自觉的关于人类社会及知识的基本观念，这些基本观念导引着他看问题的方法。因此，要了解欧美传播学研究方法分歧的实质，还必须

① 转引自张锦华《传播批判理论》，台湾黎明文化事业公司 1994 年版，第 137 页。

去追问这样一个问题：是什么样的观念导引着他们研究传播现象的方法？

正如我们前面所分析的，社会进步的信念使行为主义新闻与大众传播理论表述者着迷于媒介在社会变迁过程中的潜力，认为媒介影响社会变迁的过程是可以预测和控制的。同时，按照霍尔的说法，他们以一套多元论（Pluralism）的社会假设，视权力的运作是某一个人直接影响另一个人的行为，个人的决策过程也是可以预测和控制的。[①] 因此，确定选择行为或市场行为是主要内容，并由此确立研究问题的目标是预测和控制，思考问题的方法是：在这个主题（如人物、事件、现象等）中，有没有可测量的趋势？如果有，是什么？[②] 进一步看，其思考逻辑是市场逻辑或经济逻辑，其动力是追求媒介运作的最大利润，因此，如何争取消费者就成为最重要的问题，而任何干扰自由市场竞争的要求（如规范节目内容、保持节目的平衡、禁止跨地域媒体经营等）均被视为违反自然，同时还强调媒介产品的同质性以减少生产成本。相反，从事文化批判研究的学者认为，社会权力的发挥，并不在于某人影响某人的单一层面，意识形态所造成的“潜移默化”的影响，才是更深层次的因素。另一方面，文化工业批判者构筑了当代民主政治的核心概念——“公共领域”（public sphere），即针对公共事物，在法律制度保护下，公民得以自主而理性地互动及辩论，而大众传播的商业化和舆论技术的出现，限制甚至从根本上改变了公共领域的性质和特征，使其从理性—批判论争的场所逐渐蜕变为一个文化消费领域，公共性原则也被转化为管理化的统一原则。结果是公众变成一种被管理的资源，他们被从公共讨论和决策过程中排

---

① Edward J. Fink & Walter Gantz, “A Content Analysis of Three Mass Communication Research Traditions: Social Science, Interpretive Studies, and Critical Analysis”, *Journalism & Mass Communication Quarterly*, Vol. 73, No. 1, Spring 1996.

② 讨论“公共领域”概念的学者主要有阿伦特（Hannah Arendt）、鲁曼（N. Luhmann）、米尔斯（C. Wright Mills）、图雷纳（A. Touraine）及哈贝马斯（Jurgen Habermas）等，其中以哈贝马斯的讨论最为系统。此处所引即为哈贝马斯的观点。参见张锦华《传播批判理论》，台湾黎明文化事业公司1994年版，第197页；周宪《文化工业—公共领域—收视率》，《国外社会科学》1999年第2期。

除出去了，而一些利益集团的政治主张则被合法化了。[①] 在这种观念的引领下，他们很自然地把社会文化研究转向意义的理解和诠释，对社会冲突予以高度关注，尤其关心社会冲突中体现出来的支配—被支配的关系。由此，他们的思考方法是：一方面，媒介内容是多义的，要以动态的方式去发现外部世界、事件对人的价值和意义；另一方面，知识是通过批判而产生的，要从价值分析和判断中去寻求人类社会的解放和变革。其问题集中于：是什么造成了研究主题中的“霸权”（hegemony）？这种霸权的价值观应不应该改变？应如何改变？[②] 其思考逻辑是文化教育的逻辑，讲求言论自由、美的品质、公共利益的考虑、观念整合、保护少数族群和青少年，重视文化认同与区域自主的保护，认为媒介在文化层面上应是多元而富有地方特色的，在告知和教育民众成为民主政治的成员方面，又极具文化上的重要意义。

三 世纪末西方新闻与大众传播理论的新动向

20 世纪 80 年代以后，随着商业与技术浪潮的冲击，欧洲人引以为荣的公共广播电视系统逐渐被瓦解。1980 年，西欧 17 个国家共有 41 个电视频道和 61 个广播站，绝大部分都是“公共”性质，而到 1990 年，一下子冒出 36 个商业频道，与 40 个公共频道及其他有线电视频道相抗衡。变化了的媒介环境对欧洲媒介研究产生了深刻的影响，按麦奎尔等欧洲学者的说法，欧洲媒介研究开始进入由“旧秩序”向“新秩序”转变的过程，即以公共服务和政府控制为重要特点的“旧秩序”，受到新科技的冲击以及跨国商业势力与欧洲情势变化的影响，进入抗拒、冲突及调适阶段，逐渐由新的媒介运作法规孕育出新的秩序，同时新秩序的基本规约再经过受众、市场的考验，引出欧洲新的媒介模式——私人和不同的

① Edward J. Fink & Walter Gantz, “A Content Analysis of Three Mass Communication Research Traditions: Social Science, Interpretive Studies, and Critical Analysis”, *Journalism & Mass Communication Quarterly*, Vol. 73, No. 1, Spring 1996.

② Edward J. Fink & Walter Gantz, “A Content Analysis of Three Mass Communication Research Traditions: Social Science, Interpretive Studies, and Critical Analysis”, *Journalism & Mass Communication Quarterly*, Vol. 73, No. 1, Spring 1996.

市场机会构成的私人媒介与公共媒介的双元系统。① 如此一来，一些欧洲传播学者便开始整合市场研究模式和文化批判研究模式，在麦奎尔切割出媒介—文化论、媒介—唯物论、社会—文化论和社会—唯物论四个不同面向的同时，法国传播学者米涅把传播研究的内容和范围界定为5个方面；其一，研究传播技术装置和信息的产生与意义的产生的关系；其二，研究社会对技术的干预，特别是使用者—消费者的活动如何使技术装置在社会层面上普及应用；其三，研究显现信息的文字形式（形象、声音、图式）和支配它们的概念以及它们实现的条件；其四，研究信息传播活动的社会维度、政治维度和经济维度以及这些维度和新信息传播载体的发明和试验的关系；其五，研究传播交换中调解过程的变化。② 在这种整合的趋向中，文化批判研究常常转化为"文化效果"研究。以"媒介帝国主义"（亦称文化帝国主义）理论为例，作为法兰克福学派对西方文化进行全面批判的思想结晶，它包括"媒介表述论"和"媒介传送论"两个基本要素。在"媒介表述论"方面，认为意识形态、文化背景以及传播内容产地的文化和社会形态等决定了传播媒介的表现形式；在"媒介传送论"方面，指出在大众传媒中大量传播的西方文化形成了对第三世界国家的巨大影响，具有消解民族认同、扼杀第三世界人民的创造性与参与精神等作用。这后一方面的表述就常常吸引研究者去关注大众传播所达到的资本主义文化效果，从而借用实证主义的研究方法，精细地描述多种媒介工业在全球特别是第三世界国家的影响力。于是，在后来的媒介批评研究中，出现了广泛描写媒介帝国主义具体实例的现象。

随着媒介长期效果研究不断向社会文化、心理、观念层面展开，也由于媒介效果研究者越来越体会到展现在大众传播领域的资本主义文化矛盾，美国在20世纪80年代后开始大量引入文化研究和批判研究。据美国学者所做的统计，整个80年代，尽管实证式的科学研究仍占主导地位，但运用批判学方法和诠释学方法撰写的论文已稳定在40%左右。③ 主

① 转引自陈卫星《西方当代传播学学术思想的回顾与展望（下）》，《国外社会科学》1998年第2期。

② 参见W. J. Potter，R. Cooper & M. Dupagne，"The Three Paradigms of Mass Media Research in Mainstream Communication Journals"，*Communication Theory*，Vol. 3，1993。

③ 参见［英］汤姆森《文化帝国主义》，冯建三译，上海人民出版社1999年版，第70—80页。

要由欧洲学者创造的媒介帝国主义话语、文化研究话语等也在美国扩散开来，并有了新的发挥。如费杰士（Fred Fejes）企图研究媒介帝国主义与媒介效果的关系，解决媒介帝国主义话语未能正视的问题：第三世界国家中究竟有哪些环节特别地受到了跨国媒介的文化冲击？到底人们如何体验资本主义文化？其种种效果又如何在不同的人身上产生互异的体验？在市场已为特定力量支配之下，对于接受这些文化产品的人们又产生了“哪些意义”呢？[①] 这样一来，他把媒介帝国主义理论导向追踪媒介产品以及受众接受这些文化产品后的反应，从而“客观地”展现资本主义的文化效果，同时又视媒介为“中性”，淡化媒介产品的操纵性效果。在这里，他一方面扬弃了媒介帝国主义话语的主观性色彩，另一方面又抛弃了蕴含其中的批判精神。

另一位传播学家詹姆斯·凯利（J. M. Carey）是文化研究话语在美国的重要“代言人”。他完全打破了沿袭已久的拉斯韦尔研究模式，宣称传播的最高表现并不在于信息在自然空间内的传送，而是通过符号的处理和创造，参与传播的人们构筑和维持的、有意义的、成为人的活动的制约和空间的文化世界。在他看来，传播活动是人们交往的一种仪式，其作用在于通过符号的处理和创作，定义人们活动的空间和人们在这一空间扮演的角色，使得人们参与这一符号的活动，并在此活动中确认社会的关系和秩序，确认与他人共享的观念和信念。因此，对于他来说，研究人的传播活动的原因并不在于它有巨大的影响或潜在的影响，而在于人们的符号表述活动本身就是文化，研究人的传播活动就是研究文化。[②] 在这里，凯利既融进了施拉姆的“传播即分享信息”的观念，又深入到对文化、意义和权力的诠释，把文化研究导向传播媒介容纳文化及其变迁的过程，呈现出人们仰仗媒介的影像建构实体生活的过程。尽管这其中有着挥之不去的“媒介中心论”的情结，但它本身无疑是对资本主义文化的现实性的真实表述：在社会生活和文化图景被片断化了的时代，人们唯有依赖媒介去保持“整体”感觉，去构筑和维持有意义的、成为

---

① 参见潘忠党《传播媒介与文化：社会科学与人文学研究的三个模式（下）》，《现代传播》1996 年第 4 期。

② 所谓媒介角色的多元化是指网络时代的媒介既是全球的又是地方的，既是公共的又是私人的。

人的活动的制约和空间的文化世界。更为可叹的是，实际上人们并不能通过媒介达到此目的，因为媒介所呈现的“媒介事件”，只不过是根据媒介的信息传播特征和媒介市场而预先策划并“彩排”的“中心化”片断或“片断化”中心。这是现代人通过媒介演绎出的现代文化的困境，要走出这一困境，还必须去除“媒介中心论”的情结，站在人的全面发展和整体体验的角度，批判性地考察媒介对人的经验与文化创造的“统治”。而这对美国传播学界来说，是一个相当艰难的转变。

与此同时，互动的、灵活多样的新传播形式，文化与政治、市场与意识形态、传送者与接收者的多样化关系，各种信息传播形式的交叉，都对传统的研究方法提出了挑战，将进一步加速方法论的整合与创新。

20 世纪末普遍存在的对媒介统治力量的焦虑或兴奋将延续下去，发展出两条重要的研究路径：一是在人文主义视野中审视媒介统治力量，二是在科学主义视野内继续发展信息传播技术理论和媒介社会学、媒介经济学、媒介管理学理论，为不断加强媒介统治力量构筑更精细的技术理论，使人们陷入对媒介统治力量更深的认同。

在传播技术、共同市场理念和资本主义意识形态推行下的跨文化传播及跨国传播将是未来的核心议题之一。当然，研究者也会思考另一个核心议题，支撑本土媒介发展和国家意识的公共媒介政策是什么？但思考这个问题时还是不得不面对跨文化传播及跨国传播问题：怎样保护本国文化又促进跨文化传播？如何化解市场逻辑和国家利益的矛盾？与此相伴随的是，国际媒介比较研究将会成为理论表述的一个重心，集中于媒介政策与法规、媒介文化、媒介内容、媒介管理、新闻道德等层面的比较研究，为跨文化传播及跨国传播建立各种各样的理论模型。

然而，西方新闻与大众传播理论表述仍然摆脱不了“西方中心论”的立场，并由此从理论上制造媒介文化全球化的神话，依然受制于实用主义和功利主义，去为消费主义时代的媒介推行商业化的逻辑。显然，这是西方新闻与大众传播理论表述很难超越的事情。

（选自《国外社会科学》2000 年第 4 期）

西方受众研究的传统与范式

臧海群*

受众研究是在西方现代性发展过程中成长起来的一个研究领域。受不同学术、思想背景以及其他因素的制约和影响，关于受众的研究是在非常不同的、多元的话语条件下发展起来的。

任何一门理论的建立都离不开现实基础和思想背景，受众学说也是如此。欧洲作为西方思想的大本营为传播学的建立提供了丰富的理论养分，时代为新兴的美国提供了机会，诞生于美国本土的实用主义价值观和欧陆的时代思潮，共同孵化了大众传播中的受众研究。人们普遍认为，传播学有管理学派和批判学派之分，这个名称来自拉扎斯菲尔德的一部著作《管理的与批判的传播研究》。管理学派讲求实证，热衷于统计方法、实验方法，追求实证科学的“确定性”，在很长一段时期里，被视为受众研究中的主流学派、主导范式。批判学派继承了思辨的传统，对社会制度以及制度下的研究成果予以批判性的分析，被认为是“另类”理论。从20世纪六七十年代开始，文化研究异军突起，与“主流的”和“另类的”理论一起，从不同的角度和层面对受众学说做出贡献，经历了一个从对立、对比、对抗到互相汲取和不断融合的过程。

一　经验主义的实证传统

传播学的受众研究最早在美国开始乃至确立，在理论和实践的双重

* 作者信息：臧海群，1968年生，北京大学社会学与人类学研究所博士后。

路向上都带有明显的“美国特色”，无论是早期的行为研究还是最近的接收分析，都十分强调传播的效果或影响。在研究项目的选择及研究目的上符合实用的、可操作的目的。这种价值取向和实证的研究目的都与美国本土流行的“实用主义”价值观分不开。

作为一个哲学流派，实用主义主张哲学是一种行动、一种方法，因而实用主义哲学主要表现为一种重视实际、重视行动效果的价值哲学形态。同时，在实用主义看来，真正的哲学是以人为中心的哲学。实用主义哲学是人本主义取向的，但是又不同于西方传统的人本主义哲学，它反对从人的超越的理性出发思辨地建立起关于人的真理学说，而是主张研究人的实际生活。实用主义对人的理解是从人的行动或言语活动出发的，从这一“行动”的观点出发，实用主义主张，科学研究以及提出科学理论的目的，在于能够依据所获得的科学理论指导人的行动，尤其在于提供行动操作的方便，兑现行动预想的目的。美国学者莫利斯指出了实用主义的四个背景：科学方法在19世纪所享有的威望；当代哲学中经验主义力量的相应回升；生物进化论的流行；美国民主制理想的流行。

在如何获得关于人及其人类社会的科学知识的问题上，实用主义继承并发展了西方传统哲学的经验主义和实证主义，要求在经验观察和实验基础上建立关于人、人类社会的经验科学。“土生土长的美国社会学乃是被称为实用主义的美国知识革新的产物”，芝加哥学派就是这样的产物。

1892年，美国社会学家A. W. 斯莫尔在芝加哥大学建立了世界上第一个社会学系和人类学系，“社会学因此获得一个稳固的制度性的基地”，这“不能不归功于洛克菲勒财团的资助”。后来逐步形成的芝加哥学派，以重视经验研究，重视应用研究，追求解决实际社会问题（特别是城市问题）而著称。芝加哥学派对城市问题、邻里关系、人口、种族、犯罪、贫民窟等问题的研究，开启了美国经验社会学的方向，该学派最有影响的代表作《波兰农民在欧洲和美国》（托马斯、F. W. 兹纳尼茨基，1918—1920）就是在对新兴的芝加哥城市的社会问题进行了一系列实证研究的基础上写成的（这一民族志的传统在后来的文化研究学者那里得到了继承）。

美国著名的传播学者罗杰斯认为，芝加哥学派之所以对传播学产生如此重大的影响，有如下理由：

第一，它代表了美国社会学（早期）重要的潮流，继承了欧洲的知识传统，尤其是齐美尔的传统。第二，开辟了美国社会学研究的经验主义方向，芝加哥学派用改良、进化和实用主义的方法，用研究社会问题的方法来推进社会的进步。第三，形成了人文传播研究的核心是人格社会化的概念，对芝加哥学派而言，社会化和人类化的渠道就是传播。该学派反对用本能解释人类行为的简单化做法，取而代之的是以一种符号互动论来说明人类的交往行为。第四，芝加哥学派奠定了未来的传播学研究建立在媒介效果基础上的模式。

就受众研究而言，来自芝加哥学派的主要启示是：其一，传播是个体社会化、人类化的渠道。所以对受众行为的研究、对人类行为的研究都不能简单地用本能来解释，而应当从一种符号互动论的角度来说明。其二，人文传播研究的核心即人格社会化的概念，需要我们用社会学、人类学的方法进行受众研究（这个后来被经验学派丢失的传统最后在文化研究学者那里又被找了回来）。其三，媒介的效果研究奠定了受众研究最初的研究模式。

P. F. 拉扎斯菲尔德正是继承和发扬了芝加哥学派的传统，开启了大众传播中的受众研究。作为经验主义社会学方法论的代表人物，他曾经就学于维也纳大学，深受维也纳逻辑实证主义小组的影响。移居美国后，他表现出与法兰克福学派迥异的学风和倾向。在他的推动下，“哥伦比亚学派”致力于方法论上的探索，致力于实证主义的研究，力求社会科学研究的准确性、可靠性和科学性，这位“工具的制造者”终身都在谋求通过方法论的桥梁将经验研究同理论研究联系起来，为受众研究的“主导模式”奠定了基础和方向。

在麦奎尔看来，主导范式的理论预设是“一种美好社会观”，是一种把大众传媒的强大力量与新兴社会科学，尤其是社会调查、社会心理学实验和统计分析的典型研究实践结合起来的研究方法。“这种范式既是传播研究成果，也是传播研究指南”。显然，主导范式的直接成果一方面是传播研究的独立和学科化，另一方面是社会学科的交叉化。在主导范式里，对社会的基本看法是存而不论的，受到当时行为主义学术思潮的影响，着重从微观层面研究传播的技巧和方式与人的行为、认知、态度之间的内在关联，“着重探讨媒介对受众个体或小团体的心理及行为的影响（效果和效能）”，故而是名副其实的“受众研究”。美国传统的经验学派在二战后主宰西方学术界将近30年，积累了大量经典的社会学、社会心理学以及心理学等领域对受众的观察和假说。

20世纪70年代，实证主义思潮受到了来自各个方面的怀疑和攻击，这其中有自身发展的困境，也有来自新历史主义和批判学派的挑战，行为主义也受到了认知心理学派的挑战。这种危机致使经验学派的研究视域不断从微观层面拓展到中观和宏观层面，导致了从直接效果到长期效果、从微观效果到宏观效果的研究转向。这种转向十分明显地体现在“使用与满足”“议程设置”“培养分析”“沉默的螺旋”等一系列有价值的宏观效果假说和理论上，对受众的地位的认识也不断地从“被动”到“主动”，再到“相对主动”发生转变。在研究方向和方法上也更加开放和多元化了。

马克斯·韦伯在对西方资本主义的研究中发现：“唯有在西方，科学才处于这样一个发展阶段：人们今日一致公认它是合法有效的。”受众研究的经验主义实证学派正是在这样的阶段产生的。韦伯进而分析道：“资本主义理智性在今天从根本上依赖于最为重要的技术因素的可靠性。然而，这在根本上意味着它依赖于现代科学，特别是以数学和精确的理性实验为基础的自然科学的特点。另外，这些科学的和以这些科学为基础的技术发展又在其实际经验应用中从资本主义利益那里获得重要的刺激。”经验主义的受众研究在事实上证实了韦伯的观察和分析。

二 否定性思维的批判传统

广义概念的批判理论作为欧洲知识的传统古已有之，狭义概念的批判学派是专指法兰克福学派的，其在学术界的地位可见一斑。由于法兰克福学派与哥伦比亚社会研究所特殊的交往关系，致使传播学在创建伊始，就伴随研究旨趣、研究方法、研究视野的对立和分歧而存在。以后在受众研究方面的批判学派阵营里又逐渐加入了英国的政治经济学派、伯明翰学派，以及法国结构主义和符号学派，还有美国本土的批判学派，等等。这些批判学派的存在和扩展，也许正是使传播研究、受众研究得以持续繁茂发展的动力，毕竟有对立才有压力，有压力才有活力；在对立中体现差异，在差异中体现价值，自然界如此，人类的思想也是如此。诚如美国法兰克福学派的研究专家马丁·杰伊所言："批判理论正如其名字所提示的，是通过对其他思想家和传统哲学的一系列批判来表述的，其发展是对话式的，其起源是辩证的，这也是它运用到社会现象上去的方法。作为其他体系的牛虻，只有以其本身的方式对待它才能全面理解批判理论。"

1923 年，法兰克福大学的社会研究所成立，自此，闻名于现代西方社会的法兰克福批判学派开始形成。它早期的主要代表人物是马克斯·霍克海默、西奥多·阿多诺、沃尔特·本杰明等，由于其成员基本都是犹太人（这是非常重要的一个分析因素，因为宗教、种族是西方世界十分重要的文化现象），1931 年纳粹上台的时候，法兰克福学派的成员纷纷流亡，几经辗转，最后到了美国的哥伦比亚大学。法兰克福学派的理论渊源来自包括青年马克思在内的"黑格尔左派"，"在他们试图获得一种新的观点以便使新环境可以理解时，他们的基本构架仍然是马克思主义"。

如同经验主义社会学在美国的产生有其独特的历史背景和社会因素一样，法兰克福批判学派在美国的崛起也有历史的具体原因。法兰克福的成员亲历了纳粹的政治煽动和"谎言重复一千遍"的宣传，目睹过普通民众在纳粹的政治宣传下如何盲从、被动，最终形成了毁灭性的力量，亲身承受了现代工业文明的异化所带来的灾难，因而对传播媒介的负面效应有切肤之痛。作为人类中被"赶尽杀绝"的种族成员，作为流离失所的亡命之人，他们满怀着"逃皆无所逃于天地之间"的压抑和愤懑，发出了愤世嫉俗的声音。相比之下，美国正处于相对和平的发展时期，大众媒介对社会民主和进步的作用日益凸显，因此研究社会现象的学者也较为乐观和扎实。而同样流亡到美国的维也纳逻辑实证主义小组，由于其重视社会事实的理念与美国本土的实用主义较为接近，因此他们很快切入实际问题的研究在美国的学术界产生了较大的影响，前面提到的拉扎斯菲尔德就是一个极好的例子。

尽管如此，"沟通的努力仍然在较小的范围内展开"，对立的双方并没有像我们所想象的那样格格不入。鲜为人们提及的是法兰克福社会研究所不仅曾经有过与哥伦比亚社会应用研究中心合并的可能，而且它的成员在20世纪40年代还曾经展开过对“权威人格”的经验性研究，“最广泛的经验工作是以弗罗姆测量工人和白领雇员心理状态的问卷为基础的”，虽然这些研究成果寥寥，但《权威与家庭研究》作为研究所的一个重要连接点产生了复杂的影响。由于研究所的成员主要用德语发表作品，多少有些影响美国学术界的回应。

也许人们不会相信，尽管多次的合作并不成功，但拉扎斯菲尔德还是对批判理论和“管理研究”的相互影响持乐观态度。他不仅赞扬了研究所的成就，而且深刻地认识到研究所的价值，抱怨他们由于德语写作而导致“多少有价值的东西被埋葬在那里”。到了20世纪60年代，美国社会问题日益严重起来，全球范围的“五月风暴”，再加上霍克海默和阿多诺的代表作被翻译到英语世界，法兰克福学派的思想在美国思想界才真正引起了关注，形成了世界性的声誉和威望。马尔库塞成为一个时代的领袖，这绝不是偶然的事情。

法兰克福学派对美国思想的影响和冲击起始于对“文化工业”的批判，而且渗透进几乎所有的社会科学领域，在严格意义上并不是拉斯韦尔模式里的受众研究，而是从宏观的层面提出了一种分析文化工业、资本市场、社会政治和大众文化形式之间关系的强劲思路。通过将文化与大众传播的联系，进而与工业、政治以及意识形态等领域的联系，法兰克福学派挑起并参与了美国的文化论战，对美国的传播学研究以及后来的文化研究都具有非常积极的意义。“使文化批评的旨趣在美国年青一代人类学家当中获得新生的最为重要的促进因素，也许是法兰克福学派。”

法兰克福学派的传播学思想，其基本立场是对传播现象的更深理解做出哲学解释，这是与经验研究非常不同的宏观层面，他们在更加宽泛的文化和社会的视野下审视大众传播，审视大众传播对于人的意义。这种开创性的工作，使得人们意识到传播不仅仅是一个物质和信息的交换过程、态度和行为的改变过程，还能透过经验和操作层面进而发现大众传播中意识形态的存在。

在认识的方法上，法兰克福学派坚持在传播学研究中的“否定”和批判立场，也使人们认识到科学研究不仅仅具有经验科学的性质，而且学术活动本身就是一种生活和思想，是人们认识世界和生活实践的一部分，是可能对人类生活和社会最好的秩序。显然，在现代受众学说的发展过程中，法兰克福学派的思想占据了一个不可或缺的重要历史地位，具有学术传统的深远影响。

无可否认的是，法兰克福学派最明显的失败，一方面源于其纯粹的理论演绎，另一方面源于其精英文化立场的嫌疑。在批判的分析视域里，“受众”的主动性荡然无存，这是从根本上违背批判理论的初衷的。我们要在充分理解其历史特殊性的同时，充分认识理论的适用范围和背景因素。纯粹的理论束缚了研究的视野，从下文的分析中我们可以发现，克服这些弱点的新的研究流派又在不断诞生。

传播的政治经济学派继承了马克思政治经济学批判的传统，对受众的分析也是从“文化工业”的角度出发，对资本主义文化的生产进行了鞭辟入里的分析。在政治经济学的学者看来，大众传播中的受众是大众传播活动中真正的“商品”，受众的注意力被出卖，参与了市场经济的循环和运转。

如果说批判学派的研究仍然在“受众客体—受众主体”的思路上，不能脱离群体的概念，那么，文化研究的“阅听人分析”则把“受众”消解，让“个体主体”挺立起来。异军突起的文化研究形成于20世纪60年代，鼎盛于90年代，立足于战后欧洲一系列的新兴思潮，在文化主义和结构主义两种路径上展开了对社会制度、传播现象和媒介操纵一系列后现代景观的分析和批判，使得传统的受众研究进入了“阅听人”研究的新阶段，逐步形成了一条新的路径——文化研究的传统（为与文化研究的专用名词有所区别，我们姑且采用“文化主义的诠释传统”，与前者在本文中是同义的）。

三 文化主义的诠释传统

“文化是无所不在的”，这里所涉及的“文化研究”不是通常意义上所理解的“文化”，而是特指自20世纪70年代以来，在英国的“伯明翰学派”推动下不断扩展起来的一种跨学科研究的理论和思潮。

伯明翰学派的文化研究是在当代发展之中的资本主义历史背景中展开的，随着第二次世界大战以后西方社会结构和国家功能发生的深刻变化，“大众消费”的社会开始形成。各种通俗文化、大众文化形式逐渐兴盛，流行音乐、摇滚、电影、电视、广告等扑面而来，挑战经典文化、高雅文化的神圣不可侵犯的地位。相应出现的一系列社会思潮和亚文化运动，比如后结构主义、后现代主义、女性主义、后殖民主义等，以及20世纪60年代在英国和北美校园兴起的造反运动，以挑战学术霸权的面貌出现，对一切学术建制进行了颠覆。正是在这个背景下，“伯明翰学派”横空出世，对马克思和弗洛伊德的重新阐释以及对日常生活的理论化，开拓了当代文化意识形态和日常生活的批评性的研究视野，使“文化研究”在80年代之后成为当前世界上较为活跃的研究领域。

由于伯明翰学派的研究重点集中在阶级、性别、身份、大众文化等社会性文本以及流行音乐、服装、电视等通俗文化样式上，并且格外注重深刻分析亚文化和日常生活中的对抗统治意识形态的因素和方式，所以文化研究中对当代阅听人的研究就成为重中之重。文化研究来源于文学批评，学术背景是结构主义、语言学、符号学、社会学以及后现代的理论，对大众文化中“阅听人”的接收、表达，与诠释结构及其与意识形态、社会背景之间的强关联进行了详尽的分析，对日常生活的审美和抵抗给予了足够的重视。斯图尔特·霍尔首先在理论上借鉴帕金的观点，提出了“编码/解码”的假说，随后，大卫·莫利及其同事则用一系列实证的民族志研究对此进行了检验和修正。文化研究中的“诠释典范”为当代阅听人的学说奠定了新的起点，产生了广泛而深远的影响。“霍尔模式”为文化的生产和接收提供了一套新的理论话语和新的思维路径。三种解码的假说进一步深化了对受众、对阅听人主动性的研究，从而开辟了从文本分析转向民族志的观众研究的新方向。

霍尔模式作为假说，需要实践和实验的证实或证伪。伯明翰学派后期的重要人物大卫·莫利“对探索解码过程如何随社会群体的不同而出现差异感兴趣”，1975—1979年期间，他参与了当代文化中心对BBC的晚间新闻节目“举国上下”（national wide）的观众的研究。

大卫·莫利的研究在理论界引起极大兴趣的同时也带来不少批评。首先，在电视文本的选择上有很强的给定性，电视节目本身并非观众本人的选择，这就使得这项研究的理论前提大打折扣。其次，从研究的手段来看，莫利精心挑选了观众，并且按照职业分成了小组，这不能排除成员之间的相互影响，同时，解读环境脱离了自然的、真实的电视环境，如家庭、晚上等，与“控制实验”的方法十分接近，解读结果的效度和信度都会受到影响。莫利本人也深刻地意识到这些缺陷，在他以后的研究中不断地修正研究方法来回应对此项研究所进行的批评。在20世纪90年代发表的《电视、观众与文化研究》中，莫利首先回顾了对“举国上下”观众的研究以及再研究，并且对民族志的阅听人研究进行了深入的拓展。

本书各章的旨趣焦点，经历了一系列的原则转换，起始于关注意识形态的多种问题与多种电视讯息的分析，滑入阶级结构及解码过程的成套问题，然后一路挺进，朝向家庭权利脉络，强调性别等差别所造成的收视情况之分歧。

莫利进一步认识到，电视的基本消费单位是家庭而不是个别的观众。因而电视作为一种传播工具，在时间、空间以及社会组织方面把公共与私人领域连接了起来。然而“过去多年来，涉及诠释及使用的问题，一直是不同研究传统的专属天下——一个来自文学或符号学的领域，另一个则来自休闲社会学研究领域”。要打破这种分割对立，“唯有采取一种更为全面的视野——亦即兼顾两种议题的视野——我们才能成功地探索亟待回答的电视观众的问题”。

莫利的证明和修正，其意义“不仅在于以经验研究为电视观众的研究打开了新思路，而且在于他提出了文化研究的一些新问题”。正是这些不断涌现的新问题，为信息时代的阅听人研究延伸着新的发展空间。

四 受众研究的多元范式

在理解了三大传统的一些最主要的分歧的基础上，我们还要看到，所谓的“三大传统”的划分只是出于分析的便利。因为事实上受众学说形形色色，它们的区别并非泾渭分明，并且在不断地生成和相互影响的过程中。所谓“范式”的概念，是借用美国科学哲学家库恩关于科学革命的理论。库恩认为，“按既定的用法，范式就是一个公认的模型或模式，是一种需要进一步分析并具体化的东西”。“范式”是一个既有限定性又有张力的概念，它一方面表明了方法成熟的状态，另一方面也表明了方法和体系的历史进程。受众研究在不长的历史中也积累了多种研究路径，形成了多元研究范式。

丹麦哥本哈根大学的克罗斯·布鲁恩·詹森和瑞典朗德大学的卡尔·埃里克·罗森格瑞认为，受众研究存在五种非常明显的路径：效果研究、使用与满足研究、文学批评、文化研究、接受分析（后来又加了一个政治经济学的研究），这五个研究领域分别划归社会科学和人文科学范畴，其中，效果研究和使用与满足研究属于社会科学范畴，文学批评和文化研究属于人文科学范畴，而接收分析则兼具两家之长。在研究的方法上，社会科学遵循以客观性原则为基准的研究模式，运用实证方法，较多地采用定量的观察和分析，主要把受众当作客体来研究。人文科学范畴主要描述媒介的内容结构，探讨怎样使阅听人在特定的社会情境中感知特定的意义，着重定性分析和种族志的方法，强调研究者应置身于其中，着力揭示阅听人的能动性。

在我们看来，对于信息社会中受众的全面把握，多元范式之间应当具有互相欣赏、互相尊重甚至是共生的关系（差异正是各自的价值所在）。正如传播的政治经济学者 G. 默多克所指出的，“现代传播是符号的和经济的系统，对它的分析，就自然既是经济的分析又是符号的分析，而不是或是经济的或是符号的分析”。

（选自《国外社会科学》2005 年第 5 期）

论全球化传播中的一体化与本土化

——兼论广告传播

程　明*

全球化是当今社会发展的必然结果，既是一种客观事实，也是一种发展趋势，是社会发展不可逆转的普遍现象和历史进程。建立在资本、生产、通信、技术等一体化之上的全球化，其主要标志是经济的全球化和信息传播的全球化。由于经济、传播与文化是密不可分的，彼此关系极为密切，当经济全球化日趋加快的时候，全球化的传播更是无孔不入，各种文化的全球化交流也日益频繁，为各国不同文化之间的相互传播和交融提供了广阔的舞台。

全球化本身是一个矛盾统一体，既有一体化趋势，又有分化倾向；既有集中化，又有分散化。在全球化传播中不可避免地也会体现出这种矛盾和冲突，即传播中的一体化与本土化问题。而全球化传播中的一体化与本土化又以广告传播最具代表性，换句话说，广告传播是全球化传播中一体化与本土化策略运用得最为成功的典型。本文以广告传播为例，以文化视角作为切入点来审视全球化传播，并就一体化与本土化问题进行分析和探讨。

* 作者信息：程明，1972 年生，武汉大学新闻与传播学院副教授。

一 全球化传播——全球化发展的“软力量”与“核心结构”

全球化涉及经济、政治、社会、传播和文化等诸多方面。就传播而言，全球化传播不同于国际传播，国际传播是在承认国家界限的基础上，像人际传播是在人与人之间进行的一样，它是国与国之间的，但全球化传播是跨越民族国家地理边界的信息传播。从政治经济学的角度来看，全球化指的是资本的空间聚集，它由跨国产业与国家来主导，转换了资源与商品（包括传播与信息）的流动空间。全球化传播意味着在市场经济导向下的信息流量以及与信息传播相关的社会、政治和文化的传播开始跨越民族国家的界限。

美国国防部前部长助理约瑟夫·奈（Joseph Nye）把国际政治力量分为“硬力量”和“软力量”，强调了价值标准（自由、民主和人权）、市场经济（自由市场经济体制及其运行体制）和西方文明（文化、宗教）在国际事务和国际交往中的权力与力量的性质。他曾直言不讳地宣称：“美国比任何其他国家拥有更多传统的硬权力资源，并拥有意识形态和制度上的软权力资源，借此维持它在国家间相互依存新领域中的领导地位。”在约瑟夫·奈看来，冷战的胜利、美国文化和价值观念的全球化是通过新闻、娱乐、广告等全球传播的手段和方式等软力量得以实现的。“不管怎么说，美国强大的基础在很大程度上是它对传播的世界市场的支配。世界上流通的80%的文字和影像来自美国。”而软力量的形成与强大得益于以美国为大本营的西方强大的跨国媒体控制的全球信息传播系统。

全球化传播的过程受到符号与象征力量（symbolic power）的操控，其本质是“软包装、硬内核”——以媒体文化作为外包装，意识形态和价值观念作为核心。它区别于政治、经济、军事等“硬力量”对全球进行的强制性征服（coercion），而是利用文化和传播等“软力量”在全球范围内制造“同意”（consent）。软力量实质上就是渗透在信息传播中的文化和意识形态的吸引力。

许多学者都在试图寻找一种理由，以证明全球化传播的不可避免，但他们往往忽略了这一现象背后的本质的东西，即经济的力量。从根本上说，全球范围内的传播，其本质还是以经济利益为根本出发点，强调的还是经济利益和经济地位这个根本点。“一切社会变迁和政治变革的终极原因，不应当到人们的头脑中，到人们对永恒的真理和正义的日益增进的认识中去寻找，而应当到生产方式和交换方式的变革中去寻找；不应当到有关时代的哲学中去寻找，而应当到有关时代的经济中去寻找。”这一观点对于我们探究经济全球化时代的全球化传播也是适用的。

全球传播在很大程度上来源于现代科技的发展，特别是互联网，但互联网并不是促成全球化传播的唯一技术，卫星技术也是关键技术之一。世界各地的人们相互联系和沟通，他们获取信息的主要渠道——电视、广播却依赖卫星，所以这是全球化传播的关键。从世界范围来看，多媒体、互联网以及卫星技术本身都在朝着越来越开放的方向发展，全球传播成为全球经济当中的现实力量或者说是“新殖民主义”的先头部队。

在以互联网、卫星等为标志的当代传播的技术条件下，传播全球化在市场和技术的双重作用下成为一种现实，即在全球范围内展开的各个民族国家之间全方位的沟通、联系，甚至是相互影响。在市场经济的交换机制主导下，传播全球化为经济全球化打破了空间的限制，超越了时间的障碍，甚至模糊了民族国家的传统界限，强化了各个民族国家在国际合作背景下相互合作的关系。从信息传播的意义上说，经济全球化是跨国传播媒体成为全球化资本增殖和生产结构的主角。“尽管各个民族国家的国情不同，各自拥有的经济制度、政治体制、价值观念、道德规范、发展模式等千差万别，但全球化的动力是市场经济中的交换利益，信息传播成为这个交换机制当中的核心结构。”

二　全球化传播的策略——一体化与本土化

正是因为全球化传播是全球化发展的“软力量”和“核心结构”，当今的时代也进入全球化传播的时代，并使得全球化传播问题引起人们空前的关注。然而，产品的市场推广需要信息传播，信息传播又伴随着价值冲突，而文化的价值体系是文化的核心，信息传播就是在这个核心的基础上产生出各种复杂的文化现象。传播全球化的时代使得研究传播话语的策略、形式、力量和流通渠道等变得空前重要，本文所重点关注的就是全球化传播的策略，即一体化与本土化问题。

1. 一体化的全球化传播策略——走文化融合之路

一体化策略的理论源自于美国著名学者李维特（Levitt），他于1983年在《哈佛商业评论》上发表了极具影响力的文章“市场的全球化”，提出了市场一体化策略。他认为，廉价的航空旅行和高新电子通信技术正在使世界成为一个共同的市场，消费者近乎趋同的品位、需求、生活方式将超越民族、地域和文化的限制，如果跨国企业充分利用这个大同的趋势，将市场策略一体化，集中资源，大量生产某种产品，以同一策略的广告，用同一品牌的名称，塑造同一产品的形象，就可达到极佳的经济效益。西方整个社会科学界都在跟随全球化的步伐，对世界一体化的研究越来越受到人们的重视，日益“成为一个合法的知识对象”。

一体化策略的传播有两大理论基础，即人性的共通和全球的趋同。世界上不同国家、不同地区、不同民族的人们，在心理需要、文化需求和审美意识等方面都存在着较大的差异性，然而，在基于人类的生理需要方面则超越文化的限制，而表现出人类的共性。广告大师R. 雷斯为M&M巧克力糖果创作的“只溶在口，不溶在手”的广告，在30多个国家和地区传播，具有极大的时空跨越性，该广告从人的生理角度出发来进行独特的销售说辞，而这种“只溶在口，不溶在手”的美妙感觉正是全世界消费者所需要的。可口可乐作为一种碳酸饮料，其首要的实用价值是解渴，能够满足不同国家的人们基本的生理需要，自1886年问世以来，在其各种广告中始终贯穿着一条主线——用一种“世界性的语言”与不同国家、不同种族、不同文化的消费者沟通。这一饮料在全球范围内广泛流行，无不是“口渴的感觉使四海成为一家”，“口渴没有季节”等广告铺天盖地席卷全球的结果。可口可乐以“一杯饮料”独步天下，并成为世界上最大的碳酸饮料公司和最有价值的品牌，与其在全球推行的一体化策略，成功地实施了“同一景象、同一声响、同一销售”，并在此基础上塑造出全球统一品牌形象不无关系。

除了在生理方面表现出人类的共性以外，在世界不同的地区，虽然其文化是独特的，而且存在着明显的差异性，然而在差异的背后却存在着许多共性的东西，比如对健康、安全、欢乐等方面的需要就是共通的。又如，勤劳、勇敢、善良等世界上许多民族都具有的优良传统则是超越国界的，一旦这些内容在广告中作为信息的载体或表现的手段，则较容易在更广的范围内得到认可，从而增强广告传播在不同文化区域的适应性。著名广告大师李奥贝纳通过牛仔策马奔驰于旷野中的画面和激荡的背景音乐，塑造了自由洒脱、豪壮奔放、粗犷剽悍的牛仔形象：这是一个独立自主的、奔放不羁的反抗者的完美象征，淋漓尽致地展现了豪放激越、自由洒脱的万宝路英雄世界。人们喜欢万宝路香烟并不全在于它的味道，而恰恰是广告中的西部牛仔所表现出来的万宝路英雄世界的巨大的精神感召力。万宝路香烟在世界范围的成功，便是基于人类共同的英雄情结、英雄崇拜和英雄文化。

全球趋同其实是以世界各国市场化进程为基础的，“地球村”使得世界变得越来越小，全球市场将地球上的人们紧密地联系在一起，从而为广告传播的一体化策略提供了生存空间。广告传播的一体化也正是顺应了这一历史发展潮流。

经济上和技术上的转变驱动着全球化现象。在物质条件比较优越的基础上，美国等经济发达国家可以采取各种手段，实现其文化形式的较快发展，在更加广阔的范围内取得更大的影响力，进而对其他文化产生或强或弱的引导或控制作用。这种全球文化现象的确在很大程度上源自于美国，具有大量的美国式内容。“对美国来说，信息时代对外政策的一个主要目标必须是在世界的信息传播中取得胜利，就像英国一度在海上处于支配地位一样支配电波。”以米老鼠和唐老鸭为代表的“迪士尼文化”、以《泰坦尼克号》等美国大片为代表的“好莱坞文化”、以麦当劳为代表的生活方式，都已经不知不觉地成为我们生活的一部分，对我们的社会生活和思想观念产生着强烈的冲击，这些都是美国的特色文化“输出”到全世界的典型。

同时，不同的文化传统中也有着共同的文化追求，这又为文化全球化提供了动力源泉。不同的民族渴求了解异域的民族文化传统，这使得世界上不同民族间的文化传播与交流成为可能，也使各国不同的民族文化中有一部分成为全球共享的文化即非民族的文化。

全球文化的出现，使得文化出现趋同的趋势，也使人类拥有更多的共同喜好、兴趣和追求。“一旦出现共同的文化内容，并且所有的文化主体均对此予以认可、接纳，那么这种文化主体之间所共同表现出的文化趋同，就是文化的融合得以实现的根本标志。”因此，以人性的共通和全球文化的趋同为基础的一体化策略，就其本质来说走的是一条文化融合之路。在运用一体化策略的全球化传播中，文化融合是对文化个性差异的根本否定，所要实现的是消灭文化差异性，彰显文化共同性。实现文化融合的过程，就是“消解”不同文化形式的差异性的过程。文化融合所“融”掉的，正是文化形式的差异性；其“合”成的，则是不同文化之间所包含的共同性质，而这就是一体化策略的全球化成功传播的关键。

2. 本土化的全球化传播策略——尊重并利用文化差异

世界是全球的，但人们的生活却是地方的；传播活动是全球的，但所面对的受众却是本土的，而受众是实际决定传播活动能否成功的人。

本土化策略的理论基础源于不同的国家均有自己独特的文化，世界的经济贸易和文化交流尽管频繁，但是经贸发展却处于不平衡状态，文化的交流并未达到充分的融合，消费者不一定能够理解和接受外来的文化；该策略基于各国文化的特异性，若不遵从各进口国的文化差异、国民性格的差异，必将使传播活动受挫。

国际广告寻找的是市场，传播的是信息，宣传的是产品，然而其目标和对象却是处于与本国文化环境迥异的、特定文化环境中的消费者。因此，广告传播实施本土化策略有其自身的根据和充分的理由。在全球范围内，广告传播中不断提高的地域文化因素体现了典型的全球化传播中的本土化特征。美国宝洁公司是本土化策略的典范，其飘柔洗发水，在美国称为Pert Plus，在亚洲地区改名为Rejoice，中文名则为飘柔，以迎合华人市场，广告手法亦与美国不一样。

本土化策略首先要高度重视文化差异，否则，文化差异可能造成“文化误读”，形成“文化冲突”。传播活动一旦被“误读”，一旦形成“冲突”，其目的不仅难以实现，而且整个传播活动会“深受其害”，遭受沉重打击，有时甚至是致命的打击。

日本丰田汽车公司在《汽车之友》杂志2003年第12期上刊登出丰田两款新车“陆地巡洋舰”“霸道”两则平面广告，引起了轩然大波。丰田陆地巡洋舰采用比较广告的形式，虽然在广告中创意者模糊了被拖汽车的品牌，但车子的外形和色彩仍然能够使受众辨识出被拖的是一辆东风卡车（绿色的东风卡车与我国的军车非常相像），这就极大地伤害了国人的自尊。

重视文化差异的前提在于尊重文化差异。本土化的根本原因是为了更深入、更有效地进行全球化传播，争夺市场。当跨国企业竞相开展国际广告活动时，它们不仅面临着众多竞争对手的挑战，而且也面临着理解和尊重进口国当地的文化差异的挑战，许多企业不是被竞争对手打败，而是冒犯或违背了当地的文化习俗，从而导致当地消费者拒绝相关产品信息，致使广告传播活动失败。如 Pepsodent 牙膏在东南亚的广告推销失败就是一个典型例子：广告商如常地宣传产品使牙齿保持洁白的功效，未想到在当地发黑和发黄的牙齿却是“威望”的象征。

本土化策略的全球化传播在尊重文化的多元与差异的前提下，还要善于利用文化差异。如果说求同存异是一体化策略的“精髓”，尊重并善于利用文化差异则是本土化策略的“法宝”。如力士香皂在德国的广告传播，展现的是一位明星手拿力士要去淋浴的场景；而在英国的广告，则是同一妇女在浴室里使用力士香皂的画面。这则广告策划注意到了德国人爱淋浴而英国人偏爱浴池的不同习俗。

当今世界各国都卷入了经济全球化的进程，然而它没有也不可能解决不同参与主体之间的差异性问题。市场经济虽然已经成为世界的共同目标，但各国的市场经济体制却极不相同，其差异也并不一定随着市场经济的发展而缩小。文化的全球化作为一种趋势在不断发展，但毕竟不可能取代各国、各地区的本土文化。全球传播面对的是不同的市场、不同的文化环境、不同的消费者，采用本土化策略能够提高跨文化传播的能力，跨越文化差异的障碍，发挥传播的效能，实现传播的目的。

三　全球化传播中的文化整合：一体化与本土化的“共生”

以文化融合为特征的一体化策略与重视并利用文化差异为基础的本土化策略，作为全球化传播的两种策略选择都有各自的优点。一体化策略不仅推行便利，而且经济节省，并能发挥多种资源的整体效益，有利于建立全球性划一的品牌形象。本土化策略传播的针对性较强，能适应不同国家或地区消费者的购买需求等方面的特殊性；尊重各国的风俗习惯、宗教信仰等文化环境，克服当地市场的进入障碍，增强传播的有效性，减少其传播的阻碍。

全球化传播不论是采取一体化策略，还是本土化策略，主要目的是消费者比较畅通地获得信息，因此在实施的过程中，应根据具体情况，因地制宜，实施符合具体需要的策略。以广告传播为例，一般来说，全球化传播策略的选择取决于广告传播的动机：当各国的不同市场对相同的广告做出相近程度的反应时，即对广告所传播的同一种产品的购买动机相似，则可以选择一体化策略；当各国的消费者对某一种产品的购买动机存在着较大差异时，则比较适宜选择本土化策略。

然而，这两种策略也各有自身不可克服的不足之处：过分强调一体化，广告信息及其传达又比较难于为所有的市场国所理解和接收，有的甚至遭到抵制；过分强调本土化，将造成广告资源的分散和损耗，且不利于统一品牌形象的确立。即使在世界趋同的今天，全球化传播也有必要加强一体化与本土化的融合，生搬硬套某种策略模式，往往是不成功的。

“在当代世界，由于文化的交流与传播，全世界已联系成一个整体，不同文化形态的运动、发展与变化呈现出一种整体的相关性和一致性。也就是说，任何个别群体（民族的、地区的或国家的）的文化实践行为都离不开所处历史时代的文化整体的价值，受整个时代的文化价值力量的统辖和制约。这种情形预示着人类文化发展面临着一次空前的文化整合。”文化整合的过程就是在人类文化的相互冲突的表现形式与相互融合的发展趋势之间建立起来的一种富有张力的文化发展过程；文化整合作为人类文化冲突和文化融合的有机统一体，其最重要的表现形式是本土文化与全球文化的结合。以全球文化趋同和文化融合为特征的一体化策略与重视并利用文化差异为基础的本土化策略的结合也就具有了文化理论的根据和理由，一体化与本土化也由此得以“共生”。

人类正在进入一个不同文明必须学会在和平交往中共同生活的时代，相互学习，研究彼此的历史、理想、艺术和文化，丰富彼此的生活。否则，在这个拥挤不堪的窄小世界里，便会出现误解、紧张、冲突和灾难。就全球化传播而言，文化的整合以及一体化与本土化的“共生”成为改进和提高全球化传播能力的一种新模式。

中国的不少观众会被绿箭的一则“鹊桥相会篇”的卡通广告逗笑，画面中牛郎与织女在喜鹊搭起的天桥上激情相会，却因牛郎口臭而被推下桥，正当大家为牛郎捏着一把汗的时候，绿箭口香糖及时解围。这则广告通过幽默夸张的手法，将口臭这一日常的小毛病形象地表现出来，以激发消费者的购买需求。该广告的独特之处在于其情节取材于中国民间故事，将中国人耳熟能详的传说重新演绎，既表现出鲜明的民族特色，让中国人感到亲切，又与绿箭“清新”“自然”的主题相契合。这则广告可谓是全球文化与本土文化交融的经典之作，也成为全球化传播中文化整合的成功范例。

四　结语：“合而不同”——全球化传播的新格局

世界不是一元的而是多元的，历史也不是一元的而是多元的，文化同样如此。在当今时代，“文化的多样性是经济全球化时代世界文化发展的标志和表现，是世界各国的地域文化形式维持其存在的主要表现”。随着经济全球化的发展，在世界范围内的文化发展形成的所谓“普世文明”中，“仍将保留个别文明丰富的个性，普世文明的统一性中仍将蕴含个别文明深刻的多样性”。正像理查德·亚当斯所指出的，各种地方文化“继续产生新的社会实体和新的适应形式，它们是通过资本主义的特定作用而又不顾这一特定作用，为了追求生存和繁殖而形成起来的”。

每一个民族的文化都是其民族独特个性与全人类共性的统一体。“在世界交往中得到充分发展的民族特色，本身就是世界历史的规定。在这个严格限定的意义上可以说：‘越是民族的，就越是世界的’。”美国的塞缪尔·亨廷顿教授在《文明的冲突》一书结尾时说过如下一段话：在可预见的将来，不会有普世的文明，有的只是一个包含不同文明的世界，而其中的每一个文明都必须学习与其他文明共存。

透过全球化传播中的一体化与本土化的分析，我们同样也可以看出：全球化本身充满深刻的内在悖论，一方面随着全球化的日益深入，政治、经济、社会、传播和文化诸领域无不昭示着一个全球一体化新纪元的来临；可是，另一方面，与“一体化”相伴随的，却是差异、多元、民族化、本土化趋势的出现和日渐强化。这两方面相辅相成，不可分离，绝对“同质化”的预言，只是看到了全球一体化的一面，而无视民族化、本土化的一面，陷入了“一体化—本土化”的二元对立却不自省。一体化与本土化的张力，催生出一种多元主义文化，这是一幅多元共生的文化景观，符合后现代文化精神的逻辑展开，也是西方现代性在现实的经济和政治层面全球扩张的必然结果。

从未来发展趋势看，世界文化发展的整体状况必将是在相互影响下形成文化多元共存的局面，就是现在一些学者所倡导的“合而不同”的世界文化格局。一体化与本土化都不是绝对的，它们的“共生”恰恰就是文化整合的结果，也是“合而不同”这种全球化传播格局具体而又真实的写照。

在传播全球化的冲击下，文化差异带来的不平衡和不平等的文化流通，整合着文化在不同价值体系和生活方式之间的协调与发展，但也促成不同文化向“同质化”的变迁。然而，在这个意义上，文化差异的缩小与模糊并不否认世界文化的丰富，而唯有文化多元化与多样化发展的生机，才有人类绵延不绝的历史。事实也表明，世界文化也不可能完全走向“同质化”，“合而不同”是全球传播正在变化的现实，也是全球传播未来发展的趋势和前景。

（选自《国外社会科学》2006 年第 3 期）

健康传播研究回顾与前瞻

王　迪*

健康与自然、文化和政治的关系十分密切，也是社会科学关注的重要对象，健康信息的传播成为传播学关注的对象，健康传播学应运而生。健康传播是一个多学科交叉的传播研究领域，涵盖了医学、公共卫生学、卫生保健学、传播学、社会学、心理学、社会心理学、符号学、人类学、教育学、管理学、市场营销学等学科。这里我们首先回顾一下健康传播在国外和国内的发展情况。

L. 帕尔维斯（Leo Parvis）提到，古代先哲苏格拉底和亚里士多德都曾经依靠他们对语言学的研究来更好地为公民传递健康信息，亦被视为健康传播的先驱。

目前传播学界公认的看法是，1971 年，美国心脏病学专家 J. 法夸尔（Jack Farquhar）和传播学家 N. 麦科比（Nathan Maccoby）在美国斯坦福大学实施著名的“斯坦福心脏病预防计划”（Stanford Heart Disease Prevention Program，SHDPP），这一试验被视为健康传播研究的开端。1991 年，美国疾病防控中心（The Center of Disease Control and Prevevtion）设立了专项基金和健康传播办公室，开始组建全国范围内的健康传播机构。

1972 年，“治疗传播兴趣小组”（Therapeutic Communication Interest Group）成立，该小组隶属于 ICA（国际传播学会），“治疗传播兴趣小组”的建立奠定了健康传播的基础，也使健康传播学向学科的规范化发

* 作者信息：王迪，1977 年生，博士，复旦大学新闻学院。

展迈出了重要的第一步。1973 年，“治疗传播兴趣小组”编辑了第一份专业性刊物《国际传播学会简讯》，专门刊登有关健康研究的文章和资料。在 1975 年举行的国际传播学年会上，“治疗传播兴趣小组”决定用“健康传播”代替“治疗传播”，“健康传播学会”（Health Communication Division）正式成立。到了 20 世纪 80 年代，艾滋病的发现和研究也成为健康传播学研究的重点。

健康传播在 80 年代得到了迅速的发展，成为独立的专业。一般认为，某个学科的成型必须有专业书籍的出版、专业协会的成立、专业课程的开展，以及专业刊物的发行作为标准，而健康传播从 70 年代诞生至今，经历了一系列飞速发展的过程。

首先是专业书籍的大量出版。第一本有关健康传播的理论著作是 1984 年的《健康传播：理论与实践》（*Health Communication：Theory and Practice*［Kreps & Thornton，1984，New York：Longman］），随后相继出版了 *The Physician's Guideto Better Communication*（Sharf，1984，Glenview，III.：Scott，Foresman）*Health Communication：A Handbook for Professional*（Northouse & Northouse，1985，Englewood Cliffs，N. J.：Prentice Hall），此后有关健康传播的著作层出不穷。

其次是有关健康传播的协会的建立。1985 年美国设置了“健康传播委员会”（Commission for Health Communication），其中很多成员和 ICA 的成员相互兼职。再次是与该学科有关的专业会议的召开，这是该学科发展专业化的必备条件。1985 年召开的“医学传播会议”（Medical Communication Conference）是健康传播的第一次学术会议；1986 年又召开了由 ICA 和牛津大学合办的“基础医疗保健中的健康教育”会议，以及在加拿大举办的“医患传播”会议。

第三是美国大学中健康传播学专业逐步设立，目前明尼苏达大学、宾夕法尼亚大学、南加州大学、斯坦福大学、肯塔基大学、马里兰大学都开设了健康传播学课程，而肯塔基大学、斯坦福大学和南加州大学现在已成为全美健康传播研究的中心。据美国全国传播学协会的不完全统计，全美各高校中约有 20 个主要的健康传播学的博士项目（可授予博士学位）和 40 个硕士项目（可授予硕士学位）。美国著名的健康研究机构有：肯塔基大学预防研究中心、南加州大学健康促进和疾病预防研究院、斯坦福大学疾病预防研究中心等。最后是学术期刊逐渐创立，第一本健康传播领域的杂志《健康传播》（*Health Communication*）于1989年创刊，而《健康传播杂志》（*Journal of Health Communication*）也于1996年创刊。

一 健康传播——来自“传播”视野的关注

正如施拉姆所比喻的，传播学研究就如同处在各个学科交叉路口的位置，不同学科背景的研究者路过并留下了自己的痕迹。健康传播作为一个崭新而生机勃勃的领域，融合了大量的不同学科，究竟传播学家所关注的“健康传播”应该属于哪一个范畴，“健康传播”研究的范围是什么，这些都需要明晰和解答，我们在这里简单梳理一下健康传播的定义，大致有以下几种。

第一，凡是人类传播的类型涉及健康的内容，就是健康传播。这是对健康传播概念的广义的界定，同时也是目前在健康传播领域中应用得最广泛、最权威的定义。

第二，健康传播就是以大众传媒为信道来传递与健康相关的资讯，其目的是预防疾病、促进健康。健康传播就是有效地传递与健康有关的知识，影响人们的态度和行为方式的改变，从而有效地达到预防疾病，提高国民生活质量和健康水准的目的。

2000年，美国国家健康计划“2010年的健康人”（Health People 2010）的目标中，将健康传播定义为一种技巧或者手法，通过这些来研究与健康有关的重要问题。该计划2001年的项目报告给健康传播下的定义是：“研究和使用传播策略来告知和影响个人及社区的增进健康的决定”。

通过对以上概念的梳理，我们可以看出，现有的“健康传播”概念有两种定位：

1. 广义概念定位。健康传播的范围很广，包括大众传播、组织传播和人际传播；涉及的主题可以多种多样，涵盖一切。

2. “传播策略”定位。重视健康传播的效果，目的是说服对方，从态度的改变达到行为的改变。

虽然这些定义各有侧重，传播主体和渠道多种多样，且涵盖不同传播方式，可以使用多种传播理论和假设进行研究，可以是“散播”，也可以是“说服”，但是都集中体现了一个目标，即传播的内容是有关健康的信息，目的是希望达到传播的效果。

美国学者认为，美国的健康传播领域主要有两大分支：一是“健康服务传递”（healthcare delivery），二是“健康促进”（health promotion）。前者的研究议题以医患关系和人际传播为主，健康服务的提供者（providers）和消费者（consumers）通过对传播技巧的掌握和运用，更好地传播和接收信息，确定治疗方案；后者的研究议题以媒介和大众传播为主，实施者通过说服（persuasion）的手段对消费者的认知、态度和行为施加影响。

张自力在2003年提出了广义上的“健康的传播学”和“健康中的传播学”的分类。事实上，这种分类和上文克雷普斯等人的分类方法非常类似，回顾一下有关健康的社会学研究，我们可以从这个分类中发现美国医学社会学家罗伯特·斯特劳斯对医学社会学①的分类方法和沃林斯基对健康社会学的分类方式。美国目前的健康社会学研究更偏重于“健康中的社会学”，即“主要由健康问题意识所推动的应用和联合性的教学和科研”。另外，在对1985—2003年期间国际出版物上有关健康传播的定义进行梳理之后，R. 帕罗特（Roxanne Parrott）提出，在定义涵盖的不同范围内强调“传播”在健康传播中的意义，这些不同范围的定义也是强调通过传播如何达到效果的。② 由此可见，帕罗特认为，目前的美国健康传播还是侧重于“健康中的传播学研究”。

---

① 美国社会学协会的定义是：“医学社会学是社会学的一个分支，它运用社会学的观点、概念和方法来研究人类健康以及和疾病有关的现象。作为一个分支学科，医学社会学包含了将健康和疾病以及社会、文化和行为环境中的一系列知识。它所研究的题目有：描述和解释与疾病在不同人群中的分布或者分析有关的理论；了解个体保持、增强或恢复健康，或应付不适、疾病和残疾的行为和方式；了解人们对健康、疾病、残疾和医疗保健人员和保健机构的态度和观念；研究医疗行业或职业、机构、资金及医疗保健服务的提供方式；研究医学作为一个社会机构与其他社会组织的联系；分析文化价值和社会对健康、疾病和残疾的反映；了解社会因素在疾病病因学中的作用，尤其是功能性和情绪性的，现在称之为与紧张有关的疾病的作用。”转引自沃林斯基《健康社会学》，社会科学文献出版社2003rh thgc。

② 美国学者克雷普斯等人提出，1985—2003年期间国际出版物上对健康传播下的定义涵盖了几个方面：社会论述、专家论述、分配论述。社会论述关注如何部署和使用稀缺的资源，如研究经费、医疗费用、时间，同时研究在政治、宗教和组织影响下如何为美国公众获得和分配健康信息与健康服务。

正如罗格斯的广义健康传播概念所提及的，就传播方式来说，健康传播涵盖了组织传播和人际传播，并不仅仅限于大众传播。美国健康信息传播的空间不同，因此所采取的健康传播的方式也不同。

医院是健康传播的最重要的领地，通过医疗系统内部的组织进行组织传播，医生和患者之间的交谈是富有成效的人际传播。第二次世界大战之后，因为各国健康保险的增加、医疗设施的改善，医生更多地依靠药物和科技的进步。美国的医疗体系是世界上最先进和最完备的，这也得益于战后美国的医疗体系。随着知识和技术的发展，美国的医疗保健变得更加专业化和细化。美国学者在 1992 年的研究中提到，美国医疗体系逐渐完善的一个最为明显的事件发生在 1960 年，为老人和贫困人口设立的医疗保险方案通过了立法。医院为特殊治疗提供了场所，更多的医务人员受到了培训，传播的信息更加细致和完备。

除了医院之外，美国的健康信息还在家庭及社区内传播，采取的方式更多的是人际传播和组织传播等方式。1964 年有关的统计报告显示，美国每年大约有 200 万人因各种通过简单的个人生活方式的改变就能预防因疾病而造成的死亡。家庭是日常健康实践的场所，并创造出营养模式、锻炼模式、休息模式和放松模式。

除了家庭和社区，工作场所也是重要的健康传播空间。除了家庭、朋友的影响之外，工作场所是大多数人度过清醒时间的地方，同事之间对态度和看法的影响也颇为重要。传播学家于 1985 年对工作场所的研究发现，这里的健康信息传播的内容包括压力、社会支持、预防行为和慢性疾病问题的解决、性接触、家庭和工作的平衡、暴力接触等。

公共空间是健康信息传播的最广泛、最主要的沟通渠道，也是最重要的开展健康教育运动的渠道。通过公共空间，公民可以交换意见，媒体讨论也得以进行，社会各界的交流更加便利、更加积极。有关健康的公共讨论，如公共卫生对艾滋病人权利的保护，对戒烟与滥用药物的人群的帮助等，这些具有特点和说服力的争论为政策制定提供了基础。

公共空间内的信息传播的主要方式是大众传播。大众传播可以通过广播、电视、电影、报纸、杂志、书籍、网络等媒介进行。此外，卫生标语、卫生传单，以及置于闹市等公共场所的卫生宣传画廊等，也可以成为大众传播的传播载体。

美国的健康传播研究涵盖了复杂而广泛的主题，期望提高大众的健康水平，延长人们的预期寿命。目前，美国健康传播的主题涵盖了信息和医疗的广泛领域，界定比较宽泛，包括健康维系、健康促进、疾病防治、疾病治疗，以及健康倡导等。通过对健康传播文献的梳理，人们认为健康传播还可以从以下几方面不断进行分类：疾病控制和预防、紧急事件的准备和应对、伤害或暴力预防、环境健康、工作环境的健康和安全等。对边缘性文化群体（marginalized cultural group），如穷人、少数民族、妇女和老人等的关注，也将成为现代健康传播研究的另一个重要方向。

二 健康传播的发展趋势

从纵向和横向来看，未来健康传播学有两个发展趋势，其中纵向是指社会、文化、政治等不同的研究层面；横向则是指医学、公共卫生学、卫生保健学、传播学、社会学、心理学、社会心理学、符号学、人类学、教育学、管理学、市场营销学等不同学科的融合。

在《健康传播——个人、文化与政治的视角》一书中，P. 马丁（P. Martin）等人为健康研究界定了5个层面的模式，即文化中的健康传播模式：

（1）意识形态的意义。即“真实”的哲学含义或者社会的道德基础，如美国人很重视独立的价值，而其他社会的人更重视团体。

（2）社会政治的潜在意义。即围绕着社会基础的政治问题，如性别、种族等。

（3）机构或专业的意义。即专业的医疗组织或者公司，如联邦政府或州政府；还有医药、护理、社会服务等，同时包括专业的、潜在的健康难题和事件。

（4）种族文化或家族的意义。即日常生活中的文化传统、方式、风俗、仪式、价值观、表现及社会互动，通常会通过家庭慢慢灌输或者学习。

（5）人际意义。即热情的方式、亲密行为、在互动之中的角色等。

通过对美国健康传播研究的分析，帕罗认为，未来的健康传播发展应该注意以下几个方面：

（1）多学科发展的路径：传播研究在健康传播中的角色；

（2）运用传播的路径：寻求传播框架的路径为健康传播研究带来何种教益；

（3）基础传播科学的路径：寻求健康传播为传播研究带来何种教益。

他还认为，这些综合性的讨论对健康传播研究的未来大有裨益。

正如前文所述，健康不是简单的生理问题，而是涵盖了生物、文化、政治、社会等各个方面，而健康传播研究也正是在这种多学科的背景下成长和发展起来的。

（选自《国外社会科学》2006 年第 5 期）

国外有关互联网去抑制行为的研究

丁道群　伍　艳*

健康互联网去抑制行为可概括为与现实生活的对应行为相比更少受抑制的行为，它包含以对自我呈现和他人评价的担心"明显"减弱为特征的任何行为。互联网上存在两种典型的去抑制行为。第一种是纷争（flaming），表现为攻击与漫骂。通过互联网进行交流时，人们可以因为一个小小的不同意见而立刻恶语相向，不惜偏离所讨论的问题而用各种言语攻击对方。一些在现实生活中即使是循规蹈矩的老实人，进入网络后也可能会变得粗暴和富于攻击性。第二种是过度自我暴露（excessive self-disclose），人们在网络上的表达更直接和较少禁忌，更容易表露出个人内心的情感，暴露自己的弱点和个人隐私。近期不断增多的研究也表明：网上冲浪行为也具有去抑制性。

一　有关纷争的研究

有关纷争的研究主要来自对以计算机为媒介的交流（computer mediated communication，CMC）的研究。20 世纪 80 年代中期，心理学家发现在收发电子邮件、同时或继时布告板系统讨论某个问题以及玩多用户游戏时，人们在言语交流中很容易产生漫骂、攻击等纷争场面。作为一种

* 作者信息：丁道群，1971 年生，博士，湖南师范大学副教授；伍艳，1982 年生，湖南师范大学硕士研究生。

反社会的去抑制行为，纷争被定义为“直接的、有时是毫无理由的批评”，“强烈情绪或感觉的敌对表达”，它由敌对和不友善的情境所引发，“是社会攻击行为的一种”。通过对面对面交流、匿名 CMC、非匿名 CMC 和使用电子邮件交流几种条件下的去抑制言语行为水平进行比较，发现 CMC 条件下的去抑制性言语行为（操作定义为有害评价、呼名和侮辱）要显著高于面对面条件下的交流，而且无论是否匿名，这种差异均存在。该研究还发现，CMC 中的去抑制水平要高于电子邮件使用组。

戴尔（Dyer）等人通过比较发现，纷争发生在 CMC 中的频率是在面对面交流中的 4 倍多。有研究者发现，男性在互联网上比女性表现出更多的纷争行为。按照塞尔夫（Selfe）和迈耶（Meyer）的观点，“激烈的、情绪化的，有时是匿名的、发泄式的……这些如果不是 CMC 的一个普遍（universal）特征，也是其共同（common）特征”。

目前有关纷争的研究存在着一些缺陷。（1）在定义方面含糊、不准确，区分什么是纷争和非纷争的标准也不一致。（2）过分强调信息内容而不是信息的语境。已有的研究主要通过分析信息内容来考察被试在交流中的去抑制水平（包括自我暴露、攻击、漫骂等）。然而由于文化因素和缺乏足够的语境线索，研究者在语词分析中可能出现理解的误差。例如，很亲密的朋友之间偶尔使用粗俗的语言可以是他们关系密切的标志，而研究者很可能将其归为去抑制行为。（3）对纷争行为的价值判断有问题。纷争常被定位为否定的、反社会的和不受欢迎的，这种先入为主的观念可能会影响研究者对纷争行为怎样发生、为什么发生的判断。（4）视纷争行为为互联网独有现象的观点有失偏颇。事实上，言语的攻击与漫骂等纷争行为也经常出现在现实的人际交流中。

二　有关过度自我暴露的研究

许多实验表明，CMC 和互联网上的行为具有高水平的自我暴露的特点。斯普劳尔（Sproull）和基斯勒（Kiesler）通过观察办公室交流，发现人们在使用电子邮件时会更加直率和开放。帕克斯（Parks）和弗洛伊德（Floyd）发现，60% 的网络新闻组（Usenet）使用者报告说与其他使用者建立了人际关系，且在调查项目“我常告诉此人我确实的感受”上得分高，而在项目“我从不告诉此人任何亲密和隐私的事情”上得分低。沃尔瑟（Walther）等人指出，人们通过网络进行交流，会更多地涉及自己深层次的问题；由电脑诊断而不是亲自见医生时，病人往往报告出更多的性伴侣、更多的隐私、症状和不良行为。总之，在互联网上人们可以畅所欲言，做一些在生活中一般不会做的事情。

这种相对高水平的自我暴露说明了网络关系为什么以深入了解对方为特征。使用 CMC 能产生更积极的社会互动，人际交流快速且容易形成亲密关系，有些甚至结婚或同居。在网上碰到陌生人，人们更少考虑因泄露敏感的、私人的和有潜在危险性的信息而带来的后果。沃尔瑟将这种通过 CMC 进行人际交流而产生的比面对面交流更刻板化的社会期望和亲密关系称为“超个人的”（transpersonal）互动。

三 有关网上冲浪行为中去抑制性的研究

哈里斯（Harris）等人用球迷行为研究了互联网上的信息搜索模式。通过记录足球比赛后球迷在他们所支持的球队网页上的点击量，结果发现，球队每胜一场，随之而来的是点击该队网页人数增加；而当球队失败时，点击数并未显著减少，而是保持在基线水平。而根据已有研究，个人所支持的球队的表现会影响自己的自尊、情绪、乐观态度以及与运动队休戚与共的意愿。因此，在现实生活中，当所支持的球队输球之后，对有关该球队信息的搜寻会减少。这表明，网上冲浪行为可能不受现实生活中所需要的自我保护意识的支配（在现实生活中，人们一般通过自我保护来避免有威胁的信息），也就是说，网上冲浪行为也是去抑制的。

有一项研究考察了被试通过网页的形式完成问卷调查的情况。在实验中，被试通过网页或纸笔完成对自我意识、社会焦虑、自尊和社会期望的测量，并进一步将其分为匿名和非匿名两种条件。结果表明，网页测验中的自我暴露水平要高于纸笔测验，而且当完成网页问卷时，人们表现出较少的社会焦虑和较低的社会期望。有趣的是，当两组被试都没有匿名时，这种效应也没有消失。这也表明，网上冲浪行为与 CMC 行为一样，都是以较高的去抑制水平为特征的。

四 对互联网去抑制行为成因的解释

1. 个体因素

苏勒尔（Suler）认为，个性差异在互联网去抑制行为中扮演着重要的角色。一个人潜在的情绪、需要强度和驱动水平影响着去抑制的易感性，个性风格也会在防御机制和抑制或表达的趋向上发生很大的改变。有戏剧风格的人倾向于非常开放和情绪化，而具有强迫性特征的人则更拘谨。互联网去抑制作用与人格变量交互作用，在一些情况下导致与其现实行为的微小背离，而在另一些情境下又发生戏剧性的改变。

梅伊·阿隆索（Mei Alonzo）等人基于使用与满足理论（uses and gratifications theory，UGT），探讨了纷争产生的原因，认为人们期望从这种行为中获得满足感。人格特质（如自负）是产生纷争行为动机（如娱乐、逃避现实、放松或消磨时光等）的一个重要因素。

马西森（Matheson）和赞纳（Zanna）认为，去抑制行为是由于个人的两种主观状态——公开的自我觉知（public self-awareness）和私下的自我觉知（private self-awareness）——引起的。在 CMC 中，人们私下的自我觉知增强，而公开的自我觉知减弱。他们在一项研究中检验了该观点，比较两组被试，一组为 27 名心理学初学者，另一组为 28 名普通学生，分别通过 CMC 和面对面方式讨论同一问题时的自我觉知水平。结果发现，CMC 组被试比面对面组被试报告出更强的私下自我觉知和更弱的公开的自我觉知。这表明，当自我呈现（self-presentation）意识减弱时（通过降低公开的自我觉知），自我监控和对内部状态和标准的关注就会增强（通过增强私下的自我觉知）。近期的研究也证明了这一点：CMC 使用者相对于面对面的交流，在讨论中更坚持自己的判断，较少地受到他人以及社会规范的约束，表现出较高的私下的自我觉知。

2. 环境因素

塔尼什（Tanis）等人认为，纷争行为是社会情境依赖的、而非 CMC 媒体本身的特性。希尔茨（Hiltz）等人重复了一项研究，用几组陌生人通过角色扮演为他们所在的组织完成一项基于现实的“两难选择”，结果发现 CMC 组中大约一半的被试根本没有表现出去抑制（纷争）行为。利

（Lea）等人由此认为，去抑制行为并不是 CMC 媒体的特性，两个实验结果的不同源于社会情境的差异。

苏勒尔提出了导致互联网去抑制行为的 6 个互联网环境因素：匿名、听觉和视觉通道信息的缺乏、继时性、内心专注于自我、游离的想象和对权威的轻视。匿名和有限的交流通道（如仅基于文本的）导致 CMC 缺乏丰富的面对面交流的信息，这种信息反馈的减少会导致更多的不确定性和误解。同时，互联网的有限带宽也限制了人们沟通和交流的方式，个体只能以有限的方式传递信息，少了手势、面部表情、语调和外部环境线索。这种社会线索减弱的环境导致了相应的社会约束的减少和社会规范作用的降低，其结果便是个体表现出反常规的和无管制的行为。

3. 群体动力因素：去个性化

基斯勒认为，当 CMC 使用者匿名时，其关注的焦点可能是手头的任务而不是接收者或他们自己的内部标准，这样他就是去个性化的。去个性化有助于减少社会责任，减轻社会压力，因此会导致更具攻击性的行为、更为诚实的自我表达和较少自我约束的行为。

尽管去个性化理论获得了一些实验的支持，但是去个性化似乎并不能很好地解释互联网上的去抑制行为。首先，利等人认为，CMC 并不是像去个性化解释所阐述的那样是无任何规范约束的，而是有时也受某一主动的社会认同过程中所产生的规范的制约。其次，正如前述研究所证实的，即使被试署名，他们的互联网行为仍是去抑制性的，这也表明去个性化的必要前提——匿名，在互联网去抑制行为中可能不起关键作用。

去个性化效应的社会认同解释模式（social identity explanation of deindividuation effects）对 CMC 中的去个性化效应提出了一种新的解释。在匿名情境下，由于缺乏作为个体的自我关注，人们往往做出社会认同而非个体认同的行为，其结果便是引发了建立在特定社会团体规范基础之上的行为管制。赖歇尔（Reicher）等人关于 CMC 中群体极化的研究发现，群体成员的特征（如心理系学生）和被试的匿名性之间存在交互作用。换言之，当被试明显匿名且群体特征显著，那么经过群体讨论后，他们态度变化的可能性则较大。这是因为被试正用群体规范引导自己的行为。当被试可被识别且群体特征显著时，群体极化则不会发生。这一结果表明，“心理上属于某个群体的归属感与匿名性相结合不是引发了反常规行为，而是增强了和群体规范的一致性”。

由此，去个性化效应的社会认同解释模式认为，互联网中的去抑制行为可能是 CMC 中的匿名环境和群体规范共同作用的结果，而且并不如我们所预想的那样多。在匿名环境下，社会认同的特征显著，并且与社会认同相关的群体规范指向去抑制性时，去抑制行为就会发生；而当群体规范明显时，即使匿名，去抑制行为也难以发生。

五　互联网去抑制行为的作用

1. 互联网去抑制行为的积极作用

第一，在互联网中，孤独者可以找到新朋友，谦卑的人可以自由表达想法，害羞的人可以探究新的身份认同。一项调查显示，借助互联网进行交流，年轻人可以更自由地表达真实的自我。第二，人们在网络中比在现实生活中更乐于寻找自我帮助和健康的信息。第三，在教学中，使用互联网可以使讨论变得较为容易开展。当以电脑为媒介进行教学时，该情境鼓励关注信息而不是信息的提供者，因而有助于更为诚实地讨论和更充分地学习。第四，互联网的去抑制性使得互联网成为一种新的研究工具。尽管通过互联网采集数据有它自身的局限，但是，即使是没有匿名，人们在网上也似乎比在现实生活中更诚实，这使得通过互联网采集研究数据更具优势。第五，人们在网上的行为有别于现实生活行为的事实也为电子商务的开展提供了可能性。人们可能更愿意在网上购买那些在现实生活中因担心他人评价而不会购买的物品（如性用品等）。

2. 互联网去抑制行为的消极作用

第一，纷争对儿童和成人构成了潜在伤害。网络不仅是现实生活的一面镜子，事实上，它还容易造成各种对妇女儿童的暴力行为。第二，儿童可能因过度自我暴露（如暴露自己的真实身份）而受到侵扰或伤害。第三，在网上获取非法的和色情的信息。第四，在网上展示去抑制行为的人可能会在现实生活中也慢慢变得更去抑制。他们在互联网上的不恰当行为，可能会发展成为负面的自我感知。因此，早期的研究多集中在如何采取手段减少去抑制行为的发生，如促进网络礼仪和规范的建设，教育人们有关去抑制的潜在危害，使他们对自己的在线行为负责等。

六 目前存在的问题及研究展望

互联网中普遍存在的去抑制行为，既是缺点，也是互联网之魅力所在。它使我们很好地理解互联网和现实行为之间的差异，也是理解互联网行为的出发点。从目前的研究来看，尚缺乏能系统解释所有互联网去抑制行为的理论模式。这一领域还有很多值得深入研究的问题。

（1）可能不是某个单一因素，而是多个因素共同促成了互联网去抑制行为的发生。这些因素包括对匿名的觉察和相应的自我觉知的变化、对任务的兴趣（也可能改变公开的和私下的自我觉知）和与网络行为相关的社会规范等等。个性因素与环境因素是如何交互作用而产生去抑制行为的，对这一问题尚待进一步的研究。

（2）匿名性作为互联网人际交流的一个重要特征，在多大程度上能引发去抑制行为？有研究发现，匿名的确导致了去抑制行为；而另一些研究却发现，在互联网人际交流中，即使不匿名，使用者也会表现出去抑制行为。这可能与研究者和被试对匿名的理解不同有关。在互联网上，由于交流可以超越物理空间的限制，人们的交往面非常大。因此，即使被试不匿名（即不隐藏自己的姓名和身份），也可能由于对方不可能认识自己而实际感觉到与匿名一样的效果。也就是说，去抑制行为不取决于客观上是否匿名，而可能取决于被试主观感知到的匿名程度，即感知到的不被别人认出的程度。现有的研究对此没有做出进一步的区分。

（3）很多人开始注意到，互联网去抑制行为，尤其是攻击、漫骂等纷争行为，有可能会助长其现实生活中的类似行为。目前，这些都仅局限于经验的推断，缺乏实验的支持。互联网去抑制行为是否会影响、以何种机制影响现实生活行为，将是今后值得关注的一个重要研究内容。

（4）根据去个性化效应的社会认同解释模式，当与其他群体进行比较（有时是为了区别于其他群体）时，与社会群体关系相关的自尊会得到增强，人们的社会认同将比个体认同更突出。在网络中，如果能产生以社会认同为基础的自我管制，那么人们在网上的行为将更加有章可循。因此，建立网络行为规范，构建特征明显的网络社区，可能有利于减少纷争这样的去抑制行为的发生。

另外，去抑制性是不是所有互联网使用者的共同特点，以及它是否会随着人们对互联网操作的日益熟练而减退等问题也还需要更多的研究来证实。

（选自《国外社会科学》2007 年第 3 期）

西方电视研究的理论进路

高金萍　孙利军*

所谓电视研究，指围绕电视传播活动进行的相关研究，它既包括对电视传播方式、电视传播技巧、电视传播技术的研究，也包括对电视传播内容、电视传播受众、电视传播者以及电视传播制度等的研究。西方电视研究的起步几乎与电视业的诞生同步展开，就现有资料来看，1935年商务印书馆就翻译出版了英国人胡馨生（R. W. Hutchinson）著、陈岳生译的《电视学浅说》（*Easy Lesson in Television*），这部小书粗浅地介绍了电视技术的基础知识。第二次世界大战后，随着各国恢复对电视的研制和发展，电视技术开始较快地更新，电视机的拥有量较快地增长起来，电视传播在英、美、日、法等国逐步发展和普及。这些西方国家也成为电视研究的领跑者。

根据研究对象，西方电视研究可以分为三个层面：一是实践层面（技术层面）的研究，主要涉及电视传播方式、电视传播技巧、电视传播技术的研究；二是制度层面的研究，即电视传播制度等的研究；三是理论层面（精神层面）的研究，主要针对电视传播内容、电视传播受众以及电视传播者。其中成果数量最多、最重要的是理论层面的研究。从历史发展的脉络来看，西方电视研究的三个层面紧密结合，以电视技术的推进为演进线索，研究内容不断拓展，研究方法逐渐丰富，呈现出跨学

* 作者信息：高金萍，1970年生，博士，北京语言大学人文学院副教授；孙利军，1969年生，博士，中国人民大学新闻学院讲师。

科的发展态势。在电视传播的不同发展阶段，电视研究的重点也有较大的差异。总的来看，制约电视研究的力量不仅包括电视技术、传播制度等刚性因素，而且包括研究方法和电视理论本身的发展。

鉴于电视研究内容的丰富性、复杂性，本文仅以西方电视研究的理论层面为研究对象，梳理20世纪西方电视研究的脉络。以研究方法、研究重点的变迁为划分依据，西方电视理论研究迄今已走过三个发展阶段：一是20世纪40—60年代美国经验学派的功能分析阶段；二是20世纪70—80年代欧洲批判学派的文化研究阶段；三是自20世纪80年代中期至今的全球化阶段。

一　功能分析时期

1936年11月2日，英国广播公司建立电视台并率先定时播放电视节目，从此开启了电视传播时代。70年来，随着电视技术的进步，人类依次经历了黑白电视、彩色电视、卫星电视、数字电视4个历史阶段；技术变革也将电视推进到我们日常生活的每个角落，使之成为与世人生活紧密交织、不可或缺的重要部分，人类对电视传播的认识也在不断深入。

20世纪40—50年代，美国经验学派传播效果研究风起云涌。肇始于1937年，结束于1944年，由洛克菲勒基金会资助、保罗·F. 拉扎斯菲尔德（Paul F. Lazarsfeld）主持的“广播研究项目”取得了一系列重要的研究成果，代表性的成果包括赫塔·赫佐格对日间广播肥皂剧的研究、H. 坎特里尔对广播剧《火星人入侵地球》引起的恐慌反应的研究、T. 阿多诺对流行音乐与严肃音乐的研究，以及拉扎斯菲尔德关于收听广播与阅读印刷品的比较研究等。[①] 1944年拉扎斯菲尔德等人关于伊里县项目的研究成果《人民的选择》问世，开创了将社会调查法应用于大众传播研究的历史，这意味着一种崭新的传播效果研究范式的确立。正是在这一背景下，1949年美国《舆论季刊》（*The Public Opinion Quarterly*）杂志

---

① ［美］E. M. 罗杰斯：《传播学史：一种传记式的方法》，殷晓荣译，上海译文出版社2005年版。

刊登了一篇关于电视传播效果研究的理论文章《对电视社会影响的观察》,[①] 这篇文章是目前所见较早的电视研究论文。

早在1941年，美国联邦通信委员会（FCC）向全国广播公司（NBC）和哥伦比亚广播公司（CBS）颁发商业电视台执照，由此确立了私营化的电视体制，资本势力成为影响电视传播的主要力量。根据美国统计局的报告，1950年全美只有13%左右的家庭拥有电视机，大约为570万个家庭；1952年电视机拥有量达到34%，也就是有1500万个家庭；到50年代末，这一数字已上升到86%。[②] 仅仅10年时间，电视传播在美国就从一个初生牛犊迅速成长为大众传播的主力军。50年代被称为“电视的黄金时代”,[③] 许多观察家声称“电视宣告了电台的死亡”。大量资料显示，功成名就的明星和数以千万计的广告预算都转到电视网去了。对于美国普通家庭来说，电视占据了传媒的中心舞台，实实在在地影响着成千上万美国人的生活。一方面是电视受众的数量日益庞大，1953年1月，全国有电视机的2100万个家庭中，有的家庭收看了《我爱露西》节目；另一方面是商业电视网的扩张，1952年美国联邦通信委员会结束了对电视运营执照为期4年的延缓发行政策，即著名的“冻结电视”（TV Freeze）政策。

商业电视台的电视节目花费了公众太多的时间，也为公众带来了很多娱乐。此时，公众还远未认识到商业电视台电视节目的负面效果。但是，由高校和一些教育机构主办的教育电视台此刻已经出现。1951—1953年洛克菲勒基金会资助9150美元用于伊利诺伊大学教育电视项目，由威尔伯·施拉姆（Wilbur Schramm）负责。[④] 施拉姆组织了数次关于教育电视的会议，并邀请了美国联邦通信委员会及哥伦比亚广播公司的专家和管理者，最终促使美国联邦通信委员会为教育电视台保留某些频道，

① 黄合水：《20世纪末国外电视研究的部分热点问题》，《中国广播电视学刊》2004年第7期。

② ［美］迈克尔·埃默里、埃德温·埃默里：《美国新闻史》（第8版），展江等译，新华出版社2001年版，第424—432页。

③ 同上书，第424页。

④ ［美］E. M. 罗杰斯：《传播学史：一种传记式的方法》，殷晓荣译，上海译文出版社2005年版，第474页。

为60年代公共广播电视系统的产生确定了基本模式。

1960年，1.5亿美国人用上了电视机，特别是有孩子的家庭购买电视机的可能性是其他家庭的两倍。人们每天参照电视节目表来安排他们的生活，这种安排，在儿童身上表现得最为突出。电视成为儿童最主要和最重要的娱乐来源，收看电视大大减少了儿童玩耍的时间，而且挤占了他们听广播、看电影、读书的时间。威尔伯·施拉姆和杰克·莱尔（Jack Lyle）、爱德温·帕克（Edwin Parker）就1958—1960年间美国和北美其他地区的10个不同社区进行了11项关于电视与儿童关系的调查。这是第一次大规模的关于电视对儿童影响的效果研究，其成果是1961年出版的《儿童生活中的电视》一书。这项调查涉及5991名学生、1958名家长和数百名教师、官员以及其他相关人员，采用了问卷调查、家庭访谈、日记调查等方法，研究者比较了在有电视和无电视社区电视对儿童的吸引力；具体讨论了儿童从电视中学习的内容；分析了儿童收视时间、收视方式和节目选择；等等。调查结果显示，儿童对电视的使用存在较大差异，并与5个要素直接相关：年龄、性别、智力、社会阶层背景、儿童社会关系的质量（既包括亲子关系，也包括与同龄人的关系）。

施拉姆等人认为与其说电视在儿童成长过程中扮演了引导的角色，不如说它扮演了强化的角色。这一研究并未回答人们关于电视究竟会阻碍孩子的发展还是会提高孩子的创造力这一问题。在研究方法的运用方面，还存在着一些不足，比如数据分析过于简单，没有用数据解释特定变量之间的相互影响（年龄、智商、社会等级等）。

20世纪60年代中期，对电子媒介的研究已经从广播完全转换到电视领域，丹尼斯·麦奎尔（Denis McQuail）和特伦纳曼（Trenaman）对1964年英国大选中的电视接触与投票行为进行了调查，结果显示，那些经常接触电视的人最可能知道竞选者在不同问题上的立场，选民在每次竞选中都从大量媒介提供的信息中了解情况。1969—1972年，在麦奎尔的领导下，又进行了电视受众“使用与满足”状况的定量研究。麦奎尔等人的调查范围涉及电视新闻、知识竞赛、家庭连续剧、青年冒险电视剧等6种节目，使用了严格的调查分析程序，从概念操作、受众样本抽选到数据分析，力图完善传统的对“使用与满足”的研究。麦奎尔等人认为，各类节目提供“满足”的功能不同，其中共通的功能可归纳为4

种：心绪转换效用、人际关系效用、自我确认效用和环境监测效用。

70 年代后，“使用与满足”研究遭到众多批评，其中关键性的指责在于：它过于功能主义化。尽管存在着众多的批评，“使用与满足”研究还是拥有非常多的拥护者，这一研究的重要意义在于，它“以研究人们如何处置媒介取代了研究媒介如何对付人们”。① 研究角度发生了转向，从以媒介为中心转向以受众为中心。

20 世纪 60 年代后期美国社会的一个突出特征是：暴力行为泛滥成灾，民权运动由抗议活动演变为暴力冲突；肯尼迪遭遇枪击，政治暗杀震撼全国；爆炸和其他恐怖主义活动也层出不穷，此时出现了一种新的犯罪手法——劫持飞机。1968 年 6 月，约翰逊总统下令成立“暴力起因与防范国家委员会”，负责调查美国的暴力行为，并向总统建议采取何种行动。美国著名的媒体暴力研究专家乔治·格伯纳（George Gerbner）参与了系列报告之一——《暴力与媒体》的研究。

格伯纳擅长内容分析法，他的研究小组以三大广播网的娱乐节目为研究对象，分析电视中暴力的程度与数量。《暴力与媒体》的结论是：暴力是电视节目所表现的生活的最主要特征，在电视构造的媒介世界（“象征性现实”）中，暴力是解决争端和促使个人目标得以实现的有效手段。报告中的大量数据表明，受众接触的电视媒体对于暴力的描述，使其学会了如何实施暴力行动；如果受众遇到电视媒体所描述的相似情景——通过实施暴力有可能获得好处（解决争端和促使个人目标得以实现），他们很可能将从电视媒体中学到的东西付诸实践。②

日益严重的暴力现象敦促联邦政府继续加强对暴力问题的关注。1969 年美国国会决定拨款 100 万美元，资助关于电视暴力与青少年行为的关系的大规模研究。1971 年长达 5 卷的调查结果《关于电视与社会行为的卫生局长报告》出版，格伯纳再度为之做出贡献。

格伯纳的研究成果集中于《关于电视与社会行为的卫生局长报告》

---

① ［英］丹尼尔·麦奎尔、［瑞典］斯文·温德尔：《大众传播模式论》，祝建华、武伟译，上海译文出版社 1997 年版，第 102 页。

② ［美］希伦·A. 洛厄里、梅尔文·L. 德弗勒：《大众传播效果研究的里程碑》（第三版），刘海龙等译，中国人民大学出版社 2004 年版，第 271—285 页。

第一卷“媒体内容与控制”。其一，他提供了一种分析长时段电视传播效果的研究范式。针对电视暴力与社会的关系，格伯纳提出“培养”这一术语，他检视了电视文化和它为受众构建的象征环境之间的关系，认为受众屈从于他们长时间接触的电视所呈现的价值观和世界景象，形成了缓慢、累积的效果，即媒体（电视）“培养”了人们的意识。其二，格伯纳的研究提出了一个让人深思的问题：电视暴力及其影响。这一问题直至今天，仍然是人们最为关切又难以解决的一个问题。格伯纳的研究仅仅限于电视媒介——长时期的电视接触行为（重度接触行为），[①] 从研究方法上来看，格伯纳侧重的是描述性分析，似乎与主流传播研究使用的统计推断方法相左。从研究结果来看，有些学者认为，媒介“培养”理论是20世纪20—30年代媒介强效果论的复活。

伯纳德·科恩（Bernard Cohen）在其《新闻界与外国政策》一书中指出：“很多时候，媒介在告诉人们‘怎么想’上并不成功，但在告诉人们想什么’上却惊人地成功。”[②] 它简洁地道出了大众传媒议程设置功能的核心思想——大众传媒或许对人们态度的方向或强度影响不大，但是在政治竞选运动中，它设置了议程并显著地影响着人们对政治问题的态度。

1972年马克斯韦尔·E. 麦考姆斯（Maxwell E. Mc Combs）和唐纳德·L. 肖（Donald L. Shaw）在《舆论季刊》上发表论文《大众传播媒介的议程设置功能》。论文就1968年美国总统选举（休伯特·汉弗莱对理查德·M. 尼新克松）期间，全国性电视网（NBC、CBS）以及报纸和杂志的选举报道对选民的影响进行了分析，提出“大众传媒迫使公众的注意力转向特定的议题。他们造成了公众人物的公众形象；他们总是提出一些对象，建议大众思考什么，了解什么，感受什么”。具有为公众设置“议事日程”功能的媒介，通过新闻报道和信息传递活动赋予各种“议题”不同程度的显著性，进而影响着人们对周围环境的“大事”及其

---

① ［英］奥利弗·博伊德－巴雷特、克里斯·纽博尔德编：《媒介研究的进路：经典文献读本》，汪凯、刘晓红译，新华出版社2004年版，第146页。参见《媒介效果研究的传统》（克里斯·纽博尔德）一文。

② Bernard Cohen, *The Press and Foreign Policy*, University of Princeton Press, 1963, p. 13.

重要性的判断。针对 1972 年的美国大选（尼克松与乔治·麦考文），麦考姆斯和肖在北卡罗来纳大学再次组织了一个研究组，设计和完成了一个固定样本研究，这就是 1977 年出版的《美国政治议题的出现：新闻的议程设置功能》。这本书第一次系统地阐述了议程设置假说，并提供了大量关于这一假说的数据。

议程设置研究通过提出假说、搜集数据、验证假说的方法来研究新闻传播与社会的关系，它标志着大众传播效果研究的再一次转向：媒介研究所关注的不仅仅是受众，更重要的是媒介与社会的相互作用。

20 世纪 40—60 年代，经验学派在电视研究领域取得丰硕成果，成为西方电视研究的主流学派。美国学者注重从经验事实出发，运用经验性方法来研究电视传播现象，采用可观察、可测定、可量化的经验材料对电视传播和接受行为进行实证考察。70—80 年代后，随着欧美文化研究思潮的崛起，电视研究的方法和研究重点发生了转移。

二　文化研究时期

文化研究，从广义的角度来说，是以文化的视角来研究人文社会科学的一种社会思潮和方法论，包括法兰克福学派、文化研究学派、政治经济学派、结构主义、后现代主义等；从狭义的角度来说，专指英国伯明翰文化研究学派。

文化研究热潮的兴起，基于 20 世纪 60—70 年代当代社会生活的转型，西方进入后资本主义时期，世界经济秩序和文化构成出现种种矛盾现象，如跨国公司的兴起、大众文化的流行、消费意识的蔓延、网络带来的冲击、传统的断裂等。在这一背景下，文化本身的重要性日益凸显。

法兰克福学派开辟了对大众传播和文化的批判性研究，率先发展了文化研究的早期模式。20 世纪 30 年代，法兰克福学派创造了“文化工业”这个核心概念，揭示了文化的产业化过程以及驱动整个体系的商业化规则。法兰克福学派的一个研究模式是对高雅文化和大众文化进行对比，认为批判性、颠覆性和解放性等契机仅仅限定在高雅文化中某些特殊的作品上，而大众文化都是意识形态化的、低劣的和具有欺骗性的。

法兰克福学派的阿多诺（T. W. Adorno）是上述观点的代表。1938 年他曾受拉扎斯菲尔德之邀，到美国参加“广播研究项目”，由于阿多诺不认可经验学派定量分析的研究方法与研究目的，在此期间与拉扎斯菲尔德不欢而散。1954年阿多诺重访美国，用英语撰写了《电视和大众文化模式》一文。在这篇论文中，阿多诺放弃了过去坚持的大众文化和高雅文化的二元对立，主张“在一个描述的和心理动力的层次上系统地调查研究电视传播内容的社会心理刺激特征，分析它们的先决条件和总模式以及估计它们可能产生的效果……”① 法兰克福学派是在批判性的社会理论框架中完成对电视的研究的，其价值在于使传播和文化的研究在批判性的社会理论中得以整合。

在文化研究学者看来，传统的电视研究囿于传播研究的狭窄领域，已经显示出它的研究盲点和理论局限，实证的量化研究在分析电视对人们潜移默化的影响时显得力不从心，难以探讨更为深入的主体意识问题。

1964年伯明翰大学创立当代文化研究中心（CCCS），标志着伯明翰学派（又称英国文化研究学派）的正式形成。伯明翰学派将电视研究纳入一种历史的、社会的、文化的语境中来考察，“它试图绕过行为研究那种比较抽象的经验主义以及正规理论那些飘忽不定的建构，从而更深地进入经验世界”。② 他们将电视研究归入“文化”的研究范畴。英国学者克里斯·纽博尔德（Chris Newbold）指出：“在威廉斯以及斯图亚特·霍尔等人的眼中，电视媒介不应该作为‘产生效果’的文化来研究，而应该作为社会价值观和意义的指示物以及作为揭示和评价文化意义的文本来研究。”③ 以雷蒙德·威廉斯、理查德·霍加特（R. Hoggart）和斯图亚特·霍尔为代表的伯明翰文化研究学派，将电视研究纳入到一个全新的研究视野中，作为对美国经验主义、实证主义研究方法的补充，引入了符号学、意识形态霸权理论以及民族志等诸多理论资源及研究方法。

70年代初，威廉斯的《电视：科技与文化形式》一书，阐述了他关于电视技术与社会之间复杂关系的认识，透视社会力量与技术力量之间

---

① ［德］T. W. 阿多诺：《电视和大众文化模式》，王小婴译，载《外国美学》第9辑，商务印书馆1992年版，第380页。

② James W. Carey, *Communication as Culture*, Routledge, 1992, p. 56.

③ ［英］奥利弗·博伊德—巴雷特、克里斯·纽博尔德编：《媒介研究的进路：经典文献读本》，汪凯、刘晓红译，新华出版社2004年版，第405页。

的相互作用。贯穿于这本书的一个核心概念是“社会意向”（社会需求），他认为社会意向与科技发展共同催生了今天的社会生活面貌。

1973 年，斯图亚特·霍尔的《电视话语中的编码解码》问世，霍尔开始转向电视受众研究，他提出了三种受众解读立场，这种研究视角的转变不仅仅意味着发现了积极“生产”意义的受众，而且把受众纳入到主体间传播关系之中，揭示了阐释过程中所隐含的社会经济关系。意识形态被传送不等于被接受，电视观众并非是呆头呆脑的“沙发上的土豆”①。这样看来，主导—霸权意识形态要想把它自己一路推销下去，并不像它一厢情愿期望的那么简单。霍尔的研究成为在特定的社会文化语境中研究受众接受行为的理论背景。此后，文化研究敞开了关于电视受众主动性研究的大门，一种新范式的受众研究兴起并迅速扩展开来。

1980 年莫利开始研究英国广播公司（BBC）晚间新闻节目“全国”的观众，莫利认为，观众是通过相关的话语对文本进行解读的。1986 年莫利研究了电视在家庭中的作用，研究结果见于《家庭电视：文化力量与家庭休闲》。通过对家庭中男女两性观看电视时“看什么，如何看和如何评价”三个方面的差异，证明了观看电视行为本身即体现了家庭性别政治，助长了男性权利。

80 年代末期，英国对受众的文化研究方法从单纯地依靠文本以及文本在再现社会生活现状中的作用，转到关注媒介受众作为媒体和日常生活交叉点的角色上来。正如莫利在《电视、观众和文化研究》（*Television, Audiences and Cultural Studies*）（1992）中提到的，这是一个向“更加广泛地关注家庭范围使用的各种信息和通信技术”的转换。莫利逐渐彻底地抛弃了文本研究的模式，转向关注电视作为建立广泛社会联系的通信产业如何构筑“社会地理学”。在某种程度上，莫利的研究使英国以文本为基础的传统文化研究吸收了民族志这个全新的文本分析类型。民族志新受众研究是用日常生活的叙事代替了宏大的政治理论，既是一种文本实践又是社会实践。民族志方法在媒介研究上的运用给电视研究带

① 参见陆杨的《电视和大众文化》：1976 年，洛杉矶一群经常聚会在电视机面前、一泡就是数个小时的朋友们，决定给自己命名为“沙发土豆”。“沙发土豆”后来成为电视观众的代名词。

来了一些有益的启发，但是这种研究方法也招来很多质。丹尼斯·麦奎尔曾经评价说："在努力为通俗文化辩护方面，约翰·费斯克一直是最雄辩、最有说服力的人之一。"[1] 伯明翰学派的年轻一代学者费斯克（J. Fiske）的一系列研究采用了社会学的研究方法，他的受众研究并不局限于电视观众的反应，而是从更深层次的社会学视角来理解人与社会的关系，而电视人只是人的一种角色，传播终究还是文化的一个部分。他在《解读电视》（合著，1978）、《电视文化》（1987）等论著中明确指出，我们有必要把受众想象成一个多元的和不断变化的社会群体，是一个"不断变动的和相对短暂的构成体的联盟"。[2]

20 世纪 60—80 年代，伯明翰学派成为西方电视研究的主流，他们的研究范围广泛，从电视技术、电视文本、电视文化到受众研究各个领域；他们的研究方法逐渐丰富，从文本解读到民族志研究等；特别是后期的受众研究，是对美国经验学派长期主导的效果研究的反驳，他们的研究基于心理、社会和文化等多重语境意义之中，肯定了受众的主动性，认为受众可以通过体验、分享、协商、思考、梦想以及其他多种多样的方式与媒介互动，更加符合网络传播时代的传播特性。

三 全球化时期

综观美国经验学派主导的功能分析与欧洲批判学派坚持的文化研究传统，它们属于不同的研究路径，研究思路迥异。在逻辑思维上，前者采取的是归纳法，后者惯用演绎法；在研究方法上，前者注重定量分析，后者突出定性研究；在研究目的上，前者服务于实现传播效果的最大化，后者力图对资本主义制度下的电视文化进行批判。二者甚至形成了截然不同的话语体系，各有千秋。二者也分别体现出研究的局限：经验学派侧重分析媒介对社会和人的影响，但是忽视了媒介本身的影响对象——

---

① D. McQuail, *McQuail's Mass Communication Theory* (4*th ed.*), Sage Publications, 2000, p. 103.

② 鲁哲：《意义的生产和流通——费斯克〈电视文化〉述评》，《新闻与传播研究》1998 年第 4 期。

人对媒介的影响，“观众的行为和反馈能够通过特定途径作用于媒介，媒介传播者也具有一定的自觉意识和反思。这种反思和自觉可能导致媒介对自己的存在有了某种‘意识’，从而影响媒介的行为方式并在一定程度上改变其存在的社会环境”；[①] 批判学派更重视社会结构力量对媒介性质的决定性影响，但是过分夸大了媒介的作用，特别是媒介的消极意义。

20 世纪 80 年代，西方电视传播格局发生了巨变，1980 年美国有线新闻电视网（CNN）开播，每天 24 小时向全国播出节目，开创了电视全天候传播、电视跨越国界传播的新时代，传统的电视传播研究也随着这一变革进入一个崭新的阶段。与此同时，西欧各国先后遭遇电视私有化浪潮，英法等国公营电视一统天下的模式被取代。1996 年美国《联邦电信法》的颁布引发了西方世界 20 世纪以来第五次大的产业兼并浪潮，并带动电视产业的重新洗牌，2001 年时代华纳集团与美国在线合并、2003 年维旺迪环球公司的遽然崩溃等事件敦促着西方电视研究的转型。

90 年代中后期，全球化从经济领域迅速扩展到政治、社会与文化领域，成为与每个人生活密切相关的客观存在，并日益影响当前的传播格局以及传播研究。全球化的发展现实已经带来了两种趋势：一是以西方为中心的文化价值观念和风尚逐渐向边缘扩张，不同程度地影响到弱势文化的发展进程；二是弱势文化与强势文化进行持久的抗争与互动，并将导致弱势文化向强势文化的渗透。

在国际传播的现实与全球化理论的共同推动下，“电视在欧洲、亚洲乃至全世界正在迅速成长为主流文化的角色”。[②] 西方电视研究沿着文化研究的传统，探索着新的发展方向。

由于电视传播形态变革与新自由主义经济思潮的引导，传统的电视理论研究模式呈现出两种新的发展趋向：一是继续沿着伯明翰学派文化研究的路向发展，正如威廉斯所指出的，文化已经成为我们的生活方式，电视传播的研究无法超越文化的维度；二是坚持政治经济的批判视野，全球媒介体系的日益扩展，将媒介兼并、多样化、商业化、国际化等问

---

① 邵培仁、邱戈：《论媒介身份研究的可能性与科学性》，《现代传播》2006 年第 3 期。

② ［美］罗伯特·W. 麦克切斯尼：《富媒体、穷民主：不确定时代的传播政治》，谢岳译，新华出版社 2004 年版，第 115 页。

题带入电视传播领域，坚持政治经济传统有助于清醒地认识全球化背景下的电视媒介及其发展。这些研究始终围绕着“电视自身角色的多元性，电视向我们提供的特定文化空间以及电视背后的多重系统的操作与复杂的权力运作”。①

美国加州大学洛杉矶分校的道格拉斯·凯尔纳（Douglas Kellner）教授探讨了文化研究学派的研究维度，提出了一种多重视角的方法：（1）讨论文化制作与政治经济学；（2）从事文本的分析；（3）研究文化文本的接受与运用。他的研究目的在于使读者能够分析性地解剖当代的媒体文化制品，同时获得驾驭自身文化环境的力量。

20 世纪 80 年代以后，一些学者将电视传播置于经济层面，认为电视富有吸引力的文化形式塑造了消费者的需求，并以消费主义的价值观确定商品本身；另外一些学者将电视传播与政治联结，认为电视图像制造了新的国际政治，并且成为国际政治生活强有力的干涉者，甚至以一种矛盾的方式再生产出相互冲突的政治话语；在社会交往中，大量制造的电视图像在日常生活里指引着我们对自我的呈现、我们与他人的联系方式，以及我们的社会价值观和目标的创立。在此基础上，出现了两种以媒介经济活动为研究对象的电视理论：一是传播政治经济学；二是媒介经济学。传播政治经济学坚持批判的立场，依据马克思的政治经济学理论来揭示资本主义社会中大众传媒控制与被控制的问题，侧重于对制度的分析和批判；媒介经济学以新古典经济学为理论源头，探讨媒介传播中的资源分配、技术变迁等问题，挪用经济理论来分析作为企业的媒介组织的活动。

英国学者格拉汉姆·默多克（Graham Murdock）和彼得·戈尔丁（Peter Golding）从宏观的角度分析了媒介的政治经济转换的 4 个过程：媒介的增长、公司势力范围的扩张、商品化以及国家和政府干预角色的转换（1991 年）；加拿大学者文森特·莫斯可（Vincent Mosco）从广义的政治经济学角度——“研究社会生活中的控制与生存问题”——分析了媒介制度及其背景（1995 年）。他们的研究都落脚于媒介集中的社会现

① 转引自陈卫星《传播的观念》，人民出版社 2004 年版，第 191 页；《犹在镜中——戴锦华访谈录》，知识出版社 1999 年版，第 224 页。

实。90年代后，政治经济学者们更加关注媒介的政治经济构成与媒介内容、公开讨论中的话语以及个人意识之间的关联。

媒介经济学是一种“中介性质”的研究，它建构于媒介研究和经济理论基础之上，服务于媒介组织市场拓展、提升效率、跨媒体传播。由于媒介制度的差异，电视媒介经济研究在北美有比较长的发展历史，而在欧洲，它兴盛于20世纪80年代之后电视的私有化。

西方媒介经济学研究可分为三支：一是比较全面地论述媒介经济的基本原理，如美国罗伯特·G. 皮卡德的《媒介经济学：概念与问题》（1989年）、罗伯特·皮卡德的《媒介经济学》（1998年）、美国吉尔·多伊尔的《理解媒介经济学》（2002年）、美国阿兰·阿尔巴朗的《媒介经济学：理解市场、产业与概念》（2002年）等；二是专门论述媒介经济领域的具体问题，如吉尔·多伊尔的《传媒所有权》（2002年），主要研究了欧洲媒介集中的方式、媒介所有权政策及其存在的问题；三是从具体媒介的角度来研究媒介经济，如美国苏珊·泰勒·伊斯特曼等人的《电子媒介节目设计与运营：战略与实践》（2000年）、英国考林·霍斯金斯等人的《全球电视和电影：产业经济学导论》（2001年）、美国帕特里克·帕森斯的《有线与卫星电视产业》（2002年）、美国艾伦·B. 阿尔巴朗的《电子媒介经营管理》（2003年）等。

传播政治经济学始终站在批判立场上对媒介所有制及其控制问题进行思考，在批判方法上，坚持马克思政治经济学的方法，“反对以多学科整合的知识背景为起点，反对经验主义的方法论，反对以实证调查为主的行为主义研究范式”，[①] 常常使用社会学方法进行研究。媒介经济学立足于新古典经济学方法，认同由市场配置资源、国家放松管制，专注于研究生产与交换的诸环节，目的在于实现传播效率的最大化。

上述两种理论都着眼于媒介传播的经济活动，虽然它们的研究对象是相同的，却因为问题设置的差异，分别在不同层面拓展了研究。传播政治经济学研究的是“为什么这样传播”，而媒介经济学研究的是“如何进行传播”。以电视收视率为例，传播政治经济学关注的是收视率这种电视评判指标产生的根源以及它带来的社会效果；而媒介经济学则分析如

① 潘知常、林玮主编：《传媒批判理论》，新华出版社2002年版，第146页。

何提升收视率以获得市场占有率。说到底，这两种理论还是媒介研究的文化批判范式与实证主义范式在经济领域中的一种延伸。

西方学者已经认识到，在全球化的历史背景下，跨文化和多元主义的方法论是当前（电视）媒介研究的一个必要前提，往昔研究传统中的对抗或矛盾不再被鄙弃，而是体现在一种交叉和融合的愿望之中。

综观西方电视研究的理论进路，各种理论研究都指向电视、社会和个人的关系，这一点符合电视传播的社会属性，也记录着人类对电视传播认识的逐步深入。

（选自《国外社会科学》2008 年第 6 期）

21世纪俄罗斯大众传媒模式论

李　玮*

在20世纪，世界传媒主要有以下三种模式：（1）以美国为代表的商业模式。这种模式的主要特点是传媒独立于国家政府，传媒是完全市场化的商业机构，以追逐利润为主旨。（2）以欧洲国家为代表的公共传媒模式（比如英国BBC广播电台和一些欧洲国家的公共电视台），这是一种既非市场又非国家的传媒模式，是一种以公民社会为服务对象，不以"市场竞争"为手段，不以经济利润为主要目的的公共媒体。这种传媒由公共资金资助，它们的经费通常有以下4个来源：用户付费、政府资助（受法律保障的资助，而非官员的个人行为）、广告收入和赞助商的赞助、出售音像制品和服务的收入。（3）苏联式的完全的国家所有模式。

在20世纪80年代末以前，苏联是一个完全没有私有传媒的国家。苏联解体之后，俄罗斯传媒摆脱国家控制，开始转型。它的转型曾经给全球传媒带来希望。国际新闻组织主席阿·罗兰贝格说，俄罗斯传媒的转型是世界"创建一个崭新的信息系统模式的唯一机会"。他希望，在这块净土上能够创立出一种优于现有一切模式的新传媒系统，它既不受制于国家，也不受制于政党，甚至也不受制于市场法则，只服从于社会舆论。如今，20年已经过去，俄罗斯传媒体系的重构已经基本结束，新的系统已经趋于稳定，那么，它是否抓住了这"唯一的机会"，为世界创建出一个如阿·罗兰贝格所描述的那种理想的、真正独立自由的传媒体系呢？

---

* 作者信息：李玮，1964年生，北京大学外文学院、新闻学院教授，博士生导师。

苏联解体之初，俄罗斯传媒一度激烈地朝着美国模式全面转型。短短几年时间，完全国有的模式转变成完全独立模式，大量原苏联的国有传媒经重新登记后变身为编辑部所有的独立传媒。但是，这些长期依赖国家拨款，根本不知市场经济为何物，又缺乏经营经验和能力的所谓独立传媒还无法从尚未培育起来的市场上获得足够的利润。随着“休克疗法”引发全国经济危机，独立传媒为了求得生存，纷纷出卖刚刚到手的独立和自由，不久便成为俄罗斯第一批在私有化过程中暴富起来的大财阀、大寡头们的囊中之物。在俄罗斯起起伏伏的政治变革旋涡中，寡头们利用手中的传媒，勾结官吏，控制舆论，左右大选，谋取政治和经济暴利。据统计，在叶利钦执政时期，80%的主流传媒被寡头控制，因此形成了寡头政治、寡头势力日益猖獗的局面，传媒独立的理想遥遥无期。新世纪之初，强势的普京政府采取了一系列打击寡头、收复国家资产和权力（包括传媒）的措施，经过国家与寡头势力几个回合的较量，传媒领域再次发生剧烈的调整和重组。如今，俄罗斯与传媒领域的转型已基本完成，新的格局趋于稳定。那么，俄罗斯传媒是一种什么样的模式？具有哪些特点呢？

一　俄罗斯传媒市场格局

1. 主流媒体

现在，俄罗斯最有影响力的主流媒体主要有以下几类。电视机构：电视 1 频道（TV－1）、PTP 电视台、俄罗斯电视台、文化电视台、独立电视台、THT 电视网、中心电视台、电视 3 频道、Рен-ТВ 电视台、CTC 电视网。

广播电台：“俄罗斯之声”、“莫斯科回声”、“俄罗斯广播”、“灯塔”、“莫斯科正在说”、“俄罗斯的广播”、“马克西姆”、“蒙特—卡罗”、Хит—调频、“我们的广播”。

报纸：《独立报》《消息报》《真理报》《劳动报》《文学报》《文化报》《文学俄罗斯报》《文学的白天》《书评报》《莫斯科共青团员报》《俄罗斯报》《报纸报》《共青团真理报》《莫斯科晚报》《苏维埃俄罗斯报》《公报》《议会报》《经济与生活》《话语报》《明天》《探索报》《教

会通讯》《商人报》《论据与事实报》等。

杂志:《哲学问题》《自由思想》《话语》《言论》《逻各斯》;《历史问题》《俄罗斯历史》《历史档案》《俄罗斯历史杂志》《现代史和当代史》(《最新历史》)、《历史车队》;《语言学问题》;《心理学问题》;《文学问题》《新世界》《旗帜》《十月》《星星》《星火》《莫斯科》《涅瓦河》《青年近卫军》《青春》《小说月报》《文学学习》《新评论》《现代人》《当代戏剧》《外国文学》《中学文学》《陆地》《远东》;《电影艺术》;《我们的遗产》;《博物馆世界》;《斯拉夫学》;《知识就是力量》《社会人文知识》《社会科学与当代》;《政治杂志》《政治阶级》《俄罗斯与当代世界》《开放政治》《国际生活》《美国·加拿大——经济、政治、文化》《鉴定》(《专家》)、《七日》《结论》《权力》;《经济问题》《世界经济与国际关系》《俄罗斯经济杂志》《社会与经济》《经济学家》《金钱》《金融时代》《金融》《货币与信贷》;《国家与法制》《经济与法制》;《社会学研究》《社会学:理论、方法、市场经营学》;《军事思想》;《人》《民族学评论》;《科学与生活》《科学与宗教》《莫斯科主教区杂志》;《海报》《俄罗斯》《大城市》《21 世纪狩猎与垂钓》等。

2. 传媒帝国

进入 21 世纪,重新洗牌后的俄罗斯传媒市场渐趋稳定,形成了几大势力割据的局面。俄罗斯的主流媒体及其所有者可见表 1。从表 1 看,在 21 世纪的俄罗斯传媒市场上,国家势力仍然起着举足轻重的作用。

二 俄罗斯传媒的“国家势力”新概念

俄罗斯传媒新模式的一大特点就是国家在传媒市场占据重要的份额。

21 世纪的俄罗斯传媒形成了多种所有制并存的体系:国家传媒、私有传媒(包括个人和企业)、外资传媒、政党传媒。从表 1 可以看出,俄罗斯国家电视广播公司、国家石油工业—传媒集团公司、莫斯科市政府 、莫斯科州政府 、圣彼得堡市政府主导了绝大部分主流媒体,特别是影响力最大的电视领域,国有化达到很高程度。据统计,如今俄罗斯有电视公司 300 多家,其中 100 家是国有机构。在全俄各地的主流电视机构中,唯一不是国有资产的只有独立电视台 ДТВ,而它的所谓独立也形同虚设,因为它 51% 的股权被国家石油工业—传媒集团公司收购。① 在报刊领域，20% 的全俄报刊以及 80% 的地方报刊属于国家所有。

而表 1 所列的其他私有传媒，包括波塔宁的“职业—传媒”集团、古谢夫的“莫斯科共青团报”报业集团，它们均与联邦政府保持良好的关系。外资在俄罗斯主流传媒领域的地位非常有限，主要体现在娱乐性较强的杂志和网络领域。

在这个格局中，石油工业—传媒集团是一个特殊的单位。它是普京政府收复传媒领地的产物。俄罗斯石油天然气工业总公司（Газпром）是俄罗斯联邦最大的国有企业，掌控着全俄大部分的能源资源。20 世纪末，联邦政府授意其涉足传媒领域，以便与当时的寡头古辛斯基的“大桥”媒介集团以及别列佐夫斯基的传媒势力抗衡。于是，1996 年开创了俄罗斯联邦石油工业—传媒集团（Газпром-медиа），今天，它已经掌控大量电视、广播机构，势力同时向平面媒体 、网络媒体延伸，成为代表国家的超级媒体大帝国，在它背后可见国家对传媒的重视，它也体现了俄罗斯传媒近年来的一个发展趋势，即非传媒领域资本向传媒领域的渗透。

表 1

所有者	电视	广播电台	报纸	刊物	网络	通讯社
俄罗斯国家电视广播公司（ВГТРК）	电视 1 频道（TV - 1）、РТР 电视台、俄罗斯电视台、文化电视台、体育电视频道、РТР - 行星频道	“俄罗斯之声”广播电台、“俄罗斯广播”、“灯塔”、“青年”、“竖琴家”、“灯塔 -24”	《俄罗斯报》《议会报》	《俄罗斯》		伊塔尔—塔斯社、新闻通讯社、俄罗斯信息中心

---

① Я. 扎苏尔斯基：《自由的诱惑，俄罗斯新闻 1990—2007》（Искушение свободы, Росийскаяжурналистика, 1990 - 2007. М. , 2007. СТР. 422）。

续表

所有者	电视	广播电台	报纸	刊物	网络	通讯社
石油工业—传媒集团公司（Газпром－медиа）	独立电视台、THT 电视网	“莫斯科回声”“Попса 广播”“体育－FM”“三套车”“Hext 广播”“城市－FM”“轻松调频”	《消息报》	“七”出版社及其下属杂志：《七日》《结论》《历史车队》		
莫斯科市政府（莫斯科银行、“广播—中心”集团公司、晚间莫斯科出版公司）	“首都”电视频道、中心电视台、莫斯科 3 频道	“莫斯科在说”“俄罗斯公共广播”	《特维尔－13》《地铁报》《莫斯科晚报》《娜塔莎报》《家庭医学报》《晚间俱乐部报》《情人报》			
圣彼得堡市政府（俄罗斯银行、波罗的海传媒集团公司）	TFK－彼得堡、CTO	Рен—TB 电视台（被德国公司控股）	“波罗的海广播”电台	《圣彼得堡公报》《时代报》《彼得堡晚报》《涅瓦时间》《晚间时分》		
波塔宁“职业—传媒”集团（Проф－медиа）	2×2 电视频道、电视 3 频道	“自动广播”“幽默—调频”“俄罗斯歌曲”“圣彼得堡自动广播”“能量”广播	《别尔报纸》报	海报出版社及其下属杂志：《海报》《海报世界》《大城市》	Lenda. ru Afisha. ru Rambler. ru Executive. ru regun. ru	

续表

所有者	电视	广播电台	报纸	刊物	网络	通讯社
“独立传媒”集团（Independent – медиа）（荷兰合资，后 32% 被职业一传媒集团收购）			《莫斯科时报》《彼得堡时报》《公报》	《是》《家庭杠杆》《橱窗》《饭店生意》《金融时代》《男性健康》《时尚伊人》		涅瓦消息社、联合消息社
娜塔丽亚·德里雅罗娃（ДТВ – Viasat）电视公司	ДТВ 电视台、CTC 电视网、涅瓦频道、家庭频道、CTC – 8 频道、CTC – 地区网					
Burda 公司（德资）				《花花公子》《便宜》《丽莎》《布尔塔》《达莎》《歇歇吧!》		
莫斯科州政府传媒势力（莫斯科州信托公司、《商人报》报业集团）		电视 7 频道（7 – TV）	《商人报》（有职业—传媒集团的参股）	《金钱》《权力》《公司秘密》《自动驾驶仪》《风镐》《商人—汽车》《商人—经济》《商人—体育》	报纸 . ru	

续表

所有者	电视	广播电台	报纸	刊物	网络	通讯社
《论据与事实报》报业集团			《论据与事实报》、《劳动报》			
《莫斯科共青团报》报业集团（П. 古谢夫工业通讯集团）			《莫斯科共青团员报》《俄罗斯狩猎报》	《周围地区》《公务人员》《21 世纪狩猎与垂钓》《氛围》		
古辛斯基的残存势力			Newsru com Ntvru com			
默克新闻集团（News Corp）		"我们的广播"、"Best FM"调频				
"大都会"出版公司（Метрполис）			《俄罗斯报》《文学报》《文化报》			
В. 列辛			《报纸报》			
К. 奇乌科夫			《独立报》			

根据俄国网站"Кмпромат. ру" Комупинадлөкат СМИ России，2007 年数据整理制作。

可以说，在今天的俄罗斯传媒领域内，最强大的势力还是联邦政府。但是，今天受制于国家的俄罗斯传媒绝不是旧日苏联传媒的翻版，它与苏联时期的国家所有模式有着本质的区别。

首先，苏联时期，政府是传媒的唯一所有者，而今天国家只是在主流的 、重要的传媒领域的众多主人之一，占据部分的传媒资源。在俄罗斯，中型以下的传媒机构拥有更多的自由，非政治领域的传媒尽可以各种手段追逐盈利，因为国家只关注主流传媒的政治倾向和舆论导向，有意控制的也只是具有重要影响力的领域和机构。

其次，过去国家与传媒的关系是纯粹的上下级、领导与被领导的关系。而今，俄罗斯已经建成多元化的传媒格局，传媒与政府的关系是复杂的 、多元的。今天政府参与传媒的创办和管理主要通过以下几种方式：

（1）政府直接创办独资传媒公司，通过它管理和控制部分传媒。如 1991 年成立的全俄广播电视公司（ВГТРК），它控制着“俄罗斯”电视台、“文化”电视台、“灯塔”广播电台以及大部分地方电视台；

（2）政府直接创办传媒并控股（主要指电子媒介，如俄罗斯国家电视台 TV－1，政府一直占 51% 的股份）；

（3）通过国有大企业（或创办下属独资传媒公司）管理和控制传媒，例如俄罗斯联邦石油工业—媒介集团 ；

（4）通过国家企业买断传媒股份，例如俄罗斯统一能源系统有限公司是“Рен － ТВ”电视台的大股东；

（5）通过亲政府的组织和个人控制传媒，例如《莫斯科共青团员报》在莫斯科市政府势力控制之下，《星火》杂志在前信息部长 M. 列辛的控制下，他们都是克里姆林宫的盟友。

三 商业化、集团化、政治化

当今的俄罗斯传媒，无论是私人传媒还是国家传媒，统统是经济自给自足 、自负盈亏、独立核算的商业机构。传媒内部的管理则完全实现了独立经营。如今，大部分俄罗斯传媒（甚至包括国有传媒）的经营体制普遍采用股份制，股东大会是最高管理机构，传媒的日常活动由执行机构如理事会 、编委会负责，也可以由总编 、主编实行一长代理。有的传媒还设立监事会，对传媒的利益分配、产权转换等重要经济活动进行监督。

俄罗斯传媒的商业化主要经济来源靠广告收入。随着俄罗斯国内经济市场的稳定和复苏，广告市场步入稳定增长期。2005 年，俄罗斯传媒市场的广告收入达到 50 多亿美元，比 2001 年增加了 4 倍。[①] 但对于各种各样的地方传媒来说，政府补贴和企业赞助也是其重要的生存形式。

---

① 资料来源：俄罗斯传播协会（АоциацияколлуникациоыхагентствРоси）。

俄罗斯传媒的集团化趋势也日益显现。从上面的表格我们可以看出，十几个传媒帝国分别控制着俄罗斯大部分的主流传媒。电视领域被国家势力控制，广播市场也形成由“俄罗斯媒介集团”为首的几家大集团。在平面媒体方面，目前10家左右大出版公司也有俄罗斯印刷市场60%的广告收入。[①] 近年来，媒介并购不断发生，外资收购俄罗斯传媒并扩大其规模的事情也时有发生。

表面上看，俄罗斯传媒平时从形式到内容都不受约束，可以骂政府，取笑总统，刊登色情图片和各色娱乐信息……但国家作为全俄资本的最大股东（据统计，70%电子传媒、20% 的全国性报刊和80%的地方报刊仍然是国家所有）却从宏观上掌控核心传媒的政治倾向，其目的是为了控制政权的稳定和大选结果。因此，在一些特殊时刻，传媒的政治性彰显，自由度打折。现在流亡在外的寡头别列佐夫斯基曾说：“90年代初的俄国传媒政治上独立，经济上依附于政府，现在则正好相反。”如今，哪怕是私有传媒和外资传媒，对国家和传媒的特殊关系以及俄罗斯传媒市场的游戏规则都心知肚明，轻易不会越过雷池。

四 地方化趋势

苏联解体后，中央管理被打破，俄国传媒形成了首都与地方平行管理和发展协作模式。近几年来，地方传媒特别是报刊传媒出现强劲的发展趋势。据资料证明，2009年全俄有报纸等平面媒体3万多家，其中报纸27425种。地方报纸占大多数，全国性的报纸不到10%。2003年俄罗斯首都莫斯科向全国发行的报纸种类为405种，其发行量为5800万份，年发行量25亿份。地方报刊的种类6922种，其发行量1.2亿份，年发行量66亿份。近年来，地方报刊总订数超过了全国报刊，大约占全俄报刊总订数的64%。

俄罗斯联邦由85个行政主体组成，由于各地区的经济状况、居民人数、文化传统和地方政府的重视程度不同，地方传媒的发展非常不均衡，

---

① 转引自贾乐蓉《当代俄罗斯大众传媒研究》，中国广播电视出版社2008年版，第115页。

有的整个地区只有几份报纸，有的却显示出雄厚的传媒实力，例如北奥塞梯共和国、塔吉克斯坦共和国 、车臣共和国等，不仅有自己的电台电视台，它们甚至有自己独立的传媒立法。与首都传媒相比，地方传媒主要有以下特点：（1）地方政府所有的比例相对较大，如伊尔库茨克州 155 种报刊中，政府报刊占 67 种；（2）除了某些独立意识强烈的共和国传媒，大多数地方传媒以生活娱乐内容为主，远离政治是非中心；（3）由于地区需求，居住人数有限，地方报纸通常发行量较小，一般在 5000—15000 份之间，影响力有限；（4）由于地方经济不够发达，传媒对地方政府资助的依赖更大，独立性更小 ；又由于地方行政的独立，联邦传媒法的约束力有限，因此在地方传媒的行为中普遍存在严重的新闻审查现象。

俄罗斯传媒的地方化趋势是多种因素促成的。俄罗斯地域辽阔，民族众多，地方传媒的内容更接近当地民众的利益和兴趣。运输费用的增长和异地发行的不便也是地方报纸传媒得以强劲发展的重要原因。但是，尽管地方传媒的总体数量在稳步增长，受众量也接近首都传媒，但真正具备社会影响力的还是全国性的首都传媒。近年来，为增加发行量，抢占更大的市场空间，全国性报纸有向地方渗透的趋势，但很少有地方报纸或电台电视台具备进军全国市场的实力。

五 结论

我们看到，今天的俄罗斯似乎有别于美国式的完全商业模式，因为国家作为合法的传媒创办人和拥有者，自始至终没有离开过传媒舞台；俄罗斯传媒也有别于欧洲的公共模式，因为国家在这里的作用远不止提供资助，还要行使其他的权力。

如此看来，俄罗斯传媒 20 年的转型没有停滞不前，没有完全西化，也没有回到起点，而是形成了一种新的传媒模式。在这里，国家作为传媒业的最大股东，投资很少也不关心经营，只把握传媒的政治属性和舆论导向，或者说，主要从宏观上调控核心媒体的政治倾向（例如监控电视节目中的新闻栏目、电视访谈节目、社会政治主题的辩论节目以及政治广告等节目），传媒的主要经济来源正在从依赖国家和企业资助走向依赖市场和广告创收。这种模式有别于世界上诸多的传媒模式，但又融合了各种模式的部分特点，是一种具有俄罗斯特色的国家资本主义式的传媒模式，一种政治—商业传媒模式。

（选自《国外社会科学》2010 年第 2 期）

俄罗斯对中国形象的再造及其自身的欧洲定位

林精华*

在苏联解体后俄罗斯的重建过程中，中国参与不少，且中国不是以意识形态敌对者或同盟者身份参与的，这就使俄罗斯必须重新关注中国、重构中国形象。然而，中国在俄罗斯的形象常使中国人感到失望、愤怒，并且与两国元首在一年一度的联合声明/公报中描述和期待的相去甚远。原因很多，但最本质的当数俄罗斯对自身定位延续300年的欧洲中心论之传统。

一

俄罗斯联邦成立伊始就积极发展对华关系。从1992年12月的《关于中俄相互关系基础的联合声明》，到2009年6月的《中俄元首莫斯科会晤联合声明》，两国前后几任元首共发表了19个联合声明、5个联合公报。这些声明和公报在政府层面重建了两国双边关系，按现任俄罗斯驻华大使拉佐夫的《俄中关系60年的经验教训》所论，1992年双方确认有必要将彼此视为友好国家，1994年决定建立建设性伙伴关系，1996年针对21世纪战略合作而建立平等和信任的伙伴关系，2001年签订确立双方

* 作者信息：林精华，1965年生，国家开发银行—华东师范大学国际关系和地区发展研究院特聘教授，首都师范大学文学院比较文学系主任，博士生导师。

战略伙伴关系和相互协作关系的《中俄睦邻友好合作条约》。其实，重要的远不止这些，1997 年 11 月两国元首举行第五次会晤，签署了《中俄联合声明》，成立中俄友好、和平与发展委员会；1998 年 11 月中俄元首签署了对后来中俄关系发展产生重大影响的《关于世纪之交的中俄关系》；2000 年 7 月的《北京宣言》确立了 21 世纪到来之际中俄将在战略协作的基础上继续增进睦邻友好、扩大互惠互利合作、实现携手发展和共同繁荣等；2001 年 7 月的《中俄睦邻友好合作条约》积极推动“上海合作组织”；2009 年 5 月的《中俄关于重大国际问题的联合声明》涉及《〈中俄睦邻友好合作条约〉实施纲要（2009—2012）》，启动两国副总理级能源谈判并签订石油领域合作的政府间协议，积极推进天然气领域合作，将“国家年”有关活动机制化，不断完善两国总理定期会晤机制，成立中俄合理利用和保护跨界水联合委员会，启动了中国“俄语年”（2009 年）和俄罗斯国“汉语年”（2010 年）等活动。此外，1996 年 4 月中、俄、哈、塔、吉 5 国元首在上海会晤，签署《关于在边境地区加强军明事领域信任的协定》，2001 年 6 月“上海五与国”元首在上海举行第 6 次会晤，乌兹别克斯坦以完全平等的身份加入其中，会议签署《上海合作组织成立宣言》——宣告上合组织正式成立；2001 年 9 月上合组织成员国总理在阿拉木图举行首次会晤，宣布建立上合组织框架内的总理定期会晤机制；2002 年 6 月上合组织成员国在圣彼得堡举行第二次峰会，签署《上海合作组织宪章》——确定宗旨原则、组织结构、运作形式、合作方向以及对外交往等；2003 年 5 月上合组织成员国在莫斯科举行第三次峰会，签署《上海合作组织成员国元首宣言》。

可以肯定地说，从中俄互办国家年到互办语言年、从上海合作组织建立并不断扩大功能到近年来联合军演的举行等，这些联合声明和公报的实施对俄罗斯的重建作用是不可低估的：保证了俄罗斯与中国接壤边界的领土安全，没有使其在国力严重衰弱的情形下出现南斯拉夫化的情况；在欧盟和北约同时东扩的情况下，俄罗斯无须担忧来自中国的其他各方面的安全威胁；在车臣问题上，中国成为国际上为数不多的俄罗斯政府的支持者；中国花费巨资购买俄方军事装备，不仅缓解了俄罗斯的经济危机，同时促进了其军事技术的更新换代；在俄罗斯很难吸引到国外投资的情况下，中国却持续地和俄罗斯开展贸易，如 2005 年中俄贸易总额达 291 亿美元，2008 年达到 580 多亿美元，2009 年 10 月两国总理会晤期间一次订单就超过 55 亿美元。作为俄罗斯最大的贸易伙伴之一，中国切实帮助俄罗斯解决了严重的经济问题和社会危机，而且一系列声明的落实，获得了远远超出双边协作的意义。

当然，这些联合公报和联合声明的发布和实施，在一定程度上改变了苏联时代的中国形象。按拉佐夫大使所述，“俄中两个彼此截然不同的世界大国，将公认的东西方文明冲突理论抛至脑后，为全世界树立了一个和平、互利、友好合作的榜样”，“中国在党和政府文件中强调的建设‘中国特色社会主义’理念，目标是建设和谐社会、和平崛起等，这些对我们而言同样也是合理、正确的思想”，“通过在关系正常化阶段对俄中根本利益进行比较和公正分析可得出结论，中国实现‘四个现代化’的任务与俄罗斯创建新型民主国家的任务有很多相似之处（旨在建设经济发达的民主与法治国家），在一些关键问题和方向上完全一致。其中最重要的观点是和平与发展：为了人类的利益发展社会经济，并为此创建以人为本、良好、和谐的发展条件”。的确，“国家年”活动的开展促成了俄罗斯更多的团体和居民开始关注中国教育、经济等问题，如 2007 年俄罗斯“中国年”活动中举办的中国成就展，引起了俄罗斯社会许多民众的兴趣；此后，正面的中国形象在俄罗斯各种媒体上的出现频率明显增加，如对于莫斯科克里姆林宫举办的中国故宫博物院珍品展，俄罗斯国家电视台、独立电视台、莫斯科地方电视台和许多报纸进行了广泛报道。独立电视台在当月黄金时段播出了《中国将展示自己的秘密》《如果你在中国，就会老有所乐》《上海要赶超戛纳》等专题片。俄罗斯教育科学院和中国同行的合作研究成果《俄罗斯—中国：20—21 世纪之交教育改革比较分析》等中国教育成就及成果得到俄罗斯知识界的重视，汉语学和来中国留学的人数迅速上升。这种情形使得著名的美籍俄裔后现代主义理论家根尼斯（Александр Генис）2007 年 4 月 5 日接受“自由之声”电台访谈时说：“过去知识界对中国感兴趣的人很少，深入理解中国的则更少。如今，中国从迷雾中显露出来了（Китай выплыл из тумана）。一个过去只有专家才知道的世界，现在震惊了西方。而且事情不仅是地缘政治的局势发生了变化，更重要的是西方文明本身陷入后现代主义危机的结局。中国文化要求获得承认，它不会扩张，不会消亡，它只是存在。

中国尚未进入我们的意识，但它正顽强地寻找其固定位置……我们越来越满怀期待并习惯地从中国身上看到另一种文明——和我们对等并且不妨碍我们的文明。”这些表述出自一位以消解姿态对待苏俄主流文化的著名知识分子，应该说既反映了俄罗斯社会的某种氛围和情绪，也具有召唤力，并有事实根据——随着中国形象的正面化程度的增加，中国传统文化也相应地被俄罗斯人所认知，中国文化对后苏联居民影响力比以前要深入得多，如《易经》、中国风水以及时运的概念在俄罗斯深入人心，一定程度上成为左右大都市居民对“未来”预知的思想来源。

可以说，没有近20年来中俄政府积极建构双边关系，可能良好的中国形象在俄罗斯更难以建立起来。

二

然而，俄罗斯社会整体上对中国形象认同度的增长，与那么多联合声明/公报及其实施的预期相比是不成比例的。每年两国在声明和公报中总要强调政治、军事、经济和文化各领域的互利和互补。例如，一年一度的国家元首互访之前，双方总会积极磋商油气管道问题，然而俄方一直未能真正兑现，[①] 直到2009年的金融危机才使俄方不得不付诸行动；中国希望购买技术更先进的武器，俄方并未予以相应的积极回应；两国2008年的贸易额仍徘徊在500亿美元左右，这与中美、中日间2000亿—3000亿美元的贸易额是不可相提并论的；俄罗斯联邦和地方出台整顿经济秩序的法规和政策时，并未特别考虑作为战略协作伙伴的中国，甚至在俄华商遭遇的麻烦比其他移民更甚。这些情况，不仅让中国人一次次感到失望、震惊，也使俄方一些有识之士疑惑，如俄罗斯科学院经济战略所所长库兹克院士和远东研究所所长季塔连科院士合文著的《中国—俄罗斯的2050年：战略与共同明发展》一书在详尽分析中俄建立友好与邻邦和相互合作关系的必要性和重要性的同时，也指出了存在的问

① 例如，普京在2006年3月19日访华之前答新华社记者、3月21日中国“俄罗斯”年开幕式上的讲话、3月22日中俄经济论坛上的讲话中，皆主动强调修建从东西伯利亚和西西伯利亚直到中国的输油管道问题。

题——中俄关系在中国对外关系中占有举足轻重的地位，但俄方领导人却不认为中国之于俄罗斯也是同等的重要，事实上也如此，这就出现了令人疑惑的下层比上层更冷却的现象。[①] 这并非学界的危言耸听，如2008年5月底《中俄元首北京会晤联合公报》声明，“两国元首高度评价2006—2007年中俄互办‘国家年’活动，认为这是中俄关系史上前所未有的重大事件。在中国举办‘俄罗斯年’和在俄罗斯举办‘中国年’增进了双方的政治互信，促进了两国各领域的合作，增进了两国人民的相互了解、相互尊重和传统友谊，为中俄战略协作伙伴关系注入了强大的动力。两国元首对中俄‘国家年’活动机制化项目清单予以确认”，但俄中石油贸易没有重大突破，勘界引发两国社会各界激烈纷争，与2006—2007年中俄互设“国家年”伊始俄罗斯联邦杜马和知识界不以为然的声音有某种程度上的契合。如在俄罗斯的“中国年”展开不久，俄罗斯科学院远东研究所加列诺维奇教授著文《俄罗斯和中国：荣耀和痛苦的关系及前景》，认为中国“俄罗斯年”之意义的充分实现是很难期待的。[②]

造成这种状况，不仅是因为俄罗斯政府执行联合声明和公报要经杜马批准并受媒体监督，这使许多重要条款不能一一兑现，而且其中更有难以言表的深层原因，即政府行为要受俄罗斯人对自身定位的价值观左右。这是包括俄中关系在内的任何双边关系都必须面对的，“对俄罗斯的中国形象之形成，影响最大的要数种种欧洲中心的理论和观点。离开了欧洲思潮的北京，就不能理解中国在俄罗斯的形象”。[③] 的确，自彼得大帝改革以来的三个世纪，俄罗斯试图融入欧洲，借用欧洲的现代性概念去描述社会和政治状况，包括对世界和中国的认知，从而建构出符合西方定位之要求的国际格局：著名思想家丹尼列夫斯基（Григорий Данилевский，1822－1885）的历史哲学著作《俄罗斯与欧洲》对俄罗斯的西方化认知给予了有效表达——根据语言和民族精神的成熟度，提出

---

① Узык Б.，Титареко М.，Китай-Россия 2050：стратегия и соразвития. М.：ИДВ РАН，2006. С. 557－563.

② Галенович Ю. Россия и Китай：Славяная и горькая история отношений и их перспективы // Свободная мысль，2007. No. 7，С. 65.

③ ［俄］亚・弗・卢金：《俄罗熊看中国龙》，刘卓星等译，重庆出版集团2007年版，第138页。

人类文明分为埃及文明、中华文明、罗马—德国文明或欧洲文明等10种类型，但东方问题和东方的意义不足以被提到欧亚之争的水平上来，诺曼—日耳曼和希腊—斯拉夫作为古希腊罗马文明的后裔才是世界上最重要的文明（因为这种欧洲观念及其产生的俄罗斯文明中心论，成为后来俄罗斯定位自己的经典理论），进而，俄罗斯伟大的哲学家索洛维约夫（Владимир Соловьев，1853－1900）虽然注重俄罗斯性的构建，但其著作《中国与欧洲》却从理论上证明俄罗斯属于欧洲文明的一个部分，而中国则不然。而且，很难从事实上否认这些思想史的表述：第一，俄罗斯版图构成上虽横跨欧亚，但亚洲被纳入俄罗斯是晚近的事情，按人口多寡和对俄罗斯社会进程影响程度而言，俄罗斯的亚洲地区远不及欧洲地区，而且中亚又重于远东。第二，俄罗斯的亚洲部分构成了疆域意义上的东部（而非“东方”），是西化中的俄罗斯帝国的版图延伸，不是作为文明类型的“东方”在俄罗斯获得的独立定位，亚洲在俄罗斯不具有本体论意义上的东方指称，这正是乌瓦洛夫伯爵（Сергей Уваров，1786－1855）这位用法文和德文写作的学者和教育家在1810年倡议建立全欧洲的东方研究中心“亚洲研究院”时所说的，俄罗斯有比其他国家更多的机会和责任把启蒙带给亚洲。他1843年向沙皇汇报国民教育部10年成就时又指出：“俄罗斯统治着亚洲的大片土地，保存着亚洲各式各样的文字，是历史挑选了俄罗斯，让俄罗斯先于其他文明民族来研究东方，研究其语言、文学、历史文献和宗教信仰”，即俄罗斯在亚洲的使命就是传播欧洲文化，而俄罗斯的教育欧洲化，是欧洲自身稳定的庞大计划的一部分。由此，俄罗斯所表述的“东方”，在地缘政治和文化地理学上与中国所理解的“东方”不同，即中国版图只在亚洲，包括东亚、东南亚和中亚不同区域，即便新疆和西藏也不是定位于中亚，而是东方中国的西部地区。第三，欧洲之于俄罗斯更有意义：不仅疆域的一部分在欧洲东部，更重要的是其人种构成属于欧洲的白种人；18世纪以来俄罗斯的社会进程和政治、经济、文化等中心都在其欧洲地区，使之在文化定位和文化认同上更趋向于欧洲；从10世纪接受基督教到千余年来不断出现皇室通婚现象、从民间贸易往来到普通人的生活方式等，以俄罗斯族裔为主体的东斯拉夫人和欧洲关系更为密切；18世纪初以来俄罗斯全方位学习西方，除了官方意识形态和国家利益之外，一直试图成为西方的一部分；基督教的信仰从俄罗斯的欧洲地区向亚洲地区扩展，而基督教在非欧洲地区的推广，又是与用欧洲文明启迪“野蛮”民族相关联的。诸如此类虽未必缩短了俄罗斯和西方的距离，却切实在“西方”概念上使俄罗斯与中国进一步区分开来。因为就中国而言，西方首先是他者，而非自身的部分，且在很长历史时期几乎是和中国无关的他者。19 世纪中叶之后，西方突然带着坚船利炮强行进入中国，中国带着累累伤痕被强制性纳入西方所建构的世界结构，西方先后成为中国必须抵抗、反对、效仿、赶超、反思的对象。西方这个词所包含的意义复杂多样。从 1840 年以来，西方也经历了革命性的变革，其深刻程度不亚于中国。“19 世纪中国所遭遇到的白祸比 20 世纪初在美国掀起的黄祸要可怕得多”，“西方两个外围巨人——美国和俄国向西方所有的国家学习，毫不感到羞愧，也不怀疑自己该不该学。但是中国由于早已有了与众不同的文化传统，就实现现代化是否非要借鉴外界资源不可而有激烈论争”，“一个半世纪以前，中国在西方生活中比西方在中国所起的作用要大”，如 17 世纪在北京的耶稣会教士把没有基督教信仰的中国描写得很好（不信教并不妨碍其成为有道德的人），这为欧洲启蒙运动追求道德和宗教分离提供了根据；莱布尼茨认为，即使是欧洲在理论研究上认为中国人没有宗教，但自然法则可以为人类的各种制度奠定基础，中国在这方面提供了圆满的答案；伏尔泰在《道德论》中称中国的最大成就是道德和法律，且中国的法律惩恶扬善：号称西方孔子的重农派人物奎奈（Francios Quesnay，1694 - 1774）博士在《中国的专制主义》中向西方说明，中国皇帝虽然是专制君王，但在自然法则范围内进行统治，子辈能继承遗产，却必须通过学问和修养继承父辈的声誉和地位，他更是充分肯定了中国文化是一种独立的且能启迪西方文明的存在。[①] 诸如此类表明，西方之于俄罗斯和中国的意义是完全不同的，即近 30 年来西方是俄罗斯要融入其中的世界，而近 160 年强行和中国发生联系的西方最多只是演变成中国改造自我的他者资源，不曾成为中国要融入其中的同质世界。

---

① ［美］费正清：《美国与中国》，张理京、马清槐译，商务印书馆 1987 年版，第 132、143—145 页。

三

正因为如此，至今仍不被西方视为同类的俄罗斯，继续近三个世纪以来心仪欧洲的传统，照旧在观念上有意识地远离东方、敌视中国，哪怕这样的坚守偶尔会遭遇国内正统知识界和杜马中某些党团的反对，但历史发展的进程所形成的欧洲中心观念，仍然是俄中双边关系难以抵御的。

1861 年的改革切实深化了西化潮流，斯拉夫派的声音已经不敌西方派声浪；斯托雷平用国家力量强行推动俄罗斯西化，虽引发了大范围的社会矛盾，导致帝制让位于共和制的二月革命和退出第一次世界大战的十月革命及其苏维埃政权，但俄罗斯离不开西方的暗流仍是此起彼伏。知识界和社会如此强调俄罗斯的欧洲属性，除了地理意义，更有文化价值的认同——在内心深处认可欧洲文明“先进”、亚洲文明“落后”，俄罗斯只有接受和归属欧洲文明，方可提升其国际形象和地位，才能被视为“文明社会”的一部分。这种追求“进步”、拒绝“落后”的判断，作为俄罗斯社会的主流共识，自然也就影响到对中国问题的认知上来，使中国形象的塑造必须满足这个框架的要求，虽然有些汉学家反对用西方的进步观看待中国，但难以抵挡俄罗斯追求西方现代文明的潮流。如曾经畅销一时的弗拉基米尔·罗伦茨的《世界史教程》认为，世界史由基督出现之前和之后两部分组成，之前的历史就在于为基督出现做准备，与此相关的只有犹太人、希腊人和罗马人，包括中国和印度在内的其他民族皆在世界历史之外，“虽然考察中国的历史很有意思，但世界史是没有其地位的”；① 外交家柳比莫夫来中国之前这样描述道：“在听到和阅读有关中国人的描述时，最令人震惊的是整个中国的停滞、僵化状态：世上一切都在运动、成长或衰退，此乃自然界铁律。而中国似乎例外。至少我们在中国看不到生命的这种跳跃。”中国人极为赞赏并特别熟知的著名启蒙主义批评家别林斯基曾批评汉学家比丘林（Никита Бичурин，1777－1853）关于中国知识的正面介绍，认为“亚洲在各方面皆停留与

① Лорренц，Владимир Всемирная история. Спб. ，1841. С. 5.

于萌芽状态，不曾发展、不曾完善”，“不喜欢运动是亚洲人的本性，若亚洲注定要走向文明，那么被（欧洲）占领大约是唯一的路径；应该让占领亚洲的欧洲军队和本地居民混杂居住，借助混居产生新一代混血儿（改变亚洲）”，“虚情假意、狡诈、撒谎、装疯卖傻、奴颜婢膝乃中国人的本性……中国人的勇气举世闻名：这就是天生的胆小如鼠。中国军队只有同中国军队作战才能取胜。政府如此软弱，以至于见到自己成为海盗的臣民也胆战心惊，并为了预防海盗，严禁海外贸易和私人航海……中国很强大，可是在北方靠的是俄国的息事宁人，在南方则仰赖英国害怕背上进一步占领的包袱才得以维持……认识中国是僵化不变的国家，这才是破解中国的神秘和奇怪的关键。中国没有丝毫发展国家和民族的思想”。[①] 而另一个在中国同样享有崇高声望的批评家赫尔岑（Александр Герцен，1812 – 1870）在其《往事与随想》中也依据西方现代性的进步观看世界和中国，借用英国哲学家和经济学家密尔（John Stuart Mill，1806 – 1873）视中国为僵化了的东方社会之思想，批评欧洲追求统一标准，容不得个性，“就将会变成中国”，其《结束与开始》则重申了这一思想。中国读者极为赞赏的车尔尼雪夫斯基的《怎么办》更声称：“人是各式各样的：有骄奢淫逸的，也有禁欲主义的；有严厉的，也有温柔的等。不过，和中国人相比，连最残忍的欧洲人也显得非常温和，最胆小的人也显得非常英勇，最淫荡的人也显得道德高尚。”而这些人在苏联时代是地位显赫的批评家，现在继续被视为重要的思想家，他们的许多篇目成为俄罗斯基础教育的内容。不仅如此，苏联时代被禁的一大批思想家和文学家，在苏联解体后突然成为俄罗斯重要的文化资源，他们大多是追求西方现代性理念、否定中国文化的。俄罗斯第一位重要思想家恰达耶夫在《哲学书简》中按西方基督教文明的主张认识世界，认为中国停滞不前，处在人类道德发展的框架之外；著名的象征主义作家和宗教哲学家梅列日科夫斯基（Дмитрий Мережковский，1865 – 1941）虽然极为痛恨苏维埃政权，却不妨碍他看不起中国，曾著文《未来的卑鄙小人》和《黄皮肤的实证主义者》，批评欧洲正在变成新的小市民的中国，中国是中庸之辈的王国，“中国的精神基础是老子和孔子的学说，是十足的实

① Белинский В.，Соб. Соч. 9 томах. Т. 8. М.：Худо. Лит.，1982. С. 595 – 596，597 – 598.

证主义，是没有上帝的宗教”，这正是信仰基督教的俄罗斯必须要反对的；临时政府的著名将军邓尼金的《俄中问题》虽承认中国是有4000年历史、4亿多人口的大国，这样的国家不可能没有未来，但断言中国是和俄国完全不同的典型的东方之国。而这些人在苏联解体后获得了极大的声誉，他们关于中国的认知和前面那些思想家一道，成为俄罗斯理解中国问题的重要思想资源。

四

因此，俄罗斯追求西方的300年艰辛虽未获得西方的积极回应，并时常伴有血淋淋的教训，但不妨碍它把自己定位于欧洲，因此，无论当前的俄罗斯怎样受益于中国，政府公报强调俄中的战略协作伙伴关系多么密切和重要，也阻碍不了俄罗斯对西方的心向往之。

20世纪90年代，叶利钦在与中国签署一个个联合公报和联合声明的同时，其实更满怀热情地投入西方的怀抱。叶利钦时代初期在西化程度上甚至比戈尔巴乔夫时期更甚，如主动放弃后苏联在中亚的空间，以便该地区问题的解决方式满足西方要求，“全力向西方表明，俄罗斯是‘同路人’”。[①] 叶利钦本人更声称，“我们向过去一直所处的位置回归，回归到协约国时代，只要愿意，回到与西方大国结盟的时代”。[②] 1993年4月23日叶利钦批准的《俄罗斯联邦外交政策构想基本原则》声称，“随着冷战结束，在对抗条件下形成的‘西方联盟’的理由不再存在，这就使发达国家间地缘政治和经济矛盾表现得越发明显。西方国家在世界发展的基本问题上仍保留很大的利益一致性，这就促使西方国家同民主俄罗斯一道寻找政治、军事、经济和其他方面的共同立场”，“西方不再是传统意义上的一个军事政治概念，而是世界经济和国际关系以及全球文明进程的重要中心之一”。时任外交部部长的科济列夫在1993年5月连续对《独立报》和《消息报》发表谈话时说：“俄罗斯与西方没有无法克服的分歧和利益冲突，完全有可能和它们建立友好关系，将来还会建立

---

① Независимая газета, 31дек. 1995.

② ［俄］叶利钦：《总统笔记》，李垂发等译，东方出版社1995年版，第202页。

盟友关系，盟友即为建立共同价值和捍卫这种价值的联盟关系"，"俄罗斯必须加入国际货币基金组织，同它共同制订有助于全面改革的大规模合作计划"，"直接把与美国的关系从亲近级别上升到友好国家级别，未来会被提升到盟国级别。我们对日本及许多发达国家也正在奉行同样的方针。与西方的关系是根本性问题，此乃与东方国家发展关系的前提"，俄罗斯重点伙伴是经济成熟的和民主的富裕的发达国家，也就是美国、西欧国家和日本。①

而普京作为总统的治国方略虽和叶利钦有诸多不同，但在国家定位的欧洲价值观和外交重心体现欧洲中心价值观、使俄罗斯融入西方的战略方面，与之差别甚微，只是更为务实和灵活。普京上台伊始第一个出访的国家是英国，以期英国帮助斡旋因为科索沃和南斯拉夫问题和西方的分裂；"9·11"事件之后，普京的西方化趋向更是明显偏向美国；2002年初普京出访波兰答记者问说，俄罗斯是一个欧亚国家，但从文明角度而言是一个拥有欧洲文明的国家；2002年4月18日普京发表国情咨文称，加快俄罗斯经济发展速度，提高俄罗斯经济发展水平，首先要注重发展与独联体国家、北约国家、欧盟国家和美国与之间的关系；2005年4月25日普京在联邦会议上发表国情咨文称："俄罗斯过去是、现在是，当然将来也是最大的欧洲国家。经由欧洲文化锤炼而获得自由、人权、公正和民主的理想，数百年来一直是我们社会明确的价值方向。"②并且，欧洲认同之于普京不是临时的策略性行为，而是价值观的诉求，如2005年5月7日，经由《费加罗报》普京向法国读者发表演讲《战胜纳粹主义的教训：思考过去、共同建设安全的和人道的未来》。他宣称："我深信，从大西洋到乌拉尔，实际上是到太平洋的统一的大欧洲，其存在是以公认的民主原则为基础的——对包括俄罗斯人民在内的大陆所有人民而言，这是一次独特的机遇。为了实现这个共同的机遇（实现和平、昌盛和体面的未来的机遇），欧洲人完全可以像在与纳粹主义斗争中一样依靠俄罗斯。同时我们认为，俄罗斯既同欧盟国家，又同独联体国家发

① См. Независимая газета, 1 и 11 Апрепя, 1992; Известие, 31 Марта, 1992.

② 《普京文集（2002—2008）》，张树华、李俊升、许华等译，中国社会科学出版社2008年版，第181页。

展一体化联系的努力，是一个统一的有机进程，它应该导致在一个辽阔的区域里大大扩展共同的安全、民主和务实合作的和谐空间。俄罗斯人民一直感到自己是欧洲大家庭中的一员，统一的文化、道德、精神价值观把我们联系在一起。我们在自己历史道路上同样建立了民主、法律和公民机制的各个阶段。因此俄罗斯人选择民主、选择欧洲，是完全合乎规律的。这是一个战胜了纳粹主义和懂得了自由价值的欧洲国家做出的独立自主的选择。"① 2005 年 11 月初普京在海牙访问联合国国际法院时发表谈话，这样评价该法院院长所钦佩的俄罗斯法学家与外交家费奥多罗·马顿斯（1845—1909）："马顿斯的思想不是凭空产生的。这一切是在汲取欧洲哲学和法学思想的优秀成果中培育出来的。实际上，马顿斯是发展了杰出的欧洲思想家康德和欧洲其他哲学家和法学家的思想。这不会使俄罗斯的法学学派的意义减色，而只是表明俄罗斯法学学派本身就是世界和欧洲的文明以及欧洲法学体系的自然的一部分。"② 2006 年底普京在给英国《金融时报》撰写的《欧洲无须惧怕俄罗斯》一文中指出，在精神、历史、文化各层面上俄罗斯都是"欧洲大家庭"的成员。

同样，现任总统梅德韦杰夫一如既往地继续普京回归欧洲的战略，明确提出"新欧洲/欧洲—大西洋安全框架"和共同欧洲文明概念。2008 年 6 月初访问德国时他首次提出欧洲安全框架新建议，呼吁召开全欧峰会，制定新欧洲安全条约；外交部长拉夫罗夫 6 月 23 日在维也纳提出，俄罗斯主张欧洲各国共同缔结"欧洲安全条约"，帮助克服欧洲安全结构中的缺陷；6 月 25 日梅德韦杰夫接见俄罗斯军校毕业生时发表演讲说，"俄罗斯一直主张建立集体欧洲安全体系。在这方面，我们建议起草欧洲安全条约"；在接见路透社记者时他还说，"俄欧关系是俄罗斯联邦与欧盟的关系，前者是一个欧洲大国，它把自己界定为欧洲的一部分并且还要遵照这一界定行事"，欧洲安全是由包括俄罗斯在内的欧洲国家决定的，而不是"非欧洲国家"；6 月 27 日在俄欧首脑峰会上他再次呼吁，"当下欧洲所有组织，包括欧盟和北大西洋公约组织都无法解决欧洲面临

① 《普京文集（2002—2008）》，张树华、李俊升、许华等译，中国社会科学出版社 2008 年版，第 202 页。

② 同上书，第 212 页。

的安全问题”，全体欧洲国家应共同缔结《新欧洲安全条约》，以确保欧洲未来的安全与稳定，但每个国家皆作为主权机构参与，不需要“代言人”，这个条约以联合国宪章原则为依据。虽然对欧洲安全体系的构想，欧洲人和俄罗斯人不尽吻合，如欧洲要把民主与人权列为优先，而梅德韦杰夫则把俄罗斯的国家安全列为重点，但其提议还是得到欧洲的积极回应。可见，苏联解体后20年历史风云多变，但是俄罗斯在价值观上的西方化以及延伸到外交关系上的西方优先，则基本上没有根本性变化。

为了在和西方关系中谋求更大的战略利益，牺牲“东方”（包括中亚）以换取西方停止与之争吵，这不单是俄罗斯政府和国家杜马的热情所在，也得到了绝大多数党团的支持（而俄罗斯共产党的日趋衰微与其反对俄罗斯的欧洲定位不无关系）。而从欧洲所构建的现代文明构成这一视角来认识后苏联发展问题，几乎是俄罗斯大部分主流学者的学术定位所在。

五

俄罗斯如此延续其对自身的欧洲价值观定位，并作为其内政外交之导向，自然而然地使中俄双边关系要被重新评估，中俄战略协作伙伴关系和中国形象再造必须经由这样的欧洲中心价值观及其演绎的国际格局所过滤，而不能超越这个框架而独立运行，这就是拉佐夫所说的，“稳定发展、深化战略伙伴关系、与中国相互协作——是后苏联时期俄罗斯取得若干真正巨大成就的对外政策之一。这些已成为我国亚洲政策的重要组成部分，显著提高了我们在全球范围内的活动能力、扩大了我们的活动范围”。即使在两国上层关系火热的20世纪90年代，叶利钦时期最年轻的总理盖达尔在《国家与进步》中长篇累牍地论述俄罗斯脱亚入欧的必要性，认为俄罗斯正处于民主的西方和贫穷而不民主的东方之间，并且正是贫穷而不民主的中国成为俄罗斯的最大威胁，并赞同索尔仁尼琴关于中国人口威胁俄罗斯的表述和塔尔科夫斯基的电影《镜子》所塑造的恐怖的中国形象。他还在《21世纪的俄罗斯：不是和平的宪兵，而是欧亚地区的民主前哨》（《消息报》1995年5月18日）中进一步声言，“近年来，中国并非是稳定、繁荣、市场化的民主社会”，俄罗斯把“遏制”对象从友好和民主的西方转向远东，限制中国在远东和西伯利亚发展经济。而且，这也是盖达尔所属的“俄罗斯选择党”的普遍思想。同样，杜马代表、亚博卢成员 A. 戈尔巴托夫在《俄罗斯：20 世纪 90 年代的国家安全》（《世界经济和国际关系》1994 年第 8—9 期合刊）中主张，和日本作为东方不可分割的民主国家不同，中国的政治结构发展是不可预测的，从一个长时段来看，中国会成为俄罗斯最为严重的外部威胁，用军售讨好中国并利用日益紧张的中日关系，“不仅是天真的并违背历史的，而且对俄罗斯而言也是危险的”，必须要返回欧洲，因为 1000 多年前俄罗斯就成为欧洲不可分割的一个部分。更令中国读者感到匪夷所思的是，明明知道中国读者热爱自己的著名作家拉斯普京（Валентин Распутин，1937 - ）在其新作《伊凡的女儿，伊凡的母亲》中描写了中国人和车臣人一样侵入西伯利亚，兜售低劣的中国商品，用商人习气败坏俄罗斯东正教和斯拉夫传统，歌颂了女主人公为正义事业和维护自己利益杀害他们的行为。近 20 年来这种状况并未改变，欧洲改革中心的俄罗斯和中国项目主任波波罗（BoboLo）在其《俄罗斯与西方关系：过去、现在、未来》中所说，莫斯科不认为中俄之间的战略协作伙伴关系能替代和西方的关系，并且和西方合作的可能性之高、利益之大是显而易见的，如全球金融危机、能源、反恐和许多具体的国际事务问题。①

进而，中国在俄罗斯形象再造没有随着中俄联合声明和联合公报而进展，甚至被严重忽视：姑且不论俄罗斯的政治学、经济学和社会学等社会科学不顾中国经济改革及其成效而常批评中国的政治体制、社会问题，就是于保守的历史学领域亦没有促进中国形象的改善，如著名学者沙金（Э. Шагин）和鲁博科娃（А. Лубкова）主编的《20 世纪最新祖国历史》涉及 1992 年以来俄罗斯对外关系问题时，首先是重点谈俄罗斯与美国的关系，其次是和欧洲的关系（包括北约和欧盟），再次是独联体关系，很少触及俄罗斯和东方尤其是同中国的关系。② 这不仅是历史学领域的个别现象，而且是 21 世纪各种版本历史和文化史著作的普遍现象，例

---

① 参见《俄罗斯研究》2009 年第 4 期。

② Шагин Э.，Лубкова А.，Новейшая отечественая история XX век. М.：ВЛАДОС，2004. С. 407 - 415.

如捷列申科（Ю. Терщенко）与《19—21 世纪俄国史》（2004）、古利扬娃（В. Гулянва）与《祖国历史与文化》（2006）等大多也如此，即触及后苏联对外关系问题时并不特别考虑与中国的战略协作伙伴关系。同样，在哲学研究领域，只有古代哲学史涉及老子、孔子和庄子等，此后的世界哲学发展完全不涉及中国哲学。

议会和知识界的不信任中国、忽视中国，与社会整体上否定性地再造中国形象几乎是一致的：近 20 年来俄罗斯开办有专门的欧洲台，独立台和中央台节目也大量播报欧美的新闻、专题节目，而只有在涉及专门的俄中关系问题时电视才会有限度地正面触及中国，并且中国仍旧是作为“东方”形象存在的；否则，涉及中国的新闻，更多的是负面新闻。影响力巨大的《文学报》2006 年末版刊发军事学院副院长弗拉基米罗夫少将的长文《终结之始》，他用世界眼光回顾近年来尤其是 2006 年俄罗斯所发生的诸多重大事件，包括因伊朗核危机和伊拉克重建等问题俄罗斯与西方关系复杂化，和独联体国家关系未得到进一步改善，但没有提及俄中战略协作伙伴关系。在分析俄罗斯继续谋求世界领导位置会带来怎样的结果、哪些新的地缘政治趋势与在多大程度上有助于俄罗斯社会问题的解决时，作者认为理解这些应该与统一的欧洲导向有关，是按现代文明要求建构俄罗斯的结果。① 正因为如此，俄罗斯的中国形象无法取得两国联合声明/公报所描述的那种效果，如 2007 年 3 月底，正值“中国年”在莫斯科举行之际，《莫斯科共青团真理报》撰文公布俄罗斯民众对中国的认知度数据，66% 的民众认为俄罗斯要与中国保持距离，11% 人要求不与中国合作，担忧中国会占领远东，支持与中国创造友好关系的人只有 23%，相应地，只有俄中关系符合俄罗斯的欧洲定位及其所谓以现代文明标准建构的世界图景时，中国形象才是正面的。俄罗斯科学院远东研究所所长季塔连科曾发表许多论著批评一些新闻工作者和某些政客所制造的负面中国形象，赞同军售，肯定和中国建立密切关系等；远东研究所著名教授 A. 雅科夫列夫在《作为世界政治主体的俄罗斯和中国》《21 世纪俄中发展战略协作伙伴关系的国际因素》等著作中主张，

---

① Владимиров Александр, Pax. America: Начало конца //Литературнаягазета, 27 - 31, декабря 2006.

苏联解体、中国改革的成功，实际上使中国成为世界共同体中的社会主义一极，强化了中国的国际地位，使之成为很有吸引力的国家，这种情况类似于十月革命后的苏俄，而俄罗斯的亲西方政策已经使其成为边缘国家，因而俄罗斯应和中印结盟，优先考虑同中国的关系。诸如此类的声音，在有着深刻历史基础的社会性欧洲化浪潮中正面塑造与西方有本质不同的中国形象，其作用力是很有限的。

可以说，俄罗斯20年来的重建过程，中国实际上是其中的积极参与因素，俄罗斯从政府层面上积极发展双边关系，但这种双边关系在价值诉求上要满足于300年现代化历程所培育出来的欧洲诉求及演绎出来的国际关系结构，以至于西方对俄罗斯的压力并未减少，从欧盟和北约东扩，到指责俄罗斯打击金融寡头、车臣战争和行政改革等具体事情，但这并不妨碍叶利钦延续戈尔巴乔夫要进入西方世界的一厢情愿，也不减弱普京和梅德韦杰夫把发展与美国、欧盟关系作为外交中心。中俄关系的举措再大，也未能从根本上在俄罗斯塑造出具有亲和力的中国形象；虽然中国形象和苏联时代有很大不同，但是与中国知识界的理解、民间的希望等仍有相当大的差距，虽然许多中国问题研究专家对中国有不少正面的认知，但整体的中国形象再造并不取决于中国本身的改革开放及其成就和中俄双边关系的发展。

（选自《国外社会科学》2010年第2期）

国家形象理论与外交政策动机

张苾芜[*]

一　赫尔曼的国家形象理论

理查德·赫尔曼（Richard K. Herrmann）是美国著名的国际关系学家，是目前美国学界最有影响的国家形象理论家，其实证研究对象主要为苏联与中东地区。赫尔曼现为俄亥俄州立大学政治系教授、美国智库默森研究中心（Mershon Center）主任。30年来，赫尔曼主要专注于国家形象理论的研究。其关于国际关系中的认知尤其是国家形象理论的论文发表于美国国际关系学的几乎所有主要刊物。赫尔曼的国家形象理论独树一帜，具有较强的理论性与实用性，其主要应用之一便是确定一个国家的外交政策动机，运用该理论对于研究中外关系有着重要的现实意义。以下先从国家形象的组成部分以及国家形象体系两方面介绍该理论的主要内容，而后阐释该理论为何可以用于分析外交政策动机，最后说明该理论对于中国和平发展的意义。

1. 国家形象的组成部分

赫尔曼认为，要建立国际关系学中的国家形象理论，一个首要的工作便是确定影响外交决策的几个最重要的判断。这些判断包括三个方面：（1）决策者对本国与对象国相对国力的认知；（2）决策者认为对象国对本国究竟构成威胁还是提供机遇；（3）决策者关于对象国与本国在文化

---

* 作者信息：张苾芜，1957年生，博士，厦门大学国际关系学院副教授。

上的比较。①

国家形象理论强调相对国力的重要性，其重要依据之一是国际关系学中的现实主义理论，因为相对国力限制了一个国家实施外交政策的范围。强国通常有较大的选择余地，从外交谈判直至全面战争，而弱国的选择余地则较小。

近年来，国内学界与媒体常常提及机遇与威胁。实际上，这也是赫尔曼国家形象理论最重视的两个概念，它们也与现实主义理论对国家利益的重视相吻合。当对象国为主体国提供机遇时，又可分为两种情况：其一，主体国侵害对象国以获取自身利益；其二，两国以双赢的方式合作互利。②

国家形象理论强调对威胁与机遇的评判，另一个重要依据乃是海德（Fritz Heider）的认知平衡论（cognitive balance theory）。该理论认为人们对事物的好恶判断趋于平衡，爱屋及乌。当出现不平衡时，人们将在认知心理上进行调整，以恢复平衡。海德所指的好恶在国家形象理论中大致相当于机遇与威胁。国家形象理论假定，决策者对自己和自己的国家有着正面的认知，认为其行为符合道义规范。

在该理论中，决策者要取得的平衡乃是自我利益与道义原则之间的平衡。在决策者认知威胁或机遇时，其便处于一定的心理压力之下，需要考虑应采取何种行动。此时，为了使决策更为容易，决策者会构建一种形象，以取得本人与公众的心理平衡，如将构成威胁的国家视为邪恶的敌人，这样，决策者便能做出严重伤害对方的决定，而不受内心与社会的道义谴责。当遇到诱人的机遇时，由于认知平衡的作用，对象国会被视为堕落的衰败国，或无知且需要帮助的国家。这样，决策者会抓住机遇，损人利己，且不以为耻。在侵害对方的利益时，决策者往往会将自己的行为合理化，甚至声称自己实际上是在帮助受害者。③ 日本人以帮

---

① Richard K. Herrmann, James Voss, Tonya Schooler & Joseph Ciarrochi, "Images in International Relations: An Experimental Test of Cognitive Schemata", *International Studies Quarterly*, Vol. 41, No. 3, 1997, pp. 407 – 408.

② Ibid..

③ Richard K. Herrmann, "Analyzing Soviet Images of the U. S.: A Psychological Theory and Empirical Study", *The Journal of Conflict Resolution*, December, 1985a, p. 672; "The Empirical Challenge of the Cognitive Revolution: A Strategy for Drawing Inferences about Perceptions", *International Studies Quarterly*, Vol. 32, 1988, p. 183.

助中国人驱逐西方势力、建立大东亚共荣圈为借口发动侵华战争，西方殖民者以“白人的负担”为由圈占殖民地便是例子。

文化比较可以从两方面进行。其一指两国文化层次的高下；其二指两国文化内涵的异同。文化层次的高下会影响对国力与威胁程度的认知。依据美国理论家的说法，文化落后的国家即便拥有先进的武器和设备也不能善加利用。而且这样的国家由于不太接受文明国家的一些规范，如自我克制、投桃报李等，往往会构成更大的威胁，主体国便可能对它们采取更具强制性的措施。当两国的文明内涵相似时，如均为“民主国家”，根据民主和平论，作为民主国家的主体国便不太可能对另一个民主国家采取战争行为。[①] 然而，即便在美国，现实主义派学者并不认可民主和平论。

不同的学者对何者构成影响外交决策的最重要的判断有着不同的看法。在这一问题上，与赫尔曼持相同观点的学者主要还有理查德·科顿与玛莎·科顿。[②] 另一位最常为学界所提及的国家形象理论家是肯尼思·博尔定。博尔定认为，对敌我关系以及强弱状况的判断是构成国家形象理论的核心要素。[③] 他的观点与赫尔曼对机遇/威胁、国力的重视是一致的。

与研究国家形象的其他学者的一个重要不同是，赫尔曼及其合作者还通过一系列试验证实，他所强调的几个自变量（威胁、机遇、国力、文化）对美国领导人的外交政策决策确实有着重要影响，[④] 而且也有其心

---

① Richard K. Herrmann, Philip Tetlock & Penny Visser, “Mass Public Decisions to Go to War: A Cognitive Interactionist Framework”, *American Political Science Review*, Vol. 93, No. 3, 1999, p. 555.

② Richard W. Cottam, *Foreign Policy Motivation: A General Theory and a Case Study*, Pittsburgh: University of Pittsburgh Press, 1977; Martha L. Cottam, *Images and Intervention: U. S. Policies in Latin America*, Pittsburgh: University of Pittsburgh Press, 1994.

③ Kenneth Boulding, “National Images and International Systems”, *Journal of Conflict Resolution*, Vol. 3, No. 2, 1959, pp. 120－131.

④ Richard K. Herrmann & Jonathan Keller, Beliefs, “Values and Strategic Choice: U. S. Leaders' Decisions to Engage, Contain and Use Force in an Era of Globalization”, *Journal of Politics*, Vol. 66, No. 2, 2004; Richard K. Herrmann & Vaughn Shannon, “Defending International Norms: Perceptions and the Logics of Normative Appropriateness and Utilitarian Consequences”, *International Organization*, Vol. 55, No. 3, 2001.

理学依据。①

2. 赫尔曼的国家形象体系

对象国的国家形象可以由相对国力、威胁或机遇、文化比较三方面认知构成，将每方面认知的价值限于大于、相当于、小于三种，赫尔曼因此推断共有27种国家形象，采用其中6种典型形象便能够描绘现实世界中大部分国家间的关系形态，如表1所示。②

表1 赫尔曼的国家形象体系

国家形象	国力	威胁或机遇	文化	例证
帝国	大于	威胁	高于	伊朗视美国（后冷战时期）
蛮国	大于	威胁	低于	南宋视金国（中国古代）
敌国	相当于	威胁	相当于	苏联视美国（冷战时期）
盟国	相当于	机遇（双赢）	相当于	英国视法国（冷战时期）
依附国	小于	机遇（剥削）	低于	美国视拉美国家（冷战时期）
衰败国	相当于	机遇（剥削）	相当于	德国视法国（第二次世界大战前）

相对国力、威胁或机遇以及文化比较是国家形象确立的重要指标。而国家形象的内涵则主要包括以下几个部分：国家动机、决策程序、意志以及国力。赫尔曼通过试验证明，这些因素构成了信息组合（schemata）。③ 在获知一个国家形象的某方面信息后，决策者往往能够推断该形象所包含的其他信息。由于有限理性的作用，国家形象作为信息组合的特质使之具有影响外交决策的功能。因此，上述国家形象虽然是通过演绎推理得出的，但每个形象都有着特定且丰富的内涵。例如，当一个国家被视为敌国时，根据赫尔曼的理论以及其他许多美国学者的研究，这个国家会被认为有着自私且邪恶的动机，能够设计并实施复杂的阴谋，其组织等级森严、纪律严明。但它还是个纸老虎，欺善惧强，只要坚定

---

① Michele Alexander, "Marilynn Brewer & Richard K. Herrmann, Image and Affect: A Functional Analysis of Out-Group Stereotypes", *Journal of Personality and Social Psychology*", Vol. 77, 1999.

② Richard K. Herrmann, James Voss, Tonya Schooler&Joseph Ciarrochi, 1997, pp. 409 – 413.

③ Ibid. .

地面对它的挑衅，它就会知难而退。[①] 由于赫尔曼的理论多以美国决策者与学生为试验对象进行验证，或许，该理论所描绘的各个形象的内涵仅适用于美国人。至于其他国家的民众会有何种国家形象体系，每一国家形象有何内涵，则有待进一步的研究去验证。

二 运用国家形象理论分析外交政策动机

1. 为什么要研究外交政策动机?

赫尔曼国家形象理论最典型的运用之一是研究对象国的外交政策动机。西方国际关系学家普遍认为，一个国家主要有两种截然相反的外交政策动机：一种为修正主义动机，另一种为维持现状动机。[②] 这两种动机的根本区别是，维持现状国家基本接受现存的国际体系的合法性，而修正主义国家则要推翻现存的国际体系。针对以上两种外交政策动机，应采取不同的外交政策措施。如果对方为修正主义国家，主体国就应该采取威慑战略，以表明对方的扩张行为将遭到坚决且有效的抵抗，是得不偿失的，从而达到维护和平的目的。如果对方为维持现状国家，主体国则应当充分考虑安全困境的作用，采取让对方放心的行动，以避免紧张局势的螺旋上升。[③] 了解对象国的外交政策动机因而是制定外交政策的首要问题。乔治·凯南常常被称为“冷战之父”，正是因为他的《苏联外交政策之根源》一文认定苏联为修正主义国家，从而开启了持续近 50 年的冷战。[④] 亨廷顿的《文明的冲突与世界秩序的重建》有时被认为“为西方攻击中国（与伊斯兰国家）提供了理论依据”，其重要原因之一就在

---

① Michele Alexander, Marilynn Brewer & Richard K. Herrmann, "Marilynn Brewer & Richard K. Herrmann, Image and Affect: A Functional Analysis of Out-Group Stereotypes", *Journal of Personality and Social Psychology*", 1999, pp. 78 – 79.

② Hans Morgenthau, *Politics Among Nations: The Struggle for Power and Peace*, 5 thed., New York: Knopf, 1978, pp. 35 – 66.

③ Robert Jervis, *Perception and Misperception in International Politics*, Princeton: Princeton University Press, 1976, pp. 58 – 113.

④ George F. Kennan, "The Sources of Soviet Conduct", *Foreign Affairs*, July, 1947.

于，亨廷顿认为中国具有修正主义动机。①

2. 外交政策动机研究的困难

尽管了解对象国的外交政策动机至关重要，但从事这项研究则甚为困难。其中一个重要原因是，不同的外交政策动机很可能表现为相同的外交政策行为。冷战时期，美国面临的最重要的外交政策问题之一，便是如何确定苏联的外交政策动机。对这一问题的不同解答，意味着美国应采取不同的对苏政策。当时美国方面对这一问题主要有三种解读。其一，共产主义扩张。按照这一观点，苏联一心追求世界霸权，力图在全世界实现共产主义。如果是这样，美国的应对措施就是，阻止苏联取得外交胜利，同时迫使苏联人转向内部改革，改变其政权的性质。其二，现实主义扩张。这一观点认为，意识形态在苏联外交政策中的作用很有限。苏联只是像其他大国一样追求其自身安全与势力范围。这一观点还认为，苏联是一个扩张主义国家，而美国则是个维持现状国家。对于这样的苏联，美国则应采取遏制政策，坚定地阻止其扩张。其三，现实主义防御。该观点认为，苏联也是国际体系中的一个正常大国，而且极为关注自身安全，是一个防御性的国家。对于这样的苏联，美国就不应该采取威慑战略，而应该设法减轻其恐惧感。②

究竟苏联是否是修正主义国家？美国学者众说纷纭，难下定论，因为三种模式均难以证伪。例如，主张共产主义扩张模式者认为，苏联人希望垄断世界但又不愿付出太大代价。当苏联未表现出扩张行为时，这些人可以说苏共不愿冒险，希望不战而胜；当苏联人表现出与扩张主义相悖的行为时，主张该模式者可以归因于美国的强大国力与遏制努力，从而将苏联人视为纸老虎，甚至称其行动旨在麻痹西方。现实主义扩张模式同样难以证伪，这种模式将苏联描绘为机会主义者。当适当时机出现时，如果预期回报合理，预期风险有限，苏联便会抓住时机，进行扩张。这样，就必须对机会做出定义。如何定义机会呢？当机会出现时而

① Samuel Huntington, *The Clash of Civilizations and the Remaking of World Order*, Simon & Schuster, 1996.

② Richard K. Herrmann, *Perceptions and Behavior in Soviet Foreign Policy*, Pittsburgh: Pittsburgh University Press, 1985b, pp. 10 – 18.

苏联人却未采取行动，这究竟是由于苏联人的自我约束还是另有原因呢?①

3. 如何运用国家形象理论研究外交政策动机

研究国家动机甚为困难，成为长期困扰美国学界的一个重要问题。国际关系大师摩根索甚至指出，国家动机虽然至关重要，但却是不可知的，因而不应该为此浪费时间。赫尔曼的一个重要学术贡献，便是通过国家形象理论提出一个研究国家动机的较为可信的方法。

越战之后，苏联在第三世界地区采取了一系列军事行动。苏联的行为究竟是防御性的还是扩张性的？赫尔曼认为，了解苏联人所认知的美国国家形象是探明其动机的一个有效途径。在分析冷战时期苏联人所认知的美国国家形象时，应当区分两种可能的形象：一种为敌国形象，另一种为衰败国形象。如果苏联的干涉行动是为了对付美国所构成的威胁，苏联所认知的美国形象将以敌国形象为主。而如果苏联的外交行动是为了攫取扩张的机遇，衰败国形象则将主导苏联对美国的认知。如果苏联外交政策的主要根源是对机遇的认知，苏联的动机更可能是扩张性的；而如果其主要根源是对威胁的认知，其动机则更可能是防御性的。因此，要探明苏联的外交政策动机，一个有效的途径便是分析美国的国家形象对其来说究竟是敌国还是衰败国（见表2）。②

表2　“敌国”和“衰败国”形象所预示的不同动机

外交政策动机	国家形象的重要侧面	国家形象
防御性动机	构成威胁 国力大致相当 文化层次大致相当	敌国
扩张性动机	提供机遇 国力大致相当 文化层次大致相当	衰败国

① Richard K. Herrmann, “American Perceptions of Soviet Foreign Policy: Reconsidering Three Competing Perspectives”, *Political Psychology*, Vol. 6, No. 3, 1985 c, p. 390, 398.

② Ibid., 1985b, pp. 30 – 42.

在具体操作中，赫尔曼采用表 3 中的指标来确定苏联人究竟视美国（西方）为敌国还是衰败国。① 在利用上述指标抽样分析了有代表性的苏联媒体报道、领导人言论，以及苏联人对美国在有关地区的政治目标、战略计划、战术以及具体事例的认知之后，赫尔曼发现，苏联所认知的美国国家形象在相当程度上更接近“敌国”形象而不是“衰败国”形象。根据国家形象理论，这意味着苏联的对美战略是防御性的，苏联人是对美国构成的威胁做出回应，而并不是认为美国正在衰落，为苏联扩张提供了机会。

表 3　“敌国”“衰败国”指标

敌国指示：
西方反对社会主义的外交行为
美国违背基本道义准则
美国追求优势的军事战略
帝国主义政策的破产
美国的反工业化、反共倾向
资本主义剥削
对第三世界的剥削
敌国指示：
美国的间谍活动
帝国主义的颠覆、干涉活动
新殖民主义
帝国主义
反动势力
衰败国指标：
苏联的道义优势
西方国家的内部问题
美国及其他西方国家的政治问题
美国精神价值的崩溃
美国及其他西方国家的腐败
美国的虚弱，效率下降
苏联的军事优势

① Richard K. Herrmann, , “American Perceptions of Soviet Foreign Policy: Reconsidering Three Competing Perspectives”, *Political Psychology*, Vol. 6, No. 3, 1985a, p. 682.

不同的苏联领导人对美国形象的认知也有所不同。比较而言，最强调美国的衰败国形象的苏联领导人，同时也最为强调美苏缓和；而最为强调发展军力的苏联领导人，则最不强调美国的衰败国形象。这表明，苏联人对美国作为衰败国的认知的增强有时只是表明苏联人威胁感的降低。苏联人对发展军力的重视并不与美国作为衰败国的形象相关联。这表明，强调发展军力的苏联领导人并不认为美国软弱可欺。同样，较为强调美国的衰败国形象的苏联领导人，最不重视支持民族解放运动，而最不强调美国作为衰败国形象的领导人，相对而言则最强调支持民族解放运动。因此，苏联人支持民族解放运动以及支持发展军力很可能是出于应对美国威胁的动机。①

多方面资料显示，苏联人所认知的美国形象均以敌国形象为主，强调美国人的侵略性与尚武倾向，而且，苏联人所认知的美国衰败国形象并不与发展军力、对外干涉相关联。赫尔曼因而指出，苏联很可能是一个防御性国家，美国对苏政策的重点不应为展示军力与战斗意志，而应当向苏联人表示灵活与节制。

4. 外交行为分析作为形象研究的有效补充

赫尔曼认为，虽然苏联对美国国家形象的认知显示，苏联人的外交政策动机或许是防御性的，但是，仅凭国家形象研究尚不足以确定苏联是防御性国家这个结论，因为国家形象研究的主要依据是苏联的媒体与苏联领导人的言论。他担心，在一个舆论控制的国家，媒体与领导人的言论或许均不可靠。它们都可能是有意误导或宣传需要的结果。

赫尔曼于是又分析了苏联的外交政策行为。如果苏联对美国国家形象的认知所反映的外交政策动机与苏联外交政策行为所揭示的外交政策动机一致，研究者便可更有信心地认为，这一研究较为准确地探明了苏联的外交政策动机。

如果苏联的动机为防御性的，苏联当采取遏制战略；而如果其动机为修正主义的，则当采取扩张战略。根据苏联的行为探寻其动机，关键便是确定苏联采取何种战略。赫尔曼采用以下指标来确定苏联对遏制战

① Richard K. Herrmann, , "American Perceptions of Soviet Foreign Policy: Reconsidering Three Competing Perspectives", *Political Psychology*, Vol. 6, No. 3, 1985a, pp. 682 –689.

略的坚持程度。[①]

（1）为了保护其盟友，在全球各地与美国的盟友对抗，因此付出代价以及所冒风险的程度；

（2）为了保证现存政治联盟的延续，而付出代价以及所冒风险的程度；

（3）不以谈判的方式，而以发展和部署武器的方式发展其核威慑的程度。

赫尔曼又以下列指标来衡量苏联在多大程度上实行扩张战略。

（1）为了迫使对象国让步，软化或放弃其政治立场或政治忠诚，因而付出的代价、所冒的风险，以及所动用的资源；

（2）为了迫使美国或其盟友改换其政府或改变制度，甚或二者兼而有之，对此坚持的程度；

（3）坚持发展或部署军事设施的程度，迫使美国顺从苏联的意愿，对此坚持的程度。

扩张战略行为的一个重要标志是，这些行为超出了围堵战略的需要。

赫尔曼较公正地选择苏联人在三个时期的战略行为作为研究对象。在根据上述两个模型分析苏联在这三个时期的外交政策行为后，赫尔曼得出结论，苏联的外交政策行为颇似对美国的围堵模式，而不甚类似扩张模式（见表4）。[②]

表4　　苏联外交政策行为与两个模式的相似程度（1967年）

	遏制模式			扩张模式
	相似程度	投入程度	相似程度	投入程度
核武器	颇为相似	高度投入		
中欧	颇为相似	高度投入	不甚相似	低度投入
中东	较为相似	低度投入	不甚相似	中低度投入
东南亚	较为相似	中度投入	不甚相似	中低度投入

① Richard K. Herrmann, , "American Perceptions of Soviet Foreign Policy: Reconsidering Three Competing Perspectives", *Political Psychology*, Vol. 6, No. 3, 1985b, pp. 42 – 49.

② Ibid., pp. 166 – 180.

这样，赫尔曼通过国家形象研究提出苏联很可能是一个防御性国家，再通过分析苏联的外交政策行为，确证了他的研究结论。根据他的研究，尽管苏联人竭力加强军备，在世界各地到处插手，他们的主要目的并非为了扩张其势力，而只是为了应对美国对其构成的威胁。由于美国人的强势，苏联人不愿示弱，针锋相对。

三 结论：国家形象理论与中国崛起

赫尔曼的国家形象理论，除了其自身的理论意义外，在目前这个历史时期还有着重要的现实意义。要实现中国的和平发展，有必要让长期主导国际体系的西方人知晓中国作为一个维持现状国家的性质，理解中国诚恳融入国际体系的动机，接受中国人希望与他们和平共处、合作互利的善意。赫尔曼的国家形象理论在美国有着较大的影响力，运用这一理论研究中国的外交政策动机，对美国人乃至其他许多西方人均有较强的说服力。虽然中国的发展并不需要看别国的眼色，但广交朋友，减少阻力，毕竟符合中国的利益。

赫尔曼的国家形象理论除了可用于研究国力相当的国家间关系外，还适用于研究其他各种形态的国家间关系，包括强国与弱国间的关系。拉美、中东地区国家在国家形象理论中常被描绘为依附国。美英等国与这些国家间的关系有其成功的经验，也有惨重失败的教训。目前美国深陷反恐战争，欲罢不能，这在一定程度上便是长期视那些国家为依附国的历史苦果。随着中国利益逐渐遍及全球各地，中国与东南亚、非洲国家的交往日益密切，运用赫尔曼的国家形象理论分析中国与这些国家间的关系，也有助于避免重蹈美英等国的覆辙。

（选自《国外社会科学》2011 年第 1 期）

国外新媒体研究溯源

毕晓梅*

在当下的传播学研究领域，“新媒体”已变成一个耳熟能详的概念，然而，这一概念的科学性以及新媒体研究是否能够形成独立领域，学术界还是众说纷纭，莫衷一是。许多新媒体研究者只是忙于应对层出不穷的新媒体技术现象，而对新媒体的科学性和新媒体本身则缺少关注。我们在追溯和梳理国外新媒体研究的源流，理清国外新媒体概念及其研究的来龙去脉的同时，试图摆脱当下纷繁复杂的新媒体现象，为国内新媒体研究提供比较、反思和预见的空间。

一　如何理解新媒体

2000 年，国际学术界在关于新媒体研究的主流 SSCI 期刊《新媒体与社会》（*New Media & Society*）发刊一周年卷首语中写道：“我们承认新媒体是一个相对易受攻击的概念，但是它点出了关注技术、媒体、社会生活相互交织影响所带来的变革的重要性。”虽然“新媒体”是一个相对性的概念，但是它有其约定俗成的内涵。例如，非政府组织（NGO）这一概念，从字面上看是一个否定性的没有明确所指的概念，最初由媒体使用，但是当大家都来使用这个概念时，它便有了特定的内涵。目前，对

---

* 作者信息：毕晓梅，1982 年生，清华大学新闻传播学院与威斯敏斯特大学艺术设计与传媒学院联合培养博士研究生。

新媒体的理解大致有两种不同的视角。

1. 纵向历史视角

2008年5月，国际传播协会年会预备会在蒙特利尔举行，以“新媒体的漫长历史：置于情境中的当代和未来发展”为题进行了5个分议题的讨论：(1)“新旧媒体历史”(Media History Old & New)，比较新媒体与有悠久历史的媒体；(2)“历史编纂与新媒体”(Historiography & the New)，反思新媒体历史研究——我们如何理解用于新媒体的术语，我们要在已有思想体系中做哪些改变；(3)“文化、意义与符码”(Cultures, Meanings & Codes)，从新媒体与文化意涵和观念间的关系中发掘大量未被讲述的新媒体历史；(4)“制度、组织与网络”(Institutions, Organizations & Networks)，关注新媒体历史发展中潜隐于媒体发明与使用背后的结构性因素；(5)“书写新媒体历史”(Doing New Media History)，思考应该如何书写新媒体历史。

乍一看，“新媒体”与历史书写似乎是一对自相矛盾的概念，其实不然。之所以强调纵向历史的视角，原因有以下三点。(1)“新媒体”本身是时间性的概念，唯有与历史媒体相参照才有所谓的“新媒体”。(2)作为一个研究领域的“新媒体”是在特定历史语境中，尤其是在媒介发展史的特定阶段，获得其相对稳定的内涵和外延。从国外相关文献可以看出，20世纪70—80年代，这一概念被用来指称无法纳入传统大众传播范畴的新媒体现象。在此之前，新媒体并无明确的所指。(3)新媒体研究涉及媒体的演进与革命或者渐变与突变。唯有以纵向历史视角，才能把握住新的媒体现象及其意涵。

2. 横向视角

从纵向的媒介发展史来看，新媒体是相对的，而在某一特定的历史时期，新媒体又是一个时间的概念。在一定的时间段之内，新媒体应该有一个相对稳定的内涵。宫承波等人从技术上对新媒体做了更详细的说明，将新媒体界定为依托数字技术、互联网络技术、移动通信技术等新技术的新型媒体形式、软硬件或信息服务方式，例如网络电视、手机电视、移动电视、虚拟社区、博客、播客、搜索引擎、简易聚合(RSS)等。[①]

---

① 宫承波等：《新媒体概论》，中国传媒大学出版社2007年版，第2页。

国外的定义大致可以区分为两类：一类定义聚焦于新媒体的媒体形态和技术特性。例如，波尔（Ithiel de Sola Pool）将新传播技术定义为当时的“大约25种传播设备的简称”；让（Ron Rice）强调计算机和电信技术的双向传播能力，将新媒体定义为这样一些传播技术——“包含计算能力（微处理器或主机），能够允许或促进用户之间或用户和信息之间的互动”。[①] 另一类定义则受技术研究中的“社会形成观”的影响，认为对新媒体的理解要超越对媒体技术形态的关注，研究媒体技术与人类行为及社会结构的交互影响。斯蒂夫－琼斯在《新媒体百科全书》导言中写道：“对于新媒体的唯一完美的定义无疑来自于对历史、技术和社会的综合理解”。在《新媒体手册》（*Handbook of New Media*）一版序言中，编者提出一个理解新媒体的框架，认为新媒体意味着传播技术及其相关的社会情景，即包括以下几个层面：“延伸我们传播能力的设备装置；使用这些设备进行的传播活动和实践；围绕上述设备与实践形成的社会组织与惯例。”[②] 今天新媒体的文化意涵也渐渐被研究者所重视，此框架逐渐变得丰满完善起来。

这两类定义是新媒体研究不同时期的产物，二者互为补充。第一类定义力图描述新媒体的技术特性，是理解新媒体的丰富内涵的基础，同时也明确了某一时期新媒体研究的媒体对象；第二类定义在此基础上，给出理解此媒体的框架和大致方向。同时，理解“新媒体”非常关键的一个问题是：新媒体“新”在哪里？这也是国外新媒体研究者曾经热烈探讨的问题。巴尔与埃梅里在《新媒体》中提出：“新”是指媒体形态本身的首次出现，还是媒体形态所引起的社会、法律、政治、经济及文化交流方式的新变化？这种“新”是指工程技术人员所认为的“新”，还是普通人所理解的“新”？“新”是指对原有媒体的传播能力的新的延伸，还是根本性的变革甚至完全取代？“新媒体”作为一个内涵丰富的聚合概念，其所指的多样性和研究的复杂性使得我们不能简单地回答以上问题，

---

① Leah A. Lievrouw & Sonia Livingstone, “The Social Shaping and Consequences of ICTs”, in Leah A. Lievrouw & Sonia Livingstone (eds.), *The Handbook of New Media*, London: Sage, 2004, pp. 1－16.

② Ibid..

但在具体研究中不可避免地要面对它。

二 新媒体衍生的历史

我们知道，新媒体在20世纪60—70年代以来逐渐有其相对确定的所指。在此，我们将新媒体放在媒介发展史的源流中来考察其特定的历史内涵。漫长的人类媒介发展史充满了演进与革命的交替，如同一条长河有缓流也有急湍。我们的时代便是一个媒介变革时期。以19世纪下半叶作为起点来梳理这场媒介变革是一个相对合理的选择。

在人类传播史上，19世纪下半叶应该占据重要位置，电报、电话、留声机、电影等重要的传播技术纷纷涌现。1836年，莫尔斯研究出著名的莫尔斯电码，并于次年研制出世界上第一台传送“点”“划”符号的机器，取名为“电报机”。电报的发明是电力首次应用于远程通信，构成现代通信的基石，自此之后，这种“闪电式的传播线路”迅速发展，形成了巨大的通信网络。从那时起，一个半世纪以来几乎“每25年是一个重要阶段”，如1850年前后的电报、1850—1880年的电话、1900年前后的电磁波传输、1920—1930年的无线电广播、1950—1960年的电视，最后是从70年代开始的新媒体。①

20世纪70—80年代，最初被称为新媒体的是有线电视、通信卫星、电视录像机、选择性接收设备以及崭露头角的计算机中介传播等。传播学者们注意到这些无法纳入到大众传播研究框架内的媒体现象。这些传播设备及其传播现象显示出其不同于传统的大众传播媒介的特性，如异于线性单向传播的分众化、互动性等特点。

我们想以计算机中介传播为例，计算机中介传播较之当时的其他新媒体互动性更强，且与今天的新媒体形式密切相关。早期引起关注的主要是研究机构（如大学等组织机构）中存在的计算机系统如阿帕网（ARPANET）。20世纪60年代末，美国高级计划研究署在全美主要研究机构之间建立通信网络系统。1971年底，最原始的阿帕网开始投入运行。

① ［法］弗兰西斯－巴尔、杰拉尔－埃梅里：《新媒体》，张学信译，商务印书馆2005年版，第12页。

其最初目的是为了网络上节点进行资源共享，但是人们很快发现，这些局域网能够使多个用户间进行互动，如收发电子邮件，进行群体协作与群体决策，召开电信会议，玩多用户在线游戏等。以学术研究为例，这种先进的电信网络促使协作成为进行学术研究工作的主要模式。[①] 在20世纪80年代，多作者的学术文章开始主导期刊目录，并且越来越多的联邦调查基金提供给研究者团体而非个人。到90年代，计算机网络开始其商业化的进一步发展。到90年代后半期，随着网络浏览器的发明、改进以及个人电脑和小型终端如PDA的逐渐普及，彼时天马行空的新媒体逐渐过渡为日常技术。互联网的发展转向对商业和日常需求的调整和适应。尤其是经历了21世纪初的网络泡沫之后，早期互联网技术上的突飞猛进逐渐减缓，开始渐趋稳健，并进一步向社会深层结构渗透。虽然新媒体研究涵盖并超过互联网研究（如电信政策、计算机游戏等），但是互联网以及基于互联网的各种创新型应用（如视频点播、在线新闻、在线游戏、数字广播等）无疑成为新媒体研究的主角。大量的新媒体技术、形式和内容聚集在互联网的大旗之下，成为人们工作、教育、娱乐以及社会、文化、政治、经济生活的重要部分。

今天，包括互联网和移动通信在内的新媒体已经走下了高科技的神坛，融入发达国家普通人的日常生活中，在许多发展中国家也正在经历快速的扩散过程。

三　新媒体研究领域的形成

新媒体研究在过去的30多年中逐渐形成独立的研究领域，作为与传统大众媒体相对立的领域出现，同时又与传统研究交叉、延续和传承，并且与大众社会向分化的信息社会过渡进程相关。

20世纪70年代至80年代末90年代初，涌现出一些对新媒体研究影响巨大的著名学者：《后工业化社会》的作者丹尼尔·贝尔、首次提出“信息产业”概念的文明形态史学家梅棹忠夫、《技术化社会》的作者雅

---

① Stephen R. Acker, “Space, Collaboration, and the Credible City: Academic Work in the Virtual University”, *Journal of Computer Mediated Communication*, Vol. 1, 1995.

克·艾吕尔、《控制革命》的作者贝尼格以及提出“知识产业”概念的弗里茨·马克卢普（Fritz Machlup）等人。总的来说，这些早期的研究成果偏重于对宏观层面的阐发，缺少具体的实证研究，以1970年赫伯特-高德汉姆的报告《通信技术的社会影响》为例，作者在开篇即指出，目前关于通信技术未来社会影响的论述应被理解为猜想以及向公共政策制定者提出可能存在和发生的问题。

值得一提的是，延续至今并与今天的新媒体研究密切相关的计算机中介传播，由于不符合人际传播、大众传播的区分，并没有首先在传播学领域得到重视，而是被其他学科领域所关注，如社会心理学、政治学、社会学、教育学、管理信息学、图书馆学等。他们的许多发现有助于传播学领域对计算机中介传播的理解。例如，施特（J. Short）等英国学者于1970年组成传播研究小组，从心理学角度以实验法测定受试者使用不同媒介的“社会临场感”，同时在《电信传播的社会心理学》中，指出电信会议系统可以由其“社会临场感”（social presence）来评价，提出所谓“社会临场理论”。与之类似，加利福尼亚州未来研究所（Institute for the Future）的罗伯特（Robert Johansen）及其同事提出了“遥感存在”（telepresence）的概念。总体而言，早期的计算机中介传播关注的是个人、人际及组织内的传播，在个人层面关注人的心理、态度、行为如何受到计算机中介的影响；在组织传播层面基本采取任务导向，例如在团体内有效决策、提高工作效率等。①

1984年，罗纳德·赖斯（Ronald E. Rice）等人编辑的《新媒体：传播、研究与技术》（*The New Media: Communication, Research and Technology*）一书出版。作者在前言里开宗明义地指出：此书的意图在于提醒传播学研究者一点，即微处理技术、有线电视、通信卫星等新兴技术的研究对于传播学研究具有重要意义。书中所选论文大多是在传统的媒介效果研究的路径，考察计算机、电信会议等如何影响社会结构和人际关系。1986年，罗杰斯（E. M Rogers）在其著作《传播技术：社会中的新媒体》（*Communication Technology: The New Media in Society*）中介绍了新传

---

① Brenda Danet, "General Introduction", *Journal of Computer Mediated Communication*, Vol. 2, 1995.

播技术的使用和历史，探究互动性的新媒体给个体、组织及社会生活所提出的基本问题。1988年，另一本新媒体研究的著作《研究方法与新媒体》(*Research Methods and the New Media*) 出版，内容涉及新媒体研究的特殊性、问题和解决方法以及新媒体研究对创新理论路径的需求和面临的新的研究伦理等。

20世纪80年代，以南加州安纳堡学院为代表的新媒体研究中心陆续成立，进行电信技术的社会心理学、组织传播和法律以及政策研究。重要研究成果的陆续出版及粗具规模的研究机构的形成，标志着新媒体正逐步形成一个独立的研究领域。

早期传播学者所关注的新媒体是有线电视、电话、复印机、卫星电视、电视录像机、音视频电信会议、可视图文，以及计算机中介传播等。自从20世纪90年代互联网异军突起之后，有关互联网的研究迅猛增长。1996年的《传播学》(*Journal of Communication*) 发表传了一系列互联网研讨会论文，其中的论题体现了传播学者最初面对互联网这一正在崛起而且面目尚不清晰的技术现象时的困惑，讨论了以下问题：为什么传播学者应该研究互联网？互联网是否可以作为大众媒介？如何研究互联网？

四 启示

在对新媒体衍生的历史语境及新媒体研究领域的形成进行追溯后，我们发现，由于大部分新媒体技术早期应用于政府或大型企业（电话、电视录像机等除外），早期传播学者所进行的新媒体研究，关注的是经济状况、职业状况、政策和法律分析、组织和管理研究等，多采用传统的大众传播研究路径，带有应用、行政研究的性质。① 在国外，随着越来越多的文化研究和政治经济学者加入到新媒体研究的行列，这种情况已有所改观，但是国内的新媒体研究所呈现的正是国外新媒体研究的早期面貌。

---

① Leah A. Lievrouw & Sonia Livingstone, "The Social Shaping and Consequences of ICTs", in Leah A. Lievrouw & Sonia Livingstone (eds.), *The Handbook of New Media*, London: Sage, 2004, pp. 1 – 16.

国外新媒体研究与大众传播研究密切相关，在与之相区别的同时，也不免受到其研究范式、研究路径的影响。我国在引介美国传播学的过程中，有将大众传播学等同于传播学，传播实证研究等同于传播研究的倾向。[①] 今天，不少传播学者已经意识到大众传播研究的局限性，提倡回到在传播学诞生之初曾萌发但是中途被阻碍了的研究路径。然而，国外的研究对我们来说仅是一种可能的思想资源。只有经过认真的分析批评之后才能决定对它的态度，也才能考虑将其运用于国内研究和话语及社会实践的可能性。这就需要对此研究领域的历史脉络有深入的了解，不仅能够将其研究领域的建构过程历史化，而且将其与相关的话语实践和社会历史实践相联系，考察其形成的历史原因、试图解答的问题、与哪些思想动向存在对话机制。具体到国内正在兴起的新媒体研究来说，在借鉴国外研究成果的同时，如果能摸清其新媒体研究的历史脉络，将会有助于识别和避免其偏颇与局限。

（选自《国外社会科学》2011 年第 3 期）

① 刘海龙：《大众传播理论：范式与流派》，中国人民大学出版社 2007 年版，第 39 页。

当代俄罗斯：国家品牌与国际形象排行

许　华*

一　问题的提出与研究的角度

目前在国际社会科学领域，国家品牌及其塑造是管理学、传播学等学科的前沿课题，也是国际综合比较和软实力研究重点关注的对象。但在国际范围内的俄罗斯研究中，对当今俄罗斯国家品牌建设和国际形象排行却较少涉及，借助国际化的评价工具，运用量化的指标对俄罗斯进行比较和分析的成果更是寥寥。

国家品牌是指在一定时期内一个国家在其他国家公民心目中的总体形象，不仅包括物质形态的自然资源、基础设施和企业产品，还包括非物质形态的服务、政策法规、文化传统、政府治理、国民素质等因素。国家形象与品牌体现了一国的经济实力和软实力，形象塑造着一国的品牌，而品牌则影响着国家的综合竞争力。一般来讲，一个国家塑造品牌的过程同时也是国家发展和软实力增强的过程。目前，在国际上激烈竞争的格局下，相比于西方发达国家两三百年成熟的品牌经营和管理，俄罗斯在国家品牌建设、品牌文化和品牌管理方面尚有不少差距。

“伏特加酒、腐败、共产主义、严冬、黑手党、普京”，这是最近一项国际形象调查所展示的“俄罗斯”形象。2012 年 5 月，英国品牌调查公司 Brand Finance 发布了一项国际品牌调查结果，由多个国家和民众参

---

* 作者信息：许华，1972 年生，中国社会科学院俄罗斯东欧中亚研究所副研究员。

与的舆情调查表明，53%的国际受访者将“俄罗斯”与“伏特加酒”联系起来，35%的人会联想到“腐败”，33%左右的人联想到“共产主义”，25%的受访者想到俄罗斯的寒冬，15%的人说出“黑手党”或“普京”，还有10%的受访者想起的是“克格勃”“石油”。Brand Finance的负责人大卫·亨斯利向俄罗斯媒体坦言，作为国家品牌的“俄罗斯”在国际受众眼中的形象不佳。他指出，“俄罗斯”品牌不能给人们带来信任，这是影响国际民众对俄罗斯品牌认知度的关键所在。①

在当今世界，国家形象是一个国家或地区的综合实力的反映，也是衡量一国软实力的重要指标。如果一个国家的形象没有被受众国认知和喜爱，那它产生吸引力的可能性就会大大降低。国家形象反映的是国内和国际社会对一个国家的领土、政权、制度、文化、价值、利益、身份和权力等的认同和信任程度。国家形象一旦相对稳定，国家就获得了相应的信誉资源或声望资本。信任度越高，国家获得支持的可能性就越大，国家的软实力也就越强。

考察一个国家的国家形象，不但要对其进行纵向比较，还要置之于国际评价体系中进行横向比较。只有在国际参照系的对比当中，才能比较客观地了解一个国家所处的地形位及其软实力的变化情况。根据某些指标对世界各国进行比较，从而判断各国地位和实力的做法在西方由来已久，为数众多的研究机构对各国的政治、经济和社会发展情况定期发布的排行报告为研究国家的实力提供了重要的参考数据。如果说国家的硬实力体现在世界银行和国际货币基金组织每年发布的各国GDP排行榜，以及世界经济论坛和洛桑国际管理学院论坛发布的全球竞争力报告中，那么各国的软实力又如何体现呢？近年来，随着品牌这一概念被引入政治学和传播学领域，“国家品牌指数”（NBI和CBI）日益成为评价国家形象和软实力的重要参照物。此外，世界经济论坛发布的旅行观光竞争力指数（TTCIWEF），以及Brand Finance和Brand Z发布的各国企业品牌指数也都在全球产生重要影响，对国家品牌的强度和吸引力进行量化已

① 参见Арфн Геворкян，На место спутникапришла коррупция-Россия уступила странам БРИК в стоимости своего бренда //Новые известия，4июня2012 г.，http：// www. newizv. ru/economics/2012 －06 －04 /164451 －na －mesto －sputnika －prishla －korrupcija. html。

经成为研究国家软实力的一种新的视角。

俄罗斯是一个从来都不缺少关注的国家。但关注度是否意味着美誉度？吸引力是否能转化为软实力？与其他国家相比，俄罗斯的国际形象究竟有多少光彩？能否对俄罗斯的国家形象进行量化排名，从而为研究者描绘出一幅较清晰的画面？比较分析俄罗斯在具有全球意义的品牌形象指数排行榜上的地位，也许有助于我们回答这些问题。

二 国家品牌排行榜中的俄罗斯

目前国际上公认的国家品牌评价体系主要是安霍尔特－捷孚凯国家品牌指数（Anholt-Gfk Roper Nation Brands Index）和未来品牌国家品牌指数（The Future brand Country Brand Index）。前者简称 NBI，后者简称 CBI，译为中文都是"国家品牌指数"。NBI 由英国著名学者西蒙·安霍尔特与捷孚凯公共事务和媒体咨询公司合作制定，CBI 由世界著名的"未来品牌"战略咨询公司发布。两种指数皆于 2005 年首度发表，面世后即引起强烈关注。借助国家品牌指数，我们可以了解一个国家品牌的影响力和吸引力，以及了解该国在全球消费者、旅游者和投资者心目中的形象。

一个国家塑造品牌的过程也是国家本身发展的过程。安霍尔特认为，国家形象如同品牌，一个国家树立并传播鲜明的品牌形象能够吸引外国投资者和旅游者，从而加速经济发展；反之，经济的发展又能增强一个国家的政治影响力并且促进该国企业的发展。一个正面而强大的国家形象在全球化时代意味着强大的竞争力，负面的国家形象则会严重阻碍政府的行为能力。[①] 安霍尔特提出了国家品牌六边形的概念，认为出口、国民素质、文化传统、旅游、政治治理、投资与移民是构成国家品牌的重要因素，他所创造的 NBI 指数也正是从这六个方面体现出一国的综合形象。NBI 建立在大量的样本数据分析基础上，研究人员每年会在发达国家和发展中国家筛选出样本受访者，在他们中间进行民意调查，了解其对

① Simon Anholt, *Competitive Identity: The Brand Management for Nations, Cities and Regions*, New York: Palgrave Macmilan, 2007, pp. 2, 14, http://www.doc88.com/p-80192252725.html.

50个进入NBI名录的国家在政治、经济、文化、国民素质、投资潜力和旅游等方面的看法。

表1　　俄罗斯在Nation Brands Index中的排名

	2008年	2009年	2010年	2010年的分值
总体评价	22	21	21	56.39
传播和输出	17	13	12	57.34
政治治理	43	39	38	46.18
文 化	7	9	9	64.05
国民素质	31	27	29	57.82
旅 游	22	21	21	64.37
投资和移民	25	24	25	48.65

资料来源：The Anholt-Gfk Roper Nation Brands Index SM. 2010 Report. ①

NBI数据表明，俄罗斯国家品牌的总体评价属于中游水平，一直在第21和第22名之间徘徊。2010年，在参与NBI排名的50个国家中，名列前茅的是美、德、法、英、日、加、意等国。在金砖国家中，俄罗斯位居第二，紧跟在巴西（第20名）之后，而中国、印度和南非分别排在第23、27和第37名。排行榜上的中东欧国家中，俄罗斯品牌的影响力胜过了波兰（第26名）、匈牙利（第29名）、捷克（第32名）、斯洛伐克（第36名）和罗马尼亚（第41名）。

在NBI各项数据中，俄罗斯的最大优势体现在文化方面，2009年和2010年的位次均为第9名，2008年为第7名，连续三年稳居文化排行的前十名。这表明俄罗斯的文化传统以及电影、音乐、艺术、文学和体育水平为世界所公认，是其国家形象吸引力的重要组成部分。

除文化外，俄罗斯在NBI中比较有优势的项目是传播和输出。NBI在这方面设计的问题包括“对出口国产品的好恶倾向”“服务满意度”以及“科技领域贡献”等。俄罗斯的得分主要来自科技领域。从2008年起，

① http://www.si.se/upload/Sverige%20i%20v%C3%A4rlden/rapporter/Sweden%202010%20NBI%20Report%2010-6-2010.pdf.

俄罗斯的得分呈上升趋势，2010 年位列第 12 名，不仅高居金砖国家之首，还超越了韩国、新加坡、西班牙等品牌强国。

在国民素质、人力资源、旅游条件、投资环境方面，俄罗斯的得分不高，名次介于 21 至 29 之间，与它的总体评价大致相当。

“政治治理”因素是俄罗斯的减分项，2010 年得分 46.18，在 50 个国家中位居第 38，这说明受访者对俄罗斯政府的称职度，以及对其做出的维护世界和平与安全的决策的信任度不高。

综上所述，俄罗斯在 NBI 的数据中展现出一个具有深厚的历史文化底蕴，拥有较高的科技水平，但在政治治理、制度环境方面仍存在较大改善空间的国家形象。

如果说俄罗斯在 NBI 中还处于中游水平的话，在 CBI 榜单上，俄罗斯就只能算是国家品牌影响力较弱的国家了。以 2010 年为例，俄罗斯在 110 个国家中排名第 81。比 2009 年的第 72 名下降了 9 个名次，基本上可以归入比较落后的行列。在具有 CBI 特色的光荣榜——人居品牌 TOP10、商业品牌 TOP10、旅游品牌 TOP10 等榜单上完全没有俄罗斯的席位。2010 年排行榜上名列前茅的是加拿大、澳大利亚、新西兰、美国、瑞士、日本、法国、芬兰、英国和瑞典。金砖国家中，印度（第 23 名）、南非（第 31 名）、巴西（第 41 名）和中国（第 56 名）都保持着对俄罗斯的领先地位。而在中东欧国家中，俄罗斯的成绩不算很差，保持着大体相当的水平——匈牙利（第 66 名）、乌克兰（第 75 名）、保加利亚（第 79 名）、斯洛伐克（第 79 名）、波兰（第 82 名）、罗马尼亚（第 92 名）。[①]

为何同一时期俄罗斯在 NBI 和 CBI 排行榜上的地位差距如此之大呢？原因在于，第一，两套体系的评价重点有所不同。NBI 着重考量各国品牌的综合发展水平，而 CBI 的重点在于考察商业和旅游环境。例如，俄罗斯最具优势的“文化”因素在 NBI 中是品牌六边形的重要组成部分，但在 CBI 中，文化只是七大类评估标准中“有关该国的联想”项目下的五要素之一。所以在最终结果中，即使俄罗斯在这一项得分很高，对其品牌总体评价的拉动力量也不够。俄罗斯在 CBI 中的得分情况表明，俄罗

---

① 资料来源：2010 COUNTRY BRAND INDEX，http：// www. futurebrand. com/ wp-content / uploads/2010 /11/ CBI_ BBC_ 2010_ execsummary. pdf.

斯的商业环境和旅游条件存在很大的改善空间。

第二，NBI 和 CBI 的取样标准不同。NBI 强调数据来源的广泛性，其受访者达 20000 之众，覆盖各大洲的 50 个国家，而 CBI 的样实本虽然规模小，仅 3500 人，但其指向性非常力明确，针对的是活跃在国际交流舞台的部分人士，规定受访者要满足“经常进行国际旅行”（国际旅行的频率超过每年一次）和“年龄在 21—65 岁之间”的条件。除了在全球抽取样本，CBI 还重视专家意见，数十名国际旅游业专家、作家、编辑、分析师及酒店行业人士的分析报告对国家品牌的得分有很大影响。俄罗斯在 CBI 中的地位较低，说明该国给全球中高端商务人士和旅游专家留下的印象并不太好。

三 俄罗斯的国际吸引力

国际上哪些国家为世人所向往，是人们理想的旅游目的地？国际上主要国家对国外来访者来说在软硬件环境上有什么样的差异？俄罗斯在当今世界上有多大的吸引力？旅行观光竞争力指数（TTCI）可以为我们提供一些分析数据（见表 2）。TTCI 由世界经济论坛（WEF）发布。作为“世界级”思想交流平台，WEF 从 1000 多家世界知名企业和公司中吸收会员，还与世界各国的政界、学界、媒体高层建立了广泛的关系网络，其发布的“旅行观光竞争力指数”具有重要影响。

TTCI 主要由旅行观光制度竞争力、旅行观光商业环境和基础设施竞争力，以及旅行观光人力资源、文化和自然资源竞争力三大指数组成。这三大指数系统又可分成 14 个子指标系统及 77 个具体调查项目。TTCI 的基础数据一部分来自国际航空运输协会（IATA）、世界观光组织（UN-WTO）、世界贸易组织（WTO）、世界旅游及旅行理事会（WTTC）等国际组织，另一部分来自企业高级管理人员的问卷调查。

TTCI 不仅可以反映出一个国家的旅游形象，还可以用来评判一国对国际社会的吸引力的大小，在某种程度上甚至可以视为部分软实力资源的量化指标。因为一个国家被喜欢或产生吸引力往往先通过具体的接触和感知来实现，如果没有接触和认知，那它被喜欢或产生吸引力的可能性就会大大降低，也就谈不上培养更高层次的能吸引其他国家并施加影响的软实力。

表2 2011年旅行观光竞争力（TTCI）排行榜

国家	2011年排名	分数	2009年排名	分数	国家	2011年排名	分数	2009年排名	分数
瑞士	1	5.68	1	5.68	中国	39	4.47	47	4.33
德国	2	5.5	3	5.41	波兰	49	4.38	58	4.18
法国	3	5.41	4	5.34	巴西	52	4.36	45	4.35
奥地利	4	5.41	2	5.46	俄罗斯	59	4.23	59	4.14
瑞典	5	5.34	7	5.28	南非	66	4.11	61	4.10
捷克	31	4.77	26	4.86	印度	68	4.07	62	4.09
斯洛文尼亚	33	4.64	35	4.53	格鲁吉亚	73	3.98	73	3.89
克罗地亚	34	4.61	34	4.54	乌克兰	85	3.83	77	3.84
匈牙利	38	4.54	38	4.45	哈萨克斯坦	93	3.7	92	3.65

资料来源：The Travel & Tourism Competitiveness Report2011. ①

TTCI数据显示，俄罗斯虽然是一个知名度很高的国家，但其旅行观光竞争力受到社会发展、基础设施、人力资源等因素的影响，整体实力明显不足，竞争力不强，在2011年TTCI排行榜中仅名列第59，在参评的139个国家和地区中位居中游。发达国家在旅游业方面的竞争优势仍然是显著的，榜单的前十名是瑞士、德国、法国、奥地利、瑞典、美国、英国、西班牙、加拿大和新加坡。金砖国家中，中国和巴西排在俄罗斯之前，南非和印度稍为逊色。以捷克、斯洛文尼亚、克罗地亚、匈牙利为代表的中东欧国家旅游竞争力明显强于俄罗斯，而乌克兰、哈萨克斯坦等独联体国家的竞争力比较弱。

俄罗斯的优势主要体现在医疗卫生、航线开设和旅游资源等方面（见表3）。其中最令人称道的是其人均医生数量（第3位）、医院病床数量（第2位）、世界历史遗产数量（第4位）、世界文化遗产数量（第13位）以及创意产业输出（第31位）等指标。但是，在77个具体调查项

① http：//gcr. weforum. org /ttci2011/.

目中，俄罗斯排在百名以外的指标高达26项，这也正是俄罗斯的国际竞争力不佳的原因。这些指标包括旅馆价格竞争力（第105位）、外国所有权的限制程度（第126位）、所有权保护（第128位）、签证审批（第126位）、政府透明度（第105位）、社会安全（第113位）、警察服务的可靠程度（第128位）、政府对旅游产业的重视程度（第122位）、道路状况（第125位）、获得高素质劳动力的可能性（第105位）、旅游开放程度（第111位）等。其中最差指标当数“国民对外国人的态度”，排第136位，居倒数第四位，紧随其后的是伊朗（第137位）、安哥拉（第138位）和委内瑞拉（第139位），这严重影响了俄罗斯的国际形象。

表3　　俄罗斯旅行观光竞争力结构表

项目	2011年排名/分数	2009年排名/分数
旅行观光制度竞争力	73 /4.23	79 /4.14
旅行观光商业环境和基础设施竞争力	53 /4.07	61/3.7
旅行观光人力资源、文化和自然资源竞争力	45 /4.15	38 /4.37

通过分析数据，我们可以看到，尽管俄罗斯在自然资源和历史文化资源方面具有明显的优势，但这些资源并未转化成国家的吸引力，原因是俄罗斯的基础设施、制度环境还存在明显不足。另外，政府一直没有认识到旅行观光这一窗口行业对国家形象建设的重要性，榜上139个国家中，俄罗斯政府对旅游业的重视程度排在第122位，甚至落后于乍得、尼加拉瓜、喀麦隆等发展中国家。但需要指出的是，俄罗斯已经开始关注这一问题，与2009年相比，俄罗斯在这一指标上有了一些进步，从第127名上升了5个名次（见表4）。

表4　　俄罗斯的旅游市场及其推广力度在国际上的排名

指标	国际排位	
	2009年	2011年
入境签证	120	126
国家对旅游业的重视程度	127	122

续表

指标	国际排位	
	2009年	2011年
国家对旅游业的投入	83	91
旅游业市场和品牌化程度	122	119
参加国际旅游展的情况	3	—
旅游业信息化水平	—	77
旅游业开放度	108	111
对外来旅游者的态度	131	136
总名次	59	59

资料来源：The Travel & Tourism Competitiveness Report 2011.

四 俄罗斯的企业品牌

提起一个国家，人们常常会联想到该国的著名品牌，比如美国的苹果、可口可乐，德国的梅赛德斯—奔驰、宝马，日本的丰田、三菱，韩国的三星，瑞士的雀巢，等等。品牌不仅是企业的无形资产，也是国家的重要资产，像梅赛德斯、丰田、三星这样的品牌无疑已成为国家形象的代表。在全球化时代，一个国家的企业形象、知名产品与国家形象存在着密切关系，产品品牌在国际市场上的优秀表现可以促进国家品牌的建设，而良好的国家形象可以为企业创造良好的国际市场环境，提升品牌的信誉和企业的竞争力。例如，质量精良的德国产品是国家最好的名片，帮助德国在全世界范围内塑造出以“踏实”“严谨”和“精工细作”著称的国家形象。同样，良好的国家形象又使得“德国制造”整体具备了一种公信力，让人们充分信任与德国有关的各种品牌。

“俄罗斯”会令人联想到什么品牌？是首都伏特加（Stolichnaya Vodka）、AK-47突击步枪、卡玛斯重型汽车（Kamaz），还是图波列夫飞机？答案可能会出人意料——在2012年Brand Z全球最具价值品牌百强排行榜上，上述中国人熟悉的俄罗斯品牌踪迹全无，经常出现在排行榜上的是俄罗斯联邦储蓄银行（Sberbank）、俄罗斯移动通信（MTS）和蜂信

(Beeline)。从最近三年的数据来看，2010—2012 年，价值增幅最大的俄罗斯品牌当数俄罗斯联邦储蓄银行，自 2011 年登上世界最有价值品牌前一百强榜单后，该品牌两年内增值 25%，达到 106 亿美元，从排行榜上的第 99 名上升至第 74 名。而连续五年（2005—2009 年）占据霸主地位的 Beeline 不断被后来者超越，2011 年从 Brand Z 百强名单里消失。

仅仅一份 Brand Z 榜单还不足以说明问题，让我们看看俄罗斯在另一份排行榜——“Brand Finance 全球最有品牌价值 500 强”上的表现（见表 5)。Brand Finance 的评价标准和 Brand Z 类似，主要依据各公司上一财年的市值、盈利状况、品牌影响力和风险值，从品牌价值、品牌贡献和品牌动力三方面来综合衡量某一品牌的价值。

表 5 Brand Finance 全球最有品牌价值 500 强排行榜俄罗斯公司一览表

排名		公司	品牌价值（亿美元）		市值（亿美元）	
2012 年	2011 年		2012 年	2011 年	2012 年	2011 年
78	65	俄罗斯联邦储蓄银行（Sberbank)	107.72	120.12	647.23	643.29
150	209	俄罗斯天然气工业股份公司（Gasprom)	64.07	46.75	1620.42	1741.48
229	—	俄罗斯电信公司（Rostelecom)	46.10	—	198.01	—
278	349	卢克石油公司（Lukoil)	38.09	30.89	528.30	554.97
310	306	俄罗斯移动通信公司（MTS)	34.91	34.58	187.16	229.02
336	372	俄罗斯石油（Rosneft)	33.24	29.43	796.75	906.94
451	423	马格尼特零售公司（Magnit)	26.13	26.06	92.15	106.82
481	—	俄罗斯外贸银行（VTB Bank)	24.37	—	201.98	—

从 Brand Finance 发布的数据中可以看出，近几年俄罗斯品牌价值的增长速度明显加快。2010 年进入 500 强榜单的仅有 4 个俄罗斯品牌，2011 年即升至 7 个，2012 年已达到 8 个，计有俄罗斯联邦储蓄银行（Sberbank，第 78 名)、俄罗斯天然气工业（Gazprom，第 150 名)、俄罗斯电信（Rostelecom，第 229 名)、卢克石油（Lukoil，第 278 名)、俄罗斯移动通信（MTS，第 310 名)、俄罗斯石油（Rosneft，第 336 名)、马格尼特零售（Magnit，第 451 名)、俄罗斯外贸银行（VTB Bank，第 481

名)。俄罗斯联邦储蓄银行是 Brand Finance 榜单上最受人关注的品牌，2010 年，该品牌从 149 名突飞猛进至 58 名，跻身百强行列，大有和索尼（第 52 名）、英国石油公司（第 53 名）、中国工商银行（第 55 名）、JP 摩根（第 57 名）等著名品牌一争高下的气势，从这一年开始俄罗斯联邦储蓄银行一直保持着 TOP100 的地位。

从 Brand Finance 排行榜的评比情况看，近年来俄罗斯进步虽快，但其品牌价值不仅无法与欧美传统强国相比，也落后于同为金砖国家的中国（见表 6）。此外，相比于西方发达国家成熟的品牌经营和管理，俄罗斯在品牌文化和品牌管理方面尚有不小的差距。如果说苹果（Brand Z2012 的第 1 名）、IBM（第 2 名）、谷歌（第 3 名）可以诠释美国的科技创新精神，LV（第 21 名）、爱马仕（第 32 名）可以代表法国的时尚与浪漫，三星（第 18 名）和诺基亚（第 21 名）彰显韩国和芬兰技术立国的决心，在国际排行榜上却找不到能引起关于俄罗斯民族特性的联想的某种产品或者服务品牌，只能由银行（Sberbank）、电信公司（MTS 和 Rostelecom）或石油公司（Lukoil）充当国家形象的代表。这些来自金融、资源、电信领域的垄断企业，不仅缺乏通过自由竞争打拼出来的、在国际上享有盛誉的产品，还常常和负面新闻相联系，其管理层的奢侈生活、官商勾结的腐败交易、混乱的经营策略一直是俄罗斯和国际媒体关注的焦点。

表 6　Brand Finance 2012 年各国上榜品牌数量

美国	日本	德国	中国	法国	俄罗斯	巴西	印度	南非
171	44	29	29	24	8	8	3	—

金砖国家与俄罗斯的情形类似，中国的中国移动通信、建设银行、工商银行、中国石油，巴西的 Bradesco、Itau、Oi、Eletrobras，印度的 ICICI、IndianOil、Infosys，南非的 MTN 等同样也是来自银行、石油、通信等部门，这些品牌对国际上的广大消费者来讲影响力还不够，与其他国家的品牌相比也不具有吸引力。企业品牌是国际社会了解一个国家的重要窗口，塑造企业品牌，直接关系到国家形象的塑造。品牌体现出一

个国家的实力和形象，包括俄罗斯在内的金砖国家在这方面确实还有很多工作要做。

品牌是无形的资源，品牌代表着价值，有着相应的含金量。根据 Brand Finance 国际品牌公司评估的结果，2011 年在国家品牌的价值含金量国际排行榜中，俄罗斯排在第 12 位，在金砖 4 国中位居末尾。俄罗斯的品牌价值约折合 7520 亿美元，而印度品牌价值为 1.3 万亿美元，巴西约为 9590 亿美元。金砖国家中，中国的品牌含金量最高，约 3.001 万亿美元，位居世界第三。德国位居第二，约合 3.146 万亿美元，美国为全世界第一，约 11.370 万亿美元。

回想 20 世纪 50 年代，苏联成功发射了人类第一颗人造地球卫星后，“спутник”（俄语“卫星”一词）成了先进技术的代名词，苏联产品成为国际市场的热销货，苏联国家品牌也进入了辉煌的时期。面对目前俄罗斯出现的国家品牌和产品品牌集体衰落的情况，有俄罗斯学者感慨，“腐败代替卫星成了俄罗斯的形象代表”。①

五 俄罗斯品牌形象建设任重而道远

随着经济全球化的不断深入，品牌已成为衡量一个国家在世界上的地位和影响力的重要指标。综观一些国际形象和品牌榜单，俄罗斯在其中的名次常常居于中游，甚至有时候还被归入较差的行列。总的来说，在各类国际排行榜中，俄罗斯国家形象的地位不尽如人意。当然，这与西方话语和西方世界标准主导了国际上的一些评估机构有关。但应当承认，上述的国际品牌和国家形象评估机构的指标还是从欧美视角反映出了当今俄罗斯软实力的情况。

许多研究者常讲，俄罗斯继承了苏联丰富的物质资源，但俄罗斯国家形象和品牌的建设尚不及韩国、荷兰和芬兰等小国。2009 年 11 月，俄罗斯《新闻时报》刊登了一篇题为《形象悲惨的国度》的文章。作者在文中提出了一个异常尖锐的问题：俄罗斯现在还有什么其国他民族和国

---

① http：//www.newizv.ru/economics/2012-06-04/164451-na-mesto-sputnika-prishlakorrupcija.html.

家所没有的好东西，能把七大洲的家人都吸引到今天的俄罗斯，或者哪怕只是某个国家的人？文章指出，俄罗斯曾在世界文明舞台上占有重要一席，但近几十年来，国家政局动荡，社会问题层出不穷，渐渐失去了对其他文明国家的吸引力。面对如此严峻的形势，俄罗斯媒体惊呼，如果此形势得不到迅速扭转，绝对没人需要这样的俄罗斯。①

苏联解体20年过去了，新俄罗斯的品牌塑造和国家形象建设仍困难重重。“俄罗斯塑造品牌之路，先从国家和政府开始”，这是近期俄罗斯有识之士达成的一项共识。他们提出，俄罗斯应该拥有一个国家品牌，即作为在商品和服务生产领域内拥有巨大潜力的国家品牌，商品和服务依靠的是科学、教育、文化传统、自然休闲资源，诸如“俄罗斯制造”“俄罗斯质量”这样的品牌。俄罗斯政府计划首先通过提高国家权力机关和相关机构的工作效率来实现。在“俄罗斯”这样一个国家品牌下面，还应该打造俄罗斯城市和地区品牌，作为各地区吸引投资和人力资源的手段。

为切实落实这一构想，俄罗斯政府提出了解决问题的路线图：由俄经济发展和贸易部牵头，建立跨部门工作小组，保障协调国家品牌的推进战略，制定促进地区和集体品牌推广战略，拓展品牌推广渠道、职业教育，以及在市场营销和公共关系领域内的研究工作，加快树立国家和地方商品品牌、服务品牌的进程。与此同时，俄罗斯还将成立隶属于俄经济发展和贸易部的“推动国家和地区品牌专家委员会”，俄罗斯联邦政府和地方政府也将拨款保障俄罗斯品牌建设计划的实施。

我们看到，在西方世界主导的国际传播和品牌格局中，由于历史、技术、资金和文化等因素的制约，俄罗斯的国家形象和品牌塑造仍处于不利的“边缘”位置。要改变西方传媒强国塑造的“寒冷”“粗笨”“野蛮”的俄罗斯品牌形象，打造“创新”“厚重”的新形象，俄罗斯还需要突破克里姆林宫厚厚的围墙，主动影响国际议程设置，改善战略传播，打造有国际影响的俄罗斯传媒，影响“意见领袖”，设置合理而有效的品牌建设路线图，采取有效的国家形象推广策略，等等。另外，也要指出，

---

①　参见［俄］尤·马加尔沙克《形象悲惨的——当今俄罗斯还有什么吸引人的东西吗?》，俄罗斯《新闻时报》2009年11月13日。

改善国际形象，提高国家品牌的国际认知度，不能只是一厢情愿。因为国家形象的好与坏，表现在外，根子在内。而在内外复杂的政治环境以及越来越多的经济与社会挑战面前，要走出过去的泥潭，振兴俄罗斯，普京当局仍任重而道远。

（选自《国外社会科学》2012 年第 5 期）

麦克卢汉“媒介即讯息”的认识论原理

李曦珍*

麦克卢汉主义的媒介技术认识论，就是麦克卢汉学派研究在人的认识活动中媒介技术是如何延伸人的感官和架构人的感知方式的哲学学说，它的核心观点是：不断进化的媒介技术以其特有的技术规则不断改变并决定着人的感官比率和感知方式。

在麦克卢汉的格言警句中，“媒介即讯息”既是引人注目、争议最大的一个“最核心的洞见”，也是最能体现麦克卢汉学派媒介技术认识论的一个核心论断。从媒介技术认识论的角度来看，“媒介讯息论”是麦克卢汉学派关于媒介形态演变与人的感官比率之间的函数关系的一个著名论断，也是该学派关于媒介技术在人类认识过程中真正发挥作用的四个基本原理的高度概括。

一 “媒介即讯息”≠“媒介即信息”

在许多人的观念中，“媒介即讯息”就是“媒介即信息”。其实，这是似是而非的观念，因为“讯息”与“信息”并不是内涵等同的两个概念。因此，以“媒介讯息论”为基点的麦克卢汉主义媒介技术认识论，就是基于“媒介讯息”而不是基于“媒介信息”的认识论。那么，如何

* 作者信息：李曦珍，1965 年生，四川大学文新学院博士生，兰州大学新闻与传播学院副教授。

理解“媒介即讯息”以及“媒介讯息论”的认识论意义?

(1) 在泛媒介论的视域中，“媒介即讯息”首先是指能够产生“讯息”的媒介对人类社会无所不在的重大影响。麦氏在《理解媒介》中对“媒介即讯息”有两个经典的解释。

“所谓‘媒介即讯息’只不过是说：任何媒介（即人的任何延伸）对个人和社会的任何影响，都是由新的尺度产生的；我们的任何一种延伸（或曰任何一种新的技术），都要在我们的事务中引进一种新的尺度。[①]

“任何媒介技术的‘讯息’就是由它引入人事之中的尺度变化、速度变化或模式变化。铁路的作用并不是把运动、运输、轮子或道路引入人类社会，而是加速并扩大人们过去的功能，创造新型的城市、新型的工作、新型的闲暇。”[②]

在麦克卢汉那里，理解媒介就意味着理解媒介的讯息。他还进一步举例解释说，机器的“讯息”不是它所做的事情，而是它所造成的影响：“媒介对人无所不在的影响（使）媒介本身成了讯息，而不是（使）其内容成了讯息。”[③]

英美学者对“媒介即讯息”基本内涵的解读是：“媒介最重要的方面并不是加载于它的各种内容，而是它的传播形式”;[④]“任何传播媒介的使用所产生的冲击力，远远超过它传播的特定内容”;[⑤] 麦克卢汉也是这样解释他的“媒介即讯息”的。他解释说：“我强调媒介是讯息，而不说内容是讯息”;[⑥]“社会受到更加深刻影响的是人们借以交流的媒介的性质，而不是交流的内容”。[⑦]

---

① ［加］马歇尔·麦克卢汉：《理解媒介：论人的延伸》，何道宽译，商务印书馆2000年版，第33页。

② 同上。

③ ［加］埃里克·麦克卢汉等编：《麦克卢汉精华》，何道宽译，南京大学出版社2000年版，第278页。

④ Nick Stevenson, *Understanding Media Cultures: Social Theory and Mass Communication*, SAGE Publications, 1995, p. 117.

⑤ ［美］保罗·莱文森：《数字麦克卢汉——信息化新纪元指南》，何道宽译，社会科学文献出版社2001年版，第50页。

⑥ ［加］埃里克·麦克卢汉等编：《麦克卢汉精华》，何道宽译，南京大学出版社2000年版，第286页。

⑦ 同上书，第279页。

麦克卢汉主义的“媒介讯息论”，隐含着其媒介技术历史观和认识论两个范畴的内容。就其媒介技术认识论而言，“媒介即讯息”指的是“媒介的形式对人的感官和心理的深刻影响”。对于这一认识论内涵还可以将它直接表述为：“媒介的内容的重要性，远不及每种媒介的形式在社会心理以及感官层面上所造成的影响。”①

然而，“媒介讯息论”的批判者之所以认为“媒介不是讯息”，主要是由主客观两方面原因造成的。首先，造成无视“媒介即讯息”的客观原因主要是媒介的“内容”对媒介的“形式”的遮蔽。亦即媒介之所以不被关注，是由于媒介的“形式”被媒介所传播的“内容”遮蔽。针对这种现象，麦克卢汉类比说：“媒介的‘内容’好比是滋味鲜美的一块肉，破门而入的窃贼用它来分散‘思想看门狗’的注意力。”他的意思是，任何媒介的内容——“滋味鲜美的一块肉”——“分散了人一切的感知”②。如果要能真正感受媒介的所谓“讯息”（即媒介的冲击力或影响力），就必须按照麦克卢汉的要求做：我们的注意力必须转向关注“媒介的形式”，而不应该像原来那样只关注“媒介的内容”。

其次，造成误读“媒介即讯息”的主观原因，主要是“媒介讯息论”的批判者将“讯息”误解为“信息”，致使他们将“媒介即讯息”误读为“媒介即信息”。事实上，与英文的“message”和“information”相对应的“讯息”和“信息”是两个内涵不同的概念。从语义学的角度分析可知，“信息”是蕴含在“讯息”中的抽象量，“讯息”是蕴含了“信息”的具体符号组合，“信息”必须经过编码才能被发送为“讯息”，而“讯息”也必须经过解码才能被还原为“信息”。这样看来，在传播过程中，“信息”总是以“讯息”的面目存在。这就是说，媒介所承载的都是“携带着信息”的“讯息”，而不是某种“不呈现为讯息”的具体“信息”本身。③ 显然，“讯息”就是媒介在传播“信息”的过程中所采取的

---

① ［英］克里斯托夫·霍洛克斯：《麦克卢汉与虚拟实在》，刘千立译，北京大学出版社2005年版，第24页。

② ［美］保罗·莱文森：《数字麦克卢汉——信息化新纪元指南》，何道宽译，社会科学文献出版社2001年版，第52、51页。

③ 范龙：《媒介现象学：麦克卢汉传播思想研究》，中国大百科全书出版社2012年版，第56页注①。

一种符号编码和解码机制。尽管从语义学的角度对“信息”和“讯息”的语义区别和联系做了比较明确的辨析，但这并不意味着真正参悟了“媒介即讯息”的认识论真谛。所以问题的症结依然是：在社会心理以及感官层面上造成重要影响的，为什么是媒介的讯息或形式，而不是媒介的信息或内容？

（2）从媒介的本体论层面来看，任何一种全新的媒介技术（或曰“任何一种对人的感官的新延伸”）都要在人的感官感知中引进一种全新的尺度。基于这样的逻辑前提，我们设置假言推理得出的逻辑结论是：如果采用不同形式或不同性质的两种媒介去传播相同的信息内容，必然会产生两种截然不同的传播效果。显而易见的是，同样的“信息内容”之所以产生不同“传播效果”的“因变量”是：在传播过程中采用了两种新旧截然不同的媒介，而正是这种有别于旧媒介的新媒介所引进的新尺度，首先改变甚至重塑信息接收者的器官比率和感知方式，进而产生全新的信息传播效果。

事实上，一种新媒介在认识论上的新“尺度”功能，主要得益于该媒介形式的“偏向”属性。从伊尼斯在《传播的偏向》中提出“媒介的传播偏向”，到麦克卢汉在《谷登堡星汉》和《理解媒介》中关注“媒介的感官偏向”，他们都将媒介研究的侧重点从“传播的内容”转向了“媒介的形式”。在媒介的传播偏向中，除了媒介的时间偏向和媒介的空间偏向外，伊尼斯所谓的口头传播偏向和书面传播偏向正好与麦克卢汉的口头传统的媒介偏向与视觉传统的媒介偏向不谋而合。在他们的理念中，传播的内容是次要的，重要的是媒介的形式，尤其是由媒介的传播偏向所造成的感知偏向才是最重要的。这就是麦克卢汉主义之所以将“媒介讯息论”当作媒介技术认识论“逻辑原发点”的真正缘由所在。

为什么是传播的媒介形式而不是传播的信息内容才是真正决定或塑造人的感官比率和感知方式的媒介“讯息”？对这个问题，“语言”媒介技术给我们提供了比较满意的例证和解答。“语言”是人类的一种后天发明而不是先天本能，故麦克卢汉将它归类在人类所发明创造的媒介技术范畴中：“语言就是所有感官同时膨胀或外化所产生的技术形态，所以它们立即会受到任何感官的机械延伸的冲击或入侵。"① "语言"可分为"有声语言"("言语")和"有形语言"("文字"),以"词语"的标准又可划分为:口语词、书面词(又可细分为"手抄词"和"印刷词")。就"语言"作为影响人类的感官比率和感知方式的"讯息"而论,同样是"语言"媒介技术,偏向于人的听觉器官的口头言语与偏向于人的视觉器官的书面文字,由于媒介的信息编码形式不同,在传播相同的信息内容时,对人的感官比率和感知方式的影响是各不相同的:口头语言在传递信息时不仅占有人的听觉器官信道,而且还能调动其他感觉器官一道参与感知过程并形成"通感"现象;书面文字在传递信息时不仅占据视觉器官通道,而且还用文字编码的"语法"规则塑造人的思维方式。媒介的视或听两种"偏向"属性,决定着人们在接收相同的信息时人的感觉倚重于耳朵或倚重于眼睛的感官比率失衡或平衡。伊尼斯和麦克卢汉由此分别得出结论:"15 世纪中叶印刷术的发现,意味着一个回归的开始。我们又回归眼睛占支配地位的文明,而不是耳朵占支配地位的文明。"② "在 20 世纪(的电子媒介环境中),我们正在'将磁带倒过来放送'。希腊人从口头走向书面,我们从书面走向口头。"③

二 媒介的形态决定着感官的感知模式

在通常情况下,每种媒介的形式都与相应的感官比率和感知方式相联系,这就使每个时代占主导地位的媒介形态都会决定或塑造人的特定的感官比率,使媒介使用者的各种感官使用比率出现或失衡或平衡的关系,进而决定人们把握世界的总体感知方式。麦克卢汉对于这一基本原理的具体表述是:"媒介作为我们感知的延伸,必然要形成新的比率。"④

① [加] 埃里克·麦克卢汉等编:《麦克卢汉精华》,何道宽译,南京大学出版社 2000 年版,第 151 页。

② [加] 哈罗德·伊尼斯:《传播的偏向》,何道宽译,中国人民大学出版社 2003 年版,第 117 页。

③ 同上书,麦克卢汉序言第 4 页。

④ [加] 埃里克·麦克卢汉等编:《麦克卢汉精华》,何道宽译,南京大学出版社 2000 年版,第 203 页。

媒介的这种影响“不是发生在意见和观念的层面上，而是要坚定不移、不可抗拒地改变人的感觉比率和感知模式”。[①] 不言而喻，麦克卢汉以“媒介讯息论”为支点的媒介技术认识论的第二个基本原理是：不同时代和不同性质的媒介迫使人的感官形成不同的感觉比率和感知模式。对不同性质的媒介形态在决定不同时代的人的感觉比率和感知方式上的这一规律，伊尼斯、麦克卢汉和后继的美国环境学派都进行了卓有成效的积极探索。

1. 部落化的口语媒介时代是没有文本分割的感官通感时代

在口耳相传中，眼睛、耳朵、大脑以及各感官之间都协同动作，在功能上互相引导、刺激和补充；[②] 在口耳相传中，原始部落人感知世界的方式是整体的、直观的，那时的部落人不是被分割肢解的人，而是生活在五种“感官平衡”状态中的完整人，听觉、视觉、嗅觉、触觉乃至味觉等五种感觉都是他们重要的信息来源；在口耳相传中，由于“口语媒介”是在这一特定历史时期中占主导地位的传播媒介，因而“听觉器官”对于人类感知“声音信号”来说是至关重要的；在口耳相传中，人的感官之间自由互动、大脑把一种感知转换成另一种感知。麦克卢汉还就“口语媒介”及其感知模式形成结论：“口语是最早的技术。凭借这一技术，人类用一种新的方式去掌握曾经束缚他们的环境”；[③]“反映在各种语言中的人的感知模式与衣服款式、艺术风格一样丰富多样。每一种母语以完全独特的方式教它的使用者如何看待世界、感知世界。”[④]

2. 非部落化的书面媒介是“以眼睛代替耳朵”的视觉时代

大约在公元前1500年，由于劳动分工的出现和拼音文字的发明，人类在学会了用线性逻辑分析问题的同时，也成为感官被分裂被切割的非部落人，部落时代因此走向衰落。被伊尼斯和麦克卢汉都推崇为“口头传统”典范的古希腊走到了尽头。由于字母表的引进，“到柏拉图时代，

---

① ［加］马歇尔·麦克卢汉：《理解媒介：论人的延伸》，何道宽译，商务印书馆2004年版，第46页。

② S. H. Butcher, The Written and the SpokenWord, *Some Aspects of the Creek Genius*, p. 167.

③ Radio and Television vs. The ABCDE-Minded, *Explorations*, No. 5, June 1955, p. 15.

④ ［加］马歇尔·麦克卢汉：《理解媒介：论人的延伸》，何道宽译，商务印书馆2004年版，第116页。

文字已经创造出一种新闻的环境，新环境开始了使人非部落化的过程”。[①]苏格拉底在《斐德罗篇》中认为，文字削弱人类的记忆和智慧；推崇“书面传统”的人认为“文字”可以减轻“大脑记忆”的压力，可以将储存在大脑中的“人类智慧”外化为一种客观存在。所以柏拉图说：“文字是记忆和智慧的特效剂。”[②]

文字阅读建立起新的感知比率，使眼睛成为主导性的感官。在感知习惯从偏重听觉转向偏重视觉的过程中，书写的词语所扮演的角色是：“词语写成字之后，当然就成为视觉世界的一部分。像视觉世界中的大多数成分一样，它们就变成了静态的东西，因此就失去了听觉世界非常典型的动态特征，尤其是口语世界的典型特征。书面词语失去了许多个人色彩。”[③] 从苏格拉底手中接过反对拼音文字的“接力棒”之后，麦克卢汉始终如一地认为，能分离和切割感官的拼音文字是言语的视觉编码；“拼音文字是一种抽象的技术，它把言语的多维度感知转化成纯视觉的感知。拼音文字是文明的语言，因为它们使部落人从复杂的声觉和触觉世界转换成单一的视觉世界”，“拼音文字的视觉感知是高度专门化的感知”，致使拼音文字使用者的视觉部分与动觉、声觉、触觉部分出现了严重分离；[④] 印刷术是拼音文字的又一次重要延伸，同一性、连续性、线条性、同质化的“印刷物要求的是被分离出来的、被剥离得赤裸裸的视觉官能，而不是统一的整个感官系统”，[⑤] 因此，以字母表和印刷机为主体的西方拼音文字和机械媒介是分裂切割、线性思维、偏重视觉、强调专门化的媒介，感官经过这类媒介塑造的人是分割肢解、残缺不全的人。面对这种状况，麦克卢汉不无惋惜：“如果说拼音文字给部落人的感觉是掉在头上的炸弹，那么印刷机就是炸在他身上的一亿吨当量的氢弹……

---

① ［加］马歇尔·麦克卢汉：《理解媒介》，何道宽译，凤凰出版传媒集团、译林出版社2011年版，作者第二版序第10—11页。

② ［加］埃里克·麦克卢汉等编：《麦克卢汉精华》，何道宽译，南京大学出版社2000年版，第139页。

③ 同上。

④ ［加］斯蒂芬妮·麦克卢汉等编：《麦克卢汉如是说》，何道宽译，中国人民大学出版社2006年版，第14—15、41、154页。

⑤ ［加］马歇尔·麦克卢汉：《理解媒介：论人的延伸》，何道宽译，商务印书馆2004年版，第380页。

线性的、一致的、可重复的铅字这种新媒介，以无穷的数量和以前不可能的速度复制信息，使眼睛在人的感官系统中稳获霸主地位。”①

“以眼睛代替耳朵”的结果是：视觉偏向的拼音文字彻底地打破了部落时代的“感官平衡”，采用分析切割的方法认识世界的人也被分割肢解成为残缺不全的畸形人，这就是“印刷术线性特征的物理学支配了人的感知”的必然结果。

3. 全球部落的“电子媒介”时代是人的“感官平衡”的时代

自从电报问世以后，人类已经进入了一个相互依存和交往互动的电子世界。电报的滴答滴答声仿佛正在敲打着印刷时代的讣告；电话、广播、电视和电脑的发展进一步给它的棺材敲上了钉子。②

电子传播技术引进的是一种认识世界和感知世界的全新方式。这就是体现麦克卢汉“媒介即讯息”思想的闪光之处。③ 按照麦克卢汉的理论：“今天，由于电力技术造成全球极端相互依存的情况，我们又快速进入同步事件和总体意识的听觉世界之中。”④ 这就是说，电话、广播和电视等听觉媒介似乎使人类又回到了后听觉媒介时代。电磁波的发现重新创造了一切人类事务的同步场，使人类大家庭生活在“全球村”之中。于是，广播电台这个“部落鼓”声声不断地在“全球村”的耳鼓中回响；具有强烈触觉性的“电视似乎使我们处在感官的相互作用之中”。⑤ 因此，电视与其说是视听媒介，毋宁说是触觉—听觉媒介，这种媒介是能够最大限度地使一切感官深刻地发生相互影响的媒介。

到了20世纪中叶，当马可尼星座击溃谷登堡星汉之后，地球也变成了“一个释放巨大精神能量的电磁场”：地球上的空间距离和时间差异也旋即被光速传播的电子媒介借助电磁波所“消解”，进而使得整个地球空间缩小为弹丸之地。在麦克卢汉看来，电力过程的主要影响是：促使心

① ［加］埃里克·麦克卢汉等编：《麦克卢汉精华》，何道宽译，南京大学出版社2000年版，第282—283页。

② 同上书，第285页。

③ ［美］林文刚：《媒介环境学：思想沿革和多维视野》，何道宽译，北京大学出版社2007年版，第35页。

④ ［加］埃里克·麦克卢汉等编：《麦克卢汉精华》，何道宽译，南京大学出版社2000年版，第144页。

⑤ 同上书，第155页。

理意识和社会意识的结构重新部落化——瞬态化、同步化传播的电子媒介，使得全人类在更高的层次上重新部落化为一个紧密相连的“全球电子部落”。这个部落化的“全球化大家庭”，不再是被印刷媒介分割肢解的、残缺不全的那样的大家庭；这个大家庭的成员不再是被机械媒介分割肢解的、残缺不全的、倚重视觉的人，而是感知系统被电子媒介重塑的人，是感官平衡和感知整合的人，是整体思维和整体把握世界的人，也是在更高层次上被全面整合后形成的人格健全的“部落人”。

三 媒介的冷热度决定着感官的感知参与度

媒介的二元对立属性，就是每一种媒介特有的预设性的媒介形式，正是这种“媒介形式”在认识论上充分体现着“媒介讯息论”的意义。媒介的冷热二元属性，就是媒介在信息编码、信息传播和信息解码过程中所表现出的矛盾属性。

1. 媒介的冷热属性决定着感官的应对机制

麦氏所谓“媒介冷热论”，是指传播媒介以高低不同的“清晰度”展现信息的方式与作为“信息感知主体”的人以深浅不同的感官“参与度”之间的规律性关系：“热媒介”只延伸一种感官感觉并使之具有高清晰度，高清晰度是充满数据的状态，所以热媒介要求媒介感知者的参与程度低，要求接收者补充的信息也少；“冷媒介”蕴含的信息是“低清晰度”的信息，低清晰度是指媒介提供的信息处于匮乏状态，所以冷媒介要求人的参与程度也高，要求接收者填补的信息多。

媒介负载信息的多寡不同，主体参与其中的方式也不同：信息“清晰度低”而需要信息接收者的深度卷入、积极参与、填补信息，电影、照片、印刷品、拼音文字等属于此类“冷媒介”；信息清晰度高而不需要信息接收者的深度卷入、积极参与，电视、电话、象形文字、卡通片、手抄本、口语等属于此类“热媒介”。麦克卢汉的“媒介冷热论”在判断媒介的冷热属性时，除了依据媒介信息的“清晰度”高低这一标准外，接收者的参与程度也是区分“冷媒介”和“热媒介”的一条重要标准：冷媒介要求的参与程度高，热媒介要求的参与程度低。在他看来，清晰度高的热媒介因为其信息含量丰富饱满，故无须受众的深度参与——即

"热媒介并不留下那么多空白让接收者去填补或完成";清晰度低的冷媒介因为其信息含量有限甚至贫乏,需要受众的"深度参与",以保证"媒介所直接提供的信息以外的更多信息能由接收者自己去补充"。①

"媒介冷热论"的原型是爵士乐的冷热二分法。这就是说,麦克卢汉的"媒介冷热"术语取自20世纪40年代和50年代的爵士乐。在麦克卢汉看来,冷热媒介的效果,就如同在爵士乐中的冷热对人感官的影响一样:"大型喧嚣的铜管乐荡气回肠、使人陶醉,是热的。轻柔、悦耳的速写乐拨动心弦、勾引心灵,是冷的。热乐队的喧嚣猛冲猛打,把我们击倒,我们既不去拥抱它,也不泡进去。与此相对,冷乐调像清风拂面、流遍全身,嘱咐我们跟着感觉(走),就像魔笛手一样诱拐我们的灵魂。"②

麦克卢汉的这一番分析,除了表明媒介的"冷热属性"对人的"感官刺激"的实质性影响之外,还让我们领悟了"跟着感觉走"的媒介冷热论的认识论意义,他的媒介技术认识论就是"媒介决定论"语境下的一种感官感应主义的认识论。这种感官感应主义认识论的生理机制依据是:对主体感官感觉刺激"阈值"较低的信息是"冷"刺激,需要感官提高其感觉机能以应对较低的刺激"阈值";对主体心理刺激"阈值"较高的信息是"热"刺激,需要感官降低其感觉机能以应对较高的刺激"阈值"。这就是麦氏"热媒介压制和掳掠人的感官感觉、冷媒介呼唤和邀请人的感官感觉"的生理机制。

在麦克卢汉的媒介冷热论中,尽管人的"参与度"是界定"冷媒介"与"热媒介"的一个重要因素,但最终起决定性作用的还是媒介信息多寡的"清晰度"。这就是说,是媒介的"清晰度"决定了人的"参与度",而不是相反。主体以冷热媒介为中介的认识,是"感官跟着媒介冷热的感觉走"的一种感官感应主义的感性认识。这种基于"媒介冷热与感官感应"的感性认识,其实就是一种经典的动物层次的巴甫洛夫式的

---

① [加]马歇尔·麦克卢汉:《理解媒介:论人的延伸》,何道宽译,商务印书馆2000年版,第51页。

② [美]保罗·莱文森:《数字麦克卢汉——信息化新纪元指南》,何道宽译,社会科学文献出版社2001年版,,第154页。

刺激—反应机制。

2. 媒介主体逆转为影视媒介的伺服系统

电视和电影是一对特殊的电力媒介。按最基本的分类，前者属于电子媒介；后者属于机械媒介。按冷热二分法，电视属于最典型的热媒介，因电视呈现出来的“马赛克”画面的清晰度低，低清晰度的图像要求看电视的人深度参与去完成屏幕上的画面形象；电影则是一种极端机械化的热媒介，通过一连串的轮子、遮光器和链齿将影像以每秒钟 24 格画面的放映速度映射到屏幕上，如此快的放映速度使电影的画面形象非常完整，使电影成为一种高清晰度、低参与度的“热媒介”。在冷热媒介论中，媒介主体被当成了影视媒介的伺服机制：“看电视的人成了屏幕，看电影的人却是摄影机”；[①] 电影观众是通过摄影机观察世界的“贪婪的眼睛”。这些是麦克卢汉对“人成为影视媒介的伺服系统”的经典表述。尽管影视媒介都属于电力媒介，但二者的“光射角度”在信息接受者的眼里却截然不同：观众把电影看作荧幕上的“光反射”，将电视里透射出来的光线看作“光透射”。正是从影视“光反射”和“光透射”效应的角度，麦克卢汉分析了媒介主体对影视媒介的“深度参与”：

“看电影时，你坐在那儿看屏幕，你就是摄影机的镜头。看电视时，你则是电视屏幕。你是透视中的消失点，像东方画里的消失点一样，画面在你的内心放映。看电影的时候，你向外进入世界。看电视的时候，你向内进入自己。[②]

“电视屏幕把能量倾泻在你身上使你的眼睛瘫痪。不是你看着它，而是它看着你。[③]

“我们成了电视屏幕……我们身披全人类，全人类是我们的肌肤”；[④] “电子技术诱发的中枢神经系统的延伸，是我们浸泡在世界范围内的信息流动的‘池子’。因此这些延伸就能够使我们体现全人类。”[⑤]

---

① ［加］埃里克·麦克卢汉等编：《麦克卢汉精华》，何道宽译，南京大学出版社 2000 年版，第 285 页。

② 同上书，第 335 页。

③ 同上书，第 334 页。

④ 同上书，麻省理工学院序，第 3 页。

⑤ 同上书，第 288 页。

从主体与光射之间主动与被动的关系来看，主体以“电视屏幕”的形式变成了电视媒介被动的伺服系统，以“电影摄影机”的形式变成了电影媒介主动的伺服系统。伺服机制是主体对媒介“深度参与”的代名词。但存在的问题是：“深度参与”是指主体与低“清晰度”的冷媒介之间的一种伺服性的感官感应关系，而媒介主体却同时变成了“冷媒介”电视和“热媒介”电影的伺服系统，这岂不是麦克卢汉关于“媒介冷热”与“深度参与”学说的一大悖论吗？再说，电视媒介信息的清晰度肯定比电影媒介的要高许多倍，对影视媒介的冷热媒介归类也是很难令人信服的。

3. 媒介“信息过载”诱发中枢麻痹机制

一切媒介都是人的器官、感官或功能的强化和放大；如果这种强化和放大在过高信息清晰度背景下发生，人的中枢神经系统在受到影响的区域都要实行自我保护的麻痹机制，避免使中枢神经相关区域受到过分强烈的刺激。凭借这种自我麻痹式的保护机制，主体会把新技术的心理和社会影响维持在无意识的水平，就像鱼对水的存在浑然不觉一样。“清晰度”过高的热媒介会导致人的感官因为“信息过载”而被迫“关闭”，进而导致人的中枢神经系统处于高度抑制的麻木状态。这种麻木状态是媒介主体不可或缺的一种学习条件，也是针对媒介“过热”的一种“冷”处理措施。在麦克卢汉看来，中枢神经麻痹机制及其“潜意识抑制”的保护意义是：“倘若我们完全而直接地接受作用于我们各种知觉结构的每一次神经冲动，我们很快就会成为神经质的人，就会随时心惊肉跳、掀动警铃。‘潜意识抑制’保护我们的核心价值系统，正如它借助一种简单的机制，大大缓解经验的冲击，从而保护我们的神经系统一样。对许多人来说，这种冷处理系统导致终身的心理僵化或梦游症。”①

一切媒介的性质表现了人在新技术形态中受到的肢解和延伸，以及由此而进入的催眠状态和自恋情绪。“洞穴隐喻”和“那喀索斯”是人的中枢神经系统处于催眠状态的两个最典型的案例。柏拉图的“洞穴隐喻”讲的是如同囚徒一般被囚禁在洞穴中的人类，把洞口火光投射在洞穴墙

---

① ［加］埃里克·麦克卢汉等编：《麦克卢汉精华》，何道宽译，南京大学出版社 2000 年版，第 185 页。

壁上的人的影子当作是人类生活在其中的世界的真相；“那喀索斯”神话讲的是希腊神话中的少年那喀索斯被他水中的倒影迷倒，误将他水中的倒影当成另一个人。回声女神试图用她的回声来赢得他的爱情而未遂。对此，麦克卢汉得出结论：“唯有借助麻木和堵塞感知通道，神经系统才能承受这种强度。这才是那喀索斯神话的意义。”①

麦克卢汉从生理学的角度解释说，媒介对人的任何延伸都意味着对人的“自我截除”，因为“自我截除是截除中枢神经系统压力的直接手段”，“身体受到超强刺激的压力时，中枢神经系统就截除或隔离使人不舒服的器官、感觉或机能，借以保护自己”。②

四 “媒介即讯息”＝“媒介即环境”

“从衣服到电脑都是媒介”的泛媒介论者麦克卢汉也是一个媒介环境论者，这是因为麦克卢汉把他的“媒介即讯息”表述成了“媒介即环境”。他说：“我说‘媒介即讯息’时我的意思是：汽车不是讯息，这里的讯息是汽车产生的结果，比如公路、工厂和石油公司，那才是讯息。……‘媒介即讯息’说的其实是一套隐蔽的服务环境，由革新造就的隐蔽的服务环境；使人改变的正是这样的环境，而不是技术。”③

麦氏在这里的所谓“环境”，正如媒介的“讯息”一样，是对人类的社会结构和心理结构产生深刻影响的一套隐蔽的服务环境，即媒介塑造了“鱼到了岸上才知道水的存在”的隐形环境。这种隐形的媒介生态环境就是人类生存的第二自然环境。新环境形成的时候，我们看到旧环境时仿佛生活在似曾相识的幻觉之中。④“新环境给我们重新设置‘感知阈限’。这些‘感知阈限’反过来改变我们的观点和期望”。⑤故“媒介即

① ［加］马歇尔·麦克卢汉：《理解媒介：论人的延伸》，何道宽译，商务印书馆2004年版，第75页。

② 同上。

③ ［加］斯蒂芬妮·麦克卢汉等编：《麦克卢汉如是说》，何道宽译，中国人民大学出版社2006年版，第163页。

④ ［加］埃里克·麦克卢汉等编：《麦克卢汉精华》，何道宽译，南京大学出版社2000年版，第315页。

⑤ 同上书，第525页。

讯息”所蕴含的最后一个认识论的基本原理是：每一种新媒介都会创造一种全新的环境，这种环境对人的各种感知系统将发生全面、深刻、潜移默化的影响。①

1. “媒介即环境”的媒介环境学

“媒介即环境”是媒介环境学的一个核心论题。“媒介环境学”这个术语是20世纪60年代末问世的，由麦克卢汉首创，波兹曼在1968年正式使用。波兹曼首次公开使用“媒介环境学”这个术语时，把环境当作媒介来理解，或把媒介当作环境来理解。②“媒介环境学”的使命之一，就是不断努力探索“媒介即讯息”的认识论原理。正如波兹曼所言：“麦克卢汉的警句‘媒介即讯息’表达的意思是，在环境中运行的神经系统最深刻的印象来自于环境的性质和结构；环境控制着参与其中的人的感知和态度，所以环境本身就传达着关键而主导的讯息。”③

媒介环境学者研究的是媒介与意识的关系或媒介与思维过程的关系，媒介环境学感兴趣的是：“人们感觉、感知、体会、思考、认识、理解和再现周围世界的方式，如何受传播媒介固有的符号性质和感知性质的塑造。这里的理论预设是不同的媒介形式会产生不同的方式，以不同的方式影响人如何感知、认识、思考、理解和表征外在于人的世界。”④

媒介环境学是研究传播媒介如何影响人的认知活动的学科。这也是波兹曼前后三次对媒介环境学定义的一个主导思想。

“媒介是复杂的讯息系统，媒介环境学试图揭示其隐含的、固有的结构，揭示它们对人的感知、理解和感情的影响。”⑤ 这是他在1970年首次对这一术语的定义。“媒介环境学研究人的交往、人交往的讯息及讯息系统。具体地说，媒介环境学研究传播媒介如何影响人的感知、感情、认

① ［美］丹尼尔·戴扬、伊莱休·卡茨：《媒介事件》，麻争旗译，北京广播学院出版社2000年版，第17页。

② ［美］林文刚：《媒介环境学：思想沿革和多维视野》，何道宽译，北京大学出版社2007年版，第30页。

③ 同上书，第162页。

④ 同上书，第3—4页。

⑤ 同上书，第27页。

识和价值，研究我们和媒介的互动如何促进或阻碍我们生存的机会。”① 这是他在 1971 年的《软性的革命》一书中对这一术语下的定义。“媒介环境学研究人的交往、人交往的讯息及讯息系统。具体地说，媒介环境学研究传播媒介如何影响人的感知、感情、认识和价值。”② 这是他在 1976—1977 学年的《纽约大学年报》里对这一术语下的定义。在这个定义中，他给“环境”做的解释是：“环境是一个复杂的讯息系统，环境调节我们的感觉和行为。环境给我们耳闻目睹的东西提供结构，所以环境就构成我们耳闻目睹的事物的结构。”

2. “媒介即环境”的认识论意义

麦克卢汉主义的“媒介环境学”是“媒介讯息论”在以媒介为环境的大前提下的一种理论变体。“媒介环境学”的媒介技术认识论意义主要在符号环境、感知环境和社会环境三个层次上研究媒介对人类认知的建构性功能。

（1）作为“感知环境”的媒介的认知功能。在生理—感知层面上理解“媒介即环境”时，媒介环境学派把每一种传播媒介都设想为一种感知环境。正如麦克卢汉所言：“传播媒介是感官的延伸。每一种媒介都体现着一套感官特征。对每一种媒介的使用都要求使用者用特定方式使用自己的感觉器官。”③

（2）作为“符号环境”的媒介的认知功能。在微观的符号层面理解“媒介即环境”时，人类并没有置身于正在使用的传播媒介之外，而是置身于媒介之中。于是，媒介环境学在这方面的兴趣就是要理解“传播媒介固有的符号结构在人的感知、意识或心灵活动过程中究竟扮演着什么样的角色”④。

（3）作为“社会环境”的多种媒介的认知功能。在多媒介的社会层面理解“媒介即环境”时，媒介环境学把关注广播、报纸、电视、电影、唱片、电脑等设备当作自己的重点，同时审视作为“社会环境”的媒介

① ［美］林文刚：《媒介环境学：思想沿革和多维视野》，何道宽译，北京大学出版社 2007 年版，第 164 页。

② 同上书，第 23 页。

③ 同上书，第 27 页。

④ 同上书，第 28 页。

符号结构是如何界定或影响人的互动或文化的生产。一个社会的主导传播媒介发生变化时，符号系统也会发生根本的变化。主导媒介的主要变化有：口语向书写的变化，书写向印刷的变化，印刷向电子的变化。面对每个时代主导媒介的变化所带来的社会变革，媒介环境学主要研究的正是媒介技术变革对人类心理活动的影响。

3. 电子媒介形成的两种特殊环境

自人类进入20世纪以来，由于电子媒介对信息的光速传播，在媒介环境学派的理论概括中，出现了以“整体场”为特征的全球信息环境和以“地球脑”为隐喻的全球智能环境。

20世纪60年代，西方社会进入了所谓的“信息时代”。信息时代的特征在于电子媒介迅即而又经常地造成一个相互作用的事件和所有人参与其间的“整体场”。麦克卢汉因此断言：“每一种新技术，每一种体力的延伸，往往要创造新环境。在信息时代，信息本身成为环境。”① 1979年波兹曼及时地将“信息环境”当作“媒介环境学”的研究重点并将这一术语重新定义为：“致力于理解传播技术如何控制信息的形式、数量、速度、分布和流动方向，致力于弄清这样的信息形貌或偏向又如何影响人们的感知、价值观和态度。”②

在20世纪西方世界全面进入“电子媒介时代”后，人类凭借无所不在、无所不至的电子媒介、卫星通信、网络系统，将人类中枢神经及其思维和意识遍布到地球的每个角落，使整个地球变成了一个特殊的智能环境，被喻为“地球脑”，其隐喻是全球人类大脑的汇聚式延伸和能感知、能思考、能言表的“认知场”。对此，麦克卢汉所做的精彩概括是：

“电子技术来临之后，一种全新的有机体原理开始发挥作用。电能使人的神经系统延伸并形成一种新的社会环境。”③ “凭借电力，物质世界变成了一根巨大的神经，在屏息之间就传导到数千里之外……圆形的地球

---

① ［加］埃里克·麦克卢汉等编：《麦克卢汉精华》，何道宽译，南京大学出版社2000年版，第533页。

② ［美］林文刚：《媒介环境学：思想沿革和多维视野》，何道宽译，北京大学出版社2007年版，第170页。

③ 同上。

是一个硕大无朋的脑袋，一副奇大无比的大脑，充满了智慧，换句话说，地球本身是一种思想。”①

（选自《国外社会科学》2013 年第 3 期）

① ［加］埃里克·麦克卢汉等编：《麦克卢汉精华》，何道宽译，南京大学出版社 2000 年版，第 555 页。

美国传播学研究中的社会心理学

柯　泽*

对美国传播学研究影响较大的社会心理学流派主要包括符号互动论、行为主义心理学、新行为主义心理学、社会学习理论以及认知心理学等，所谓社会心理学对传播研究的影响，或者说传播学研究中的社会心理学传统主要是通过这些社会心理学的影响而体现出来的，它们形成了一条比较清晰的影响路径。

一　符号互动论与传播学研究：基于美国本土社会心理学的传播学基础理论

符号互动论是在19世纪后期经由库利、米德和杜威等社会学芝加哥学派主要成员的努力而发展起来的一种典型的美国本土化的社会心理学理论。在标准的社会心理学教材中，很少有人将符号互动论列为主流社会心理学理论，这一理论对传播学研究的影响也没有受到足够重视。

符号互动论是一种实用主义、关系主义和行为主义的社会科学理论。首先，它是一套关于民主实践的哲学理论，这一理论涉及自我的形成，人在社会组织中的协作与合作，现代社会的精神凝结方式等重要问题，它的最终指向是民主制度可能存在的方式。符号互动论把人借助于符号而进行的互动看作是自我形成的主要机制，人经由互动获得关于自

* 作者信息：柯泽，1964年生，博士，西南政法大学全球新闻与传播学院教授。

我和他人的概念，人们在这个基础上完成必需的社会情感、社会认知和社会判断，从而实现有效的社会协调和社会组织。这种具体的人与人之间的互动是民主生存的必备条件。库利、米德和杜威不但从人际互动的微观层面阐述了人何以通过符号中介进行互动而形成自我，还将这一互动推向更广阔的社会舞台，把人与人之间借以互动的语言符号推向更多样、更复杂的符号系统——大众传播符号系统；他们看到了大众传播在凝结精神、营造舆论、表达意见等方面的重要性。

其次，符号互动论也是一套关于自我形成、自我在社会中进行角色扮演的社会心理学理论，符号互动论者关于自我形成的解释基本上都是心理学意义上的解释。为此，库利提出了著名的“镜中自我”理论。米德基本上也是从社会心理的角度来建构有关自我与社会关系的理论，他的“主我”“宾我”以及“普遍化的他人”等说辞几乎就是库利“镜中自我”理论的升级版。

很少有人注意到，创立于19世纪后期的符号互动论是一种真正美国本土化的社会心理学理论，同时也是心理学领域中的一场变革，这一理论没有局限于从内省的层面去考察单一个人的意识活动，而是第一次系统地在个人与他人的社会联系层面探讨自我的形成及其社会意义。

再次，符号互动论同时也是有关人际交流、人际交往以及意义共享的传播学理论。在社会科学领域，符号互动论第一次系统论述了符号在人际交往、人际交流以及意义共享中的重要作用，论述了它们对于社会组织协调的重要意义。符号互动论是有关人际传播领域中最原创、最基础的理论。不仅如此，符号互动论还把人际传播的价值意义推向更广阔、更深刻的社会生活领域，论述了人际传播对于精神共同体创建的重要性。

对美国传播学研究形成较大影响的是作为哲学和传播学观点的符号互动论，作为社会心理学的符号互动论对此后美国传播学研究似乎并未形成太大影响，这与美国社会心理学的实证化、科学化发展趋势密切相关；实证化、科学化的社会心理学对美国传播学的影响显然更大一些。例外的情形是，20世纪40年代卡茨和拉扎斯菲尔德在有关大众传播在民主选举和政治投票中作用的研究中，重新发现了人际传播网络的存在及其重要性，由此提出了二级传播理论，库利的首属群体理论为二级传播理论提供了一个注解。

二 行为主义心理学与传播学研究：社会控制观念与“刺激—反应”模式

进入20世纪以后，美国的社会心理学并没有沿着符号互动论的方向发展，也没有完全沿着机能主义心理学的方向发展，而是沿着由约翰·华生（John Broadus Waston，1878－1958）创立的行为主义心理学方向发展。行为主义心理学的主要研究对象是人的外显行为，研究外显行为的目的就是要实现对人的社会行为的预测和控制。行为主义心理学是一种典型的环境决定论，华生认为人的外显行为建立在“刺激—反应”这样的条件反射机制之上，心理学的任务就是要找到那些引起反应的刺激条件，或者根据已知的刺激条件去预测和控制行为。这样一种理论把人看作环境的奴隶，同时又把人看作一部机器，认为按动机器身边的某一个按钮，人体就一定会出现某一个对应的动作。在研究方法上，华生相信，通过条件反射这类所谓科学的方法完全可以预知和控制人的行为，得出科学的结论。

如果说在传播学研究中确实存在社会心理学传统的话，那么，行为主义心理学应该就是这一传统的轴线。一个多世纪以来，传播学研究尤其是传播效果研究中对于传受关系的考察基本上是以“刺激—反应”为研究模式，以受众控制为基本导向，与行为主义心理学相关的一些实证研究方法几乎也被传播学研究全盘吸收借用，实证化、实验化、精确化成为传播学研究的规范标志，美国传播学研究与行为主义心理学不说是亦步亦趋，也可以说是形影相随。

将传播视为控制的观念几乎贯穿在所有的有关传播过程、传播效果以及受众研究之中，重要的研究包括：20世纪初的“魔弹论”；李普曼和拉斯韦尔代表的早期宣传研究；30年代前后佩恩基金电影研究；1938年的“火星人入侵研究”；1940年的伊利县调查；第二次世界大战及冷战期间大量的公共舆论及宣传研究；拉斯韦尔的“5W”模式；1942年“电影效果评估研究”；1946—1961年的耶鲁态度改变研究；1968年以来的议程设置研究等。

应该承认，具体到每一项研究，研究者对于控制的理解可能是有差别的，并非所有研究者都认可权力对媒介的控制，或者认可媒介对受众的控制，但是几乎所有研究者都认可传播事实上构成了对受众的某种控制，传播也必然对受众构成控制，传播本身就是一种社会控制手段，他们正是在这一起点上对传播进行研究。

研究者对于传播控制的价值取向大致可以分为三类。

其一是积极立场。研究者认为应该尽量发挥传播的社会控制功能，为特定目标服务。例如，二战和冷战期间的宣传和公共舆论研究，霍夫兰主持的电影评估及态度改变研究都属于此类。这类研究将大量的社会心理学理论和方法带入项目中，力图发现最为有效的劝服方式和技巧，实现对舆论、意见和态度改变的控制，为美国利益服务。还有一些代表商业利益的传播研究，如20 世纪 30 年代拉扎斯菲尔德团队所进行的一些商业广播效果研究很多也属于此类，这类研究主要针对受众阅听习惯、受众到达率、受众心理需求等问题进行分析，试图为媒介经营提供决策依据，它的逻辑起点还是受众控制。

其二是消极立场。研究者视媒介控制为有害之物，或者对媒介控制抱有深深的疑虑。例如，李普曼第一次世界大战之后的宣传研究即属于此例，李普曼一方面看到了大众传播在民主生活中的重要性，另一方面更看到了大众传播对理性公共舆论的潜在威胁，面对现代传媒这个庞然大物，李普曼几乎陷入无所适从之地。又如佩恩基金研究，研究者拿出了大量证据证明电影确实对儿童产生了一些不利影响，他们的研究结论证明，当时美国教育界、宗教界对于电影这一现代化媒介的抱怨和批评并非无稽之谈，这些研究最后还导致了一些关于限制电影生产、制作和发行的立法。

其三是中立立场。研究者不对传播的社会控制进行价值判断，他们主要就控制的方式、效果等问题进行中立客观研究，以期获得科学的结论。例如，拉斯韦尔在《世界大战中的宣传技巧》一书中对于战争宣传的研究，拉扎斯菲尔德关于二级传播和意见领袖的研究都属此类。应该说，二战以来大部分有关传播问题的实证研究对于传播控制问题都是持中立立场的，这与美国传播学研究实证化、科学化的目标相一致。无论如何，传播控制的观念是传播学研究的一个基本逻辑起点。

与传播控制密切相关的另一个问题就是控制发生的机制。

所谓控制就一定有控制的一方和被控制的一方，在大众传播领域，控制和被控制的关系主要体现为传受关系，传者就是媒介（包括媒介所有者、媒介信息生产者、传播者等），受者就是受众。但是传者对受众的影响和控制是通过传播信息这个媒介而实施的，因此，传播学所研究的控制是指大众传播信息对受众的影响和控制。受行为主义心理学的影响，几乎所有的传播研究都把大众传播信息视为刺激物，将受众视为反应物，绝大部分传播学理论都是建立在行为主义心理学的“刺激—反应”模式之上，在这个基础上去研究传播控制问题，这构成了传播学研究的另外一个重要的逻辑起点。

早期强效果研究中的魔弹论将受众视为“靶子”，将媒介传播的信息视作子弹，受众接收到这些信息后就像靶子被击中，然后应声而倒。魔弹论是一种直接效果理论，也就是“均一效果理论”，这一理论认为每个受众都以同样的方式去理解媒介内容，它抹杀了受众个体差异的存在。这种对传播效果的解释完全建立在“刺激—反应”这一行为主义心理学模式上。其实，在传播学历史上找不到这一理论的正式表达，它代表着20世纪初期社会对现代传播威力的一种恐惧感受，正说明一般大众也是基于“刺激—反应”这一机制去看待大众传播。

已有的大众传播理论在传受问题上虽然深受行为主义心理学“刺激—反应”模式的影响，但是并非每一种理论都像行为主义那样极端，完全把受众看作是媒介信息环境的奴隶。在多数传播理论中，受众的主动性、媒介信息环境与受众反应之间客观存在的一些中间变量也得到不同程度的重视。在“刺激—反应”模式的大前提下，研究者对受众的理解也形成了两种不同类型。

其一，被动受众。在20世纪60年代认知心理学出现以前，传播学理论大体都认为受众是被动的，即认为受众在媒介信息环境刺激下只能进行被动的反应，这种看法与行为主义心理学对人的看法高度一致。

其二，主动受众。媒介信息刺激与受众反应之间大量中间变量的存在也促使传播研究关注受众对劝服的抵抗以及对媒介信息选择性接触之类的问题，研究者也注意到受众其实也是固执的，受众并非只是对媒介信息环境刺激做出简单反应，媒介不可能总是能够轻易控制受众。例如，霍夫兰在他的电影实验研究中就非常明确地提出过选择性接触、选择性理解等概念。但是，对“劝服抵抗”、“媒介信息选择性接触”之类问题的关注并不能改变受众处于被动地位这个基本事实。

但是，受众究竟是主动还是被动，这是一个非常抽象的命题，既要看具体是哪个受众，还要看受众面对的是何种媒介和信息；判定受众是主动还是被动的人似乎不应该是研究者和受众自己，也不应该是媒介或其他第四方、第五方。受众是主动还是被动应该有一个客观事实，研究者的目的是要去发现那个客观事实，然后再去做出科学判断。问题在于这个客观事实非常不易被发现和把握，所以才导致传播研究中出现“主动受众”“被动受众”之类的猜测或理论主张。主动受众之类的说法其实是想摆脱“传播控制”以及“刺激—反应”这两大基本研究模式，或者说是要摆脱行为主义心理学的影响。不过这两类研究模式看来很难彻底摆脱，从20世纪80年代以来使用与满足理论发展的实际情况来看，这一理论并未能完全超越“传播控制”和“刺激—反应”这一基本框架，这也意味着传播学研究对于新的研究范式的追求还将继续下去。

三　新行为主义心理学与传播学研究：个体差异与态度需求

以华生为代表的行为主义心理学在1913—1930年间主导了美国心理学界，但是行为主义心理学对人的理解很大程度上建立在一种较低水平基础之上，对人类行学为发生机制的理解也过于机械化和简单化，这必然在心理学内部引起质疑。大约从20世纪30年代开始，一些深受行为主义心理学影响的学者开始试图改造行为主义心理学，这些学者包括克拉克·赫尔（Hull，1884－1952）、爱德华·托尔曼（Tolman，1886－1959）以及稍后的弗雷德里克·斯金纳（Burrhus Frederick Skinner，1904－1990）等。他们研究的共同特点是继续坚持行为主义的客观实证立场，仍然以决定论的眼光来看待人与环境的关系以及行为产生的原因。但是，他们在解释人类行为方面开始认真考虑其他一些主观因素的作用，他们在“刺激—反应”之间引入了一些重要的中介变量，从而将行为主义心理学向前推进了一步。人们把具有类似特点的研究称作新行为主义心理学，这个学术流派活跃于1930—1960年的大约30年期间。

新行为主义心理学对美国传播研究的影响可能主要来自不同学者理论主张中的中介变量思想，即环境刺激不是导致行为的唯一原因，诸如个体差异和人的需求这样的中介变量也会对行为及其结果产生影响。新行为主义心理学与传播研究的交叉点就在于二者都看到了个体差异和态度需求等因素对行为结果的影响。新行为主义心理学，当然也包括其他流派的心理学通过对个体差异和态度、需求这些核心概念的理解，对传播研究产生了非常明显的影响。

个体差异是指个人由于在遗传或年龄、教育、职业、社会资本占有和社会归属等方面的不同而形成的差别，这种差别可能对个人的认知、评价、态度、价值观乃至行为产生重要影响。

对于通过遗传等生物性因素所造成个体差异的解释常常走向极端，最典型的极端是将遗传差异与种族问题联系起来，并无限放大这一差异，从而走向种族优越论和文化中心主义。

个体差异中的生物遗传因素最基本方面是性别差异，传播研究中比较关注的是这些最基本方面的因素。20 世纪 30 年代赫佐格关于日间广播连续剧听众的使用与满足研究就对女性听众给予了特别重视。在 20 世纪 40 年代一项关于意见领袖的迪凯特研究中，男女性别差异也受到特别关注，对于市场消费、时尚公共事务以及选择电影等多个领域中意见领袖的研究很大程度上都是基于性别差异。20 世纪 40 年代前后卢因在依阿华大学进行的有关公众饮食改变的研究，选择的对象全部是家庭主妇。在 20 世纪 60 年代以后有关电视效果的一系列研究中，不但性别差异继续受到关注，电视内容中的不同种族的形象呈现问题也进入研究视野。在有关电视与青少年攻击行为的研究中，许多对受众行为的解释也基于性别差异。随着 20 世纪 70 年代以来女权主义运动的兴起，有关女性主义传媒批评的各种理论大量出现，形成了内容分析批评、精神分析批评以及意识形态分析批评等多样化的研究方法和理论体系，它们的共同点是关注大众传播中的女性形象再现、媒介内容中所反映出的女性主体建构以及权力建构、女性独特的媒介感知等，女性主义传媒批判理论的基本视角是性别差异。

形成个人差异的更重要的因素是教育、职业、年龄、能力、社会资源占有以及社会归属等。由于个人占有不同的社会资源，个人归属于不同的群体、团体或组织，当这些个体作为受众出现的时候，这些个体差异因素会造成他们各自媒介反应的差异。它们在心理学上的意义是，它们也是“刺激—反应”这一环节中的中间变量因素。在有案可查的重要传播学研究中，几乎找不到哪一项研究完全建立在“刺激—反应”这一简单心理学模式之上，美国规范的传播学研究从一开始就注意到受众影响环节中的个体差异因素和其他中介因素。坎垂尔在研究广播剧《空中水银剧场》引起的恐慌时就区分了调查对象的学历背景，他认为教育程度与恐慌程度具有确定的关联。赫佐格的日间广播剧听众调查更是把受访对象的收入、学历、宗教和社交倾向、人格特点等作为变量参数，认为它们是受众收听行为的重要影响因素。霍夫兰在军队中的电影效果评估研究同样把受试者的受教育程度、宗教信仰、富有程度及智力水平作为变量去考察他们在受试中的观点和态度改变。在这项实验中，霍夫兰得出一个重要结论，即“受众成员的个体差异对大众传播的效果产生了很大影响，个体差异导致选择性接触、选择性理解和选择性改变”。[①] 在此后的传播与劝服研究中，霍夫兰采用了更加严格规范的实验方法，他将智力水平和动机因素引入实验中，得出了同样的结论。

20 世纪 20 年代以后社会心理学对态度、需求、人格这类作为影响人类行为的中介变量因素的研究逐渐成熟，比如，早在 20 年代，托马斯就断言社会心理学就是研究态度的科学。人格在社会心理学中同样占有重要地位，几乎所有重要的社会心理学家对人格都有专门的研究和论述，目前人格心理学已经成为社会心理学中一个独立的流派。正是因为有了上述基础，传播学领域中的中介变量研究在 40 年代前后开始正式登场，其中最经典、影响最大的研究当属霍夫兰等人领导的电影效果评估以及态度改变项目；后一个项目从 1946 年一直持续到 1961 年，其部分研究成果在 1953 年以《传播与劝服》为书名出版。

然而，霍夫兰的研究重点放在媒介信息刺激对态度、意见、观点改变可能造成的影响，这距离态度作为中介变量如何影响到行为还有很大一段距离。作为一名当时崭露头角、前景辉煌的实验心理学家，霍夫兰

---

① ［美］希伦·A. 洛厄里、梅尔文·L. 德弗勒：《大众传播效果研究的里程碑》，刘海龙等译，中国人民大学出版社 2009 年版，第 102 页。

假定："观点或（态度、价值、信仰，等等）的改变是行为发生变化的关键。毕竟，如果观点的变化与行为的变化没有什么关系，那么仅仅是观念的改变也就没有多大意义了。"① 但是，他的这一推断值得怀疑。态度无论是作为情感、认知还是作为一种将要发生的行为的准备状态，它都同时具备短暂性、不稳定性以及与行为不对应性等特征，这就是说，态度往往是短暂的、容易消失的；态度往往是不稳定的、可变化的；更重要的是，态度往往并不逻辑地对应将要发生的行为。也就是说，也许某人对某事或对他人的态度是正面的、肯定的，但是他做出的行为却完全有可能是否定性的，反之亦然。舒曼和普莱瑟在1981年的一项研究表明，在有关堕胎权利的民意调查中，公众所持有的态度与随后表现出来的政治行为确实一致，但是在有关枪支管制的民意调查中，支持管制的多数派并没有采取行动。② 1984年里根竞选总统连任时，也出现了类似情形。一种被普遍认可的观点是，传播学中中介变量的发现和关注使得效果研究从强效果阶段进入了弱效果阶段，克拉伯（Joseph Klapper）为这种论调一锤定音。

1960年，拉扎斯菲尔德的学生克拉伯出版《大众传播的效果》。他说："大众传播通常并不是影响受众的必要和充分的因素，但是，大众传播确实可以通过一系列的中介因素而对受众产生影响。"③ 克拉伯认为，媒介往往强化某种已有的效果，而不是改变某种结果。

应该看到，克拉伯所说的中间因素并不仅仅指受众个体差异以及需求、态度等，它们不包括那些更广泛的可能影响受众态度和行为的社会心理因素。这恰好反映了传播研究的困境：一方面，以行为主义心理学的"刺激—反应"模式去解释受众行为过于简化，它促使人们去寻找并研究可能引起受众行为改变的中介变量因素；另一方面，这些可能引起行为改变的中介变量是如此之多，而且它们与行为改变的关联度又是如此模糊不清，如此缺乏准确的对应，无论是新行为主义心理学还是传播

① ［美］希伦·A. 洛厄里、梅尔文·L. 德弗勒：《大众传播效果研究的里程碑》，刘海龙等译，中国人民大学出版社2009年版，第99页。

② ［美］文森特·普赖斯：《公共舆论》，邵志择译，复旦大学出版社2009年版，第89—90页。

③ Joseph Klapper, *The Effects of Mass Communication*, New York, The Free Press, 1967, p. 8.

学关于中介变量的研究似乎再度陷入困境。如果确实无法弄清楚这么多的中介变量对人类行为的真实影响，是否还有一种更有价值的思路去研究人类心理问题及大众传播问题？

20 世纪 70 年代前后，态度和行为改变问题终于开始从社会心理学领域消退，社会心理学将关注点转移到认知领域，由此也引起了传播学研究重心的转移，而且这两个学科领域中的重点转移基本上同步发生。

四 认知心理学与传播学研究：受众行为的认知来源

作为社会心理学的认知理论关心的问题是：影响人类认知的因素是什么？人在大脑中如何处理那些影响认知的信息材料？认知如何在大脑中形成？认知对人类的行为产生怎样的影响？认知心理学不仅仅关注行为，更关注认知过程本身，认知心理学其实已经介入人类高级思维过程这一层面。

从认知的角度，而不是从社会控制和“刺激—反应”，或者态度改变的角度去探讨人类行为的原因标志着社会心理学研究的转向，这一新的社会心理学思潮对传播学研究产生了十分明显的影响。20 世纪 70 年代前后，传播学领域出现了一些重要的新理论，其中许多与认知心理学基本观点有着密切关联，这些理论包括培养理论、沉默的螺旋理论、议程设置理论、各种图式理论以及第三者效应理论等。如果说 70 年代以后传播学研究也发生了某些转型的话，传播研究对认知问题的高度关注也是转型的重要标志之一。如前所述，受众使用与满足理论的出现也是重要标志。

培养理论是一种关于媒介尤其是电视媒介如何促成受众认知建构的一种理论，该理论最早由格伯纳（George Gorbner）在 20 世纪 60 年代后期提出，格伯纳在美国“暴力起因与防范委员会”资助的一个项目中研究发现，电视节目中的暴力内容导致受众高估现实环境中的危险，那些高度接触电视媒介的人，他们的个人不安全感更强烈；格伯纳认为，电视节目所表现的“象征性现实”与客观社会现实之间的反差造成了受众的这一错觉。1976 年，格伯纳就这一问题进行了更深入的研究，进一步证实了这一结论。[①] 90年代以后，培养理论又有新的发展，“主流说”认为，那些重度依赖电视的人，他们的社会背景尽管有差异，但是他们的观点却非常趋同，而且与社会主流思想趋于一致，这是因为电视帮助他们建构了社会主流认知标准。“共鸣效果”理论认为，当电视帮助受众建立起来的认知世界与真实世界中发生的事情相互吻合时，电视的培养效果就更为显著。[②]

麦库姆斯和肖在1972年提出的议程设置理论同样也涉及这类认知问题，他们对1968年媒介就总统选举期间新闻报道议题设置对选民影响的研究证明，媒体通常不能规定“怎么想”，却能够通过议程设置影响受众“想什么”，这实际上就是将一种社会认知强加给了受众，从而使得受众以这种社会认知为依据做出投票等决定。议程设置实际上是一种媒介认知理论，它提醒人们，媒介通过对议程的设置来影响人们对公共事件的关注和认知，受众又将这类认知带到现实生活中，从而对舆论投票或其他公共政治活动产生影响。这样一种研究思路在各种图式（schema）理论中体现得更加清晰。

费斯克（Fiske）和泰勒（Taylor）认为，所谓图式就是一种认知结构，它反映了一个人对某个观念或刺激的总体认知。人的大脑中存在多种不同类型的图式，这些图式主要来源于过去的经验，图式的潜在功能是它们能够与现实中的某些议题产生关联，人们借助这些图式去理解各种新闻报道和媒介信息。一旦这些图式被激活，它们就像是一种心灵速记（mental shorthand），可以帮助人们完成信息分类、信息过滤以及信息联想。[③] 图式理论实际上是一种关于人类认知形成以及运用的社会心理学理论，它与框架理论基本上是同样的概念，这些理论也被运用到传播问题研究中。

传播研究对认知问题的关注并非始于20世纪70年代，早期许多有关传播效果问题的研究都不同程度地关注认知问题。但是70年代以后，认

① 参见郭庆光《传播学教程》，中国人民大学出版社1999年版，第225页。

② 参见［美］R. J. 哈里斯《媒介心理学》，相德宝译，中国轻工业出版社2007年版，第28—29页。

③ ［美］文森特·普赖斯：《公共舆论》，邵志择译，复旦大学出版社2009年版，第68—72页。

知心理学的兴起确实使认知问题更明确地进入传播研究领域，成为一个显著的研究热点。我们也看到20世纪初李普曼关于“外部世界”与“我们大脑中的世界”这一哲学认识论的问题在传播研究领域再度复活。事实上，无论是认知心理学，还是关于认知问题的传播研究，其实都涉及一个李普曼式的追问：我们是否能够真正认识客观世界？如果我们无法认识客观世界，那将意味着什么？

当然，并非所有传播学对认知问题的研究都遵循着李普曼传统，70年代以后还有一些有关传播认知问题的研究遵循的是卢因式的传统，这些理论更多地从人际互动、群体互动以及对他人认知的认知角度展开自己的思想探索之旅。

德国传播学者诺依曼·伊丽莎白在20世纪70年代基于德国议会的一次选举的深入研究提出了“沉默的螺旋”理论。在这一理论中，诺依曼揭示了一种心理机制，即大多数人为了避免陷入少数派的心理恐慌而使自己放弃了意见主张。很显然，诺依曼是从人际互动以及个人对他人认知的认知这一角度来讨论这个案例的。个人对他人意见倾向的判断实际上是一种认知，个人正是基于这一判断而改变自己的意见，个人改变自己意见的过程实际上也就是认知变化的过程。因此，整个过程体现了个人对他人认知的变化，它是基于人际互动和群体互动的视角。

无独有偶，20世纪90年代后期一些学者陆续提出“第三者效果”(third-person effect) 理论。萨尔文（Salwen）在1998年的研究表明，人们通常认为媒介信息对他人的影响比对自己的影响更大，或者说人们往往相信他人更容易受到媒介的影响。不仅如此，个人对他人易受媒介影响的认知和判断还会对个人的实际行为产生影响，比如，个人可能会基于这种认知支持对媒介内容进行限制，以免对他人产生不利影响，或因为这类不利影响损害自己的利益。[1] 霍夫勒（Hoffner）和布克汉纳（Buchanan）在2001年和2002年的研究证明，第三者效果理论在解释那些反社会的媒介信息对人产生的影响时，理论效用性更高，大多数人往往认为那些含有暴力、色情和反社会内容的媒介信息对他人的影响更大

① ［美］文森特·普赖斯：《公共舆论》，邵志择译，复旦大学出版社2009年版，第68—72页。

一些。第三者效果理论还导致了稍后的“假设影响模式”（presumed influencemodel）研究，即个人假定某种媒介信息会对他人产生某种影响，并在此假定基础上与他人进行互动。[①]

传播学有关认知问题的上述研究并非基于主客关系，而主要是基于人际互动、群体互动的视角，这些理论所讨论问题的共同点是，个人对他人或群体认知的认知成为个人行动的依据。事实上，人类认知可以得之于对客观事实探询的主观努力，也可以得之于社会学习，当然也可以得之于现实中的人际互动和群体互动。此外，对他人或对群体的感受、态度、评价和行为预期也可以转化为认知，不管这类认知是正确还是错误，它们都可能对个体自己的行为产生影响，实际上，这类研究主要体现了卢因、费斯廷格以及海德的传统，它们甚至还可以追溯到芝加哥学派的符号互动论思想。

对认知问题的高度重视是20世纪70年代前后心理学和传播学研究转型的一个重要标志，两门学科都放弃了对控制、“刺激—反应”以及态度改变之类问题的偏好，却对认知问题产生了极大兴趣，并试图从认知的角度探寻行为的原因。虽然认知和态度是一对关联度非常高的概念，二者当然不能画等号，但是严格区分二者的含义也并非易事。从逻辑上说，认知是态度改变的基础，没有必需的认知准备和积累，很难形成确定的态度；认知发生了改变，态度一般也会相应改变，那些引起人们行为改变的认知因素往往也就是引起人们行为改变的态度因素。这使人们有理由相信，社会心理学和传播学将研究重点由态度转移到认知并非多么了不起的一件事情，说它们是一场革命，或把它们说成是研究范式的转移，多少有些差强人意。当然，或许真正的问题在于：相对于人类心理以及传播现象的高度复杂性而言，任何已有的心理学和传播学研究都很难说是伟大的。

（选自《国外社会科学》2013年第6期）

① 参见［美］R. J. 哈里斯《媒介心理学》，相德宝译，中国轻工业出版社2007年版，第26页。

传播即控制

——传播政治经济学的元理论解析

陈世华[*]

传播研究领域内流派纷呈、风格各异。作为批判学派的重要分支，传播政治经济学由于独立的精神姿态和批判的理论取向在传播研究中独树一帜。[①] 不同于效率取向的美国主流经验学派对媒介分析、受众研究和传播效果研究的重视，公平取向的传播政治经济学着重关注资本主义传播体制的经济结构和运行机制，重视对传播的所有权、生产、流通和受众消费等层面的分析，注重揭示社会权力关系与传播的相互构建，体现出反潮流的理论取向。[②] 传播政治经济学的思想源自古典政治经济学和制度经济学，坚持马克思主义怀疑和批判的理论姿态，吸纳加拿大多伦多学派的技术批判和社会批判，继承欧洲社会学传统和北美新闻传播研究，在世界学术场域内生根发芽，形成北美传统［以斯麦兹（Dallas Smythe）、席勒父子和麦克切斯尼为代表］、欧洲传统［以英国的默多克（Graham Murdock）、戈尔丁（Peter Golding）为代表］和第三世界传统［以马特拉（Armand Mattelart）为代表］，虽风格各异，但殊途同归。

* 作者信息：陈世华，1982 年生，博士，南昌大学新闻与传播学院副教授。

① 陈世华：《“我们不自由的传播”：北美传播政治经济学的理论精髓》，《国际新闻界》2012 年第 1 期，第 41 页。

② 陈世华：《反潮流：媒体政治经济学批判》，《东南学术》2016 年第 1 期，第 188 页。

传播政治经济学有着多元的思想根基、鲜明的知识传统、清晰的传承谱系和独特的演进逻辑，与其他传播研究流派形成显著差异，这种区别主要体现在元理论层面上。元理论是对理论的反思，是关于理论的理论，是某一学科或流派的基本假定和逻辑基点，是某一学术共同体所共同持有的根本共识和基本信念，反映了理论体系背后的深层结构和理论范式。本文将传播政治经济学的元理论解析为“传播即控制”，并从哲学基础、世界观、认识论、价值观、方法论等维度对其进行元理论层次的深层剖析，以期更加深刻地认识传播政治经济学的理论逻辑和思想传统，凸显其独特的理论和实践价值，复兴在新媒体时代逐渐落寞的传播学批判学派。

一 理论基础：马克思主义

根据莫斯可（Vicent Mosco）的定义，传播政治经济学是从马克思主义的基本立场出发，研究社会权力关系与传播资源的生产、流通和消费的相互构建。[1] 马克思主义是传播政治经济学的重要理论基础，与根植于实用主义哲学的行政研究有着显著区别。

马克思是大多数传播政治经济学者的精神领袖。传播政治经济学者或多或少倾心于马克思主义。传播政治经济学者从来不讳言对马克思主义的青睐，奠基人之一斯麦兹就在美国左派大本营加州大学伯克利分校受过马克思主义影响，并参与了加州的工人运动，自称享受左派的生活。[2] 在学术实践中，他用马克思的商品理论分析资本主义媒介经济运作，提出了受众商品论。英国传播政治经济学默多克直言，马克思对全球资本流动的分析“再次证明这是一个惊世骇俗，具有先见之明的分析”，[3] 并借鉴马克思的阶级概念来“重建倾圮的阶级分析之塔”。莫斯

---

① Vincent Mosco, *The Political Economy of Communication: Rethinking and Renewal*, London: Sage, 1996. 赵月枝、邢国欣：《传播政治经济学》，载刘曙明、洪浚浩编《传播学》，中国人民大学出版社 2007 年版，第 511—538 页。

② Dallas Smythe, *Counterclockwise: Perspectives on Communication*, Boulder: Westview Press, 1993, p. 19.

③ ［英］莫多克：《重建倾圮之塔：当代传播和阶级问题》，载［英］库兰、古尔维奇编《大众媒介与社会》，华夏出版社 2006 年版，第 20 页。

可也承认受马克思辩证法的启发而对传播政治经济学进行系统总结。① 华人学者赵月枝也以马克思主义的意识形态理论分析中国传播业所遭遇的商业主义和政治约束的双重冲击。

马克思对现实所持的怀疑和批判态度是传播政治经济学者基本的理论取向。② 和马克思挑战整个资本主义制度一样，传播政治经济学者是对所处语境的批判者，总是寻求商业化媒介体制的替代方式。马克思对资本主义牟利本性的深刻揭露让传播政治经济学者认清了资本主义传媒的根本目的。马克思的商品、剩余价值、拜物教等观念启发传播政治经济学者理解资本主义制度下媒体、广告商、公众背后隐蔽的三角关系。马克思的异化概念被用来分析资本主义媒体体制下媒介技术对人类的操纵和奴役。马克思的阶级斗争理论被传播政治经济学者用来解释传播组织和文化组织的变化。马克思对劳动及剩余价值的研究，被他们用来分析资本主义文化产业中不成比例的投入和报酬。③ 马克思主义的实践观念激励政治经济学者身体力行，跨越研究和政策的区别，参与媒介改革实践。他们坚持用学术改变社会，成为媒介改革运动中来自学术界的重要力量。传播政治经济学"从一开始就坚持将大众传播置于马克思主义的理论框架中加以理解，在广泛的社会与政治经济背景下，关注社会政治、经济等权力关系与大众传播的相互作用，并从中认识媒介对社会的影响"。④ 可以说，在传播政治经济学文献中，马克思主义无处不在，并贯彻始终。

二 传播本体论：传播即控制

对传播的本质进行清晰界定是传播研究的起点，在行政学派看来，

---

① Vincent Mosco, *The Political Economy of Communication: Rethinking and Renewal*, LonDon Sage, 1996.

② 陈世华、孙利：《北美传播政治经济学思想渊源探析》，《南昌大学学报》（人文社科版）2013 年第 5 期，第 92 页。

③ Nicholas Garnham, "The Political Economy of Communication Revisited", in Janet Wasko, Graham Murdock & Helena Sousa (eds.), *The Handbook of Political Economy of Communications*, Oxford: Wiley-Blackwell, 2011, p. 47.

④ 刘晓红：《共处·对抗·借鉴——传播政治经济学与文化研究关系的演变》，《新闻与传播研究》2005 年第 1 期，第 49 页。

传播是传递，是信息传输，在文化研究学者看来，传播是文化和仪式。但在传播政治经济学看来，资本主义制度下传播的本质是一种控制机制。各种社会权力关系，不但控制着传播资源的生产、流通与消费，而且权力精英也利用传播媒介达到控制社会和公众、维持统治秩序的目的。传播政治经济学时刻关注存在于传播的生产、分配与消费、循环各个环节的控制形式。

第一，传播政策制定是受控制的。资本主义的传播决策过程一直将公众排除在外，政府及其背后的政治经济权力精英通过暗箱操作制定出维护资本家利益的政策。政府既是媒介市场的玩家，也是游戏规则的制定者。在国际传播政策制定中，弱势国家从来就没有多少发言权，发达国家控制着空间传播和卫星通信的主导权和决策权。[①]

第二，传播媒介是受控制的。在资本主义体制下，媒体是一种“军事工业传播复合体”，[②] 媒介所有权掌握在少数私人集团手中，用来实现盈利的目标，传播资本主义的社会规范、价值观和意识形态，兜售美国商业主义生活方式。[③] 随着垄断化和集中化程度上升，传媒间的兼并、联合高潮迭起，横向的不同行业的整合和纵向的生产线集中不断加剧，使媒介资源越来越集中于少数媒介巨头手中，[④] 媒介集团控制着信息生产和流通的整个过程，少数政治经济权力精英控制着媒介的结构和内容。媒体扮演着“新闻管理”（news management）的角色，统治阶级通过控制媒体创造了一个对他们有利的现实。[⑤] 统治阶级通过“媒介框架”（media frame）传播主流的价值观念，掩盖社会冲突。媒体还要接受“宣传模

① Dallas Smythe, *Space Satellite Communications and Public Opinion*, Urbana: University of Illinois Press, 1960, p. 23.

② Herbert Schiller, *Mass Communication and America Empire*, New York: A. M. Kelley, 1969, p. 31.

③ Thomas Guback, *The International Film Industry*, Bloomington: Indiana University Press, 1969, p. 7.

④ Ben Bagdikian, *The Media Monopoly*, Boston: Beacon Press, 1983, p. xvi.

⑤ Todd Gitlin, *The Whole World Is Watching: Mass Media in the Making and Unmaking of the New Left*, Berkeley: University of California Press, 1980, p. 5.

式”的过滤，服务于现实政治，维护现有统治秩序。[①] 国家和政府将媒体当作文化控制的工具，传播体系在控制过程中扮演核心角色。[②]

第三，传播过程是受控制的。在资本主义制度下，商业化成为普遍的趋势，媒介产品被当作商品，用来实现盈利的目标。信息来源控制信息的价格，实现信息的流通和分配，进而维持对整个社会的控制。[③] 在国际传播领域，资本主义国家利用强大的跨国媒介集团推行媒介帝国主义，发展中国家的传媒业成为发达国家的附属，全球范围内的信息流通处于美国的控制之下，信息自由流通的口号只是西方国家对外推行消费主义、占领世界市场的借口，是后殖民主义的工具，正如马特拉所说，“国际传播是一种战斗话语”，[④] 是政治经济权力在国际信息流通领域的延伸。

第四，受众是受控制的。资本主义体制下的传播工业是思想的管理者，[⑤] 统治阶级通过控制媒体创造了一个虚假的现实，对人类思想进行操纵。在商业化的媒介经济模式中，受众被媒体作为商品出售给广告商。[⑥] 作为商品，受众在媒介市场上任由生产者（媒体）和购买者（广告商）摆布，为资本家生产剩余价值。在资本主义社会下，媒体构建起了一个的“全景监狱”，“个人在更强大的他者的注视下活动”，隐私和自治受到伤害，[⑦] 处于受控制的境地。[⑧] 随着信息和传播科技的发展，新的传播技术与政治经济权力相结合，对现代社会和人们进行更为巧妙的操纵和

---

① E. Herman & N. Chomsky, *Manufacturing Consent: The Political Economy of the Mass Media*, New York: Pantheon Books, 1988, p. 2.

② Graham Murdock, “Communications and the Constitution of Modernity”, *Media Culture & Society*, Vol. 15, No. 4, 1993.

③ Oscar Gandy, *Beyond Agenda Setting: Information Subsidies and Public Policy*, Norwood: Ablex Publishers, 1982, p. 8.

④ ［法］马特拉：《世界传播与文化霸权》，陈卫星译，中央编译出版社 2005 年版，第 92 页。

⑤ Herbert Schiller, *Communication and Cultural Domination*, International Arts and Sciences Press, 1976, p. 1.

⑥ Dallas Smythe, Communications: Blindspot of Western Marxism, *Canadian Journal of Political and Society Theory*, Vol. 1, No. 3, 1977, pp. 1 – 28.

⑦ 陈世华：《“我们不自由的传播”：北美传播政治经济学的理论精髓》，《国际新闻界》2012 年第 1 期，第 43 页。

⑧ Oscar Gandy, *The Panoptic Sort: A Political Economy of Personal Information*, Boulder: Westview Press, 1993, p. 180.

控制。

当社会公众和主流学者都为传播技术的发展而欢欣鼓舞时，传播政治经济学学者关心的核心问题却是：新科技控制在谁的手中，为了谁的利益？媒介新技术主要是为了捕捉受众，达到盈利的目标。资本主义制度下，信息科技是一种反民主的力量，传播技术的革新就是宰制的加剧。

传播中的控制问题是传播政治经济学的核心议题，传播政治经济学者“关注文化消费中金钱的制约，也关心社会地位对接近其他相关资源的控制方式”,① 他们看到了资本主义商业化传播体制的种种弊端，并呼吁通过抗争和改革，打破传播控制，实现对文化物品的公开和平等的近用权,② 促进人民的自由和解放。

三 世界观和认识论：历史唯物主义

受马克思主义影响，传播政治经济学坚持历史唯物主义的世界观和认识论，承认社会过程和社会变革的客观存在，主张以本体论的姿态将传播置于社会变迁的背景下进行分析,③ 关注传播的结构和制度等客观存在。传播政治经济学批评唯心主义主宰文化和大众媒体研究领域的局面，主张“回到基本准则，即采纳历史唯物主义视野，在大众媒体研究领域实现历史唯物主义转向，基于具体历史和物质决定因素的秩序来研究优先性秩序，进行历史社会过程的复杂整体性分析，让理论更加唯物”,④ 致力于对文化场域内各种形式的文化产品的生产、流通和消费进行历史唯物主义分析。

传播政治经济学从普遍联系和矛盾的世界观出发，将传播系统视为

---

① ［英］戈尔丁、莫多克：《文化、传播和政治经济学》，载［英］库兰、古尔维奇《大众媒介与社会》，华夏出版社 2006 年版，第 83 页。

② Nicholas Garnham, “*The Political Economy of Communication Revisited*”, in Janet Wasko, Graham Murdock & Helena Sousa (eds.), *The Handbook of Political Economy of Communications*, Oxford: Wiley-Blackwell”, 2011, p. 21.

③ Vincent Mosco, *The Political Economy of Communication*: *Rethinking and Renewal*, LonDon Sage, 1996, p. 10.

④ Nicholas Garnham, “Contribution to a Political Economy of Mass-communication”, *Media Culture & Society*, No. 1, 1979, pp. 123 – 146.

社会基本过程中不可分割的组成部分，聚焦于人们及其物质环境的相互作用、物质资源占有的预先的不平等以及各种不平等的结果——人们在符号环境中的不平等特质。其中心目标是了解经济基础与上层建筑以及传播体制的关系，努力揭示权力和传播之间复杂的相互建构关系。

它们将经济视为资本主义的决定因素，将意识新形态视为经济基础的附属，认为交换关系或多或少决定了社会关系，文化再生产直接被物质与因素所决定。这种经济基础—上层建筑的分析模式是传播政治经济学的主导模式，使其更加关注媒体的所有权和控制形式，认为媒体的所有权和经济控制是决定媒体信息控制的关键因素，它们将媒体的权力置于媒体生产的经济过程和结构之中，指出媒体只是意识形态的工具，是权力的代理。[①] 资本主义的媒介体制是一个集团运作、利润驱动、广告支持的媒介系统。政治经济权力操纵新闻界达到自己的目的，帮助所有者赚取利润，帮助统治阶级维持社会和政治秩序。所以，垄断资本主义大众媒体的一个关键特征就是通过经济力量而施加政治和意识形态宰制。

传播政治经济学认识到传播领域内存在的诸多矛盾冲突彼此作用、相互影响，体现了普遍联系、兼收并蓄的唯物主义和批判的唯物主义认识论。传播政治经济学对其研究对象采用的是现实主义的概念，它使用的理论构成物存在于实际世界当中——而不仅仅是现象上。它们主要关注行动和结构的问题，试图辨明影响实际世界当中的实际行为者的生活和机会的实际制约因素。可以说，现实社会的变动不断促使传播政治经济学者反思传播行业的危机，并提出替代性的洞见，丰富了传播研究领域。

正是基于矛盾的、普遍联系和发展的唯物主义认识论，传播政治经济学主张将传播置于更广泛的历史、经济和社会背景中，并紧密关注现实中存在的具体事物，如传播技术演变对社会变迁的影响、资本对传播资源的剥夺、传播业中的劳资矛盾和阶级分化、媒体与民主悖论、信息鸿沟、社会冲突和文化身份认同危机等问题，并致力于探索各种面向现实问题的传播政策事务，如媒介所有权制度、传播资源分配、媒介内容

① Nicholas Garnham, "Contribution to a Political Economy of Mass-communication", *Media Culture & Society*, No. 1, 1979, pp. 123 – 146.

规制、公共广播、互联网接入、版权和隐私等，并从全球和对比的角度来考察这些问题，体现了广阔的唯物主义视野。从唯物主义认识论出发，传播政治经济学坚持学术改造世界的实践观，努力跨越研究和实践的区别，将研究指向现实社会变迁，致力于提供推动社会变革的知识力量，力图通过研究影响社会，改变现状，推动人类社会进步。传播政治经济学者将自己视为公共知识分子，相信媒介改革理想的实现在于超越学术的参与。他们在对现状批判剖析的基础上，提出了种种改革主张，并身体力行，参与到媒介改革运动中。斯麦兹、席勒和马特拉都是联合国教科文组织的咨询专家，为国际信息传播新秩序做出了贡献，吉特林本人就是学生运动领袖，麦克切斯尼发起建立了“自由媒体”（Free Press）组织，开展媒介改革运动，成为媒介改革运动中来自学术界的重要力量。

四　传播价值观：公平优先于效率

道德哲学是传播政治经济学的核心特征之一。传播政治经济学继承了古典政治经济学的道德哲学，注重媒介政策制定及由此而产生的相关道德事务的探讨，时刻怀有深刻的伦理关切和道德焦虑。[①] 他们的研究强调知识是弱化和消除支配性的权力关系和争取更加美好的社会秩序原则的批判性力量。传播政治经济学学术实践的目标就是结合价值和道德哲学准则来理解传播的结构和历史，深化社会民主进程，提高人类的解放程度。[②] 在媒体科技日新月异和商业化浪潮席卷的语境下，传播政治经济学认为，新的传播科技没有为个性化的表达提供平等机会，只是维护了商业集团的利益而不是公共利益，实现公共利益需要重新反思公共物品的道德哲学。[③] 传播政治经济学批评媒体私有化扩大了市场机制和商业哲学的覆盖面，却以牺牲公共领域为代价，国家和公民之间的平衡被打破，

---

① 陈世华、孙利：《北美传播政治经济学思想渊源探析》《南昌大学学报》（人文社科版）2013 年第 5 期，第 92 页。

② 同上。

③ Nicholas Garnham, “*The Political Economy of Communication Revisited*”, in Janet Wasko, Graham Murdock & Helena Sousa (eds.), *The Handbook of Political Economy of Communications*, Oxford: Wiley-Blackwell, 2011, p. 34.

后者处于不利地位。[①] 当信息供应日益依赖市场，接触信息变得日益依赖经济以及政治和技术实力，公民就失去了广泛接触关于政策动议和政府活动信息的机会。如果信息是可交易的，由于可支配收入差距越来越大，那些有可支配的支出权力的人就可以优先享有信息。信息的贫富差距日益增大，并不利于实现社会的公平和正义。“批判的传播政治经济学是历史的、伦理的，认为资本主义所信仰的市场机制存在许多不够完美之处，因此在效益和公平之间，传播政治经济学的天平倾向于后者。它从社会整体出发，历史地考察大众传媒的经济活动，主张运用公共权力对传媒造成的不良社会后果加以干预。从这层含义来说，它又是一种追求社会公正与公平的道德哲学。”[②]

传播政治经济学者从公平、自由、平等的价值观出发，衡量与评估传播制度和行为的正当性。在他们看来，公众的利益才是最有价值的、最重要的。传播的价值在于人类解放和自由传播，媒体的传播要维护公共利益，政府有责任规制经济势力和媒介行为，为民众造福。他们从公众立场和公共利益出发，批判美国传播政策的种种不合理和弊端。[③] 他们坚持对传播和文化进行超国家的分析，积极推动建立保护世界人民利益的国际传播新秩序，体现了民主关切、底层视角和民生关怀。

五 人性观：消极受众

传播政治经济学一直从宏观制度层面讨论政治经济权力对传播活动的控制，很少涉及传播者和受众的人性问题。但他们并没有忽略个体，只是将个体看作由社会权力安排的群体成员，在此基础上探讨个体所处的被支配地位及其抗争。

在权力主导的商业化媒介体制下，受众是消极被动的。行政学派大

---

① Graham Murdock & Peter Golding, “Information Poverty and Political Inequality: Citizenship in the Age of Privatized Communications”, *Journal of Communication*, Vol. 39, No. 3, p. 198.

② 蔡骐：《权力的视域：传播政治经济学与媒介研究》，《湖南城市学院学报》2007 年第 1 期，第 27 页。

③ 陈世华：《达拉斯·斯麦兹的传播思想新探》，《南昌大学学报》（人文社科版）2014 年第 3 期，第 127 页。

多认为，受众是积极主动的独立个体，有着健全的自治能力，在接收信息传播的过程中，有自主选择和独立判断的能力，比如“使用与满足”理论所说的，受众是在产生需求的基础上选择接触媒介，最后使自身的需求得到满足。而传播阶级政治经济学者认为，受众是消极被动的，被统治控制和欺骗而没有任何还手之力。人们依赖媒体去获得概念和指导性的信息，媒体形成和限定公众的假设、态度和情绪，[①] 而人们对媒体制作的框架却没有发言权，成了思想管理和信息控制的牺牲品，而非受益者。受众毫不质疑技术的目的和价值，受商业主义浪潮和传媒实践影响，落入消费主义的陷阱。受众被思想管理者所操纵和麻痹，个人养成一种惰性，日益失去改变现状和自我完善的能力。[②] 作为商品，受众是洗脑的对象，在市场上任人摆布，变成主流意识形态的附属。受众对自己的时间也没有支配权，在使用媒体的过程中，实际上身不由己地生产和再生产劳动力。受众在观看节目过程中生产出对广告品的需要，学会购买特定品牌的消费品，并相应地花费他们的收入，[③] 进行冲动购买和凡勃伦（Thorstein Veblen）所说的炫耀性消费。可以看出，传播政治经济学坚持了消极受众观，与行政学派的积极受众观有着显著的差异。

六 方法论：质量并举

传播政治经济学作为一种社会分析路径，视野广阔，方法多样。作为批判学派的分支，它必然与经验的研究啮合交错，其分析建立在为社会秩序提供一种在理论上具有启发意义的理解之上。政治经济学者主张系统、整体、历史地看待传播现象，在方法论上，一直坚守自身的传统，从容迎接各种挑战。

首先，整体论（holistic）。传播政治经济学的兴起与发展与当代资本主义世界体系的政治经济结构和社会运动密不可分，从一开始就超越了

① Todd Gitlin, The Whole World Is Watching: Mass Media in the Making and Unmaking of the New Left, 1980, p. 1.

② Herbert Schiller, *The Mind Managers*, Boston: Beacon Press, 1972, p. 29.

③ 陈世华：《达拉斯·斯麦兹的传播思想新探》，《南昌大学学报》（人文社科版）2014 年第 3 期。

方法论民族主义（methodological nationalism）的局限，使传播研究具有了真正的全球视野。[①] 传播政治经济学把传播当作更广阔的社会整体（social totality）中不可分割的一部分，寻求媒介的去中心化。[②] 正是从整体论出发，传播政治经济学主张大规模的宏观分析，关注媒介体系的所有权、意识形态对媒介结构和制度的制约，并从全球视野考察世界范围内传播与全球资本主义演变的关系。

其次，历史感（historistic）。正如戈尔丁和莫多克所言："批判地分析是被历史地设置的，区别于任何本质主义的理论取向，后者是从特殊的历史时空中分离出来的。"[③] 传播政治经济学总是与历史紧密联系，主张深入研究媒介结构和政策制定，深度挖掘过去和未来，优先考虑社会变迁和历史转型。他们不是只聚焦于当前的事件，而是认为对当代转型的充分理解必须基于分析长时段的转型、变革和矛盾。他们一直强调传播研究应该与历史紧密联系，探究社会运动与媒体的互动发展过程，关注无产阶级、社会主义、女性主义、移民或非裔媒介等替代性媒介的历史、现状与走向。[④]

最后，泛化决定论。传播政治经济学批评了基于刺激—反应的二元对立的行为主义范式和非历史的、脱离实体的功能主义，而借鉴了西方马克思主义者葛兰西、卢卡奇、阿尔都塞的多重决定论，打破了简单的因果决定论和二元对立，从政治、经济、制度、观念、实践及其互相构建的多重动态互动的角度来考察传播活动，打破了线性思维在原因与结果、来源与受者、中心与边缘之间建立的单向关系。正如英国传播政治经济学者加汉姆（Nicholas Garnham）所说："对我们来自哪里和将往何处去没有单一解释。所有的路径都要接受证据和历史的考验。问题和答

---

① 赵月枝、邢国欣：《传播政治经济学》，载刘曙明、洪浚浩编《传播学》，中国人民大学出版社 2007 年版，第 511—538 页。

② Vincent Mosco, *The Political Economy of Communication*: *Rethinking And Renewal*, LonDon Sage, 1996, p. 71.

③ ［英］戈尔丁、莫多克：《文化、传播和政治经济学》，载［英］库兰、古尔维奇《大众媒介与社会》，华夏出版社 2006 年版，第 66 页。

④ Robert McChesney, *Communication Revolution*: *Critical Junctures and the Future of Media*, 2007, p. 202.

案都不是永恒的，总是被当代的事态所激发。”①

七 结语

传播政治经济学以马克思的唯物主义世界观和方法论为理论基础，以社会变迁与历史、社会整体性、道德哲学和实践为基本特征，体现了宽广的知识视野、深厚的价值关切和细腻的理论情怀，在传播研究场域内独树一帜，为传播学界贡献了知识增量和理论力量。但是，作为批判学派的分支，传播政治经济学难免带有批判学派的通病，难以摆脱理论和方法上的窠臼，我们在肯定其学术价值的同时，也要直面其存在的问题和缺陷。

其一，在研究领域上，广阔而界限不清晰。传播政治经济学研究主题多元庞杂，在宏观上涉及意识形态、政治制度、经济体制、文化传统、技术变革；在中观上，涉及传播体制、权力关系、公共服务；在微观上，涉及具体传播政策、内容管控、新闻操控、宣传模式等。与传播学科身份和地位的尴尬一样，传播政治经济学同样存在大而不当的问题，研究领域过于广阔，导致界限不清，学科和领域的合法性受到质疑。

其二，在研究视野上，传播政治经济学重视宏观的传播制度分析，缺乏从微观视角对具体新闻内容制作和传播过程的研究，论证力稍显不足。正如李金铨所说：“政经学派的优点在于从大处着眼，不纠缠末节，但缺点则是对过程的交代不清楚，有太多跳跃式的因果推论。政治经济学胜在提供宏观的图像，对媒介日常运作的过程则不赞一词。”②传播政治经济学紧紧围绕传媒体制的结构和权力关系，往往忽视传播文本和内容的分析，这种对眼前文本的“近视”和对传播体制的“远视”的相互糅合，难以找到恰当的结合点和平衡点，给人一叶蔽目不见泰山之感。

---

① Nicholas Garnham, “The Political Economy of Communication Revisited”, in Janet Wasko, Graham Murdock & Helena Sousa (eds.), *The Handbook of Political Economy of Communications*, Oxford: Wiley-Blackwell, 2011, pp. 41 - 61.

② 李金铨：《跟随权力结构起舞的传媒——兼评乔姆斯基的“宣传模式”》，《二十一世纪》1995 年第 2 期，第 15—23 页。

其三，在研究方法上，传播政治经济学一直坚持以思辨为主，重视质性的判断，掺杂了一些主观判断，忽视严谨的论证过程，科学性备受质疑。量化方法只是被当作一种辅助手段，虽未被完全排斥，但从未受传播政治经济学者的青睐，甚至受到了批判，这就戴着有色眼镜来看待量化研究，体现出方法论上的偏见，用恩格斯的话说就是“倒洗澡水的时候把澡盆里的孩子倒掉了”。

其四，在研究结论上，传播政治经济学往往将经济权力视为首要的决定因素，认为经济和政治的联姻主宰了资本主义社会中的传播内容和形式，但无法提供充分的证据来论证经济关系与传播内容变化之间的关系，[①] 这种武断的结论容易为人诟病，被批评为“经济决定论”。传播政治经济学声称超越线性思维，但他们的论断往往是一维的，没有考虑到传播媒介的矛盾性质。传播政治经济学往往忽视传播媒介角色的积极层面，而专注于其消极层面。传播技术和媒介的发展不可避免带来信息的贫富差距，不同群体和个人的获益程度的确不一样，但也在推动着公民自治和社会发展。虽然权力精英仍然极力试图控制传播媒介，但是越来越难以奏效，也越来越力不从心。“业主广告商或者某些关键的政治人物并非总是能做他们想做的事。他们也是在一定的结构中运作的，这些结构既有抑制作用也有促进作用，既强加一些限制，又提供一些机会。”[②] 但是从总的发展趋势来看，传播政治经济学的判断是明智的，虽然传播技术在迅速发展，但并没有打破长久以来一直存在的知识垄断，将我们带入一个自由王国。[③]

传播政治经济学聚焦于媒介生产与传播背后的政治经济关系，将文化生产与物质生产结合，量化和质化研究相结合，尤其是近些年与传播政治经济学和文化研究的融合，实证主义和人文主义的结合，让传播政治经济学更加严谨科学，仍然能给今天的媒介研究提供丰富的启示。传播政治经济学总是将学术与政治、历史与现状相结合，进行另类的思考

---

① 陈世华：《达拉斯·斯麦兹的传播思想新探》，2014 年，第 130 页。

② ［英］戈尔丁、莫多克：《文化、传播和政治经济学》，载［英］库兰、古尔维奇《大众媒介与社会》，华夏出版社 2006 年版，第 68 页。

③ 陈世华：《“我们不自由的传播”：北美传播政治经济学的理论精髓》，《国际新闻界》2012 年第 1 期，第 45 页。

和判断。激进的左翼姿态使他们的工作不受主流青睐，在西方学界和教育界被边缘化。在西方实证主义和量化研究大潮中，传播政治经济学逆流而上，通过与替代性的理论视野，得出了具有说服力的洞见，在国际上赢得了尊重。传播政治经济学将学术研究、知识贡献、政策建言和行为参与结合起来，为后辈学者提供了坚实的立论基础和精神激励，使传播研究成为一个更加丰富多彩、生机勃勃的学术领域。

（选自《国外社会科学》2016 年第 3 期）

专题三

智库、功勋荣誉制度

“思想库”研究：西方研究综述

朱旭峰*

“思想库”（Think Tanks）是一种相对稳定的且独立运作的政策研究和咨询机构。① 随着思想库在政策过程中的作用越来越强，关于“思想库”的研究已经成为国际上政治学与公共管理学界的新热点，西方国家在近几十年间逐渐发展出一套较为成熟的思想库理论。本文综述了西方思想库研究领域的三个传统：历史路径、实证主义和国际比较研究，并分别从政治学、政策过程理论与知识运用理论的宏观、中观和微观三个层面梳理了思想库影响力的理论脉络。在本文最后部分，作者分析了西方学者与中国学者在研究“中国思想库”方面的两种不同思路。

一 思想库研究的西方传统

在西方国家，1971 年迪克逊（Dickson）发表了第一本介绍美国思想库形成与发展的著作，该书出版以后的 20 多年间，西方学术界关于思想库的重要研究论著一直不多。直到 20 世纪 90 年代初开始，对思想库参与政策过程的研究才开始逐渐成为研究的热门话题。从研究范式上来说，思想库研究先后形成了三种不同的传统。

---

* 作者信息：朱旭峰，1977 年生，博士，南开大学周恩来政府管理学院副教授。

① 由于“思想库”是一个外来语，而且是一个昵称，西方学术界对思想库的概念也一直存在着争论。本文的这个定义是作者在对思想库与中国思想库的组织界定的详细分析的基础上得到的，有关文献与论述请参见薛澜、朱旭峰，2006。

1. 历史路径

西方思想库研究的早期，学者们的研究思路是基于历史路径的分析方法，主要分析思想库兴起的政治背景。除了1971年迪克逊的著作以外，90年代初出现了几部各有侧重的、从历史路径着手的思想库研究专著。

史密斯（Smith）在他1991年的重要著作中，分析了作为“政策精英”的政策专家以及后来逐渐形成的思想库专家在美国政治中形成与壮大的历史。史密斯将美国思想库的成功发展归结为两个原因，一是美国发达的基金会，二是美国政府系统对思想者特别开放。他将目前在美国兴起的新政策精英群体的思想库专家称为“思想掮客”（idea brokers）。他还特别指出了思想库专家在20世纪70年代前后发生的重要变化：自由派和保守派的分化。

瑞西（Ricci）于1993年发表了《美国政治变革：新华盛顿和思想库的兴起》一书。瑞西本人就是著名思想库布鲁金斯学会（Brookings Institution）的研究员。瑞西研究了自20世纪70年代以来思想库在美国新的华盛顿政治文化中的兴起过程。他发现，在这20年里，美国政府内部发生了巨大变化。同时，美国政府以外的力量逐步增强，专家地位的初步确立、电视的发展以及传播技巧的完善从根本上改变了美国的政策话语。思想库在“思想市场”中展开的争论丰富了对各种理论的检验，它们因而具有了日益巨大的对政策决策的影响力。

1994年，英国学者考科特（Cockett）发表了他的著作《思考那些不能思考的》。书中他历史地分析了1931—1983年的半个世纪中，英国自由市场的经典自由派思想库从形成、痛苦缓慢的发展、政治成功到最后衰落的过程。

在1998年出版的著作《英国思想库和舆论环境》中，邓海姆和加奈特（Denham and Garnett）对过去影响社会思潮的多元主义观点提出了质疑。多元主义认为在一个健康的多元社会中，一种思潮能占据主流地位需要增加公共争论中本方集团的投入，这样民主才得以保持。但作者发现，在近20年英国新右派的兴起过程中，他们赢得媒体和选举的胜利并没有伴随着新的成本注入。因此，作者从历史角度分析了自费边社（Fabians，1884）在英国成立以来英国思想库发展历程的三个阶段，并认为英国思想库在英国社会思潮的竞争中起着非常关键的作用，撒切尔夫人得到新右派思想库的帮助以推行保守主义思想是新右派意识形态在英国成为主流的重要原因。

2. 实证主义

随着思想库领域研究的深入，学者们开始在现实层面关注思想库。这类研究更加注重实证研究，思想库研究也开始出现了定性和定量两大实证主义分析方法的取向。

在介绍具体的思想库实证主义研究之前，不得不首先提及斯通（Stone）的著作，她于1996年发表了《俘获政治意象：思想库与政策过程》一书。凭借这部书，她成为第一个在中观层面分析思想库在政策过程中的影响力的学者。她指出了知识交流在政策研究机构中的重要作用，并且对思想库的组织管理和认知网络进行了详细分析。斯通是近10年来在国际思想库研究领域最为活跃的学者，从社会科学研究的角度来讲，斯通第一次对思想库实现影响力的原因进行了理论开发，她为其后的实证主义的思想库研究奠定了理论基础。

美国外交政策研究所（Foreign Policy Research Institute，FPRI）的资深研究员麦甘（McGann）于1995年发表的著作《公共政策研究产业中经费、学者和影响力的竞争》开创了思想库研究中定量研究的先河。虽然在他的研究中，定量研究仅仅是7个美国思想库的基本数据的罗列比较而没有进行相关的理论解释，但是他通过问卷调查搜集不同思想库的第一手数据的方法是值得后人借鉴的。

加拿大学者阿贝尔森（Abelson）在定性和定量两种方法上进行了有益的探索。首先，在1996年的《思想库与它们在美国外交政策中的作用》一书中，他以美国外交政策的决策过程为政策子系统（policy subsystem）的大案例，详细分析了思想库参与政策决策过程的机制。阿贝尔森特别介绍了思想库的影响网络在思想库发挥影响政策决策过程中的作用，同时，他还指出媒体已经成为思想库宣传其政策思想，并影响外交政策的可以借助的新工具。2002年阿贝尔森又发表了专著《思想库重要吗？公共政策研究机构影响力评价》一书。他在自己构建的政策过程概念框架的基础上，集中精力讨论了评价思想库影响力的方法。阿贝尔森在这本著作中进行了研究方法上的创新，他通过观点被主要媒体的引用率和出席国会听证会的次数，定量地比较分析了不同思想库（加拿大和美国）

的政策影响力。利用媒体数据库检索研究思想库的并不止阿贝尔森一人，另一个重要的研究者是多尔尼（Dolny）。他从20世纪90年代中期开始，几乎每年都发表评论，对不同流派思想库的媒体引用情况进行统计和排名，以分析不同意识形态之间思想库的力量对比。

瑞奇（Rich）在1999年完成博士论文的基础上，于2004年由剑桥大学出版社出版了其著作《思想库、公共政策和专家政治》一书。瑞奇在书中不仅设专门章节介绍了思想库在三个政策子系统中（包括医疗改革、电信改革和减税政策）发挥作用的案例，而且还第一次将回归分析的定量方法应用于思想库的研究中。

从国际上最近10年的思想库实证主义研究的发展可以看出，思想库研究的发展趋势是：定量分析已经成为越来越重要的研究方法；学者们广泛采用了问卷、数据库检索等数据搜集手段获得第一手数据；用于发现因果关系和验证理论假设的回归分析方法已经出现。

3. 国际比较研究

随着思想库的政治地位和影响力的日益提升，各国学者也开始关注本国思想库的发展，并经常在国际会议上发表研究论文。这些研究成果经过收集和汇总，成为思想库的另一个研究路径“国际比较研究”的有益的素材。

目前国际上专门介绍不同国家思想库发展状况的英文文集一共有5部，除了1996年美国城市研究所（Urban Institute）在日本举办的世界思想库论坛，最后由特尔加斯基和尤诺（Telgarsky and Ueno）编辑出版的《民主社会中的思想库：另一种声音》以外，其他文集均由前文中提到的几位专门研究思想库的英美学者编辑整理出版。如麦甘和韦弗编辑的2000年在西班牙召开的思想库会议论文集《思想库与公民社会：思想与行动的催化剂》，以及斯通等人在多年来美国政治研究协会召开的年会论文的基础上收集整理出版的《各国思想库：一个比较的路径》和《思想库传统：政策研究和思想的政治学》，以及她为全球发展网络（Global Development Network，GDN，总部设在日本）首届年会整理出版的《信赖知识：全球发展网络的起源》等三本文集。

综观这些思想库国际比较研究的成果可以看出，学者们所总结的导致思想库在各国的政治地位和影响力差异的因素主要有：各国的民主化程度和公民社会发展水平，以及各国不同的政治文化、经济与社会传统。因此，在所有介绍国家或地区思想库的论文中，首先涉及的都是该国家的政治和社会发展状态，进而描述政府将思想库放在其政治生活的什么位置，以此作为出发点，最后分析在这样的环境下，该国思想库的发展状况和影响力途径等。从这种行文结构可以看出，对于思想库的国际比较研究尚处于泛泛介绍其整体发展状况的阶段，理论开发和实证工作远没有英美思想库研究来得系统。

二　思想库影响力：永恒的理论议题

由于“专家”的特殊行政身份，他们不是政策的直接制定者而只能作为间接参与者进入决策系统，因此，思想库的“影响力”就成为思想库研究的最重要的理论议题。近几十年来，学术界发展出一系列理论路径去解释思想库的影响力问题。

1. 基于政治学的宏观理论

思想库影响力的研究始终和学术界对政治学理论的认识紧密相连。虽然学者们在研究思想库时并不总是刻意去套用某个基本理论，但如果将他们的研究成果进行梳理，我们就不难发现这些针对思想库的研究都是依附于某个政治学的宏观理论流派的。正因为这样，在我们最初讨论思想库的影响力时，有必要以这些理论流派为线索，整理前人关于思想库影响力研究的发展轨迹。

（1）多元理论

主要由杜鲁门（Truman）和达尔（Dahl）等人发展起来的多元理论（pluralist theory）认为，政府的政策是社会中为数众多的利益集团之间斗争的产物，即政策是政府权衡各种利益集团的利益和要求的结果。利益集团是那些具有共同目标的个人为影响公共政策而结成的团体，所以，政策的研究机构也应该和其他试图影响政策的组织一样，被视为多元理论分析家们的研究对象。多元主义认为，思想库确实可以参与到与诸如贸易工会、环保团体和其他非政府组织的影响政策的竞争之中，但并不能说思想库在这些类似组织中具有特殊地位。但是，思想库所具有的特性——声称的独立性和专业性——使得它们能够站出来，通过专家意见来影响政策。基于多元理论，西方有一些学者就将思想库参与政策影响力的竞争作为研究的焦点。

（2）精英理论

与多元理论相平行的精英理论（elite theory）则是将政治结构解释为一种由个别具有一定目标的组织和个人主导的进行运作的机制，简单地说，政策是由少数有权势的社会精英决定的。米尔斯（Mills）在他论述精英理论的著作《权力精英》一书中指出：美国的权力精英主要由政治精英（即美国政府中少数身居要职者）、经济精英（美国几百家最大的公司首脑）和军事精英（即军方最高级领导人）三大部分人组成。之后戴伊（Dye）又将权力精英逐步扩展到新闻记者、大律师、基金会组织负责人、思想库负责人以及美国名牌高校的校董事们。根据精英理论的框架，思想库中的负责人和研究人员对政策的产生具有很强的影响力。至于这些精英通过什么方式去影响政策决策，多姆霍夫提供了一个将社会关系网络理论中的亲密纽带（closetie）概念运用于探索此类问题答案的思路。精英间通过纽带的交流就成为比正式的书面报告更具有影响力的形式。

（3）国家理论

另一个勾勒出政治结构的理论流派是国家理论（state theory）。在过去，国家理论一直由西方马克思主义者所倡导，他们认为，国家的职能主要包括阶级统治、社会的管理、安全保卫、预防外敌的入侵或侵略他国等。这些职能决定了一国政策和走向。由于国家理论主要讨论极权主义（totalitarianism）国家，而非着眼于现代西方民主国家，所以在西方一度不是主流的学派。但是，由于西达·斯科波尔（Theda Skocpol）20 多年的努力，新的组织现实主义（organizational realist）国家理论开始复兴。组织现实主义国家理论的主要观点是，虽然国家的政策确实受到行政官僚和参选官员的行为的影响，但国家仍然保持着一定程度的自主性，并根据自己的逻辑运行着。国家本身就是一个重要的政策参与者，思想库的努力并不一定能成为最终的政策产出。并没有证据表明国家采用了某项政策主张确实是某个思想库的努力的结果，而相反，国家的意志还能影响思想库以及其他政策参与者的行为。国家理论有助于解释在许多反常案例中，为什么某些进入政府工作的思想库专家在进入政府前曾信誓旦旦地准备为某项政策主张工作，而最后起草出的政策却与其初衷不尽相同。

2. 基于政策过程的中观理论

那些研究对象更明确的政策过程理论将思想库影响公共政策的研究引入了中观层面。一项政策过程通常至少需要10年的时间。考虑到政策过程中的诸多复杂因素，政策过程的研究者就必须寻找能够简化的方法，以便有机会更好地理解整个形势。从政策过程的研究之初到现在，研究者从来就没有停止过探索，以期希望找到一种能够理解政策过程中各因素之间关系的理论框架。

（1）逻辑起点：理性系统

通常的逻辑起点是假设所有参与者个体是符合理性的。个体都被认为是目标导向的，他们以自己认为的使他们更舒服的方式行动着。而且，政策过程理论假设的这种个体的理性应该被认为是有限理性的。由于政策问题的模糊性、复杂性和微弱的选择压力，时间和信息成了最大的稀缺资源。政府官员最缺乏的能力是如何有效地管理时间而不是管理任务，而且政策制定者希望了解问题的各种信息，并需要知道过去政策的成本和收益，所以思想库的政策分析活动有了对口的市场。政策参与者的个体在和他们有关的各种因素（包括外在的——自身所在的组织的利益、政策环境和背景以及制度约束；内在的——个人利益和偏好、自身的政策信念、时间的管理、信息的获得性等）的共同驱动下进行的自我选择成为个人对政策变迁进行选择的微观推动力。在这些因素中，有些并不是完全独立的，而有待进一步的研究，以理解各相关变量间的关系以及对参与者个体的影响机制。

（2）政策参与者的集体行动

政策过程参与者的集体行动导致政策的最终结局。在过去学者的各种理论中，对集体行动的解释显得殊途同归——无论参与者是以个人形式还是以组织形式进入政策过程，政策变化也总是所有参与者的集体行动的结果。制度理性选择理论将单独的个人视为能够影响政策的代理人，它假设政策过程参与者具有足够的处理能影响政策的制度因素的能力，他们各自独立的行动以及在网络与权力关系上的累积才导致了宏观上影响政治体系注意政策问题的速度、整合政策偏好的效率，以及政策吸引寻租人和寻求控制他们代理人的委托人的注意力的方式；多源流（multiple-streams）模型并不关注参与者个体们是如何聚在一起以获取一个共同结果的集体行动过程的。相反，这一理论把焦点放在了特定个体或政策经营者（policy entrepreneur）在解决集体行动问题（如搭便车等）时发挥的作用，以及导致较大政策变化的集体行动的宽泛的条件上；倡议联合框架（advocacy coalition framework）对集体行动问题予以密切关注，联合的存在不是假设，而是可以通过联合信念系统的确认和联合成员间协调行动的阐述来证实的。

（3）政策子系统

在思想库参与政策过程的研究中（无论多元主义还是精英主义学派），政策子系统的概念一直受到关注。政策子系统是和某一政策领域相关的政策项目、参与者和机构的集合。在政策子系统中，所有参与者集体行动的共同作用勾勒出中长期的政策演变的逻辑。很多学者提出，准确的分析单位应当是政策子系统，而不应当是具体化的政府或政策项目。因为对于如空气污染控制、危机管理政策或电信产业政策等任何给定的政策领域，通常都存在数十个不同的政策项目，这些项目涉及一些不同层级的政府。一个政策子系统包括那些来自公共或私人组织中对政策问题给予特定关注的参与者，其中包括传统的“铁三角”、官僚机构的专家网络、新闻记者、研究者团体和政策分析者。由于这些项目处理的是相关联的议题，所以涉及的参与者基本相同。作为政策过程的参与者，思想库就包含在政策子系统中，它们对政策思想的产生、传播和发展起了重要的作用。实际上，这些子系统可能由单一利益主导，也可能处在几种利益的斗争之中；子系统中的斗争越激烈，其内部的联盟就越可能保持稳定；子系统可能在一段时间后破碎了，也可能具有不同于其他子系统的独立性。

（4）政策过程的结构主义思路

政策过程理论的学者们研究思想库的思路，是将政策过程分别进行时间和空间上的结构化，而同时考察思想库在政策过程的时间和空间结构中的作用与地位。

在时间上，政策过程的阶段理论的倡导者们将政策过程拆分成政策循环（policy cycle）中的各个阶段。例如，里普利等人（Ripley & Franklin）在《官僚和政策执行》中把政策过程划分为如下阶段：（a）议程设定；（b）目标与计划的形成与合法化；（c）计划执行；（d）对执行、表现和影响的评估；（e）对政策和计划未来的决定。豪利特与雷姆什（Howlett & Ramesh）在他们1995年的著作中，对政策过程的阶段论进行了拓展，认为政策过程是由政策子系统组成的，而且政策过程是一个循环的过程，它可以从循环的任何一个阶段发生，也可以在任何一个阶段终止。思想库可能在不同的情况下参与并影响政策过程的不同阶段。

聚焦于议程设定阶段的多源流模型认为，政策变迁是由三个源流——问题源、政策源、政治源决定的。在一个关键的时间点上，当上述三源汇合到一起的时候，问题就会被提到议事日程上，这种汇合就是所谓的“耦合”（coupling），这样的时间点称为“政策之窗”（policy window），它是提案支持者推广其解决方法或为他们的特殊问题吸引注意力的机会。多源流理论将政策源比喻为“漂浮”着多种意见主张的“政策原汤”（the policy primeval soup），它们是由包括官僚、国会委员会成员、学者和思想库中的研究人员等提出的。多源流理论的倡导者金登（John Kingdon）在考察了数百个访谈者数据之后认为，思想库主要参与的是政策议程设定阶段中的政策源。根据多源流模型的观点，思想库可能没有能力去影响政策制定者最后的决策，但它们可以将自己的力量更有效地集中于备选方案，以影响政策循环中的议程设定阶段——让国会和政府认识到某项政策问题必须马上到解决，使它们开始考虑这方面的问题，并为它们提供政治上可接受且技术上可行的备选方案，这就是很大的贡献。

对政策过程从空间上进行的考察则是将政策的参与者作为主要的研究对象。无论是西方政治的所谓“铁三角”结构，还是媒体、政策研究机构以及公众的参与，均是在这一框架下进行的探讨。而理解思想库影响力最流行和最可量化的方法：思想库媒体引用（media citation）和国会证词（congressional testimony）就是基于这一观点。

3. 基于“知识运用”的微观理论

（1）两大群体理论

自20世纪70年代以来，作为公共管理学的重要分支，“知识运用”（knowledge utilization）理论开始在学术界兴起。该理论关注的是在知识与政策之间如何架起桥梁的问题。学者们最初的观点是，由于价值观的不同，专家的知识很难被政策制定者用来制定政策。因此，卡普兰（Caplan）将采用或不采用知识或研究视为研究者和政策制定者之间文化和行为差异的标志。他将这种差异（gap）称为“两大群体理论”（two communities theory）。

（2）启迪模型及其衍生理论

但是，这一理论并未受到大多数学者的认同。其中较为有代表性的理论有韦斯（Weiss）的“启迪模型”（enlightenment model）。她认为在使用知识与不使用之间，并不是简单的二分法，而是随着时间发生渐变的。由于韦斯等人的贡献，学者们对社会科学研究确实能够被用以影响政策决策有了新的认识，因此，知识运用的领域才得以真正进入政治学与公共管理学领域。知识运用学派（the Knowledge Utilization School）的先驱人物韦斯和桑德奎斯特（Sundquist）首先将知识假设为具有积累性的（cumulative），知识的一些形式，如政策思想（idea）、意识形态（ideology）、范式（paradigm）和世界观（worldview）并不是与政策制定无关，也不是一产生就能转化为政策的产出，而是需要经过时间上的积累。因此，知识寻找什么样的路径影响政策就成为知识运用学派最关心的问题。

自韦斯以后，学者们对知识如何转化为政策的问题进行了广泛而深入的研究，并开发出许多模型。根据威特罗克（Wittrock）的观点，知识向政策的转化过程除了“启迪模型”外，还可以拓展为另外三种模型：“经典行政模型”（classical bureaucratic model）、“专家政治模型”（technocratic model）和“工程学模型”（engineering model）。

（3）“研究”模型

“研究”是知识运用学派的重要概念之一。在知识运用学派的学者看来，知识的产生、作用与影响过程就是专家的研究过程，因此他们到了20世纪90年代初，已将“研究”这一概念理解得非常细致。“研究”在韦斯看来有三种模式：作为数据的研究、作为思想的研究和作为争辩的研究。这三种研究在政策过程的不同背景和不同阶段对政策产生了影响力。而另两位学者赖默斯和麦金（Reimers and McGann）则有不同看法，在他们的著作中他们将研究分解为4种模式：学术研究、计划研究、工具研究和行动研究。这两类关于研究模型的探讨被广泛地应用于各个国家以及各领域的政策过程分析之中。

（4）知识运用的动力学

从知识成为政策的动力学来看，知识运用可以分为科学推动型、需求拉动型、扩散型和互动型。科学推动型（science push model）强调的是研究发现的"供给"和"输出"作为主要知识运用的目标。在这一模型中，研究者是研究的主要动力。而知识的运用则是简单地、直接地和线性地提供给政策决策者。需求拉动型（demand pull model）主要针对那些客户—委托关系的研究项目。在这一模型中，研究者根据客户的需要提供政策研究，因此，这一模型是从客户对研究问题的界定开始的。扩散型（dissemination model）知识运用主要指那些没有指定目标和计划的知识传播。其传播对象是知识中潜在的政策思想的使用者，因此，扩散型的知识运用还需要完成的一项工作就是明确什么是有用的知识以及谁是潜在的知识使用者。互动型（interaction model）是知识运用4个模型中最复杂的一个。这一模型认为，知识运用发生在知识研究者和使用者之间多样的和混乱的互动之中。和其他几个模型不同的是，这一模型更加关心在供给、扩散和使用等不同阶段中的知识研究者和使用者之间的关系。

（5）后现代主义知识运用理论

从20世纪90年代中期开始，后现代主义知识运用观点开始发展。后现代主义知识运用观所关心的是语言（language）或话语（discourse）如何表达为政策议案，以及问题和解决方案如何被受众理解。因此罗（Roe）开发了"政策叙事"（policy narratives）理论以处理政策专家如何以"讲故事"的形式在研究成果的交流过程中选择合理的策略。政策叙事理论探讨了研究在影响政策时产生正面或负面作用的言语技巧因素，它将复杂的问题开发简化为详细精确的故事叙述，同时，该理论也解释了即使在实证证据显示具有负面后果时，为什么政策影响仍经常被理解为知识开发的正面结果。最新的后现代主义知识运用的政策叙事分析已经开始采用修辞学和记号语言学等实验方法，逐字逐句地考察和比较一个"故事"的不同表达方式对行政人员和政策制定者的影响。

综上所述可以看出，学者们研究知识运用于政策实现的目的是显而易见的。由于这些学者本身就是社会科学的研究者，他们希望自己的研究能够最终形成政策，从而体现自身研究的价值，因此，这些学者研究知识运用的目的就是为了发现架设知识和政策之间桥梁的内在规律，并指导其他社会科学的研究者如何进行政策倡导。因此，许多研究机构经常开发出一些可操作的步骤方案。如发展健康研究委员会（Council on Health Research for Development）、瑞士发展中国家发展伙伴关系委员会（Swiss Commission for Research Partnership with Developing Countries）、国际环境与发展研究院（International Institute for Environment and Development），以及荷兰发展协助研究委员会（Netherlands Development Assistance Research Council）等组织相继编写了一系列手册教材，帮助指导学者将自己的研究成果向政策层输出。

但是，知识运用学派目前的理论成果存在两点不足：第一，过去的研究将研究对象集中在专家的知识运用，而受众（主要是政府官员或公众）的知识运用过程也对知识成为政策的效率具有贡献；第二，学者理论构建的目的性过于明显——为了指导研究者倡导研究成果，他们过于关注回答“如何做”的问题，而不去探讨“为什么”的问题，因此，所有的理论开发都属于描述性的微观模型和概念框架，缺乏具有因果关系的理论的开发。

（选自《国外社会科学》2007 年第 1 期）

美国的国家荣誉制度概述

王文娥*

美国的国家荣誉大多源于战争。从两个多世纪前的独立战争到南北战争、两次世界大战，再到至今硝烟未散的伊拉克战争，都成为这个国家荣誉制度演进的必不可少的时代背景。然而，在20世纪中期以前，美国的国家荣誉基本上是军事性的，平民荣誉数量极少，已有的专业荣誉也多属民间团体的性质，并没有形成一个完整的国家体系。随着第二次世界大战的结束及国内外形势的发展，美国的非军事荣誉在短期内获得了极其迅猛的发展。

一方面，一些军事荣誉经过修改与完善，逐渐向普通民众倾斜，并最终转化为非军事荣誉；另一方面，包括平民荣誉和专业荣誉在内的非军事荣誉大量涌现，表彰在各行各业做出突出贡献的平民、公务员和专业人士，从而大大激发了美国公民为民族争光、为国家献身的热忱。

经过半个多世纪的发展，美国的国家荣誉制度已经日臻完善。目前，美国每年颁发的各种国家级荣誉多达上百项，范围涵盖自然科学、社会科学、人文科学、艺术、宗教、军事、医学、体育、娱乐等各个领域。其中，有些荣誉（如总统自由勋章和国会金质奖章）早已超越了美国的国界，成为世界闻名的大奖。而凡是对美国做出杰出贡献的人，不管是科学家还是学生，不管是高官还是平民，也不管是美国公民还是外国公民，都有机会获得美国政府给予的殊荣。

---

* 作者信息：王文娥，1973年生，中国社会科学院文献信息中心翻译。

一 美国国家荣誉制度的主要内容

1. 军事荣誉

（1）荣誉勋章

荣誉勋章（Medal of Honor）根据1862年国会法设立，是美国政府颁发的级别最高且最难获得的军事勋章。获得荣誉勋章的个人必须具备英勇顽强或自我牺牲的事迹，所表现的勇气与大无畏精神必须明显超过他的同伴。荣誉勋章由总统亲自颁发。

荣誉勋章是美国唯一不能仿制或私自买卖的奖章。2006年12月20日实施的《2005年反窃取英雄荣誉法》（Stolen Valor Act of 2005）规定，任何人以口头、书面或身体的形式非法拥有该勋章，都将受到法律的制裁。非法制作或佩戴该勋章将依据美国法典第18章33节704条被处以10万美元的罚款及一年的监禁。

截止到2008年6月，荣誉勋章共计颁发了3467枚，其中有618枚是在获得者去世后追授的，19人获颁两枚荣誉勋章，其中5人同时获颁陆海两军的荣誉勋章。在诸多获奖者中，有先后担任远东美军和太平洋西南战区盟军指挥官的麦克阿瑟将军、领导过战时战略谍报处的多诺万等。荣誉勋章的唯一女性得主是玛丽·霍克，她是内战时期的一名随军外科医生。在阿富汗与伊拉克战争中，只有5名军人获得荣誉勋章，且都是死后追授的。

（2）模范服役十字勋章

模范服役十字勋章（Distinguished Service Cross）在级别上仅次于荣誉勋章，是美国政府颁发的第二大军事奖项。它于1918年1月2日由威尔逊总统设立，表彰在与敌对武装力量的战斗中冒着生命危险、表现无比英勇的陆军军人。该勋章的授予对象是在参加与美国的敌人的斗争中表现优异但尚不足以获颁荣誉勋章的陆军服役人员。

（3）银星勋章

银星勋章（Silver Star）在级别上低于模范服役奖章，是美国政府颁发的第三大军事奖项，也是美国第三大英勇类奖项。它的前身是1918年7月9日根据国会法设立的勋标星章（Citation Star），主要授予在美国武装力量服役期间做出英勇事迹的个人，具体包括：参加抗击美国敌人的行动；参加对抗国外敌对力量的军事战役；参加武装对抗敌对力量的盟国军事行动（美国为非交战方）。1932 年，该勋章被重新命名为银星勋章，并于 1942 年获国会法案通过。自那以后，银星勋章也可以授予平民。据粗略估计，截止到国 2008 年底，美国政府共计颁发了 10 万—15 万枚银星勋章。曾在太平洋战区服役的美国第 36 届总统约翰逊曾获得过该勋章。按照法律规定，任何以口头、书面或身体的形式非法拥有该勋章，或非法佩戴、（企图）购买、招购、邮寄、海运、进口、出口、制造、（企图）售卖、做广告、交易或交换该勋章，都将视为联邦罪，可以处以一定数额的罚款和（或）一年的监禁。

（4）紫心勋章

紫心勋章（Purple Heart）是美国历史最悠久的军事勋章之一。其前身是独立战争期间颁发的军事功绩徽章（Badge of Military Merit），于 1782 年 8 月 7 日由乔治·华盛顿将军在纽约州的纽堡市设立。当时只有三人被授予这一奖项，而且只有两份保存至今。1932 年 2 月 22 日，为纪念华盛顿诞辰 200 周年，美国政府下令恢复颁发紫心勋章。

紫心勋章以美国总统的名义授予自 1917 年 4 月 5 日以后在主管当局领导下以任何身份于美国武装力量的一个军种服役期间负伤、牺牲或因伤阵亡的美国武装部队成员，具体包括：抗击美国敌人的任何行动；美国正在参与或已经参与的与外国敌对武装力量作战的任何行动；与盟军一起参与抗击敌对武装力量的作战（美国为非交战方）；因上述敌人或敌对武装力量所造成的伤亡；因国外敌人所造成的伤亡等。

在获勋者死亡的情况下，可将紫心勋章授予其最亲近的遗属。陆军人事局局长一收到阵亡报告即应办理授勋事宜。与其他军事奖项不同的是，紫心勋章的候选人不需要推荐。只要符合相关条件，即可获得该勋章。根据《2005 年反窃取英雄荣誉法》的相关规定，任何人以口头、书面或身体的形式非法拥有该勋章，都将视为联邦罪，从而被处以监禁和（或）罚款。

（5）铜星勋章

铜星勋章（Bronze Star）于 1944 年根据总统令设立，授予 1941 年 12 月 6 日以后参加对抗敌人（不含飞行作战）或参加盟国对抗敌对势力的军事行动（美国为非参战方），在行动中表现英勇、功绩卓著的陆军军人。铜星奖章的获得者中有美国前国防部长温伯格、第二次世界大战中在陆军服役的参议员多尔、曾在西欧战场参战的美国前国务卿和总统国家安全助理基辛格等。

2. 非军事荣誉

如上所述，美国的非军事荣誉分为两种：一种是平民荣誉，专门授予公务员和普通民众；另一种是专业荣誉，专门授予各个领域的专业人士，如科学、文学、艺术、娱乐、卫生等。

（1）平民奖项

A. 总统自由勋章

总统自由勋章（Presidential Medal of Freedom）是由总统颁发的美国最高级别的平民荣誉。它原名为自由勋章（Medal of Freedom），于1945年由美国总统杜鲁门设立，旨在奖励在第二次世界大战中做出杰出贡献的美国军人。1963年，肯尼迪总统下令将自由勋章更名为“总统自由勋章”，并扩大评奖范围，包括在美国安全或国家利益、世界和平、文化或其他重要领域做出突出贡献的各界人士。获奖者不限于美国公民。

总统自由勋章的候选人通常由杰出公务员服务奖励理事会向总统推荐，也可以由总统自行选定。人选确定以后，一般在每年的国庆节（7月4日）前后颁发勋章，也可以根据具体情况由总统择机另选时日。

总统自由勋章可以重复颁发，也可以追授。获奖者中包括多任美国总统和第一夫人，如肯尼迪总统、约翰逊总统及其夫人、福特总统及其夫人、卡特总统及其夫人、里根总统及其夫人等。最近一次的颁奖发生在2009年1月。布什总统为了感谢英国前首相布莱尔、哥伦比亚总统乌里韦和澳洲前总理霍华德三人在促进世界民主、人权及和平等方面做出的贡献，在白宫授予三人总统自由勋章。

B. 总统公民奖章

总统公民奖章（Presidential Citizens Medal）是美国总统颁发的第二大平民奖，在级别上仅次于总统自由勋章。总统公民奖章于1969年11月13日由尼克松总统设立，1973年首次颁发，旨在表彰为“国家或国民做出模范事迹或服务”的公民。自设奖之日至今，已有近百人获得过这一奖项。

C. 总统联邦杰出公务员奖

总统联邦杰出公务员奖（President's Award for Distinguished Federal Civilian Service）是美国联邦政府授予政府工作人员的最高荣誉奖项。它于1957年6月27日由艾森豪威尔总统设立，旨在表彰为国家做出过突出贡献的政府工作人员。候选人最初由杰出公务员服务奖励理事会负责推荐给总统，现改由美国人事管理局局长负责，最后再由总统颁奖。自肯尼迪总统任期起，该奖项每年有5个名额。

D. 公共安全人员勇气勋章

公共安全人员勇气勋章（Public Safety Officer Medal of Valor）是美国公共安全领域的最高奖项，在级别上相当于军界的荣誉勋章。该勋章设于2001年3月30日，由总统以国会的名义颁发给在公共安全领域表现英勇的人员，包括警察、执法人员、救火人员等。候选人的推荐工作通常由11人组成的勇气勋章评议理事会负责。此前，美国并没有国家级的针对公共安全人员的奖励，多为州级或地方级。公共安全人员勇气勋章的设立填补了这项空白。事实证明，这项勋章的设立在后来的“9·11”事件中发挥了重要的作用。

E. 国会金质奖章

国会金质奖章（Congressional Gold Medal）是由国会颁发的最高级别的军事奖章。该奖章设立之初，主要奖励曾参加美国独立战争和墨西哥战争的军人。自19世纪中期开始，该奖章的授奖范围逐渐扩大。进入20世纪后，国会进一步修改了法案，将授奖范围扩大至文学、体育、航天、外交、娱乐、探险、医药、政治、宗教、科学，甚至人道主义等诸多领域。

国会金质奖章的评选标准十分严格。根据美国法律规定，必须由参议院至少2/3的议员联合提名才能成为奖章候选人，然后在众议院得到至少2/3的议员支持，才最终有资格获得国会金质奖章。美国建国200多年来，有300余人获得金质奖章。获奖者包括美国国父乔治·华盛顿、已故教皇约翰·保罗二世、印度特雷萨修女、美国前总统里根和福特、人权领袖马丁·路德·金，以及前南非总统曼德拉等。

另据法律规定，国会金质奖章不得随意佩戴，而只能作为奖品展示。由于国会金质奖章由美国铸币局依据获奖人的具体事迹铸造，因而奖章的式样各不相同。

F. 国会救生奖章

国会救生奖章（Congresional Life Saving Medal）于1874年6月由国会设立，主要表彰在落水事件、船只失事或其他相关的事件中冒着生命危险救助或尽力救助别人的事迹。救助行为须发生在美国的边境或领土范围内。国会救生奖章分为金质奖章和银质奖章两种。金质奖章由纯金打造，级别较高。

G. 美国荣誉公民

美国荣誉公民（Honorary Citizen of the United States）20世纪中期设立，旨在表彰有卓越事迹的非美国公民。该证书一般须经过国会通过法案后，再由总统宣布。截止到2008年，已有6人获得了这一荣誉证书，其中包括印度修女特雷萨和英国首相丘吉尔。到目前为止，美国荣誉公民究竟享有何种权益尚未确定。

（2）专业荣誉

A. 费米奖

费米奖（Enrico Femi Award）于1956年设立，旨在纪念诺贝尔物理学奖获得者费米在物理学及原子能领域取得的突出成绩。费米奖主要奖励在开发、使用与生产能源方面获得杰出成就，并享有很高国际声誉的在世科学家，不限于美国公民。每年1月31日以前，申请人要将申请材料（包括个人简历和成果目录）和3—6人的推荐函寄给负责评审工作的美国联邦能源部。然后由来自国家实验室、大学和私立研究机构的权威科学家和工程师组成的评议团评估所有申请材料，并向跨部门奖励委员会推荐候选人。该委员会由美国联邦主要研究机构的科学行政高级主管组成，负责审议评议团的推荐，并依程序通过美国能源部科学办公室主任向能源部部长推荐候选人，能源部部长继而向美国总统推荐，最后由美国总统确定获奖人选。

费米奖每年颁奖一次，每年获奖人数1至3人。获奖者将得到一张由美国总统和能源部部长共同签署的奖状、一枚雕有费米像的金质奖章。费米奖设37.5万美元奖金，平均奖给当年的所有获奖者。截止到2005年，费米奖共产生了62名获奖者。

B. 国家科学奖

国家科学奖（National Medal of Science）又称美国全国科学奖，是美国科学界的最高奖项，号称“美国的诺贝尔奖”。该奖由美国国会于1959年设立，1962年首次颁发。它主要奖励在物理学、生物学、数学或工程学领域做出突出贡献的科学家。1980年，国会修正了相关法案，将授奖范围扩大到行为科学和社会科学领域。

国家科学奖有6大评奖标准：（a）个人工作对化学、物理学、生物学、社会科学或行为科学、数学或工程学的学科现状有总体性的影响；（b）个人成就对科学思想的发展具有非同寻常的潜在影响；（c）对科学和工程学的整体推动有特别突出的事迹，特别是在对科学内容做出重要贡献的情况下；（d）对创新和产业有所贡献；（e）通过出版物、教育活动、扩大服务项目、指导等对教育有所影响；（f）必须是美国公民或已经申请美国公民的永久居民。

国家科学院和其他的国家科学与工程机构负责国家科学奖的推荐工作。评奖前一年6月30日之前，推荐机构应将被推荐人（名额不限）的推荐材料和3封推荐信寄给负责评审工作的国家科学奖章评选委员会。委员会由总统委任的12位科学家和工程师组成，负责对候选人进行评选，然后将评选结果上报美国国会，最后由美国总统确定最终人选。

奖章由美国总统亲自颁发，每年颁发一次，获奖名额不能超过20名。截止到2008年，已有449位科学家和工程师获得这一奖章，其中包括陈省身、吴健雄、朱经武、杨振宁、丘成桐等9位华人科学家。

C. 国家技术创新奖

国家技术创新奖（National Medal of Technology and Innovation）原名“国家技术奖”（National Medal of Technology），于1980年由国会设立，1985年首次颁发。2007年8月，美国总统布什签署了“创造机会发挥技术、教育和科学优势”（COMPETES）法案，对原“技术创新法案”的第16节进行了修正，并将该奖章更名为“国家技术创新奖”，主要授予在先进技术和提高美国的技术竞争力方面做出杰出贡献的人士，奖励范围包括产品与工艺发明、技术转让、先进制造技术、技术管理、人力资源开发以及环保技术等领域。

国家技术创新奖的奖励对象既可以是个人，也可以是团体或企业。

个人必须是美国公民，企业必须由美国公民拥有超过50%的股份或资产。商务部下属的专利商标局负责候选人的遴选工作，然后提交至评审委员会。评审委员会负责对候选人的评审，并向商务部长推荐获奖人选，再由商务部长本人向总统推荐。最终的获奖者还要接受美国联邦调查局的安全审查。

该奖每年颁发一次，每次获奖名额不超过10名。截止到2007年，已有146位个人和14家公司获得过国家技术与创新奖章。获奖的个人一般是著名公司的创始人或总裁。

D. 总统杰出青年学者奖

总统杰出青年学者奖（Presidential Early Career Award for Scientists and Engineers）又称“青年科学家总统奖”，1996年2月由美国总统克林顿设立，主要授予在生物、医学、物理等科学技术领域取得突出科研成就的青年科学家，意在培养后备科研力量，保持美国科技在世界上的领先地位。授予对象包括取得博士学位不久、有固定工作岗位的从事科学与技术研究的青年科学家和工程师，必须是美国公民或在美永久居民。

该奖每年评选一次，获奖者每次不超过60名。获奖者在5年内享有50万美元的研究资助，并且终身只能获得一次，共有包括农业部、商务部、国防部等11个联邦政府部门参与该奖的推荐工作。美国国家科学技术委员会负责协调相关部门进行评审，最后由总统确定最终人选。

E. 杰出数学与科学教育总统奖

杰出数学与科学教育总统奖（Presidential Award for Excellence in Mathematics and Science Teaching）1983年由国会通过法案设立，授予对象包括幼儿园、小学及中学的优秀数学或科学教师。每年共有108个名额，分别从50个州及4个管辖权范围（哥伦比亚特区、波多黎各、国防部附属学校和美国若干境外领土）各选出数学或科学教师2人（一名小学教师、一名初高中教师）。参选者必须是全职教师，且至少要有5年的教学经验，由同事、学校管理层、学生或家长提名。各州协调人负责将提名提交给国家选拔委员会，然后由国家科学基金会进行审议。获奖者将得到国家科学基金会授予的1万美元现金及一张总统签名的奖状。其中两名获奖者还将被送往华盛顿参加为期一周的颁奖和职业发展活动。自设立之日起，美国已有近4000名中小学教师获得了这一奖项。

F. 国家人文科学奖章

国家人文科学奖章（National Humanities Medal）的前身是1988年由美国国家人文基金会设立的查尔斯·弗兰克尔奖（Charles Frankel Prize），旨在奖励为增进公众对人文科学的理解做出突出贡献的人。1997年，该奖更名为国家人文科学奖章，并拓展了授奖范围。它主要奖励在以下三个方面做出卓越贡献的个人或组织：加深美国人对于人文科学的理解；促进美国公民对于人文科学的参与；帮助美国公民拓展重要人文资源的存取途径。该奖项每年有12个名额。截止到2008年，共产生了96位获奖者。

G. 国家艺术奖章

国家艺术奖章（National Medal of Arts）1984年由国会通过法案设立，是美国政府授予艺术家和艺术赞助者的最高奖项。国家艺术奖章主要授予在支持美国优秀艺术的发展、提高其实用性等方面做出特别贡献的个人或团体。授奖范围包括艺术、艺术教育、手工艺、舞蹈、绘画、电影、图形/产品设计、室内设计、园林建筑、文学、古典和流行音乐、绘画、广告、摄影、版画、雕塑、戏剧、城市设计等广泛的领域。

H. 国家图书奖

美国国家图书奖（National Book Awards）是美国文学界的最高荣誉之一。它是由美国出版商协会、美国书商协会和图书制造商协会于1950年3月16日联合设立的，每年颁奖一次，其宗旨在于提升大众对优秀美国文学作品的认识，并在整体上促进阅读风气。

美国国家图书奖评奖主要分为小说、非小说、诗歌和青年文学4类作品。每类作品由一个小组负责评选，每个小组由5人组成，其中包括一位主席，由国家图书基金会选出。每类作品将选取最佳的5部入围最后的决赛。最终的获奖者将得到1万美元的奖金和一尊铜像，其他16位获得提名者也将各获得1000美元的奖金和一枚奖章。

二 美国国家荣誉制度的特点及趋势

1. 美国国家荣誉制度的主要特点

美国国家荣誉制度的完全确立相对较晚，只有短短半个多世纪的时间。它与众多历史悠久的欧洲国家相比，呈现出以下特点。

（1）国家荣誉一般由总统和国会颁发

美国是总统制国家，其国家荣誉主要由两大部分组成：一种是总统奖，另一种是国会奖。总统奖的设立通常是通过颁发总统令的形式，战争期间的战争章和服役章多由总统颁发。而在和平年代，总统也会颁发其他名义的奖项，如人道主义、反恐等。国会奖一般是通过国会立法的形式产生的。虽然国会在战争期间也颁发军事奖项，但这一职能正在逐渐向平民转化。无论是总统奖还是国会奖，都具有严格的法律效力，并受到法律的特别保护。

（2）国家荣誉大多没有等级之分

美国的国家荣誉基本上是不分等级的。以专业荣誉为例，无论是最高级别的国家科学奖，还是历史最悠久的费米奖，都不设等级。这意味着，凡是对美国做出杰出贡献的人，不管是科学家还是学生，不管是高官还是平民，也不管是美国公民还是外国公民，都有机会获得美国政府给予的殊荣。目前，三军功绩章（Legion of Merit）是美国唯一分等级的奖项，它包括司令官、司令、军官和士兵 4 个级别。

（3）国家荣誉侧重精神鼓励

大体上，美国的国家荣誉制度比较重视精神激励，而轻视物质奖励。国家科学奖和国家技术奖堪称美国科学技术界的诺贝尔奖，却都不设奖金，只颁发一枚奖章，以表彰科学技术人员在各自领域所做出的贡献。美国历史最悠久的费米奖也只设了 37.5 万美元的奖金，如果同一年有多人得奖，那么他们将平分这一奖金。

2. 美国国家荣誉制度的发展趋势

（1）颁奖主体日益多样化

除了总统和国会以外，第二次世界大战以来，各大部委也纷纷加入到设奖颁奖的行列中，如国防部、能源部、司法部、商务部、交外通部、航空航天局、国土安全部等。每个部门下设多个奖项，奖励在信息、交通、商业、航空、公共安全、环境保护等领域有突出成就的人士。2007年，美国国务院设立了国际妇女勇气奖（International Women of Courage Award），奖励在社会公平与妇女权益方面做出突出事迹的各国女性领导人，这也是国务院在其历史上的首次设奖。

（2）军事荣誉与非军事荣誉相互交织

第二次世界大战以来，美国的军事荣誉不断地向非军事荣誉渗透，有的甚至演变成了非军事荣誉，如上面提到的国会金质奖章和总统自由勋章。另外，许多非军事荣誉并不限于平民和公务员，同时可以颁发给军人。在很多情况下，两种奖章可以同时佩戴，互不矛盾。这两类荣誉互相交织，互相渗透，构成一个覆盖面极广、渗透性极高的国家荣誉体系，激励着一代又一代美国人积极进取、锐意创新。

（3）国际化趋势增强

近年来，美国荣誉奖项的设置与颁发均呈现出明显的国际化趋势。这表现在，奖项的授奖对象大多不限于美国公民，而是面向全世界。这些奖项中不乏最高级别的军事奖、平民奖和专业奖。根据荣誉勋章的有关规定，任何人，不论其国籍如何，只要在美军中服役过并做出杰出贡献的，就有机会获得荣誉勋章。

（选自《国外社会科学》2010 年第 1 期）

澳大利亚功勋荣誉制度简介

唐　磊*

一　早期澳大利亚勋荣制度：从袭英制到双轨制

在1931年英国议会通过《威斯敏斯特法案》（Statutes of Westminster）承认澳大利亚具有内政外交独立自主权之前，澳大利亚都是英帝国的属国。因此，殖民地时期的澳大利亚其勋荣制度曾长期承袭英国的勋荣制度，按照英帝国制度的相关规定评选，以英帝国政府的名义授予荣誉勋章及荣誉称号。英国女王也可以在帝国制度允许的范围内，颁发和赐予荣誉勋章及荣誉称号，甚至包括像嘉德勋章和蓟花勋章这样代表最高荣誉的勋章。①

1931年澳大利亚从英属殖民地独立出来，但长期的殖民国仍给这个新兴国家的制度文化打下深深的烙印，其中一个表现就是，澳大利亚的勋荣制度在很长时间内实行双轨制，即澳大利亚自身的勋荣制度体系与英制勋荣制度体系并存，有些英制勋荣奖项甚至沿用至20世纪90年代。独立后的澳大利亚随即加入英联邦，即承认英王为名义的国家元首，因此，王室仍有权为澳大利亚人颁授勋位和荣誉奖章。比如英王会给联邦

---

* 作者信息：唐磊，1977年生，博士，中国社会科学院文献信息中心助理研究员。

① 嘉德勋章（Order of the Garter）是今天世界上历史最悠久的骑士勋章和英格兰荣誉制度最高的一级，名额固定为24人；蓟花勋章（Order of the Thistle）则是苏格兰最高荣誉勋章，主要授予杰出苏格兰皇室成员，名额固定为16人，澳大利亚历史上分别有3人获嘉德勋章，1人获蓟花勋章。

国家的重要人士和特殊贡献人士颁授爵位，也曾专设授予澳大利亚人的奖章。

二 当代澳大利亚勋荣制度：走向独立与发展

走上独立国家发展道路的澳大利亚，需要培育属于自己的国家制度—文化，荣勋制度也是其中一项重要建设内容。

1975 年是澳大利亚勋荣制度发展史上具有重要意义的一年。这一年，英国女王正式颁文，批准澳大利亚自主建立荣誉功勋奖励制度，设立澳大利亚勋章（Order of Australia），对那些为澳大利亚社会做出特殊贡献、值得奖励和铭记的澳大利亚公民或其他人士予以表彰，授予荣誉。同时，在澳大利亚实行了近 200 年的英国勋荣制度及英帝国的各项奖励办法也开始逐步废止。

20 世纪 80—90 年代，澳大利亚荣勋制度体系逐步完善。根据澳大利亚政府公布的数据，目前澳大利亚现行的 53 种荣勋奖项有绝大部分都是在这 20 年中建立起来，旧有英制功勋荣誉奖章也正是在这段时间内逐步停止外授的。在这段时期内，也有一些新的英联邦（帝国）奖项设立，其中一些也颁授给澳大利亚人士，但总的来说，英制勋章在 20 世纪后半叶逐步地退出了澳大利亚的历史舞台。1975 年所设立的澳大利亚勋章标志着澳大利亚本国荣勋制度的开始。这一年以独立国家的身份、国家奖励的名义共设立了三种奖章：澳大利亚勋章、澳大利亚勇敢勋章（Australian Bravery Decorations）和国家奖章（National Medal）。从此，澳大利亚公民有了由自己国家授予的荣誉。

澳大利亚勋章用以嘉奖那些为澳大利亚做出突出贡献的人。其重要性大致与殖民地时期的女王奖章或维多利亚十字奖章相当，都是国家级最高荣誉。该奖之中又分为 4 个等级：最高为澳大利亚荣勋勋章（Companion of thc Order of Australia），授予为澳大利亚或全人类做出巨大贡献的人士，是澳大利亚最高荣誉勋章；次级为服务勋章（Officer of the Order），授予为澳大利亚及全人类社会做出杰出贡献的人士；第三等级为荣誉勋章（Member of the Order），表彰在一定区域内或特定领域中有突出表现的个人和群体；第四等级为纪念勋章（Medal of the Order），是对值得表彰的一些人士所做出的特殊服务贡献的认可。

澳大利亚勇敢勋章是表彰为了拯救他人的生命财产安全，不惜自己涉足险境的人士，明显是继承英制而来。该勋章分为4个等级。最高级为最有价值十字勋章（The Cross of Valor），授予那些在极度危险环境中，有英勇行为的人士。第二等级为勇敢之星勋章（The Star of Courage），授予那些在极度危险环境中，显露出非凡勇气的人。第三等级为勇敢奖章（The Bravery Medal），授予那些在危险环境中，有英勇行为的人。第四等级为勇敢行为纪念章（The Commendation for Brave Conduct），表彰那些值得人们赞扬的见义勇为者。

国家奖章则授予那些在危急时期，坚持长期、勤恳为社会服务的组织机构成员。这些机构包括救护机构、军队单位、监狱等社会改造机构、紧急事件处理机构、消防、警界机构以及一些志愿者组织，例如紧急救援、搜寻组织等。对应着英制中奖励公务员、特殊领域、特殊贡献的那些勋奖，只是最初澳大利亚这方面的国家奖项未作细分，统一纳入国家奖章奖励范围。因为涵盖面广，因此它也是目前澳大利亚授予数量最多的奖章。

澳大利亚在1975年并未设立自己的军功章，从20世纪80年代开始，澳大利亚开始尝试设立军功章。1982年，军队人员不再参加国家奖章的评选，改发国防军服务勋章（Defense Force Service Awards）。至今澳大利亚荣勋体系中已有各类军功章22种，完全取代了以前沿用的英制勋/奖章，不过各种奖章的性质和奖励范围大致上仍与英制相仿。整体上看，20多年来，澳大利亚荣勋体系不断完善和细化，重点发展了军功勋奖和对社会公共服务领域做出贡献者的奖励。从颁授人数上，也以此二类获奖人数居多。前者显示出澳大利亚政府善于运用勋奖来鼓励和平时期公民参军的热情（参军满4年者即可获国防奖章），后者则显示了澳大利亚政府对社会服务部门和社会公共领域的重视。此外，澳大利亚政府还设立了一些政府级奖项，主要集中在科教文卫领域，尤其是科学和教育方面，设立了多种奖项鼓励科技创新，激励高等教育、职业教育、公民美育的发展。除中央政府授予的奖项外，澳大利亚地方政府也设有一些奖项。有些在全国都有很大的影响力。如南澳大利亚高波比科学奖章（South Australian Young Tall Poppy Science Award），昆士兰青年志愿者奖

（Queensl and Young Volunteer Awards）等。这些奖项的设置都为推动当地和全国社会发展与进步起到了积极作用。

三 澳大利亚的勋章管理体制

1. 申请、评审与颁授

澳大利亚勋章各项奖章评选的基本原则是避免政治资助因素的干扰，保持独立性和自主性。一般来说，重要的奖项都有一个独立的委员会来主持奖项的评审工作。

例如，澳大利亚勋章/勇敢勋章（普通类）的提名和评审办法是：由社会各界团体直接向澳大利亚荣誉与奖项秘书处提名，中央政府将对提名人选的资质作进一步考察，并同相关人士进行联系确认后，交由澳大利亚勋章理事会/勇敢勋章理事会审议，确定提名候选人之后，向澳大利亚总督提交候选人的名单，由总督最终决定授予哪些候选人澳大利亚勋章。如果是因军功申请澳大利亚勋章和澳大利亚勇敢勋章则由各军事单位向国防部荣誉与奖项处推荐，最终由国防部长确认提名候选人，交由澳大利亚总督最终确认澳大利亚勋章的获得者。

澳大利亚勋章/勇敢勋章理事会是独立的评审机构，其审核候选人是否符合澳大利亚勋章提名的标准有：贡献的大小和成绩的高低；所做出贡献的价值是否超出其个人收益所得；如果是志愿行为，要考察其贡献价值是否超出其他志愿者贡献价值。19名理事会成员分别来自社会各界。理事会只在澳大利亚勋章评选时期举行会议，即每两年举行一次会议。日常事宜则由澳大利亚荣誉与奖项秘书处受理。

国家奖章候选人提名不同于以上两种，是由个人向所在组织机构的主要负责人申请，再由该负责人上报澳大利亚荣誉与奖项秘书处。[①]

一般情况下，澳大利亚国立勋/奖章都是每两年评选一次，评选结果由澳洲政府在澳大利亚国庆日（1月26日）和英国女王生日（官方生日为6月14日）向社会公布。但澳大利亚勇敢勋章的颁发没有固定时间

---

① 国家奖章的评选面较广，评选办法及规则要求较多。详情参阅 National Medal Regulations，http：//www. Its an honour. gov. au/honours/awards/ docs/national medal regulations. pdf。

表，通常会在4月或8月颁发，中央政府要为获奖者在政府大楼举行授勋仪式及典礼。澳大利亚后来增加的其他国家级勋章评选办法和颁授方式也大多沿袭上述规定。

2. 管理机构

澳大利亚荣誉勋章主要的管理机构有三个。一是荣誉与奖项秘书处（成立于1975年，隶属于堪培拉的澳大利亚总督府办公厅），现已成为协助总督处理总督职权范围内与澳大利亚荣勋制度有关的各方面事务的机构。同时，秘书处还是澳大利亚勋章理事会和澳大利亚勇敢勋章理事会的日常事务处理机构。① 荣誉与奖项秘书处保持澳大利亚很多重要荣誉奖项的评选能够保持高水准起着非常重要的作用。

澳大利亚荣誉勋章另外一个主要管理机构是首相及内阁办公厅下属的奖项与文化处。该机构的主要职责是提高社会对荣誉奖项的认识，让更多的人了解各类荣誉奖项，增强全民的荣誉感和责任感。同时，它负责管理海外人道主义服务奖章、越南后勤与保障奖章和平民服务奖章等奖项的评选认定工作。此外，奖项与文化处还负责授予外国人澳大利亚荣誉奖项的管理工作，同时负责外国授予澳大利亚人接受国外奖项勋章的协调沟通工作。

国防部下属的荣誉与奖项处是负责管理军队荣誉奖项的机构。② 其主要职责有两个，一是提供设立修改各类军功章的信息意见，二是负责处理澳大利亚勋章（军队类）、澳大利亚勇敢勋章（军队类）、各类军功章、各种奖励长期服役勋章等奖项评选的日常事务工作。

3. 澳大利亚勋/奖章设立的步骤程序

在澳大利亚，新的勋/奖章的设立需经过如下几个步骤。首先，由政府相关部门决策新荣誉奖项的设立，并提出相应方案，包括奖项设立的目的、授予对象等。同时，原则上要征求女王的同意。之后，提请总督府、首相及内阁办公厅及其他党派审议，审议的内容包括奖项的提名、批准流程、奖章样式的设计、授奖方式等。在经过各方审议，并达成一致意见后，就可以提请女王签署特许状后，女王签署特许状，新的奖项

① http：//www. g. gov. au/honours/content. php? id = 2.

② http：//www. defence. gov. au/medals/.

即正式生效。新奖项设立后，政府部门要向全社会公布评选的原则、规章制度等，同时开始接受勋/奖章的提名，评选工作正式展开。

勋/奖章的设计由荣誉与奖项秘书处和国防部组织专业人士设计，并由荣誉与奖项秘书处和国防部统一安排制作。

四 澳大利亚荣勋制度的特点和值得借鉴之处

经过 20 多年时间的探索和实践，澳大利亚逐步形成了具有本国特色、符合本国国情的一套荣勋体系。其主要特点可总结如下。

1. 涵盖面广，设置合理，层级分明

澳大利亚荣勋奖项几乎涵盖了社会各个方面。各行各业几乎都有自己的荣誉奖项。军人、政府高级官员、商界人士、普通公民、学者专家、教师、医疗工作者甚至学生等都有机会获得各类国家级的荣勋奖项。

澳大利亚荣勋奖章体系设置比较合理，通过澳大利亚荣勋奖章来奖励全国公民中具有突出贡献者，同时又提供面向专业领域的国家级奖项进一步鼓励公共服务领域从业的人员。政府级奖项规格较低，但奖励范围更加明确，尤其重视对科教文卫领域的奖励。在军功章中则有分别面向高级军官、士官、普通士兵、全体官兵的不同奖章。

另外，澳大利亚不少重要的国家荣誉勋章都具有明确的层级划分。如澳大利亚勋章和勇敢勋章都分为 4 个等级，而军功章则多分为三个等级。军功章的分级有时非常细致，即使是同一种勋章，在勋章的绶带上也会有显示军功大小的标志。

2. 高层重视，不断完善，宣传得力

澳大利亚政府十分重视国家和政府荣誉勋章制度的建设和实施。奖项的设立都经过前期充分规划、论证，然后由政府总理提议，经总督和名义元首（英国女王）批准方能生效。在日常管理方面，又分别辟出专门部门来保障整个荣勋制度的运行，并做到分工明确。勋章一般在国庆日或女王生日等国家重要节日颁发，国家领导人往往会出席颁奖典礼并亲自为获奖者颁发勋章。

澳大利亚荣勋制度同时是不断发展的体系，总体来说是不断进行层级和面向对象的细分。但同时又注意保持颁奖规模以维持荣勋的价值。

总的来看，面向普通公民的奖章数量总量不多，突出体现其含金量，而军功章则较多，保证对军人的充分激励。

此外，澳大利亚非常重视勋章荣誉的宣传工作。每个新奖项的设立都要通过媒体向全民公示。国家相关机构也要对奖项、奖章的颁发做充分的宣传工作。澳大利亚政府还建设专题网站介绍各奖项的由来和获奖人情况，并刊印《荣誉》（*It's an Honour*）半年刊，宣传当年各项荣誉获得者的功绩。

（选自《国外社会科学》2010 年第 1 期）

与国家发展策略紧密相连的日本功勋制度

何培忠*

日本的功勋荣誉制度始于明治时代（1868—1911）初期，至今已有130多年的历史。

明治维新时期的日本政府奉行的国策是“富国强兵”。1875年，日本效仿欧洲国家，颁布了“制定赏牌从军牌”令，然后将“赏牌”改为勋章，将“从军牌”改为“从军纪念章”并根据天皇诏书，设置“大勋位”荣誉地位，与“大勋位”对应，制定了“菊花章”和“菊花大绶章”等勋章。此后，日本在勋章之外又增设奖章项目，到20世纪30年代，完成了国家荣誉制度的整体架构，建立了对政界、军界、文化界及社会各界卓越人士的表彰方法。

第二次世界大战结束后，日本曾一度中止国家功勋荣誉制度的大部分内容，仅保留了对文化人士和对外国人的授勋内容，其余均被废除，同时还废除了因获得勋章而享有的各种特权。

1964年，日本经济进入高速增长阶段，为奖励在战后的经济复苏和社会建设中做出突出贡献的人士，日本内阁决定恢复对“生存者授勋”的制度，让荣誉制度服务于国家经济建设和社会发展，对全国各行各业的卓越人士实施授勋表彰。自此，日本国家荣誉表彰活动全面展开，并

---

* 作者信息：何培忠，1977年生，博士，中国社会科学院文献信息中心助理研究员。

成为全民关注、引领社会风尚的重要活动。

日本的国家荣誉制度主要由授位阶、授勋章和授奖章三部分组成。

“授位阶”原指给官员定品级，后来演化为对有功者的表彰，该制度在1926年被列入国家荣誉制度，1946年被中止，1964年得以恢复。恢复后的位阶授予对象被限定在已故的为国家及社会做出了突出成绩的人士身上，如各级政府官员、议员、消防官员、消防队员、教师、警察、自卫队员等，似有“盖棺论定”的色彩。而位阶的授予仅仅是荣誉，不附带奖金或任何特殊待遇。授予权限在内阁府的大臣官房人事科，无固定时间，由死者家属或死者生前所属部门提出申请，审核批准后公布实施。

在日本的国家荣誉制度中，最主要的内容是“授勋章”和“授奖章”，这两项活动不仅有固定时间，而且规模也大，涉及全国各行各业。

一 授勋制度

1. 勋章授予活动的类别与时间

日本每年实施6类授勋活动，其中有的有固定时间，有的无固定时间。这6类授勋活动内容及时间如下：

（1）春秋授勋

时间为每年的4月29日和11月3日。由于这两次授勋日一个在春天，另一个在秋季，因而被称为“春秋授勋”，是日本规模最大的国家级表彰活动。人数是春季4500人左右，秋季4500人左右，每年9000人左右。

（2）高危作业者授勋

同春秋授勋一样，时间为每年的4月29日和11月3日。人数是春季3600人左右，秋季3600人左右，每年7200人左右。

（3）高龄者授勋

时间为每月的1日公布（授勋对象88周岁生日后的下个月）。人数不限。

（4）亡者授勋

时间不固定，随时上报，随时颁布授勋令；人数不限。

（5）外国人授勋

分“礼仪勋章”和“功劳勋章”两种。“礼仪勋章”颁发对象为外国元首或日本政府邀请的国宾，颁发时间为外国元首或日本政府邀请的国宾访问日本的时候。“功劳勋章”的颁发对象为长期驻日的外交官和长期从事发展同日本友好事业的外国人，颁发时间为一年两次，具体时间不定。一般在受勋之人来日后或离日前的适当时候进行。

（6）文化人士授勋

时间为每年的 11 月 3 日，即日本的“文化节”当天公布，人数是每年 5 人。

2. 勋章的种类与授予对象

日本目前设立的勋章有 6 大类 22 个类别，6 大类是“菊花章”“桐花章”“旭日章”“瑞宝章”“宝冠章”和“文化勋章”。

大类所含的 22 个类别的勋章名称如下。

“菊花章”是“大勋位菊花章”的简称，分“大勋位菊花章颈饰”和“大勋位菊花大绶章”两个类别。

“桐花章”是“桐花大绶章”的简称，只有一个类别。

“旭日章”分“旭日大绶章”“旭日重光章”“旭日中绶章”“旭日小绶章”“旭日双光章”和“旭日单光章”6 个类别。

“瑞宝章”分“瑞宝大绶章”“瑞宝重光章”“瑞宝中绶章”“瑞宝小绶章”“瑞宝双光章”和“瑞宝单光章”6 个类别。

“宝冠章”分“宝冠大绶章”“宝冠牡丹章”“宝冠白蝶章”“宝冠藤花章”“宝冠杏叶章”和“宝冠波光章”6 个类别。

“文化勋章”只有一种，不再分类别。

日本六大类勋章设立时间和授予对象如下。

（1）菊花章

制定于 1876 年，为日本最高级别的荣誉勋章。其中“大勋位菊花章颈饰”为顶级勋章，授予对象为国家元首。

“大勋位菊花大绶章”是仅次于“大勋位菊花章颈饰”的勋章。授予对象为任职超过两年的内阁总理大臣、长期担任最高法院院长职务之人等。此外，皇族、外国元首也是授予对象。

（2）桐花章

设立于1888年，在勋章等级中次于“菊花章”。全称为“旭日桐花大绶章”。

授予对象：内阁总理大臣、众议院或参议院议长和最高法院院长，即国家行政、议会和司法最高负责人中做出优秀成绩之人以及为国家的发展做出特别重大贡献的实业家。

（3）旭日章

设立于1775年，是日本设立最早的勋章。

授予对象是“对国家和公共事业有功之人”，其中包括：对稳定和发展国际社会有功之人；对实现纳税有功之人；对振兴学校教育或社会教育有功之人；对振兴文化或体育事业有功之人；对振兴科学技术有功之人；对提高或增进社会福祉有功之人；对提高或增进国民健康或公众卫生事业有功之人；对改善劳动者工作环境有功之人；对环境保护有功之人；从事农业、林业、水产业、商业、矿业、工业、信息通信业、建筑业、房地产业、金融保险业、服务业的工作，努力发展经济及产业，对公益事业有功之人；从事律师、公证会计师等业务，对公益事业有功之人；从事新闻、广播等报道业务，对公益事业有功之人；从事电气、煤气、运输等公益事业，对增进公众福祉有功之人等。

“旭日章”共分6个类别。最高等级“旭日大绶章”的授予对象是担任过内阁总理大臣、众议院议长、参议院议长和最高法院院长制且功绩卓著之人。

“旭日重光章”或“旭日大绶章”的授予对象是担任过国务大臣、内阁官房副长官、副大臣、众议院副议长、参议院副议长、最高法院法官等职，且功绩卓著者。

“旭日中绶章”或“旭日重光章”的授予对象是担任过大臣政务官、长官政务官、众议院常任委员、参议院常任委员、国会议员且功绩卓著者以及担任过都道府县①知事之职且功劳卓著者。

“旭日小绶章”“旭日中绶章”的授予对象是市长、特别区的区长且功劳显著者。

---

① 都、道、府、县和市、町、村是日本的行政区名称 。

“旭日单绶章”“旭日双光章”的授予对象是担任过町长、村长之职，且功劳显著者。

此外，担任都道府县议会议员、市议会议员、特别区议会议员之职，且功绩显著者可以授予“旭日单光章”“旭日双光章”“旭日小绶章”或“旭日中绶章”。担任町村议会议员之职，且功绩显著者可以授予“旭日单光章”或“旭日双光章”。

“旭日小绶章”或“旭日中绶章”的授予对象是从事公益事业的团体的负责人且功绩卓著者。“旭日双光章”的授予对象是在都道府县区域内开展活动的团体负责人，且功绩显著者。

“旭日双光章”的授予对象是在全国或都道府县区域内开展活动的团体中显著成绩的干部。“旭日单光章”的授予对象是在市町村区域内开展活动的团体的负责人，且成绩突出者。

对于企业的负责人，根据在企业内任职的情况以及对经济社会发展贡献的大小，分别授予“旭日中绶章”或“旭日小绶章”。

在自然灾害发生时冒着生命危险抢险救灾或在灾后重建工作中成绩突出的人士，冒着生命危险抓捕现行犯人等防治犯罪发生的人士，从事有生命危险的工作并以身殉职的人士以及其他有突出功绩的人士也常常被授予不同类别的旭日奖。

（4）瑞宝章

设立于1888年，表彰常年从事公务事业，并且做出突出成绩之人。

瑞宝章共分8个等级，授予对象除长年从事国家及地方公务的公职人士之外，还包括在教育部门直接从事教育或研究之人，在各种机构中直接从事社会福利事业之人，直接从事医疗或保健指导之人，受调停委员、保护局、民生委员等国家或地方公共团体的委托开展工作之人，从事高危工作之人，在精神或肉体上处于艰苦环境中工作之人以及在不受人重视的领域里工作之人等。对公职人员的授勋，一般要参考职务的高低、履行公职的难易程度、所担负之责的重要性等。对于公认的特别重要的职务的负责人且做出优异成绩者，授予“瑞宝重光章”以上的勋章；对公认的重要职务的负责人且成绩优秀者，授予“瑞宝小绶章”以上的勋章；其余职务的负责人授予“瑞宝单光章”以上的勋章。

（5）宝冠章

设立于1888年，授予对象仅限于皇族中的女性和外国女性。勋章等级有6个类别。

（6）文化勋章

设立于1937年，表彰在文化、艺术领域有突出贡献的人士。候选人从文部科学省设立的奖项“文化功劳者”获奖者中产生。截止到2008年，日本公布的文化勋章获得者共有348人，其中战后，即1946—2008年共有322人获得文化勋章。

3. 勋章的授予方式

日本的授勋方式和地点因勋章的等级不同也有所不同。“大勋位菊花章”“桐花大绶章”“旭日大绶章”和“瑞宝大绶章”的授勋仪式在皇宫内进行，届时内阁总理大臣侍立陪伴，由天皇亲自颁发勋章。

旭日重光章及瑞宝重光章的授勋仪式虽然也在皇宫内进行，但由内阁总理大臣颁发。

中绶章以下的勋章等，由政府各部门的首脑颁发，仪式举行地点也在皇宫之外。不管是上述哪种情况，获得勋章的人士都会在仪式结束后由配偶陪同拜谒天皇。这对获勋者来说是一种很高的礼遇。

“文化勋章”在1996年之前所采取的是“天皇陛下御前”的授予方式，即举行授勋仪式时天皇虽然亲临现场，但不直接授勋，由内阁总理大臣授勋。1997年以后，改为在内阁总理大臣侍立陪同下由天皇直接授勋，以表示对文化成就卓越人士的重视。

在“外国人授勋”方式中，对于长期居住在国外的人，过去一直由驻该国的大使在当地颁发，从2006年秋季起，可根据外国人本人的意愿，与大绶章获得者相同，参与日本皇宫内举行的由天皇直接颁发勋章的仪式。

二 奖章制度

颁发奖章也是日本国家荣誉制度中的重要内容。奖章与勋章的区别是，勋章用于对获奖者的一生业绩的综合评定和表彰，有严格的年龄规定；奖章用于对特定功绩的表彰，在做出相应的功绩后，即可以对该获奖者颁发奖章。

另外，当奖章的表彰对象是团体时，一般用颁发“奖状”的方式代替。如果受表彰的对象死亡，用颁发奖状或颁发“奖杯”的方式代替（遗族追授）。

1. 奖章的种类与授予对象

日本国家级的奖章有6个类别，即“红绶带奖章”“绿绶带奖章”“黄绶带奖章”“紫绶带奖章”“蓝绶带奖章”和“青绶带奖章”。

这6个类别奖章的设立时间和授予对象如下：

（1）红绶带奖章

设立于1881年，授予对象为“不顾个人安危救助他人性命”之人。

（2）绿绶带奖章

设立于1881年，最初授予对象是“孝子、贤孙、节妇、义仆等德行卓绝之人”，2003年以后将社会福利领域、志愿者活动中的突出人物作为奖章的授予对象。

（3）黄绶带奖章

设立于1887年，授予对象最初为“奉献私有财产，赞助海防事业之人”，2003年改为“在第一线勤于业务、具有成为他人楷模的技术或成绩之人”。

（4）紫绶带奖章

设立于1955年，授予对象是“在学术、艺术、体育领域有功之人”。2003年改为“在科学技术领域里有所发明、有所创造；在学术、体育、艺术领域里有优异成绩之人”。

（5）蓝绶带奖章

设立于1881年，授予对象是“提高公众利益成绩卓著者或献身公共事务①功劳显著者”，2003年改为“做出了可以成为他人楷模的优异成绩之人”。

（6）青绶带奖章

设立于1918年。授予对象是“为公益捐献私人财物功绩卓著之人”。

① 这里所说的“公共事务”，指受国家或地方团体委托，从事民生以及儿童保护方面的事务。

现在，凡向公益法人或公共机构捐献500 万日元以上者即可成为青绶带奖章的授予对象。如捐献金额巨大，还可以用颁发奖杯的形式给予表彰。

2. 奖章授予的时间与方式

日本国家级奖章的授予时间有两种：“红绶带奖章”“绿绶带奖章”“黄绶带奖章”“紫绶带奖章”和“蓝绶带奖章”有固定颁发时间，分别在每年的4 月29 日和11 月3 日，与春秋授勋时间相同，被称为“春秋颁发”，人数是每次800 人，全年1600 人。

“青绶带奖章”属随时颁发的奖章，人数不限，一旦出现符合表彰条件之人，在地方政府的推荐之下，经审查属实，随时可以快捷功颁发奖章。每月末的日本内阁会议均可以讨论、决定各地上报的表彰人选。

在日本的奖章授予制度中，原则上对同一人只授一次同类奖章，如有充足的理由再度表彰某人时，则授以“饰板”。“饰板”分金银两种，次数不受限制，每授5 枚银“饰板”可换一枚金“饰板”。

另外，当授奖对象是团体时，则以奖状的方式替代。

如果授奖对象已死亡，则采用“遗族追授”方式，颁发“银杯”“木杯”或“奖状”。奖章的授予方式相对于勋章来说简单一些，由政府各部门的首长颁发，但奖章获得者也同勋章获得者一样，在仪式完毕后，由配偶陪同拜谒天皇。

三 奖杯制度

在实施表彰活动时，日本有时用奖杯替代勋章或附带勋章授予获勋之人，有时替代奖章或附带奖章授予获奖章之人或团体。奖杯的授予是因为受奖对象做出了比获得勋章或获得奖章更值得表彰的功绩，或是因表彰对象为级别高的宗教家不适宜用勋章实施表彰时使用。

奖杯分金杯、银杯和木杯三种。金杯是日本最高位的奖杯，1938 年被终止，改用银杯替代。银杯的授予在1947 年以后共有7 次，有24 人获得银质奖杯。木杯在1990 年以前曾为战争中死去的人追赠勋章时使用过。从1963 年起，对高龄者（88 岁或百岁）一律颁发。

四 勋章、奖章人选的产生及荣誉称号的取消与退还

1. 勋章人选的产生

（1）春秋授勋人选推荐程序

由众议院议长、参议院议长、国立国会图书馆馆长、各省大臣、会计审计院院长、人事院院长、宫内厅长官及设置在内阁府的局长负责提名辖内各行各业辛勤工作、成绩卓著者，向内阁总理大臣推荐。

被推荐对象的年龄须在70周岁以上，若从事精神上肉体上格外辛苦的工作，或是不为常人所知的工作，年龄须在55周岁以上。实施推荐时，须事先拟好文件递交内阁府赏勋局进行协调。文件递交日期，若是春季授勋人选，须在前一年的12月26日前送达，若是秋季授勋人选，须在当年6月30日前送达。

除上述推荐方式之外，2003年又实施了一种由普通公民推荐候选人的“一般推荐”方式。设立该制度的目的是表彰鲜为人知、为社会做出了优异成绩之人。其基本条件是对国家或公共事业有功、工作20年、年满70岁以上或在环境艰苦的岗位上长年劳作、年满55岁以上之人。推荐方法使用内阁府赏勋局统一制定的表格，须有一人的推荐书和二人赞同的复议书，推荐书可随时邮寄到内阁府赏勋局。内阁府赏勋局接到推荐信后，将情况转给政府相关部门处理，一旦列入春秋授勋对象，政府有关部门会到赏勋局办理相关手续，同时通知推荐人。

内阁总理大臣最后审查被推荐人的情况，召开内阁会议决定最终人选，并于每年的4月29日和11月3日公布。

（2）外国人授勋人选推荐程序由外务大臣提出人选，推荐给内阁总理大臣。被推荐之人若是住在国外，年龄须在50岁以上，若是住在日本，年龄应在65岁以上。

众议院议长、参议院议长、国立国会图书馆馆长、各省大臣、会计审计院院长、人事院院长、宫内厅长官及设置在内阁府的局长若要推荐，须以文件形式陈述意见，递交给外务大臣。外务大臣的推荐人选须以文件形式预先报送内阁府赏勋局进行协调。内阁总理大臣审查外务大臣推荐的情况，召开内阁会议决定最终人选，并于每年的4月29日和11月3

日公布。

（3）文化勋章人选推荐程序

由文部科学大臣从获“文化功劳者”人员中考虑人选，推荐给内阁总理大臣。而文部科学大臣的推荐，不得偏向特定的学术或艺术领域，须在规定日期内将推荐候选人的文件送达内阁府赏勋局。内阁总理大臣负责审查文部科学大臣推荐的情况，召开内阁会议决定最终人选，于每年的11月3日公布。

（4）高危作业者勋章人选推荐程序

由总务大臣、法务大臣、国土交通大臣、国家公安委员会委员长考虑人选，向内阁总理大臣推荐。被推荐之人的年龄须在55岁以上。推荐要以文件形式报送内阁府赏勋局进行协调。内阁总理大臣审查推荐上来的情况，召开内阁会议决定最终人选，于每年的4月29日和11月3日公布。

2. 奖章人选的产生

由众议院议长、参议院议长、国立国会图书馆馆长、各省大臣、会计审计院院长、人事院院长、宫内厅长官及设置在内阁府的局长提出名单，向内阁总理大臣推荐候选人。同勋章候选人推荐程序一样，奖章候选人的推荐也须以文件形式报送内阁府赏勋局进行协商；由内阁总理大臣审查，在内阁会议上讨论决定。

综上所述，勋章候选人和奖章候选人均由政府各部门的首长提出，经内阁府赏勋局审查和与政府各部门协商，再经内阁官房长官主持的授勋、授章等审查会议讨论，最后在内阁总理大臣主持下的内阁会议上决定人选。

3. 荣誉称号的取消与退还

勋章的获得者被视为社会各界学习的楷模。因而，对勋章候选人的审查相当严格和彻底，即使有违反道路交通法的事情，也会被取消资格。

1909年日本公布了《勋章褫夺令》。褫夺令中规定，在获得勋章之后，如果触犯了刑律，被处以死刑或三年以上刑期，所授勋章将被剥夺。若获得勋章后被依法拘留，拘留期间不得佩戴勋章。这些规定目前依然有效。

此外，关于勋章的拒授，在第二次世界大战之前没有相关的法律条文，在当时的政治环境下也不可能拒绝天皇颁发的勋章。第二次世界大战结束之后，一些当年获勋之人提出退还勋章的要求，政府于 1945 年发布了《关于位阶、勋章等请求返还之事宜》的规定，将退还勋章的行为正当化。此法律至今有效。

五　日本功勋荣誉制度的改革与特点

1. 功勋荣誉制度的改革

为了顺应时代的变化，2003 年日本对勋章及奖章制度均进行了改革。在勋章制度的改革方面主要有 5 大措施。

第一，取消勋章名称后缀的数字等级。过去，日本的勋章分“勋一等”到“勋八等”8 个级别。2003 年之后，“旭日章”“宝冠章”和“瑞宝章”全部取消数字排序方法，而采用“大绶章”“重光章”“中绶章”“小绶章”“双光章”和“单光章”的方式颁发给不同类型的人。

第二，注意官民获勋人数比例的合理性。过去，日本获得高位勋章者主要集中在政治家、政府官员、法院院长、检察院院长和国立大学校长身上，民间人士较少。2003 年以后，该比例有所调整。例如，2003 年日本民间获勋人数为 1650 人，创历史最高纪录。而获勋人士中的公务员比过去减少了一成，民间人士增加了一成。

第三，调整了评判功绩的标准与方法。

在过去的勋章评判标准与方法中，日本曾规定在同一勋级中，“旭日章”优于“瑞宝章”。2003 年以后对此规定进行了调整，增加了新的表彰范围，同时区分领域，让“旭日章”和“瑞宝章”表彰不同的对象，使表彰活动更为明晰和有效。

第四，取消了性别差异。过去，日本的“旭日章”为男性专用勋章，“宝冠章”为女性专用勋章，“瑞宝章”为男女共用勋章。2003 年以后，“旭日章”同“瑞宝章”一样，成为男女共用的勋章。女性专用勋章“宝冠章”虽继续存在，仅规定在特殊场合下使用。

第五，调整了授勋数量。1964 年春季，日本的春季授勋仅颁发了 197 枚勋章，到了 1987 年，增加到每次大约 4500 枚（一年大约 9000 枚）。在 2003 年的改革中，有人提出，应增加授勋人数，尤其应关注工作环境相对艰苦和经常处于危险环境中的人的情况，增加他们的获勋机会。日本政府接受了这些建议，在2003年秋季的授勋中，有3546名从事高危工作岗位的优秀人员获得了勋章，比过去（以前为600人左右）有了大幅度增加。

在奖章制度的改革方面，主要集中在奖章的授予标准、年龄和能否尽快颁奖等问题上。

例如过去的奖章授予标准之一是55周岁以上。这样的规定使许多做出了成绩的人很难及时受到表彰，尤其是紫绶带奖章的授予对象是在科技、体育、艺术领域有突出贡献之人，这些领域的人很多在年轻时就做出了成绩，而获奖却要等到55岁以后，造成创造佳绩的时间与获奖时间脱节的现象。

再比如，绿绶带奖章过去的授予对象是“孝子等德行卓著之人”，这样的规定已大大落后于时代的发展，使该奖项在1955年以后长期空缺。

2003年日本调整了各类奖章授予对象的条件，取消了年龄的限制，在选择奖章授予对象时，注意社会的各个阶层，尤其是不受人注意的行业领域中兢兢业业工作的人士以及女性模范人物等，从而更好地发挥了国家表彰制度的作用。

2. 日本功勋荣誉制度的特点

（1）治国方略，举国重视

日本的功勋荣誉制度自明治之初创立到现在，一直被置于重要国策的位置上，与国家的发展紧密相连。1964年日本全面恢复功勋荣誉制度后，把各行各业的优秀人物纳入表彰范围，成为鼓励全民为国效力、振兴民族的重要手段。经过30余年春秋两次大规模的面向全社会和各个阶层的授勋与授章等活动，这种表彰活动已深入人心，成为日本文化的组成部分。日本的功勋荣誉制度同民族的命运相关，与国家的发展目标相连，是社会道德的指向标和举国关注的国事。天皇直接参与授勋，政府各级首脑颁布勋章奖章，舆论大肆报道，民间有关人士设宴庆贺。这些活动对国家的发展、民族的振兴都形成了动力。

进入21世纪，日本又一次对功勋荣誉制度实施改革，目的是借功勋荣誉制度之力，整饬社会风气，推动社会在21世纪的发展。

（2）政策持久，制度稳定

日本是个非常重视法律的国家，政府部门的任何举措，都要有相关的法律作为依据。日本目前实施的功勋荣誉表彰，除依据战后制定的日本国宪法的第七条“天皇的国事行为”中规定的“根据内阁的建议”“授予荣誉称号”外，其他所依据的竟是百年前日本创建功勋荣誉制度时颁布的“太政官布告”“敕令”和“内阁府令”等历史上的文件，并声明这些文件与现在的政令有“同样的效力”。这就表明，日本现在实施的功勋荣誉制度的目的，与百年前创建这一制度的初衷一致。一项政策能长久不变地贯穿各个历史阶段，使这一制度成为日本文化的组成部分，融入日本民族血液之中，也是民族的传统价值观发扬光大，不会因时代的变化而渐趋衰减的保证。

（3）官民兼顾，覆盖面全

日本的功勋荣誉制度面向全社会，设计全面，覆盖各个阶层和各行各业。无论是国家或政府各级部门的首脑，还是士农工商学文体艺术界的人士，无论在什么岗位上工作，只要兢兢业业，做出突出贡献，积累一定功绩，都有获得勋章或奖章的机会。为了不遗漏任何一位值得国家表彰的人物，2003 年，日本还设立了“一般推荐”制度，任何人都可以举荐自己发现的优秀人物，有关部门也会进行认真的核实和处理。

（4）重名轻利，不设特权

日本国家级的功勋荣誉表彰，如颁发勋章、奖章、奖杯等，完全是一种荣誉性的活动，是对获奖人勤恳工作，为国家和公共事业做出突出贡献的承认和精神上的表扬，并不附带任何物质方面的奖励，获奖者也没有任何借此可以享受的特权。这一点在日本国宪法第十四条中有明文规定。从 1999 年至 2003 年专门负责荣誉表彰活动的政府部门“赏勋局”的预算上看，勋章奖章的制作费有严格的预算方案，该部门的预算主要用于勋章、奖章等奖品的制作，本身经费并没有因国家重视该活动、实施新的改革和增加获奖人数有大幅度的增加。日本的功勋荣誉表彰是一种“重名轻利”的活动，获奖者不会因获奖而名利双收，政府也不会因开展该项活动而开支猛增。

为奖励为民族文化做出了杰出贡献的“文化勋章”获得者，1951 年日本设立了“文化功劳者”制度，同时颁布“文化功劳者年金法施行令（昭和 26 年政令第 147 号）”，给获得“文化功劳者”称号的人颁发终身享有的年薪（350 万日元），然后规定“文化勋章”候选人须从获得“文化功劳者”称号的人中产生，这才绕开了宪法的规定，实现了奖励日本文化、艺术、学术领域有杰出贡献者的目的。这种特殊的做法在社会上并没有异议，显示了日本全社会对文化人士的尊敬。

（选自《国外社会科学》2010 年第 1 期）

韩国功勋荣誉制度研究

朴光海*

一　历史沿革及概况

韩国现代功勋荣誉制度的雏形形成于旧韩末期。1899 年国家设立了表勋院，负责国家的授勋表彰等相关工作。1900 年颁布了《勋章条例》，规定对国家有功之人实施授勋，并设立了勋位及等级，按照标准授予勋章。然而，到了 1910 年日本帝国主义吞并朝鲜半岛以后，韩国的勋章制度逐渐被废止。

1948 年大韩民国政府成立之后，国家的功勋荣誉制度开始进入正常的发展时期。政府重视国家功勋荣誉制度的建设和发展，并将其作为国家实现行政目标的重要手段之一。

韩国现行的功勋荣誉制度分为政府授勋和政府表彰两大类。勋章和奖章按照社会各个领域分为 12 个种类，分别是无穷花大勋章、建国勋章（奖章）、国民勋章（奖章）、武功勋章（奖章）、勤政勋章（奖章）、保国勋章（奖章）、修交勋章（奖章）、产业勋章（奖章）、新村勋章（奖章）、文化勋章（奖章）、体育勋章（奖章）、科技勋章（奖章）、预备军奖章。这 12 种勋章和 12 种奖章之间没有等级差别，只是在佩戴时有一定的先后顺序规定。12 种勋章中除无穷花大勋章没有等级以外，其余 11 种勋章分别分为 5 个等级，其中一等修交勋章又分为光化大章和光化章。

* 作者信息：朴光海，1972 年生，博士，中国社会科学院文献信息中心副研究员。

奖章是勋章下一等级的授勋，没有等级之分，为单一等级。奖章基本与勋章一一对应，只是奖章中没有无穷花奖章，多了一个预备军奖章。政府表彰则是奖章下一等级的褒奖，分为总统表彰、国务总理表彰、中央行政机关首长表彰和各级机关首长表彰。

二 韩国的现行功勋荣誉制度

韩国现行的功勋荣誉制度分为政府授勋和政府表彰两大类。政府授勋依据《赏勋法》和《赏勋法施行令》对为国家和社会发展做出杰出贡献的本国和外国人授予勋章或奖章。政府表彰依据《政府表彰规定》对为国家和社会发展做出贡献的本国人和外国人，以及在教育、各种比赛和作品创作等方面取得优异成绩的人进行表彰。

1. 勋章

韩国现行勋章有 12 种，分别是无穷花大勋章、建国勋章、国民勋章、武功勋章、勤政勋章、保国勋章、修交勋章、产业勋章、新村勋章、文化勋章、体育勋章、科技勋章。

（1）无穷花大勋章

无穷花大勋章是韩国的最高荣誉勋章，只授予总统、总统配偶、友邦国元首及配偶，以及对韩国的发展和国家安全做出突出贡献的前任友邦国元首及其配偶。

（2）建国勋章

建国勋章授予为大韩民国建国和巩固国家基础做出突出贡献的人。

建国勋章分为 5 个等级，分别是一等建国勋章大韩民国章、二等建国勋章总统章、三等建国勋章独立章、四等建国勋章爱国章、五等建国勋章爱族章。

（3）国民勋章

国民勋章授予在政治、经济、社会、教育、学术领域为提高国民福祉和促进国家发展方面做出突出贡献的人。

国民勋章分为 5 个等级，分别为一等国民勋章无穷花章、二等国民勋章牡丹章、三等国民勋章冬柏章、四等国民勋章木莲章、五等国民勋章石榴章。

（4）武功勋章

武功勋章授予战时或者国家进入非常状态时，参加战斗并立下战功的人。

武功勋章分为5个等级，分别为一等太极武功勋章、二等乙支武功勋章、三等忠武武功勋章、四等花郎武功勋章、五等仁宪武功勋章。

（5）勤政勋章

勤政勋章授予忠于职守、功绩突出的公务员（军人及军队文职人员除外）。

勤政勋章分为5个等级，分别为一等青条勤政勋章、二等黄条勤政勋章、三等红条勤政勋章、四等绿条勤政勋章、五等玉条勤政勋章。

（6）保国勋章

保国勋章授予为保卫国家安全做出突出贡献的人。

保国勋章主要授予军人和军队文职人员。保国勋章分为5个等级，分别为一等保国勋章统一章、二等保国勋章国仙章、三等保国勋章天授章、四等保国勋章三一章、五等保国勋章光复章。

（7）修交勋章

修交勋章授予在国际上维护国家权益，为发展和巩固本国与友邦国家友好关系做出突出贡献的人。

修交勋章主要授予在国家外交领域工作的外交官。修交勋章分为5个等级，分别为荣一等修交勋章光化章（又分为光化大章和光化章）、二等修交勋章兴仁章、三等修交勋章崇礼章、四等修交勋章彰义章、五等修交勋章肃靖章。修交勋章除授予上述人员以外还经常授予新任命即将赴任的外交官、出访外国的政府代表和特别使节等，在外交活动时作为礼节性装饰佩戴，以提高外交人员的形象品位。

（8）产业勋章

产业勋章授予为国家产业发展做出突出贡献的人。

产业勋章分为一等金塔产业勋章、二等银塔产业勋章、三等铜塔产业勋章、四等铁塔产业勋章、五等锡塔产业勋章5个等级。各等级产业勋章的制式同保国勋章相等。

（9）新村勋章

新村勋章授予在新村运动中为国家和社会发展做出突出贡献的人。

新村勋章分为一等新村勋章自立章、二等新村勋章自助章、三等新村勋章协同章、四等新村勋章勤勉章、五等新村勋章努力章5个等级。

（10）文化勋章

文化勋章授予在文化艺术领域为发展国民文化和促进国家发展方面做出突出贡献的人。

文化勋章分为一等金冠文化勋章、二等银冠文化勋章、三等宝冠文化勋章、四等玉冠文化勋章、五等花冠文化勋章5个等级。

（11）体育勋章

体育勋章授予在体育领域为提高国民体育水平和促进国家体育事业发展做出突出贡献的人。

体育勋章分为一等体育勋章青龙章、二等体育勋章猛虎章、三等体育勋章巨象章、四等体育勋章白马章、五等体育勋章麒麟章5个等级。

（12）科技勋章

科技勋章授予在科学技术发展领域做出突出贡献的人。

科技勋章分为一等科技勋章创造章、二等科技勋章革新章、三等科技勋章雄飞章、四等科技勋章跳跃章、五等科技勋章进步章。

2. 奖章

韩国现行的奖章有12种，分别是建国奖章、国民奖章、武功奖章、勤政奖章、保国奖章、预备军奖章、修交奖章、产业奖章、新村奖章、文化奖章、体育奖章、科技奖章。

（1）建国奖章

建国奖章授予为大韩民国建国和巩固国家基础献身、尽力且功绩突出者。

（2）国民奖章

国民奖章授予在政治、经济、社会、教育、学术领域贡献突出、为公益设施捐赠大额财产，经营公益设施及从事公益事业以及为增进国民福祉做出突出贡献者。

（3）武功奖章

武功奖章授予在国土防卫事业中献身、努力工作且功绩显著者。

（4）勤政奖章

勤政奖章授予公务员、私立学校教员、国家及公立企事业单位、公共团体及社会团体职员中忠于职守，为富国强民做出突出贡献者。

(5) 保国奖章

保国奖章授予在保卫国家安全、维护社会安定秩序方面做出突出贡献，以及不顾生命危险救助人员和国家财产者。

(6) 预备军奖章

预备军奖章授予为预备军事业发展做出显著贡献者以及忠于职守的预备役军人。

(7) 修交奖章

修交奖章授予在国际上维护国家权益，为增进本国与友邦国家友好关系做出突出贡献，以及为提升国家形象和地位做出重大贡献者。

(8) 产业奖章

产业奖章授予为产业开发和发展做出贡献，精心创业且功绩显著，以及在工厂、公司以及其他工作岗位忠于职守，为国家发展做出突出贡献的劳动者。

(9) 新村奖章

新村奖章授予在新村运动中表现出新村精神，为地区社会的发展和改善人民福祉做出突出贡献者。

(10) 文化奖章

文化奖章授予通过文化艺术活动为国家文化发展做出突出贡献者，以及通过文化艺术活动提升国家形象和地位的人。

(11) 体育奖章

体育奖章授予通过体育活动为发展国民体育事业做出突出贡献的人，以及通过体育活动提升国家形象和地位的人。

(12) 科技奖章

科技奖章授予通过科学技术研发工作为国家科学技术发展做出贡献以及为国增光的人。奖章的制式为小绶带，并配有正章、略章和胸章。奖章的图案与对应的勋章图案相同，预备军奖章上的标志性图案是朝鲜半岛图案。

3. 政府表彰

政府表彰是奖章下一级别的褒奖，按等级分为 4 个级别：

(1) 总统表彰。

（2）国务总理表彰。

（3）中央行政机关首长表彰：如国防部长表彰、文化体育观光部长表彰。

（4）各级机关首长表彰：包括各级政府机关首长表彰等。

政府表彰按内容分为 4 个奖项：

（1）功绩奖

功绩奖授予忠于职守，工作成绩突出，具有奉献精神，为国家和社会的发展做出贡献的人。

（2）创意奖

创意奖授予为提高行政效率提出具有建设性和创意性建议、方案，为国家和社会的发展做出贡献的人。

（3）优等奖

优等奖授予在各种教育事业中取得优异成绩，以及在各种展览会、体育比赛和文艺比赛中获得优异成绩的人。

（4）协助奖

协助奖授予在行政工作中积极协助，功绩显著，对外提高国家形象和地位，具有奉献精神，为国家和社会的发展做出贡献的人。

政府表彰功绩奖和创意奖授予表彰状，优等奖授予奖状，协助奖授予感谢状。授予总统和国务总理表彰的同时授予个人表彰总统和总理授章，集体表彰总统和总理授旗以及表彰状，有时还同时授予纪念牌和其他奖品。

4. 功勋表彰的评选程序

韩国的功勋表彰评选以定期评选为主，不定期评选为辅。功勋的推荐和评选通常都是在年底、国家的国庆日，以及建军节等其他重大节庆日时进行。不定期的评功评奖通常在某一重大项目完成、政策评估、重大检查以及作品大赛结束时进行。

5. 授勋及表彰等级评定标准

授勋及表彰等级的评定要考虑功绩的大小程度、获奖人的职级、职位、在职工作时间等各种因素。总的原则是勋章、奖章以长期功绩为主，政府表彰以短期功绩为主。通常在职的勋章获得者至少要有 15 年的工作经历，奖章获得者至少要有 10 年的工作经历，政府表彰获得者至少要有

5 年的工作经历。退休公务员除有特别功绩以外，通常根据工作时间、职级、职位评定授勋和表彰等级。退休人员获得勋章的工作年限为 33 年以上，奖章是 30—33 年，总统表彰是 28—30 年，国务总理表彰是 25—28 年。

6. 对外国人的授勋和表彰

韩国的《赏勋法》中规定大韩民国勋章和奖章授予为大韩民国做出突出贡献的大韩民国国民及友邦国国民；《政府表彰规定》中也规定了政府表彰的对象是对国家和社会做出突出贡献的本国人和外国人。因此，韩国的功勋荣誉制度包括对外国人的授勋和表彰。对外国人的授勋和表彰存在一定的特殊性，通常对外国人进行授勋和表彰的对象是为韩国发展做出贡献的外国人、韩国政府邀请的外国访韩人士以及结束在韩国工作的外交官或军人等。授勋的时间原则上是在外国人访韩时或结束在韩国的工作任期离任时。对于外国人的授勋等级，除了要考虑功绩的大小和时间的因素以外，还要考虑授勋对象国家与韩国的国家关系等。此外，对于外国军人的表彰还要事先与国防部长协商，对于普通外国人的表彰要事先与外务部长协商。

三 韩国功勋荣誉制度相关法律法规

《赏勋法》《赏勋法施行令》和《政府表彰规定》这三部法律法规基本上构成了韩国现代功勋荣誉制度的基本法律法规框架，对韩国功勋荣誉制度的发展、建设和实施发挥了重要的指导性作用。

1. 《赏勋法》

《赏勋法》于 1963 年 12 月 14 日颁布，是将此前各种单行的功勋法令整合制定而成。1967 年 1 月 16 日，对《赏勋法》进行了首次修改，并对赏勋制度进行了整理和完善。此后，《赏勋法》又经历了多次修改，现行《赏勋法》是 2005 年 8 月修订的。《赏勋法》主要是对授勋的相关事项做出了规定。

2. 《赏勋法施行令》

1967 年颁布《赏勋法施行令》，作为《赏勋法》具体施行的补充法令，进一步对韩国的勋章和奖章制度做了详细的规定。《赏勋法施行令》

的目的就是对《赏勋法》在施行过程中所需的事项进行规定。

3.《政府表彰规定》

《政府表彰规定》于1962年8月制定颁发，1964年3月第一次修订，对表彰对象、评选办法、中央功绩审议委员会的构成等进行了整理和规定。此后，《政府表彰规定》又经历了数次修订，现行《政府表彰规定》是1996年5月修订的。《政府表彰规定》主要是对政府表彰的相关事项做了具体规定。

四 特点与经验

韩国的功勋荣誉制度经过多年的实践、修订和发展已经具备了一套比较完整的体系，并具有自身的一些特点和优点。

第一，设置了勋章、奖章和政府表彰三个层次相结合的褒奖等级体系，制定了《赏勋法》《赏勋法施行令》《政府表彰规定》等专门的功勋表彰法律法规，对功勋制度和功勋制度的实施做出了统一、详细的规定，使国家的功勋荣誉制度的实施有章可循，有法可依，并且更加规范、统一。

第二，韩国的勋章和奖章按照社会各个领域分成12个种类，覆盖了公务员、军人、工业、农业、文化、体育、科技等几乎社会的所有领域，褒奖的范围十分广泛而全面，奖章的名称和称号简明、切合、庄重，并且一目了然。

第三，勋章除无穷花大勋章以外又各自分为5个等级，这5个等级参考获奖对象在职工作的时间长短、功绩的大小程度、职级、职位等各种因素评定。

第四，《赏勋法》和《政府表彰规定》都规定禁止对同一功绩进行勋章、奖章和政府表彰的重复授予，这样避免了褒奖的重复性、复杂性和主次不分。并且勋章获得者5年内不能再次授予勋章和奖章（不分种类）；总统和务总理表彰两年内不能重复表彰，这样就保证了褒奖的广泛性、严肃性和权威性。

第五，韩国的功勋荣誉制度还包括对外国人进行授勋和表彰，这样不仅促进了国家与友邦国家的关系发展，增进了信赖关系，更为国家的外交、国防、经济、社会发展起到了积极的促进作用。

第六，韩国的勋章和奖章设计都有表现各自特征的图案，如金冠、太极、无穷花、头盔、钟、橄榄枝等，使各个种类的勋章和奖章更容易被识别，而且勋章和奖章的外形简洁、优雅、富有进取感，很好地表现出民族的传统和特点。

第七，功勋表彰的推荐、评选及授奖周期固定，并与国家的重大节庆日（国庆日、建军节等）相结合进行，更增加了褒奖的权威性和庄重性，以及获奖者的荣誉感。

韩国通过对为国家社会发展做出显著贡献的人授勋和进行表彰，极大地提高了人们的工作热情和积极性。韩国的功勋荣誉制度对培养健全的公民精神，实现明朗、正义的社会，建立正直的市民意识，提高国家形象和地位，以及促进社会全面健康发展等都发挥了积极的作用。

（选自《国外社会科学》2010 年第 1 期）

日本智库的发展现状及问题

刁 榴 张青松*

智库作为一种超越现行政策，从自身独有的视角调查、研究、分析政治、经济社会等问题，向政党、政府、企业等提供智慧的组织形态，越来越受到关注。在智库发展方面，美国、欧洲、日本等发达国家和地区均探索出了独有的智库发展模式，很多经验值得我们借鉴学习。本文将研究视角深入日本，对日本智库发展的历程、模式及存在的问题、变革等进行梳理。

一 日本智库的定义

在探讨日本智库发展这一问题时，我们有必要明确日本对智库是如何定义的。智库也称“思想库”（think tank），是指以政策立案、政策建议为主要业务的研究机构，被称为政府的“第四部门”或“第五种权力”，但世界各国的智库规模、领域、成立过程、资金等多种多样，目前对于智库尚无统一的定义。具有相当的发展历史和实际业绩的欧美智库，其共同点就是“利用民间资金通过活动在政策形成过程中酝酿出多元性，抑制政策制定过程中的政府垄断”，智库虽然不是政策的执行者，但通过科学的理论和方法，提出政策性建议和提案，同时进行政策的评价和监督。欧美的智库基本采取非营利团体的形态开展政策研究，其特点是公

* 作者信息：刁榴，1973 年生，博士，北京工业大学外国语学院副教授；张青松，1971 年生，博士，中国社会科学院国际合作局亚非处副处长、全国日本经济学会理事、研究员。

共性和独立性。虽然也有智库采取了公司方式运营，但基本排斥受资助者的意志左右，对公共政策等建言献策，为“思想市场”提供更多选择。

而在日本，智库在性质上与欧美相比，呈现出独有的异质化特征。辞典《广辞苑》对智库的定义为“以头脑为资本进行买卖的企业和研究所”。[①] 日本《现代用语的基础知识》对智库的解释为“以无形的智力为资本进行买卖的企业或研究所”。[②] 日本国立国语研究所出版的辞典上的解释为“智库是集合专家开展调查研究的头脑集团；对政治经济以及科学技术等广泛领域的课题，进行调查研究、出版成果报告等的综合研究所……从专业的角度提出政策和企业战略的服务业，除了委托研究，还广泛参与电视以及报纸杂志的评论活动、出版研究成果等”。

因此，仅从日本对智库的定义上可以看出，日本智库并不是特别重视智库的独立性和公共性，其调查研究机构的特质较强。现实中，日本的智库约半数是营利法人，以营利库为目的的智库居多，这些营利性智库虽然冠以“综合研究所”的名义，但多是大企业的子公司，业务内容主要是经营咨询、信息系统开发及销售等。当然，这些智库也承担政府的委托研究项目，但与公共政策有关的业务所占比重很低。

二 日本智库的发展历程

日本智库的先驱可以追溯至1907年成立的“满铁调查部”以及1919年成立的大原社会研究所（现法政大学大原社会研究所）等调查研究机构，而日本正式引进智库这一研究组织的概念则是在经济高速增长的60年代后半期，经过四次发展热潮，日本已经形成了一批有社会影响力的智库。

战后日本在政治、经济、社会思想和对外关系上都发生了剧烈变化，社会各界对人文社会科学研究的需求和期待增加。特别是日本在经济恢复发展过程中，以官僚主导的政府行政部门为中心制定的日本发展战略政策，发挥了很好的作用，日本经济实现了高速增长，但与此同时也伴生了污染、城市问题等众多问题。在此背景下，日本政府和执政党都认

① 《广辞苑》第五版，岩波书店，1998年11月11日，1374页。

② 《现代用语的基础知识》，自由国民社，2013年1月1日，1395页。

为有必要在政府部门以外成立政策研究和政策建议的智库组织；而经济界也逐渐摆脱官僚主导体制，认为需要建立独立提供政策建议的机构，开展更广泛的社会性活动。在此背景下，大量公共政策型的研究机构和企业涌现，1970年前后迎来了“第一次智库发展热潮”，1970年也被称作“日本智库元年”（见图1）。野村综合研究所、社会工学研究所、三菱综合研究所、日本综合开发机构等著名智库均在此时期成立，这些智库广泛承接来自政府以及企业的各种咨询需求。该时期智库的发展与日本经济高速增长所伴随的国土开发、交通建设、环境保护等领域的政府以及企业部门需求的增长密不可分。

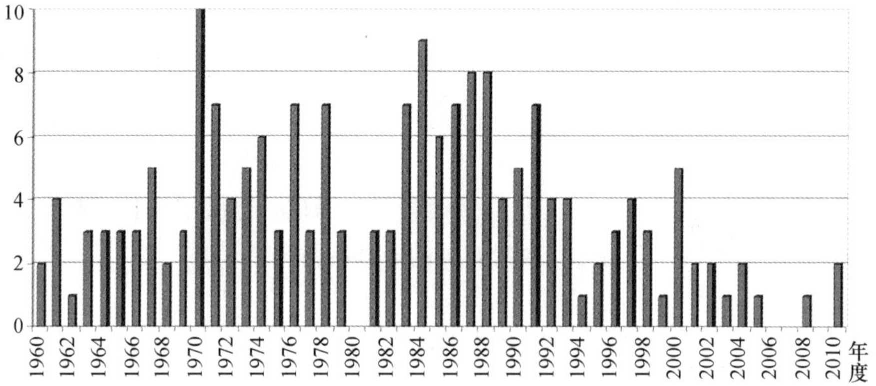

图1　日本智库成立数量（年度）

数据来源：笔者根据日本综合研究开发机构各年度《智库信息》整理。

然而随着石油危机爆发，日本经济陷入不景气，智库的民间客户群减少，因而逐渐加强了对相关政府业务部门的依赖度。1974年由财界、行政和地方自治体合作成立了智库“日本综合研究开发机构”（NIRA）。它在从事研究和提供政策建议的同时，更重要的是向其他智库提供研究资金，构建政策研究的网络，为日本智库的培育发展做出了巨大贡献，因而也被称作“智库大本营”。此外，专门从经济界的视角开展独立的研究和咨询活动的“政策构想论坛”以及从事结构革新政策建议等活动的“现代综合研究集团”先后成立。20世纪70年代中期至80年代中期，日本地方再度兴起智库发展热，山口经济研究所、神户都市研究所等一批地方中小智库相继涌现，10年间成立了近40家机构，为地方政策形成做出了一定的贡献。与此同时，以促进地方智库间合作为目的的“地方智库协议会”成立。

20世纪80年代中期，日本进入泡沫经济时期，随着日本企业在全球范围的不断扩张，也相继成立了金融·保险系、制造企业系、地方银行系等智库，进而出现了“第二次智库发展热潮”，例如以三和综合研究所、大和银综合研究所、住友生命综合研究所等为代表的智库。随着日本泡沫经济崩溃，这些领域的企业设立智库也趋于平静。同时为了应对泡沫经济崩溃，企业类的民间智库例如野村综合研究所等，为改善收益结构、稳固经营的基础，在开展研究活动的同时逐步增加了咨询业务、系统业务等部门。

90年代前半期迎来了“第三次智库发展热潮”，高知县、宫城县[①]等自治体主导的智库相继涌现。这些自治体智库，尽管其组织形态是非政府组织，但实质上在自治体内部承担着不同功能，并使自治体组织内附加智库性的功能。随着日本经济进入低迷期，日本内部开始对过去那种官僚或行政主导的社会运营方式进行检讨，特别是关西大地震复兴期各种志愿者活动以及市民的活动，进一步推升了社会对NPO、NGO重要性的认识。在此背景下，日本各界开始探讨成立非营利性智库、NPO的必要性。1997年经济团体联合会21世纪政策研究所、藤田未来经营研究所、市民立法机构、东京财团、“构想日本”、21世纪政策构想论坛相继成立，从独立视角开展政策研究活动，进而形成了“第四次智库发展热潮——非营利智库热潮”，因此1997年也被称作“民间非营利独立智库元年”。其后民主党系的政策研究组织“市民调”（2001年2月）、Think-net Centre（2000年1月）也相继成立。这些非营利智库的组织体系与以往的智库不同，采取了独立于行政部门和企业的形态，开展着政策咨询等各种活动，为政策形成的多元化做出了很大贡献。这些独立性的民间非营利性组织作为一个现象出现，在日本历史上具有划时代的意义。

---

① 日本的行政区划之一，相当于中国的省。日本共有1都（东京都）、2府（京都府、大阪府）、1道（北海道）、43县（高知县等）。

进入21世纪，智库进入“重组期”，许多应时代需求而诞生的智库出于完成历史使命、经营面临困境等因素相继解散，或整合重组成新组织形态的智库。例如，社会工学研究所、住友生命综合研究所、粮食农业政策研究中心、北陆经济调查会等智库解散，滋贺综合研究所、北九州都市协会等将智库功能分解至当地大学等。但在此期间，政党型的新型智库开始出现，例如自民党和民主党为将过去“以行政为主导的政策形成”转变为“以政治为主导”的局面，民主党于2005年成立了“公共政策平台”，自民党于2006年成立了“智库2005·日本”。此外，被称作小泉智库的国际公共政策研究中心（2007年3月）、以保守派知识分子为核心的国家基本问题研究所（2008年12月）、佳能全球战略研究所（2008年12月）、理光经济社会研究所（2010年4月）、亚洲太平洋研究所构想（2011年4月）等独立型智库陆续成立，但由于成立时间较短，这些智库要想在政策形成中发挥重大影响力尚需时日。

三 日本智库现状及其特点

日本智库发展至今已颇具规模，但日本到底有多少智库目前尚无准确统计。美国宾夕法尼亚大学智库和市民社会课题组编写的《国际智库排名2011》指出日本智库有103家。日本综合研究开发机构（NIRA）《2012年智库信息》显示，截至2011年，日本智库共有201家，由于该数字是NIRA问卷调查得出的数据，因此实际数量肯定高于这个数字。

日本智库根据所属母体可以分为政府系、金融机构系、企业系、行业系、政党系等类型（见表1）。日本智库规模通常较小，根据日本综合研究开发机构的调查，研究人员在9人以下的智库占62.0%、“10—19人”的智库占17.1%。而日本智库的研究领域主要分布在经济（18%）、国土开发利用（17.9%）、产业（11.9%）、环境（6.0%）、交通（6.0%）、政治行政（5.5%）、国民生活（4.0%）、国际问题（3.5%）、资源能源（3.0%）、医疗教育（2.5%）、通信信息（2.5%）、文化艺术（2.5%）等领域。

表1 日本智库的类型划分

系列	智库名称及所属
政府系统	日本国际问题研究所（外务省）、经济产业研究所（经济产业省）、财务综合政策研究所（财务省）、防卫研究所（防卫省）等
金融系统	银行系统：日本综合研究所（三井住友金融集团）、瑞穗（瑞穗金融集团）、农林中金综合研究所（农林中央金库）等 证券公司系统：野村综合研究所（野村集团）、大和总研（大和证券集团）等 保险公司系统：第一生命经济研究所（第一生命集团）
企业系统	三菱综合研究所（三菱集团）、富士通总研（富士通集团）、三井物产战略研究所（三井物产）、丸红经济研究所（丸红集团）等
行业系统	21世纪政策研究所（财经界）、建设经济研究所（建筑界）、国际贸易投资研究所（贸易界）等
政党工会以及市民团体系统	智库2005·日本（自民党）、公共政策平台（民主党）、社会科学研究所（日本共产党）、劳动运动综合研究所（全国劳动者联合会）、自治体问题研究所（自治体劳动联合会）等
其他	日本经济研究中心、构想日本、东京财团等

从组织形态来看（见表2），目前日本智库近半数为营利法人（49.3%），多采取股份公司等运营方式，这些智库母体多为金融机构或企业等实体。而财团法人类型的智库比重为38.3%，如果加上社团法人的9.5%，公益法人类型①的机构占比达47.8%。

表2 日本智库的组织形态

财团法人	38.3%（77家）
社团法人	9.5%（19家）
营利法人	49.3%（99家）

① 公益法人是指以公益为目的事业的法人。公益法人既包括社团法人的形式，也包括财团法人的形式。

续表

特定非营利活动法人	1.0%（2家）
独立行政法人	1.5%（3家）
其他	0.5%（1家）
合计	100%

从日本智库运营状况来看，自20世纪90年代以来，日本智库的“总收入”在2000年达到5500亿日元的高峰后显著下滑，2005年降至2000亿日元左右。其中，“调查研究收入”在1999年、2000年达到1500亿日元峰值后，一直徘徊于1000—1500亿日元，变化虽不如“总收入”那么剧烈，但也呈下降趋势。从“总收入”构成比来看，“调查研究收入”占4%、“事业收入”占26.8%、“其他收入”占29.8%。其中“调查研究收入”为唯一收入来源的智库占21%，均为营利法人。从“调查研究收入的来源”来看，“国家委托研究收入”占31.8%，“地方公共团体[①]委托研究收入”占16.2%，“特殊公益法人委托研究收入”占16.8%。可以看出，智库的调查研究收入高度依赖于政府部门和准政府部门。这主要是由于大量营利性智库发展过程中形成了“母公司的委托研究+政府部门委托研究”模式，承担着企业形象宣介、为集团企业服务以及发挥企业社会责任等功能的同时，还承接政府部门的课题。而财团法人和社团法人等非营利智库，大多脱胎于政府部门或受相关部门主管，也主要承接政府部门委托的政策研究项目。

因此，为了改变过度依赖于政府部门、实现智库财源的多元化以稳固经营基础，很多智库特别是企业类智库纷纷增设系统部门、咨询业务部门。从统计数据上来看，“纯粹以研究为事业”的智库仅占7%，“以研究事业为主要业务”的智库占55%，“研究事业和其他事业各占一半”的智库约占28%，“研究事业为辅”的智库占10%。

这种模式导致智库容易受到外部经济环境的影响，当日本经济陷入低迷时智库数量大幅减少。因为随着国家财政状况恶化、企业收益低迷，政府部门和大企业大幅减少了外部委托调查经费，项目签约方式也由过

① 都道府县、市区町村以及相关机构等。

去的随意签订转变为竞标申请，价格竞争日趋激烈。相对于对市场敏感性较低的财团法人等非营利智库而言，营利性智库的处境更为艰难。图2显示，日本智库数量在2001年达到最高峰的337家，后逐年减少，主要原因就在于占据半壁江山的营利性智库显著减少。智库研究成果也呈同样的态势，2010年度结束的研究项目共计3078项，也仅为高峰期时的一半。

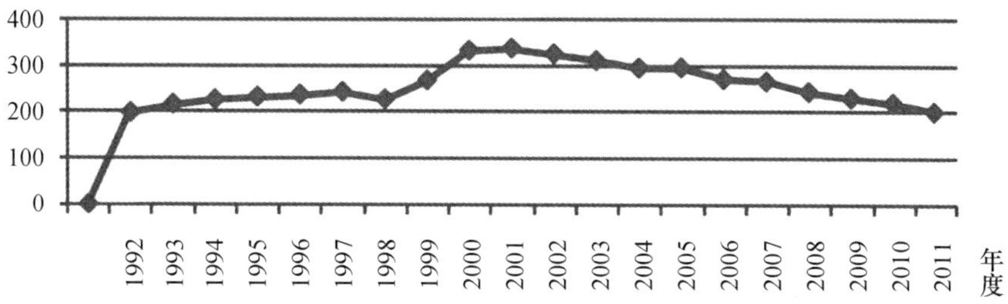

图2　日本智库数量变化

数据来源：日本综合研究开发机构《智库信息2012》，2011年12月出版发行。

从智库的研究形态来看，2010年度智库“自主研究项目”占32.8%（1009项）、“委托研究项目”占65.0%（2002项）、“其他资助项目”占2.2%（67项）。日本智库自主研究占比由1995年的20%、2000年的18%，升至2006年的26.1%，其后保持在30%左右的水平，呈现出稳中有升的态势。但如果从“营利法人”和“非营利法人”类别看，“营利法人”自主研究占比在2000—2010年间基本保持在17%左右的水准，而“非营利法人”自主研究占比则从2005年的25%左右提升至2007年的48%、2009年的50%以及2010年的52%。这表明非营利法人更加具有独立性，同时也反映了营利性智库出于盈利需求，将自主研究的比重设定在较低的水平。

此外，由于委托研究占比较高，日本智库所进行的课题研究项目大多以短期为主。根据日本综合开发机构发布的数据，2010年度日本智库研究项目期间在一年以上的仅占15.8%，而6—12个月的项目高达39.6%，3—6个月的项目占27.4%，不足3个月的项目为9.5%。这种局面导致日本智库缺乏长期性、战略性成果，更由于委托研究项目多为政府委托,[①] 造成智库在公共政策决策中的作用被进一步弱化，日本社会对智库的公益性认同感不强。

日本智库高度依赖委托研究的局面导致智库分布严重不均。201 家智库中 113 家设在东京都，智库研究人员中 77% 集中于东京，调查研究收入额的 84. 8% 集中于东京，这与东京都是日本的政治、经济、文化中心的地位密不可分。这种状况也体现在智库的经营上，根据日本综合开发机构的调查，日本智库整体经营状况“良好 + 基本良好”的合计 28. 3% ，而“比较严峻 + 严峻”的合计 52. 5% ，其中东京都内的智库分别为 31. 3% 和 48. 2% ，而东京都外的智库则为 25. 8% 和 57% ，也就是说东京以外的智库面临更为严峻的经营困境。

在人员配置方面，20 世纪 90 年代以来日本智库人员总数在 1997 年达到高峰（17000 人）后逐渐减少，2006 年降至 7000 人左右。而研究人员总数基本在 6000—8000 人波动，虽未像职员数那样变化剧烈，但也呈逐步减少的趋势。从研究者占人员总数的比重来看，非营利性智库和营利性智库分别为 60. 0% 和 34. 3% 。这表明，营利性智库出于营利渠道多元化的考虑，将较多的人员配置于其他事业部门，而市场敏感度低、无营利压力的非营利性智库，则根据自身的经费安排更偏重于配置研究人员。研究人员的年龄层从 90 年代以后逐步上升，20 岁年龄层的人员比重减少，40 岁、50 岁年龄层的比重逐步增加。从国籍构成来看，只有 12. 1% 的智库有外国研究人员，外国研究者有 61 人，仅占 1% 。

综上所述，我们可以看到，日本智库的特点如下：营利性智库是主流，对政府部门和母体组织的依存度较高、独立性较低，单纯依靠研究难以维系组织的经营发展，研究期间短难以形成长期性、战略性的研究成果，智库的公益性不强，东京一极集中，多从事委托研究项目，规模小，人员趋于老化，缺乏对政策形成过程有巨大影响力的研究等。

---

① 2000 年以来中央省厅和地方公共团体的委托研究项目占 75% 左右，公益法人（包括财团法人、社团法人、特殊法人、认可法人、独立行政法人等。这些法人大多为政府外围团体）委托项目平均占 10% 左右，营利法人委托项目及其他平均占 15% 。

四 日本智库的作用

对于市民社会而言，智库是打破各个时代闭塞状况的必要的民主性配置。因此，智库应独立于企业和行政，在民间层面保持主体性，成为以公益为目的的非营利机构。但日本智库通常依赖于母公司以及政府部门等的委托调查研究，容易受到委托方（利益相关方）意志的影响，在充分发挥智库自主性的政策研究方面受到很大限制。日本的智库，虽然从某种意义上来说只是单纯的调查研究机构，但其在启发国民对公共政策的参与意识、为国家公共政策制定做出智力贡献、对政府公共政策活动提出建议、在国际场合发出声音、创造多元化信息源等方面仍发挥了积极作用。日本智库行使影响力主要有两个手段：一是对政府直接产生影响，包括向政府提出建议，智库人员出任政府职员、通过输送人员对政府产生影响力；二是通过与媒体合作、出版、网络、演讲会等形成影响力，间接对政府产生影响力。

总体而言，资金相对有保障、具有相对独立性的公益智库发挥的影响力较大。以美国外交问题评议会为模式设立的日本国际论坛是一个由企业家、有识者、行政官员、议员、媒体参加的平台型智库，主要领域是与国际问题相关的政治经济领域，通过举办研究会和政策委员会，提出政策建议，同时以英文出版政策建议，在海外评价很高。而最具独立性的、最接近于欧美智库类型的东京财团，长期以来作为日本政府的智囊具有相当的影响力，首相的很多执政演说均有东京财团参与撰写。此外东京财团还通过“PRESUMMIT”，在八国首脑峰会前三个月，集结8个国家的在政策领域具有国际最高水平的有识者，在主办国召开会议，对该届峰会的讨论事项进行政策研讨，向各自参加国首脑提出政策建议。例如冲绳峰会前，关于全球化和核扩散问题、国际金融秩序稳定等会议成果作为政策建议被提交给了森喜朗首相，此外，有关网络发展的潮流及未来展望等成果在冲绳峰会《IT宪章》中得到了体现。其他如“21世纪政策构想论坛”在《借地借家法》修订过程中的各种活动对政策产生了直接影响，“构想日本”在《年金改革法》、《公益法人制度改革关联法》的制定过程中发挥了巨大影响力。

日本智库最重要的作用之一是充当政府政策人才的蓄水池。例如东京财团的很多研究人员曾出任政府高级官员。2001 年竹中平藏理事长被任命为金融经济财政担当大臣，大田弘子在安倍和福田政权期间就任经济财长政策担当大臣，此外还有本间正明（经济财政咨询会议议员）、冈本行夫（总理大臣辅佐官）、伊藤元重（邮政民营化有识者会议成员、综合研究开发机构理事长）、岩田一政（日本银行副总裁）等。以东京财团为代表的日本智库，发挥了人才储备库的功能，在日本中央和地方公共政策的制定等方面，间接发挥了重要影响。这一点与美国智库功能相同。

日本的智库在某种程度上承担着第二外交渠道的作用。例如 2012 年 4 月日本大和总研与东京证券交易所同缅甸中央银行签署合作备忘录，协助缅甸创建证券交易所和培育资本市场。同时，大和总研还与 NTT、富士通共同承担了缅甸金融 ICT 系统建设以及缅甸中央银行系统开发等合作，这也是日本对缅甸官方开发援助（ODA）的重要合作内容。日本之所以能进入涉及缅甸国家安全的金融体系建设项目，与大和总研多年来的不懈努力有着至关重要的关系，即便是在缅甸制裁期间，大和总研一直保持着对缅甸的战略关注与研究，甚至早在 1996 年就与缅甸最大的国营银行设立了缅甸第一家店头交易市场。由此可以看出，日本智库在配合国家实施海外政策、发挥国际影响力方面也起着举足轻重的作用。

五 日本智库存在的问题及原因

不可否认，日本智库的政策建议功能整体处于停滞状态，呈现出调查研究机构属性强于政策建议机构属性的特质。不仅在国内认知度方面有待提升，在资金、人才、信息等方面与欧美独立型智库也存在一定差距。近年来，日本智库的国际影响力落后于欧美乃至亚洲国家智库，根据美国宾夕法尼亚大学的调查，世界前 50 位智库以及亚洲前 10 位智库中，日本仅有国际问题研究所一家进入（位居世界第 47 位）。概括而言，日本智库停滞不前的主要原因如下。

（1）多年来日本都是以政府为主导制定政策，“官僚机构成为最大的智库”。[①] 官僚主导的日本行政机构承担着从政策研究到政策制定、实施各环节的任务。与需要庞杂烦琐和成本高昂的民主程序相比，这种日本特有的方式在经济高速增长期被评价为高速、有效，因而维持至今。然而，由于行政机构长期垄断了政策所需的相关信息，信息不对称导致日本智库难以对政府部门的政策法案等提出对应方案，也无法做出充分的客观评价，只是局限于部分修改，因而只是对政府工作的延伸或补充。

（2）日本欠缺支持智库发展的社会性土壤，智库的财政、组织运营基础非常薄弱。多脱胎于企业和政府的日本智库，缺乏财政独立性，依赖于从企业和政府承接业务。根据调查，57.1%的智库“愿意积极开展自主研究，但无法确保财源和人才资源”，83.6%的智库认为“委托研究在确保智库财政基础方面不可或缺”，而认为“委托研究在政策形成的参与方面不可或缺”的占38.2%，认为“在保持与母公司、主管官厅的关系方面委托研究不可欠缺”的智库占30.3%。

（3）智库之间以及与整个社会的连接网络脆弱。近年，各种智库间的网络构建得到了推动，但这种推进规模小，通过研究网络开展共同调查研究、政策建议的案例基本没有。智库与自身顾客群以外的个人和组织也很少开展合作研究。譬如大和总研，开展的项目研究主要由内部人员承担，当缺乏相关专业的研究人员时，则采取临时从其他部门借调的方式，很少从外部聘请专门人员。此外日本智库的研究成果非公开或有偿公开的比重高（见图3），导致市民参与利用率低，造成整个社会和市民对智库的认知度也低。

（4）日本经济长期不景气导致日本智库经营环境恶化，特别是民间营利性智库受到很大影响，呈现出从合同金额小以及参与公共政策决策的调查研究，向合同金额高的咨询业务和系统整合业务等变化的逐利倾向。例如，由于母公司经营环境恶化等原因，加之来自政府部门、民间团体委托研究的大幅减少，企业型智库的财政状况不断恶化，不得不关闭或者重组。2004年前后，社会工学研究所（后作为NPO法人重新成立）、国民经济协会、SEZON综合研究所等具有划时代意义的智库被关闭。同样是在2004年3月，野村综合研究所缩小了政策建议部门——研

① 石井宏典：《智库与公共哲学》，2010年，180页。

究创发中心，剥离了宏观经济分析部门——经济资本市场研究部，40 余名研究人员都转移到野村证券，实质上丧失了智库的功能。

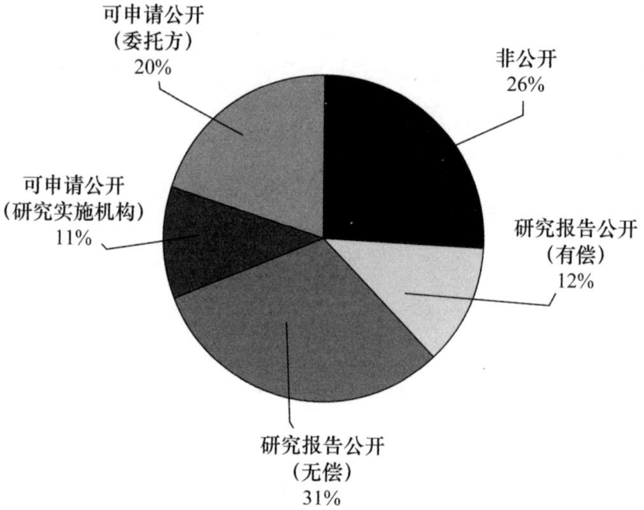

图 3 日本智库的成果公开方式

数据来源：笔者根据日本综合研究开发机构的调查资料整理。

（5）日本很多智库都处于“官厅”的控制之下。作为智库，无论是受政府社会基金资助还是财团支持，在体制上都应独立于政府和财团的控制之外，因为只有具有充分独立性的智库，才能有效避免揣摩上意的倾向，突破信息在行政体系内部的自我循环，将更广泛的卓识和民众意见导入立法与决策过程中，保障智库引导下的政策思想有足够的公共性和正当性。而当前日本很多智库的会长、理事长等要职由退休官僚占据，由空降的“官厅官僚学者”主导推动调查研究活动。其中既有日本能源经济研究所（理事长丰田正和为原经产省审议官）、日本经济研究中心（理事长岩田一政为日本央行原副行长）之类的社团法人，也有日本瑞穗综合研究所（理事长杉本和行为原财务省事务次官）、日本大和总研（理事长武藤敏郎为日本央行原副行长）等营利性智库。此外，日本很多智库通过“委托研究”方式或多或少地受到官厅的影响，除了直接从国家机构等获得委托项目外，还依赖于所谓民间的“通道型调研机构”获得项目，而这些所谓的“通道型调研机构”实际上是从国家获得调查委托费、再委托民间智库开展研究的机构。例如财团法人产业研究所（现为独立行政法人经济产业研究所），通过各种智库型的活动向民间智库提供资金、委托开展研究，再向主管省厅——通产省提出成果报告，而自身只从事少部分研究活动。接受其委托的民间智库包括三菱综合研究所、野村综合研究所、日本研究中心、日本经济研究所等鼎鼎大名的大型智库。智库另一主流金融系统智库，由于其母体金融机构处于政府“保驾护航行政”模式下，也难以避免来自财务省的影响。

六　日本智库的变革

为了解决日本智库发展中存在的问题，改变当前智库政策建议功能停滞的状态，日本需要尝试各种变革，以建立符合日本现实的政治和政策形成过程特点的日本特色智库。

（1）观念的变革。重新认识智库的功能，改善智库生存的社会环境，智库如同社会的基础设施，是社会构成的有机部分，对于社会发展起着重要作用。“以政府为中心的政策制定”这一固有理念导致本应操控行政的政治，实际上也被植入了“以行政部门为中心的政策制定才是正统、合理的”这一意识。因此，政府部门应下决心实施结构性改革，进一步完善政策决策机制，公开政策研究所需的统计等信息，由智库通过科学的理论和方法，从独立的角度进行分析，给政策形成带来多元性的思考。日本各界应对智库的独立立场予以理解，只有整个社会形成如此氛围，才有可能形成智库发展的良性环境，也只有如此，才能改变行政机构的政策制定垄断局面，为民间智库的发展开辟更广阔的天地。

（2）培育智库市场，解决政策研究经费的不足。智库发挥影响力的一大重要因素就是资金能力。资金源和资金流制约了日本智库的发展，为了改变当前日本主要是在行政部门的框架中存在委托研究等资金流的局面，日本应培育捐赠文化，完善捐赠税等措施，扩大个人和企业的捐赠，通过国家赞助或企业和个人赞助来改善状况，促进智库市场中的生产者（智库）—消费者（政府、企业等）—资金（政府委托研究经费、财团企业资金以及个人捐赠等）—产品（研究成果）形成良性循环。例如借鉴国外利用税金支持智库发展的经验，成立隶属于国会的独立机构或组织，利用税金推动民间非营利组织开展政策研究和政策评价，或将政党资助金的一部分用作政策研究资金等，所有政府委托项目研究应全部对社会公开。外务省在《外交智库发展报告》中还提出了采取公设民营方式，在保障外交安保相关智库的公益性的同时，由国家无偿或优惠提供研究设施。

（3）培育政策研究人才，实现政府与民间的“人才旋转门”。受到日本的年功序列和终身雇用制等影响，日本政府、民间、大学间的人员流动非常有限，行政机构和民间之间虽然有人员的交流，但主要作用是为了加强友好合作关系，难以参与政策的立案和决策。日本未来应改革公务员制度，建立超越官民壁垒的智库，加强智库与政府在人才领域的交流，推进行政机构起用民间人士，增加行政部门与智库的合作业务，促进政策研究集团的形成。

（4）推动日本国内智库由点向线、面方向的发展。日本已经建立了很多智库，拥有一批熟悉政策制定的人才，同时在制度层面上，日本也相继出台了 NPO 法人制度等旨在培育政策市场和产业的各种法律制度。但当前日本智库只是点性的存在，因此需要根据研究需求将这些散在的点联系起来，开展智库间以及与大学、学会间的人员、信息交流，构建国内研究网络，推进形成线或面的政策研究，构建研究大动脉。目前日本综合开发研究机构和日本智库协议会正在做这方面的努力。

（5）探索发展新型智库。当前，世界各国智库为应对国际政治经济新变化的需求，均在谋求智库发展模式的转型。在这一大潮中，日本智库只有克服严重依赖于从设立母体获得财政、人员支援以及委托研究等传统型智库的弱点，才可能推进智库发挥更大的作用，因此日本也正积极探索发展不拘泥于僵化的组织、通过网络技术邀请专家以及普通市民参与的、对政策讨论建议的 NPO 型智库。例如日本经济新闻社与美国战略国际问题研究所于 2011 年成立的“日经 · CSIS 虚拟”（NIKKEI · CSIS VIETUAL THINK TANK）则是一种有益的尝试。该智库的研究领域包括“外交安全保障”“宏观经济财政金融”“能源通商产业”，聘请 50 余名在企业、政府、大学以及研究机构中工作的中坚年轻人才为研究员，日本经济新闻社提供保密性能优良的电子会议系统，通过网络电子会议系统自由讨论国家战略，提出具有实质性内容的政策建议。

（6）智库自身苦练内功。有了良好的社会发展环境和智库机制，智库自身应苦练内功，在机构建设以及构建研究队伍方面大胆改革，提高自身的独立性和专业性，创造高质量的研究成果，积极宣传推广智库的形象。因为智库的发展只有形成具有自身特色的专业性，提出高质量的成果，才能获得客户和社会更广泛的认知与尊重，增强在政策市场中的话语权，才能真正地保持其独立性。日本智库在刊行出版物、召开研讨会等传统模式外，应进一步借助新闻媒体，通过第二渠道、第三渠道等框架，建立和保持同国会、政府的密切联系。构建智库间的全球研究网络是当前世界智库的发展潮流，日本智库更应积极开展全球性的合作研究，提升以英语发表的研究成果的比重，邀请海外研究员，改变智库国际化水平低的局面，构建世界性网络，积极参与世界各地的讨论和合作项目，获得国际话语权，努力构建国际影响力和公信力。

例如日本经济产业研究所已开通了中英日三种语言的网站，大和总研等在海外建立分支研究机构等。

（选自《国外社会科学》2013 年第 3 期）

意大利国家荣誉制度概述

杨　莉*

党的十八大以来，习近平总书记多次对党和国家功勋荣誉表彰工作做出重要指示，强调要充分发挥党和国家功勋荣誉表彰的精神引领、典型示范作用，推动全社会形成见贤思齐、崇尚英雄、争做先锋的良好氛围。

2015 年 12 月，中共中央印发了《关于建立健全党和国家功勋荣誉表彰制度的意见》；第十二届全国人民代表大会常务委员会第十八次会议通过了《中华人民共和国国家勋章和国家荣誉称号法》，国家勋章和国家荣誉称号的授予由此确定了总方针。遵循党中央制定的“1 +1 +3”制度建设方案，有关方面着手开展条例的起草制定工作。即党中央制定一个指导性文件，全国人大常委会制定一部法律，有关方面分别制定党内、国家、军队三个功勋荣誉表彰条例。

借鉴他国的一些成熟经验，有助于我们进一步完善、调整相关的条例起草制定工作。对于正在紧锣密鼓起草制定的共和国国家勋章和国家荣誉称号授予条例而言，意大利不失为一个好的观察对象。

一　意大利国家功勋荣誉表彰制度简介

意大利功勋荣誉制度具有悠久的历史和传统，而且各界对荣誉勋章、

---

* 作者信息：杨莉，1980 年生，中国社会科学院信息情报研究院助理研究员。

家族的纹章、旗帜、旌旗的研究至深，甚至发展出了一门专门的学问：纹章学（Araldica）。在原有的贵族封号之外，为了奖赏那些对家族事业有特殊贡献的人，世家大族建立起了“骑士团”（Ordine），为骑士团的骑士设定称号、颁发徽章、制定章程。以骑士团为雏形的荣誉功勋制度渐渐发展起来。综观意大利史上的几大骑士团，其等级森严，勋章设计讲究，骑士团章程往往以法令的形式固定下来。骑士团及其所代表的功勋荣誉制度在历史的长河中起起伏伏，同意大利分裂又统一的历史密不可分。在意大利共和国成立之前，影响较大的国家级勋章骑士团主要有神圣圣母至高骑士团（Ordine supremodella Santissima Annunziata）、圣莫里吉奥与圣拉萨罗骑士团（Ordinedei Santi Maurizioe Lazzaro）、意大利王冠骑士团（Ordinedella Coronad' Italia）。

1. 历史沿革

（1）神圣圣母至高骑士团及其前身领章骑士团

神圣圣母至高骑士团的创立最早可以追溯到 14 世纪文艺复兴时期，萨沃伊伯爵阿梅迪奥六世（Amedeo Ⅵ di Savoia）于 1362 年在其妹比安卡（Bianca）同维斯孔蒂家族的噶雷阿佐二世（Galeazzo ⅡV is conti）的婚礼上创立了最早的骑士团，并将其命名为“领章骑士团”（Ordinedel Collare），由 15 名骑士组成。受时代背景影响，这一骑士团具有显著的王朝性与宗教性，15 这个数字本身代表了骑士团每日的弥撒数量。不过，直到 1409 年，阿梅迪奥八世（Amadeo Ⅷ）才为骑士团设立了第一份章程，1434 年他又将骑士团扩充至 20 人。之后，阿梅迪奥八世定下的章程多次由继任的萨沃伊公爵修订，1518 年卡罗三世（Carlo Ⅲ）对这份章程进行了改革。

1518 年，卡罗三世将领章骑士团更名为年神圣圣母至高骑士团，也是从此时起，大部分头衔被确立下来并沿用至今。从骑士团的名称本身不难看出，这一功勋荣誉制度仍然带有较为强烈的宗教性与王朝性。在其早期的历史中，甚至在卡罗三世的改革后，该骑士勋章都是对杰出军事服务的最高认可，其授予对象只能是出身显贵（具有天主教与贵族背景）并且功勋卓著的重骑兵。直到后来，勋章授予的对象才扩及那些对意大利王国（如今是对萨沃伊家族）有卓越贡献的普通人，而不再对其出身有要求。

1925 年，墨索里尼政府通过法令任命政府元首即墨索里尼本人为骑士团秘书长，规定其在公共场合和重大仪式上主持该骑士团。1951 年 3 月 3 日第 178 号法律第 9 条款废止了该骑士勋章作为最高国家荣誉勋章的颁发，法律生效前颁发的骑士团勋章虽然还可以在意大利国土上继续使用，但在国家仪式上不再具备优先权。不过，萨沃伊家族仍然会对那些对家族做出巨大贡献的人颁发勋章。①

（2）圣莫里吉奥与圣拉萨罗骑士团

这也是具有强烈宗教性与王朝性的骑士团，最早创立于 1572 年，同样由萨沃伊家族创立，创立人是萨沃伊公爵艾曼努埃尔·费力波特（Emanuele Filiberto）。在教宗格里高利八世（Papa Gregorio Ⅷ）的批准下，费力波特合并了圣莫里吉奥骑士团与圣拉萨罗骑士团。意大利共和国建立后，根据法律规定，该骑士团勋章不再作为国家级荣誉勋章颁发，但仍可在意大利国土上使用，只是不再具备法律上的优先权。

圣莫里吉奥与圣拉萨罗骑士团为今日意大利最高国家荣誉勋章的设立奠定了设计基础，无论是勋章的分级、勋章授予的最大数量，还是为勋章设定的法律章程，都成了共和国荣誉勋章的重要参考。骑士团勋章共分五级，另有奖章一枚，勋章的颁发对象是骑士团成员，奖章的颁发对象则是功勋卓著的军人（非骑士团成员），但无论勋章还是奖章，其颁发对象都应为天主教徒。

五级勋章等级自上而下分别是大十字骑士勋章（Cavalieredi Gran Croce）、一级指挥官勋章（Commendatore diprimaclasse）、指挥官勋章（Commendatore）、将领勋章（Ufficiale）、骑士勋章（Cavaliere）。奖章是莫里吉奥军事功勋奖章（Medaglia Maurizianapel Merito Militaredidiecilustri）。②

（3）意大利王冠勋章

1868 年，维多利奥·艾曼努埃尔二世（Vittorio Emanuele Ⅱ）在统一了意大利后设立的国家级荣誉勋章被称为意大利王冠勋章，以纪念 1861 年意大利的统一。勋章也分五级，为嘉奖那些在军事及民事领域内做出

---

① http：// www. ordinidinasticicasasavoia. it /cat =1.［2017 -08 -15］

② http：// www. ordinidinasticicasasavoia. it / pdf / Statuto-Ordine-Mauriziano. pdf.［2017 -07 -15］

卓越贡献的人士。同圣莫里吉奥与拉萨罗骑士勋章相比，意大利王冠勋章的颁发更为自由，授予对象包括了非天主教徒。

勋章共分五级，第一级为高级骑士绶带（Gran Cordone），以下依次为高级将领勋章（Grande Ufficiale）、指挥官勋章（Commendatore）、将领勋章（Ufficiale）与骑士勋章（Cavaliere）。1951 年的第 178 号法律废止了意大利王冠勋章作为国家级荣誉勋章的颁发，但 1951 年以前颁发的勋章及装饰仍然可以在意大利境内使用，勋章、徽章上的王冠标志需取下。

2. 当代制度概况

延续历史传统，意大利国家功勋荣誉表彰体制主要由勋章与奖章两大类组成。其中，奖章共计 15 种，涉及多个领域，包括战争与军事、民事荣誉与价值、文化艺术与教育、科学、公共财政、海外军事与民事反恐行动等。

国家级勋章共有 5 类，分别是意大利共和国荣誉勋章（Ordineal Meritodella Repubblica Italiana）、意大利军事勋章（Ordine Militared' Italia）、劳动荣誉勋章（Ordine Meritodel Lavoro）、意大利星星勋章（Ordinedella Stellad' Italia）与维托里奥·维内托勋章（Ordinedi Vittorio Veneto）。每一类勋章又根据自身情况分为大骑士勋章、指挥官勋章等多级。

其中，意大利军事勋章与维托里奥·维内托勋章都是军事系统的荣誉勋章。而意大利星星勋章则特别颁发给那些在推动意大利对外友好合作关系方面做出杰出贡献、旅居海外的意大利人与外国人，属于国家二级民事勋章。比如，2016 年 10 月，中国国家大剧院院长陈平就获颁该项荣誉称号的指挥官勋章。劳动荣誉勋章，顾名思义，则是颁发给那些在农业、工商业、手工艺与借贷方面特别值得称赞的人士的。至于意大利共和国荣誉勋章，则是意大利最高级别的国家骑士勋章。

二 意大利最高国家级勋章——共和国荣誉勋章[①]

意大利共和国荣誉勋章由意大利共和国第二任总统路易吉·伊诺第

---

① http://www.quirinale.it/elementi/Onorificenze.aspx?pag=0&qIdOnorificenza=11.［2017-07-15］

（Luigi Einaudi）于1951年创立。作为全国最高荣誉勋章，其颁发对象是那些在文学、艺术、经济、公共服务、社会、慈善与人道主义活动等领域获得杰出声誉的人士，也包括在军事与民事事业中对国家做出了卓越贡献的人。勋章共分五级，自上而下分别是：大十字骑士勋章（Cavalieredi GranCroce）、高级将领勋章（Grande Ufficiale）、指挥官勋章（Commendatore）、将领勋章（Ufficiale）及骑士勋章（Cavaliere）。

1. 管理机构

统管意大利共和国荣誉勋章的机构是专门设立的“国家礼仪与荣誉办公室”（Ufficio del Cerimonialedi Statoel’on orificenze）。国家礼仪与荣誉办公室设在“部长会议主席机构”内。所谓的部长会议主席机构（Presidenzadel Consiglio deiministri），是为意大利总理日常工作提供技术支持的行政机构，相当于总理办公室，也是我们今天俗称的总理府。

国家礼仪与荣誉办公室的定位是“协助总理执行总体政治方向与协调工作的部门，并为总理提供技术与管理支持”。办公室设办公室主任一名、副主任一名，办公室的所有信息均在总理府政府网站上公开。目前办公室的副主任是杰拉德·卡波匝议员（Gerardo Capozza）。[①] 该办公室的日常职能主要包含以下四个方面：外国礼仪服务、国内礼仪服务、国事访问与欢迎接待服务、勋章与纹章服务。对应这四个方面的工作，办公室分为四个小组。

其中，根据1951年3月3日《关于设立意大利共和国荣誉颁勋会》的第178号法律，勋章与纹章服务组的成员负责预审并安排意大利共和国荣誉勋章授予的法令，专门负责以下工作：完成颁勋会顾问的人选提名工作；负责总理向总统（颁勋会第一负责人）递交的提案的准备工作；决定各大部委年度名额指标的分配；安排布置荣誉勋章授予与撤回的办法；安排布置总统行使“自动敕书权”（mortuproprio）所授予的荣誉称号的办法；推动并协调内外交流活动；负责同各大公共机构间的关系，推动同公共主体及相关个人间的制度性联系，特别是同总理府秘书长与颁勋会秘书处的联系；负责意大利颁勋会荣誉勋章国家档案馆的组织与管理工作；管理荣誉勋章被授予人的数据库及信息系统；在向大区、行省、

① http：// presidenza. governo. it /ufficio _ cerimon iale /. [2017 - 07 - 15]

市、市镇、军事团体、大学及法律团体授予徽章、旌旗、旗帜与图章前做好预审工作；做好文献与档案研究，以核实查明年徽章的历史真实性；参考一般纹章规则与地方机构的要求，设计并制作新的徽章；开展纹章符号与国徽使用纪律的技术鉴定活动；负责纹章、徽章授予的总统法令的准备工作；批准在意大利国土上佩戴罗马教宗的骑士勋章；组织各个地方行政当局为纹章归因所举行的官方会见；负责研究纹章学学科相关问题，推动同其他政府机构间的信息交流与合作。

从上述日常工作来看，不难发现勋章与纹章小组的工作有如下几个特点。

一是在勋章授予上的不可或缺性，小组成员不仅需要完成颁勋会的顾问提名工作，还要向各大部委分配当年的勋章提名名额，更要准备总理的最终提案，在荣誉勋章授予的各个节点上，都能发现这个办公室小组的身影。

二是工作注重对外联联络，小组成员要同各大公共机构、相关个人建立起制度性联系，推动同各方机构的交流与联络，甚至还要联系地方政府、他国政府，推动合作交流。

三是专业性，小组成员需要在纹章学上术业有专攻，才能做好相关的技术鉴定活动，圆满完成新徽章的设计工作。同时，还需要具有一定的研究能力，以做好文献与档案研究。

四是及时性。勋章的授予从名额分配、提名、报告整理到总理提案再到法令准备、信息登记、数据库完善都存在时间期限，因此，把握好时效、准时高质量地完成工作十分必要。随着信息技术的快速发展，小组成员还需要具备一定的信息技术技能，以完成数据库及信息系统的维护工作。

2. 有关荣誉勋章的法律文件

1951 年 3 月 3 日，意大利颁布了《关于设立意大利共和国荣誉颁勋会与勋章授予及使用办法》的第 178 号法律，这部法律随后刊登在 1951 年 3 月 30 日第 73 期《政府公报》（Gazzetta Ufficiale）上。[①] 法律清楚地

---

① http：// www. quirinale. it / qrnw / onorificenze / tipo / omri / doc / fonti_ omri. pdf#page = 1. ［2017 - 07 - 21］

界定了意大利国家最高等级的荣誉勋章的授予机构、第一负责人、授予对象、勋章级别、勋章授予及使用方法、勋章的撤回规定、违反处罚等内容，为国家级最高荣誉称号的颁发与使用奠定了法律基础。该法律的最后一条是“政府有权颁布必要的条例以实施本部法律”，这为下一部总统法令的出台提供了法律依据。

1952 年，为了将第 178 号法律中规定的内容落到实处，意大利政府又颁布了 1952 年 5 月 13 日第 458 号总统法令“关于落实 1951 年 3 月 3 日第 178 号法律的规定”。[①] 第 458 号总统法令进一步对 1951 年 3 月 3 日第 178 号法律中的规定内容进行了补充，明确规定了勋章的授予范围与对象、最大授予数量、提名与通报程序、勋章的放弃与撤销等内容，并在附件中详细描述了每一级徽章的装饰品数量、装饰品的纹样图案与佩戴方式。2001 年 3 月 30 日颁布的第 173 号总统法令对上述第 458 号总统法令的第 14 条，即各级勋章的装饰纹样特点进行了重新定义。

3. 勋章颁发与管理

(1) 勋章的颁发程序

为顺利开展相关工作，意大利特别成立意大利共和国荣誉勋章颁勋会来指导受勋人员的提名，并主持勋章的颁发仪式。颁勋会的第一负责人为意大利共和国总统，颁勋会受专门成立的颁勋理事会管辖，理事会由一名办公室主任及 16 名成员组成，办公室主任同时也是理事会主持人。理事会内部成员经由再选举，选出四名成员组成政务会，政务会同样由办公室主任主持。理事会主持人暨颁勋会办公室主任，以及成员均由意大利总理提议，经内阁听证后，由总统签发法令任命。颁勋会章程制定后，由颁勋会理事会举行听证会，意大利总理在此基础上向总统递交提案，最后总统签发法令予以批准。意大利共和国荣誉勋章的颁发对象是“对国家有特殊功绩的人”[②]，既可授予意大利公民，也可授予外国

---

① http: // www. quirinale. it / qrnw / onorificenze / tipo / omri / doc / fonti_ omri. pdf#page = 5. [2017 - 07 - 21]

② Art. 1, Legge 3 marzo 1951, n. 178, Istituzione dell'Ordine Al Merito della Repubblica Italiana e disciplina del conferimento e dell'uso delle onorificenze.

公民。[1] 根据1951年3月3日颁发的第178号法律第4条规定，每年勋章提名总数不得超过20。值得注意的是，该项法律第4条第2款中提到的特殊形式的荣誉称号数不得超过当年的提名总数20。每年2月之前，各大部委需向总理府下辖的国家礼仪与荣誉办公室提交各自的推荐名单，并附上相关文件。如果推荐名单中包括旅居海外的意大利公民或外国公民，则需通过外交部再上报至总理府国家礼仪与荣誉办公室。在第178号法律第3条最后一款中规定的范围内，总理可依照适当的法令，在各大部委提交的报告基础上，决定可被授予的各级荣誉勋章的最大数量，以向那些在各领域内有卓越贡献的人授予荣誉勋章。具体分派到各大部委的名额则由国家礼仪与荣誉办公室纹章与勋章服务小组进行分配。总理将各部委的报告转交给颁勋会办公室主任，办公室主任组织政务会举行听证会后，再将听证会的意见汇报给总理，总理据此提出建议，等候共和国总统的批准。

（2）勋章的颁发与法律生效

荣誉勋章授予的法令由总统签发，但需总理联署。总理联署荣誉勋章授予法令后，法令将寄给颁勋会办公室主任，由颁勋会办公室主任登记在颁勋会的名人册上。此外，办公室主任还需在共和国《政府公报》上通知被提名人参加授勋仪式，并准备部署相关工作，向有关个人发放证书。荣誉勋章只有在授予法令正式登记后才能生效，勋章受颁者也才可以使用称号以及与之相应的纹章装饰。不过，总统行使“自行敕书权”以特殊形式颁发给外国公民的勋章则不适用于此规定。

共和国荣誉勋章每年有两次授勋仪式，分别于6月2日（即意大利共和国国庆日）与12月27日（意大利宪法颁布日）举行。不过，总统行使“自行敕书权”向外国公民、旅居海外的意大利公民或离职人士颁发的奖项则不受此限制，可随时颁发。

（3）荣誉勋章的撤回

有三种情况会导致勋章授予法令的撤回。

第一种是受勋者主动放弃荣誉勋章。在此情况下，颁勋会办公室主

---

① Art. 1, D. P. R. 13 maggio 1952, n. 458, Norme per l'attuazione della legge 3 marzo 1951, n. 178.

任应在通知总理的同时，不予登记颁勋法令；如果法令登记已经完成，则总理应推动颁勋法令的撤回程序。①

第二种情况是颁勋法令已签署但尚未登记在名人册上，发生了严重的情况导致勋章颁发不再合适。此种情况下颁勋会办公室主任应立即停止法令登记并向总理汇报情况。在颁勋会理事会举行听证会后，总理可以推动授予法令的撤回程序，或为此做出安排以便推进下一个程序。

第三种情况是受勋人触犯了法律，导致其获得荣誉勋章名不副实。在此情况下，颁勋会办公室主任应与相关人员取得联系，告知其勋章撤回的提议，并通知其事实依据。

此外，办公室主任还会预先确定一个期限（不少于 20 天），供被告提交自我申辩的书面材料，以提交给颁勋会理事会评估。通知以附有接收回执的挂号信方式寄给被告常用的居住地址，如常用居住地址不明，则寄给勋章授予法令的接收地址。一旦超过提交自辩材料的最后期限，颁勋会办公室主任应向颁勋会理事会提交相关文件，以听取颁勋会的意见。如果被告触犯了《刑法》第 28 条、第 29 条，一旦法官宣判被告罪行的最终审判结果为不配被授予勋章，法官的书记员应向颁勋会秘书处提交判决结果副本。颁勋会办公室主任须在原始的勋章授予法令上做出说明，并写下构成勋章被剥夺的主要罪行情节。撤销荣誉称号的总统法令应在《政府公报》上予以刊登。

4. 勋章装饰及其管理方法

（1）第一级勋章——大十字骑士勋章

大十字骑士勋章有两种可佩戴的装饰。第一种是末端加宽的圆弧形白色十字架，十字架以纯金镶边，直径为 52mm。十字架的四臂由结满果实的橄榄枝与栎树枝串起，围绕十字架形成环形。十字架的正中是圆形的盾牌纹章，纯金铸造，并镶以蓝边。盾章正面是金质的意大利共和国国徽，蓝边中间是大写罗马字母，为碑刻字体，文字为意大利文“MERI-TODELLAREPPBULICA”，意为“共和国荣誉”；盾章背面雕有金质的意大利国家化身像，为头戴桂冠的女性头像，蓝边中刻有大写的金质碑刻罗马字母，蓝边的上半部分是拉丁文“PATRIAEUNITATI”，意为“祖国

① D. P. R. 13 maggio 1952, n. 458, Norme per l’attuazione della legge 3 marzo 1951, n. 178.

统一”，下半部分也是拉丁文“CIVIUMLIBERTATI”，意为“公民自由”。佩戴时，十字架应悬挂于丝质绶带上，绶带佩戴于右肩并向身体左侧垂下。绶带为绿色，宽 101mm，镶有红边，镶边宽 9mm，红绿二色取颁勋会代表色之意。

第二种装饰是直径为 85mm 的银质徽章，徽章呈凸起的四射光环状，光环由八组射出的光线组成，每组光线的末端都嵌有钻石，光线交叉的中心是十字架，其式样与前文描述的十字架相同，佩戴时戴于左胸。如果受勋人为女性，其勋章的式样同上，唯一的区别是绶带宽 82mm。

（2）第二级勋章——高级将领勋章

第二级勋章的佩戴装饰也有两种。第一种是同第一级勋章一样的十字架，十字架悬挂在宽 50mm 的绿色镶红边的蝴蝶结下，蝴蝶结两侧所镶红边均为 4mm 宽，该装饰需佩戴在衣领上。

第二种是直径为 80mm 的银质徽章，同样呈凸起的光环状，光环由四组光线组成，每组光线的末端嵌有钻石，中间是颁勋会的十字架。男女受勋者的徽章式样完全一样，不过女受勋者需悬挂于绿色镶红边的蝴蝶结下，佩戴在左肩下方。

（3）第三级勋章——指挥官勋章

第三级勋章的装饰仅有一种，为银质徽章，形状同前文描述的第二级银质徽章，悬挂于颁勋会代表色（绿色镶红边）的蝴蝶结下，男士佩戴在衣领上，女士佩戴在左肩下方。

（4）第四级勋章——将领勋章

第四级勋章的装饰为一枚直径为 40mm 的十字架徽章，形状同第三级银质徽章，十字架颜色由白色变为金色，悬挂于绿色镶红边宽 37mm 的蝴蝶结下，蝴蝶结两侧红边宽 3mm，佩戴于左胸。女士勋章式样同男士勋章，佩戴于左肩下方。

（5）第五级勋章——骑士勋章

第五级的勋章装饰仅有一种，为十字架徽章，形状同第四级勋章装饰，但十字架四臂为银色，悬挂在同样的蝴蝶结下，男士佩戴于左胸，女士佩戴在左肩下方。

共和国荣誉勋章装饰及其佩戴方式特点鲜明。

第一，最高级别的大骑士勋章，无论是在装饰的种类还是佩戴方面都具有独特性，不同于其下的四级勋章，大十字架需要悬挂在骑士绶带上，徽章则佩戴于左胸，佩戴方式没有性别差别。

第二，考虑到男女身材比例上的差异以及着装上的不同，男性及女性受勋人士的勋章装饰本身与佩戴方式都有所不同。就徽章而言，男性受勋者的勋章级别越高，则佩戴位置越高，主要佩戴在衣领与胸口两处，大骑士勋章的徽章除外；女性受勋者的徽章佩戴位置则不变，均位于左肩下方。

第三，勋章装饰的配饰随级别的降低而在尺寸上相应调整，级别越低尺寸越小，材质由金变银，颜色遵循宗教传统，以白色为尊，依次降为金色、银色，只有最高级别的勋章有资格获颁骑士绶带。

5. 勋章及荣誉称号的使用规定

《关于设立意大利共和国荣誉颁勋会与勋章授予及使用办法》的第178号法律第7条有明确规定：意大利公民不得在意大利领土上使用未经意大利外交部提议、意大利总统法令批准的他国或非国家颁勋会颁发的荣誉勋章或骑士称号。[①] 违反者将被处以行政罚款，金额最高达1291.14欧元。对于罗马教廷与耶路撒冷圣墓骑士团（Ordine Equestredel Santo Sepolcro）的各种荣誉称号、骑士称号与勋章则依照1930年7月10日第974号法令管理。

此外，意大利法律明令禁止任何个人、团体、协会以任何形式与提名方法授予勋章和骑士荣誉称号，违反者将被判6个月至2年的徒刑，并处以645.57—1291.14欧元的罚款。任何人以任何形式与方法使用了非法的荣誉称号、勋章和骑士称号，甚至是在现行法律生效之前颁发的荣誉称号、勋章和骑士称号，都将受到129.11—903.80欧元的行政处罚。[②]

此外，在意大利共和国荣誉勋章设立前的多种勋章均已废止颁发，这其中包括神圣圣母至高骑士团及其相关的勋章，意大利王冠骑士团、圣莫里斯与拉萨路骑士团所颁发的荣誉勋章和称号。不过，法律生效前已经颁发的荣誉称号与勋章仍可继续使用，但在公共仪式上不具备任何优先权。

---

① 在1991年1月12日第13号法律第2条生效后，改由外交部法令批准。

② Legge 3 marzo 1951, n. 178, Istituzione dell' Ordine Al Merito della Repubblica Italiana e disciplina del conferimento e dell ' uso delle onorificenze.

三 意大利功勋荣誉制度的借鉴价值与启示

荣誉意大利功勋荣誉制度，从最初服务于世家大族的骑士团开始，逐渐发展成为嘉奖各个领域内对国家有特殊贡献的人士的国家级荣誉勋章制度，其发展特点鲜明，可资借鉴的地方不少。

1. 勋章及荣誉称号的授予受国家立法保护，并有详细的实施细则，奖惩分明，信息公开。意大利国家荣誉勋章的管理机构是什么，颁发对象有哪些，颁发程序怎么走，勋章装饰类别、佩戴与管理，相关法律文件，历年来的奖章获得者名单等，在意大利总理府的官方网站上都能找到，便于一般群众了解具体情况。这对我国的国家荣誉勋章的评选授予、宣传引导和后续管理工作，乃至群众监督等，都有较高的参考价值。

首先，应设立专门的管理机构，为党和国家功勋荣誉表彰工作委员会提供技术支持与管理支持，做好相关协调交流工作，比如同各大部委在候选人提名上的名额分配与沟通，以及功勋簿的编写组织与管理工作。

其次，功勋荣誉机制既要有进入机制，也要有退出机制，如因个人违纪违法、徇私舞弊、弄虚作假，骗取国家勋章和荣誉称号的，在撤销称号并收回勋章的同时，应有相应行政处罚，并承担相应的刑事责任。

最后，信息公开，以便群众监督。公开信息应尽可能详细，除了相关法律文件、程序介绍等知识类信息以及受勋人档案类信息外，整个评选授予程序、后续管理及撤销等都应及时在政府官方网站上予以公布、查询，以此种方式宣传并扩大功勋荣誉制度的影响。

2. 意大利共和国勋章的表彰对象涵盖各个社会阶层，既有国家柱石的精英人士，也有保家卫国的士兵，更包含了那些在农业、工商业及手工艺行业等普通工作岗位上兢兢业业、积极进取的普通人，突破了社会阶层的限制，完成了由精英阶层向普通社会阶层的过渡。

《中华人民共和国国家勋章和国家荣誉称号法》第四条规定，国家设立国家荣誉称第号，授予在经济、社会、国防、外交、教育、科技、文化、卫生、体育等各领域各行业做出重大贡献、享有崇高声誉的杰出人士。我国是农业大国，也正在弘扬“匠人精神”，有必要为工作在最底层、又做出良好示范作用的农民，一辈子只做好一件事的工匠在国家荣誉称号里留有一席之地，授予对象不应该仅仅限于精英阶层。

3. 意大利政府相当注重勋章和荣誉称号的后期管理以及纹章装饰的后续研究工作。颁发的荣誉勋章需要登记在颁勋会档案馆的名人册上，才会在法律上生效，在遇到勋章因名不副实而撤销的情况下，颁勋会办公室主任还需要在名人册上注明撤销的主要犯罪情节，并留存归档。而意大利国家礼仪与荣誉办公室的日常工作之一是做好文献与档案研究，设计并制作新的徽章。这都说明了意大利政府对荣誉勋章制度后续工作的重视。意大利共和国勋章在历史上经历了一次大修，并以总统法令的形式固定下来，这说明勋章与荣誉称号的评选及授予是一个需要根据时代需求不断更新的过程，某些条例应根据时代特征予以调整。因此，这就要求管理机构做好文献与档案研究，甚至是纹章学的研究，为今后可能的调整奠定基础。我国可汲取其中经验，编好自己的功勋簿，建好荣誉数据库与档案馆。

4. 意大利共和国荣誉勋章的装饰及其佩戴方式有严格规定，勋章装饰除了在种类、大小、材质上有级别差异外，其大小与佩戴方式还存在男女差别。就此而言，考虑到身材与正式场合的着装要求存在男女差异，我国的勋章设计与佩戴方式也可相应做出性别调整。对于哪一级勋章应该戴在什么位置，在什么样的场合下佩戴哪种装饰都应做出明确规定。

（选自《国外社会科学》2017 年第 6 期）

后　记

“《国外社会科学》精粹（1978—2018）”丛书为中国社会科学院信息情报研究院主办的大型学术期刊《国外社会科学》创刊40年来所发表论文的精选集。1978—2018年，《国外社会科学》共出版330期，发表文章1万多篇。编辑部力图从中精选能够反映各个学科发展的综述性文章，介绍新学科、新流派、新理论且有助于我国哲学社会科学领域学科构建和理论创新的文章，在发表当时具有创新性意义、当前仍具有重要意义的理论或方法论文章；涉及我国政治经济社会生活重点关注领域和重要问题的文章；以及能够反映刊物栏目设置特色等方面的文章，以期能够从中窥见我国哲学社会科学发展40年之路。丛书共分为八卷，分别为：社会科学总论卷（张静、赖海榕主编）、国外马克思主义卷（陈永森、张静主编）、政治与治理卷（祝伟伟、傅慧芳主编）、经济与社会卷（高媛主编）、国外中国学卷（赖海榕、高媛主编）、生态与环境卷（陈云、张静主编）、人文卷（高媛主编）、文化教育卷（祝伟伟主编）。此外，中国社会科学院冯颜利研究员、唐庆博士后，清华大学吴兴德博士，中国社会科学院大学赵斌博士、魏士国博士、李怀征博士、张丹博士、陈兴亮博士、杜利娜博士，以及福建师范大学的郑丽莹、任远、宁鑫、杨臻煌、林林、霍文娜、李震、郭斌慧、周晨露、肖巧玲、刘伟琼、钟亮才、任秋燚、马秀秀、陈倩倩、艾群、林佳慧，王莉、唐付月、凡欣、杨晶晶等人参与了丛书的编选和校对工作，特此致谢！

最后需要说明的是，因篇幅所限，还有许多优秀文章未能入选。且由于收录文章时间跨度大，编辑体例和格式差别较大，有些作者信息不全或者已发生变化，本丛书所注明的作者信息（包括职务、职称、工作单位等）皆以文章发表时所注为准。另外，本丛书在编辑排版过程中如有疏漏之处，敬请学界同仁批评指正。

《国外社会科学》编辑部

2020 年 2 月